秘书学原理与实务

熊　柱　编著

科 学 出 版 社
北　京

内 容 简 介

本书打破同类教材的传统格局，在秘书学基本原理的统领下，按办文、办会、办事三大秘书实务版块共分四编十七章。其中第一编为秘书及秘书工作概说；第二编为秘书“办文”；第三编为秘书“办会”；第四编为秘书“办事”。本书阐述相关知识和原理简明扼要，介绍实务操作详尽规范，并增加了当前同类教材未予以足够重视的学科研究新成果和秘书工作新内容，如秘书职业化、秘书心理、行政礼仪、电子政务等。

本书适合作为各级各类高校文秘、行政管理及其他相关专业的秘书学课程教材，也可作为在职秘书人员提高理论水平和业务能力的参考读本。

图书在版编目（CIP）数据

秘书学原理与实务 / 熊柱编著．--北京：科学出版社，2014
ISBN 978-7-03-040914-0

Ⅰ．①秘… Ⅱ．①熊… Ⅲ．①秘书学－高等学校－教材 Ⅳ．①C931.46

中国版本图书馆 CIP 数据核字（2014）第 120290 号

责任编辑：王京苏 / 责任校对：吴美艳
责任印制：赵 博 / 封面设计：蓝正设计

科 学 出 版 社 出版
北京东黄城根北街 16 号
邮政编码：100717
http://www.sciencep.com

中煤（北京）印务有限公司印刷
科学出版社发行 各地新华书店经销

*

2014 年 6 月第 一 版 开本：787×1092 1/16
2025 年 1 月第十次印刷 印张：18 1/2
字数：447 000

定价：56.00 元

（如有印装质量问题，我社负责调换）

目　录

第一编　秘书及秘书工作概说

第二编　秘书“办文”

第三编 秘书"办会"

第四编 秘书"办事"

第一编

秘书及秘书工作概说

第一章

秘书学概述

秘书是一门古老的职业，秘书活动的出现可以追溯到几千年之前。秘书学是一门综合性的社会应用学科，是在秘书活动不断进步与完善，实践经验逐渐累积的情况下，于20世纪80年代发展而成的一门独立学科。1982年2月18日《光明日报》载文，提出建设新兴学科“秘书学”，这是我国秘书学诞生的标志。

第一节　我国秘书学的产生与发展

一、我国秘书学的产生

在我国，秘书现象和秘书活动已存在了数千年，据杨剑宇先生《中国秘书史》的观点，“我国部落联盟昌盛时期，已经形成了社会组织的领导部门，有了原始文字，原始的公务活动记录，有了专事记录的人员，出现了秘书活动”①。但在相当长的一段历史时期，“秘书”却并未发展成为独立的、特定的职业体系，对秘书工作的理论研究也长期处于零散的经验总结状态，无缘登上科学殿堂。尽管自清末以来，幕僚学、文书学、档案学等在社会上有一定影响，可看做现代秘书学的肇始和萌芽，但秘书学作为一门独立的学科，应该说是诞生于20世纪80年代初期。1982年2月18日《光明日报》载文，提出建设新兴学科“秘书学”，此当为我国当代秘书学产生的标志。

一门学科诞生的标志可能有多种，根据陈燮君提出的学科创生理论，一门新兴的学科应当具有以下特征：一是学科的产生是时代的必然产物；二是有学科创始人和代表作；三是有特定的学科定义和研究对象；四是有精心构建的学科理论体系；五是有独特的研究方法。具体来说，认定一门学科的产生可从以下五个方面来看，即是否顺应时代的需要、是否具备相应的学术准备、是否有稳定的学术队伍、是否产生了一定的理论成果、是否构建出相对独立的学科体系。

首先，秘书学是在自新中国成立以来秘书工作不断进步与完善、秘书学理论研究不

① 杨剑宇：《中国秘书史》，武汉大学出版社，2000年，第6页。

断积累的基础上，于20世纪80年代应运而生的。党的十一届三中全会之后，党和国家的工作重心转向经济建设，提高领导决策的科学性、提高机关工作效率、提高政府行政能力成为举国上下一致的呼声。秘书从业人员也开始思考如何实现自身的转变，更好地辅佐领导决策、发挥参谋作用，长期以来“秘书无学”的局面已经远远落后于时代的需要，对秘书工作进行更深入的研究势在必行。与此同时，较为宽松的政治环境和自由的学术氛围也为秘书学的诞生提供了条件。尤其是20世纪50年代以来在世界范围内不断升温的管理学热潮踏着改革开放的步伐进入了中国学者的视线，管理学及其分支学科的研究成果受到中国学界的普遍重视。秘书人员所从事的业务从根本上来讲是一种辅助管理，可以说，时代的迫切需要、较为宽松的学术环境以及世界范围内管理学科的迅速发展共同促成了秘书学的产生。

从学术准备来看，如前所述，我国秘书现象和秘书活动源远流长，部落联盟时期专事记录的人员可视为最早的秘书，对文书工作的研究也因而最早得到重视。魏晋南北朝时期，许多学者开始探讨公文写作的相关理论，曹丕《典论·论文》、刘勰《文心雕龙》、陆机《文赋》、任昉《文章缘起》等在公文的文体演变、文体特点、写作技巧、写作要求等方面各抒己见，初步构成了我国公文写作的理论体系。对公文理论的研究贯穿了整个封建社会两千年的发展历程，发端于清末的幕学更将之延伸至行政幕僚所必备的各种行政知识与技术的层面，尤其是绍兴师爷汪祖辉所著的《佐治药言》以“佐治”为本，阐述了幕府佐治的基本方法、技巧与注意事项，事实上将师爷的主要职能定性为辅助其主官实施管理，打破了将文书工作视作秘书人员代表性工作的传统观念。以幕学研究为契机，民国初期，一批学者及从事文书、档案管理工作的政府工作人员将西方行政学引入中国，直接促成了文书学、档案学的诞生。至20世纪三四十年代，已形成了较为系统的公牍学理论体系。传统的文体理论、清末幕学的相关研究与现代文书学、档案学、行政管理学的影响，共同为现代秘书学的创建做好了学术准备，为构建现代意义上的秘书学学科体系打下了基础。

人员方面，党和国家各项事业的迅猛发展对最接近党政权力中枢的秘书提出了较高的工作要求，而中国很多地方长期以来还沿用着民主革命时期的秘书工作体制，秘书人员素质差成为制约行政效率的瓶颈。因此，十一届三中全会之后，秘书人员首当其冲地面临着角色定位与知识更新的需要，加强秘书人员的业务培训与开展秘书高等教育被提上了议事日程。当时党政机关委托高等院校举办秘书培训班的现象相当普遍，很多高等院校陆续开设了秘书学专业，到20世纪80年代中期，开设秘书学专业或相关课程的高等院校已达150余所①。一大批科班出身的现代秘书人才不仅充实了秘书工作队伍，更成为秘书学理论研究的主力军。

在这样的大背景下，一批凝结了秘书工作实践经验和理论探索努力的研究成果涌现出来，形成了秘书学理论研究的浓厚氛围。例如，翁世荣编著《秘书学概论》(上海人民出版社，1984年)；洪清源著《机关秘书工作概论》(安徽教育出版社，1984年)；张金安、常崇宜主编《秘书学概论》(云南人民出版社，1984年)；王千弓主编《秘书学与秘书

---

① 钱世荣：《中国当代秘书学研究：第三次爬坡》，《当代秘书》2002年第3期。

工作》(光明日报出版社，1984 年)；等等。特别是 1985 年时任中共中央办公厅秘书局副秘书长李欣编著的《秘书工作》一书的正式出版更是得到学术界极大的肯定，该书在 1961 年就已完成初稿，1963 年出了样书，曾得到毛泽东的秘书田家英同志的高度评价。由于种种原因，这部书稿在二十多年后才正式出版，因此它既是中国秘书学论著的开山之作，也被视为秘书学研究“进入新阶段的一个重要的学术性标志”[①]。

不可讳言，这些研究成果主要是基于对秘书实务的研究，党政秘书工作的主要内容是当时研究的核心。例如，翁世荣和王千弓都将调查研究、文件处理、会议工作、信访工作、保密工作、机关日常事务等作为秘书学的主要研究内容，而张金安的教材则分为秘书篇、公文篇和写作篇三个部分。尽管如此，研究者们还是以敏锐的学术嗅觉投入其他秘书学相关范畴的研究之中。在他们的研究成果中，有不少对秘书活动的起源、演变、发展规律等的总结，中国秘书史的研究已初具雏形；而对秘书现象、秘书活动的规律、秘书学自身的定位等的探讨可看做秘书学理论研究的早期成果；他们甚至对秘书人员处理事务的方法、手段和技能等也有所涉及，显示出对秘书技术的重视。因此，尽管秘书学从一开始就呈现出经验性学科的典型特征，有一定的局限，但秘书史、秘书理论、秘书实务和秘书技术的学科体系已基本形成，史、论、专、技四位一体，秘书学成为一门独立的学科水到渠成。

二、我国秘书学的发展

秘书学作为一门独立学科产生后，在较短时间内得到了迅速发展，但与 20 世纪 80 年代的崛起势头相比，秘书学的发展历程事实上起起落落，并未如预期的那样一鼓作气发展成为一门有稳定学科体系的常规学科。对此，秘书学的理论研究者们进行了不少总结与反思。其中，钱世荣的观点得到大多数学者的认同，他认为，秘书学在中国的发展经历了三大阶段，也即三次“爬坡”[②]。

第一次“爬坡”始于 20 世纪 80 年代初，在 80 年代中期达到高峰，其主题是“开创”，主要成就是构建了秘书学这一新兴学科的理论框架。但从今天来看，其存在的问题一是理论研究水平低、重复严重；二是专业建设膨化虚化现象严重。这两个问题直接导致 80 年代后期秘书学研究出现了较大幅度的滑坡。第二次“爬坡”始于 20 世纪 90 年代初，自中后期开始滑落。其主题是“拓展”，包括研究范围的“拓宽”和研究层次的“拓深”。第三次“爬坡”始于新旧世纪交替之际，其主题是“突破”，在学科研究、专业教育、职业资格制度等方面都力图有所发展，但具体的方法、措施等仍在探讨之中。应该说，从学科发展的角度来看，秘书学虽历经三十多年磨砺，取得了成就，但总体来说，真正的“突破”仍需假以时日。

---

① 刘翔飞：《近十年来秘书学理论研究概述》，《当代秘书》1994 年第 5、6 期。

② 钱世荣：《中国当代秘书学研究：第三次“爬坡”》，《当代秘书》2002 年第 3 期。

第二节 秘书学的研究对象、内容和性质

一、秘书学的研究对象

秘书学之所以能与其他学科相互区别并独立存在，关键在于它有自己特定的研究对象。具体这门学科的研究对象是什么，则有四种不同的说法：一种认为是秘书工作及其规律，一种认为是秘书活动，一种认为是秘书现象，还有一种认为是秘书、秘书部门和秘书工作。本书采纳第一种说法，认为秘书学是以秘书工作及其规律为研究对象的一门综合性社会应用学科。这是因为秘书活动、秘书现象的核心就是秘书工作，而秘书与秘书部门，一个是秘书工作的主体，一个是秘书工作的物质平台，可见这几种说法其实并无实质性的区别。

二、秘书学的性质

秘书学特定的研究对象与内容决定了它具体的特性，作为一门综合性的应用学科，其性质如下。

（一）政治性

秘书学具有鲜明的政治性。这主要是因为秘书学的研究对象——秘书和秘书工作都呈现出政治色彩。

抽象来看，秘书和秘书工作都是直接为领导和领导决策服务的，这些决策通常体现为党和政府处理阶级利益关系、管理国家事务和社会事务、组织和发展社会生产的原则和措施，因此，毫无疑问，秘书和秘书工作是统治阶级实现其阶级利益的重要工具，具有强烈的政治色彩。

具体来看，一方面，秘书工作的许多环节，如文书、信访、信息、督查等无一不是政策性极强，而政策性是政治性的重要体现之一。另一方面，当前我国秘书的主体是党政机关、事业单位和国有企业的秘书，他们本质上是党的干部和国家公务员，从事的是国家行政管理工作。即使是非公务秘书，其工作也是在党和政府的相关政策、制度的框架内展开的，其政治性是毋须讳言的。

（二）应用性

秘书学的研究尽管力求揭示秘书工作和秘书现象背后的普遍性规律与原理，但它同时又是一门具有极强实践应用价值的学科，其应用性主要表现在：第一，秘书学的理论大多直接来源于秘书工作实践；第二，这些理论对秘书工作有着直接的指导意义；第三，历史证明，这些理论同时直接受到秘书实践的检验，不断得到验证、补充和完善。

（三）综合性

秘书学无论是研究对象、研究内容还是研究方法，都具有明显的综合性特点。

从研究对象来看，秘书学以秘书工作及其规律为研究对象，而秘书工作本身就是一种典型的综合服务型的工作。秘书学的具体研究内容包括公文写作、会议管理、办公事务、沟通协调等多个方面，内容庞杂，涉及自然科学和社会科学的多个研究领域。这也解释了为什么秘书学在其发展过程中容纳和吸引了其他学科的不少理论成果和技术方法，如管理学、政治学、法学、写作学、语言学、逻辑学、档案学等，正是这些不同学科的理论和方法的相互作用、相互结合、相互渗透，形成了秘书学综合性的特点。

三、秘书学的结构体系

关于秘书学结构体系的研讨始于 1987 年 12 月在成都举行的全国首届秘书学与秘书工作学术讨论会，当时部队院校的代表提出了“史、论、专、技”的粗略架构①，之后许多专家学者都就这一问题进行过有益的探讨，如丁晓昌、杨剑宇提出了广义秘书学应由理论秘书学、应用秘书学、历史秘书学、秘书教育学四个部分组成②。本书认为，秘书学的理论体系应由以下三个部分构成。

(1)基本理论。这是秘书学的学科纲领，包括秘书学概论、秘书工作概论和秘书人员概论，是从秘书学研究、秘书工作和秘书活动的具体现象中抽象出的普遍规律与原理，其目的在于为秘书实践提供理论指导。

(2)史论。即国内外秘书事业史的研究。不言而喻，这一领域的研究应该兼具基础理论和应用研究的双重意义，其目的在于提供借鉴与比较。

(3)实践论。这是秘书学研究的中心问题，也即秘书实务的研究。它通过对秘书日常工作和活动涉及的各个方面进行研究，实现对秘书工作的业务指导，促使秘书在辅助管理中更好地实现价值。

四、秘书学与其他相关学科的关系

秘书学与多个学科有着密切联系，它们与秘书学的关系主要体现在如下几个方面。

(一)包含关系

秘书学包含文书学、应用写作学、会议管理实务等。

文书学是一门以文书和文书工作为研究对象的学科。作为秘书工作的重要组成部分，文书工作是党政机关、社会团体、企事业单位实施管理的最有效手段之一。研究文书的撰写、处理、保存等技巧和规律的文书学，是秘书学的一个组成部分。

应用写作学是研究应用文的写作原理、文体特征及写作方法和技巧的学科。秘书人员必须具备较强的应用写作知识和技能，才能更好地为领导出谋划策，辅助管理。以秘书和秘书工作为研究对象的秘书学，必然包括应用写作的相关研究。

会议管理实务是一门研究会议管理与服务技能的应用学科。当今社会，会议作为一种集中人的智力来讨论、解决问题的活动形式已随处可见，在现代企事业单位的管理中

---

① 参见《秘书界》1987 年第 5、6 期合刊会议专辑。

② 丁晓昌、杨剑宇：《秘书学概论》，高等教育出版社，2011 年，第 8 页。

举足轻重。如何提高会议效率，降低会议的各项成本，从而做好会议的各项管理工作，是秘书学研究的重要内容。

(二)被包含关系

秘书学包含于行政管理学、领导学等学科之中。

行政管理学也称行政学，它是研究国家行政组织对社会事务进行有效管理的规律的科学，其任务是通过对行政现象的研究，形成科学的行政工作原理、法则和系统知识，以指导行政实践。秘书人员虽不是严格意义上的管理者，但秘书人员在国家机关、企事业单位、社会团体的计划、指挥、控制等管理活动中，借助为领导出谋划策、提供服务而间接地起着非常重要的作用。秘书学研究的一切内容，也都是以特定的管理目标和职能为前提的，因此，行政管理学与秘书学是包含与被包含的关系，行政管理学是母体，秘书学是其分支之一。

领导学是研究领导的工作规律及艺术的一门学科。一方面，秘书工作和秘书活动实际上是围绕领导开展的，它以领导工作为出发点。另一方面，尽管秘书不能代替领导行使决策权，但很多情况下，秘书工作体现与延伸了领导权力，是领导工作的一部分。因此，秘书学是领导学的一部分。

(三)交叉关系

作为新兴学科，秘书学从诞生之初就表现出与其他多个学科交叉相融的特点，研究、学习秘书学，也必须学习、掌握、了解这些相关学科，如法学、公共关系学、心理学、档案管理学等。

五、秘书学的学习与研究方法

学习与研究的方法必须要与特定的研究对象相对应，如前所述，秘书学的研究对象是秘书与秘书工作的规律及其应用，这就要求其学习与研究必须在理论概括与经验应用两个维度上同时展开。

(一)理论结合实践

从秘书学的起源与发展过程可看出，秘书学理论不是凭空产生，不是从理论到理论的推演。作为一门应用性学科，秘书学的理论大量来源于对实际工作的总结，同时又很好地指导着实践。因此，学习与研究秘书学必须尽可能地将理论与实践相结合，从现实的问题与需要出发去认识理论，从理论高度来提升经验、技巧。相反，如果从理论到理论，不联系秘书工作中出现的新情况、新问题来进行分析与研究，或者满足于简单总结式的经验与成果，不重视运用科学抽象的方法来揭示和阐明大量秘书现象背后的客观规律，都会远离秘书学学习与研究的正确方向。

(二)案例学习法

案例学习法是指对发生的真实事件进行归纳、总结和学习的一种方法。案例是指以描述的方式重现以往发生的事件以及对事件做出的决策、解决办法和得到的结果，而这些记录对处理现在或者是未来发生的类似事件有很好的参考价值。案例学习法的好处在于聚焦在解决问题的方法上，对提高分析能力和改变行为有很好的帮助。

案例学习法是将理论知识转化为实践能力的有效学习方法，尤其是在秘书学的学习与研究中。由于秘书每天面临的是大量事务性工作，秘书学所研究的也正是如何在这些琐碎的事务性工作中找出规律，从而帮助秘书更好地履行职责。这就要求我们必须养成科学的思维方式，从案例出发进行思考、分析与研究。大部分人在学校学习阶段很难对秘书工作有真正的理解，特别是对秘书工作中时时刻刻会遇到的各种问题缺乏真实的认识，这种情况下，案例学习法就显得尤为重要了。通过对典型案例的分析，不断思考、归纳，找到问题的解决方案，比较各种解决方案的利弊，最终形成自己独立解决问题的能力，将使学生提前获得“职场”体验，避免纸上谈兵。同时，对于秘书从业人员及研究者来说，这也是一种融合理论概括与经验分析、切实坚持理论联系实际、造就开放型秘书人才的好方法。

第二章

秘书概述

在现代社会，秘书职业是一种广泛而重要的社会性职业，是我国各级党政机关、企事业单位和社会团体中一项不可缺少的重要工作。目前我国秘书职业化初步形成，本章主要介绍秘书的定义与分类、秘书职业的特点及秘书人员的素养。

第一节　秘书的定义与分类

一、“秘书”词源及秘书职业的起源

“秘”原写作“柲必”，是一种香草的名字。(《集韵》：“柲必，香也，或作秘。”)上古时代可能用这种香草来进行占卜，“秘”由此衍变为用来代指占卜祭祀一类宗教活动。(《字汇》：“秘，俗祕字。”)《史记・封禅书》：“祝官有祕祝，即有灾祥，辄祝祠移过于下。”这里的“祕祝”就是指掌管祭祀的官员。“秘”后来渐渐引申为记录祝官占卜活动的图书资料，也即观察天象、预测吉凶、推算气数的谶纬图箓之书。这些书籍带有浓厚的迷信色彩，又因为大多替统治阶级预测王朝兴废、政权更迭之事，因此其政治色彩也很浓厚。

从现有的甲骨文资料来看，我国殷商时期历代王朝都设有秘府，“秘”渐渐从谶纬图箓之书衍化为宫禁里的一切藏书，包括天文、地理、文学、赋税以及统治活动中形成的种种文案等，这些图书资料或因极其珍贵，或因事涉机密不能示人，故被称为“秘书”。

但“秘书”作为一个正式的词出现得较晚，现今能看到的记载最早是《汉书・叙传》记载：“游博学有俊才，与刘向校秘书。”(“游”即《汉书》作者班固的祖先班游。)又如《晋书・荀勖传》记载：“及得汲郡冢中古文竹书，诏勖撰次之，以为中经，列在秘书。”这里的“秘书”都是指皇宫中秘密收藏的图书典籍。由于春秋战国的动荡以及秦始皇焚书，宫中秘府图书损失很多，到了汉代，发起了一场整理古代典籍的运动，以整理王室秘府图书为职业的官员应运而生。自汉以来，王朝中央就设立了秘书郎、秘书令等职，他们负责在王宫中收受文书，颁发诏令，掌管奏章，以及收藏、保管宫禁图书与重要档案。

如上所述，我国古代很早就出现了“秘书”这一概念，但其含义与当下有很大的差

异。古代真正从事秘书工作的人，在不同的时候有不同的称谓。殷商时期，奴隶主贵族事无巨细均要先行占卜，并且把占卜的时间、地点、事件、结果等刻在龟甲兽骨之上，这些甲骨卜辞事实上就是王室贵族活动的真实记录。那些掌管占卜及记录王室活动、在甲骨上书刻卜辞的人被称为“史”。《说文解字·史部》：“史，记事者也。”段玉裁注：“《玉藻》：‘动则左史书之，言则右史书之。’”用今天的眼光来看，他们所承担的就是秘书工作。夏朝的太史令、左史、右史，西周的外史、内史、女史等，汉以后出现的尚书、中书、侍中、仆射、中书舍人、翰林学士等，以及地方政府普遍设立的主簿、掌书记、判官、书佐、师爷等，尽管分工越来越细，官职名称、权力与工作职责也各有不同，但基本都是通过文书活动来辅助国君或一方长官，是当时的秘书官员。

二、秘书的定义

（一）国外对秘书概念的界定

英语秘书“secretary”一词源于拉丁文“secretarius”，原意为“可靠的职员”，其词根“secret”是“秘密”的意思，加上后缀意为“从事秘密工作的人”，直译就是“秘书”或“书记”。其他如法语、德语、俄语的含义也基本相同或相近。

西方现代秘书的概念形成于18世纪资产阶级大革命时期，1776年华盛顿领导美国独立战争时，身边已经设置了秘书；1789年法国资产阶级大革命后，就出现了秘书职位；1893年法国雅各宾党人专政时，首相罗伯斯庇尔首先使用了私人秘书，此后各国领袖人物争相效仿，私人秘书逐渐普及。

“secretary”有两种拼写方式，分别表示两种不同的含义：一是“Secretary”，原指在英国国王身边参与机要事务、掌管机密文件的辅臣，后泛指英、美和英联邦国家主管政府机关事务的部长或常务副部长；“the Secretary of State”即英国国务大臣，或称国务秘书，在美国指国务卿。另一种拼写是“secretary”，泛指受雇佣在办公室从事信函处理、档案保管、业务安排等工作的普通意义上的办公室工作人员。

在现代西方国家，秘书的职能与以前相比有了显著的扩展和强化。国际职业秘书组织(Professional Secretaries International)是以欧美等发达国家为主的国际性秘书组织，它对秘书所下的定义是：“具有熟练的办公室工作能力，不需上级敦促即能主动负责、积极进取、干练果断，能在授权范围做出正确决定的经理助手。”①

在日本，秘书有两种含义：一种是引用英文的词义，指政府机关或社会团体日常事务的负责人，如内阁官房长官的英译“chief cabinet secretary”即“首席内阁秘书”之意；另一种更广泛的含义是指帮助上司处理各种事务的工作人员。

不同国家对秘书概念有不同的认识，但也有以下一些共性：第一，肯定秘书是一种社会职业，而不仅仅是官职名称，这与我国古代是不同的。第二，秘书是为领导服务的人员，领导的需求决定了秘书的工作。第三，在世界范围内，越来越强调秘书为领导服务的辅助管理职能，秘书是以处理信息和综合服务的方式辅助领导实施管理的工作人员。

---

① 严华编译《韦氏秘书手册》，国际文化出版公司，1989年，第2页。

(二)我国现代对秘书概念的认识

自20世纪80年代秘书学诞生，我国学者对秘书概念的认识与界定也随之展开，他们从各自的角度对秘书给出了各种各样的定义，有人统计多达百种以上。但不论如何表述，在以下几点上基本达成了共识。

(1)秘书工作的根本性质是辅助管理。即秘书人员除了处理文件信函、安排会见与会议等事务性工作之外，还应间接或直接地辅助领导实施管理。

(2)秘书的主要工作方式是处理信息和综合服务。在一个社会组织中，相对于其他业务部门，秘书部门的职责比较宽泛，凡是涉及事务安排和信息处理而又没有明确的业务归属的，几乎都可纳入其工作范围，是名副其实的“不管部”。秘书所提供的，就是围绕信息而展开的全面、系统、综合的服务。

(3)秘书的主要服务对象是领导。当然，这个领导可能是领导者个人，也可能是一个领导集体。秘书的基本职责，就是协助领导处理事务、整合信息、为领导决策提供服务。

综上，我们采纳劳动和社会保障部1997年12月制定的《秘书职业技能标准》中的说法作为秘书的定义：“秘书是从事办公室程序性工作、协助领导处理政务及日常事务并为领导决策及其实施服务的人员。”

三、秘书的分类

在秘书的分类问题上历来说法不一、各执一词。分类的目的是为了更准确地认识秘书，明确各类秘书的工作职责和职能，因此，结合当前我国秘书行业现状，本书认为，首先采取两大部类分类法把秘书分为公务秘书与非公务秘书(或称私人秘书)①；其次在公务秘书之下以纵、横两个角度来进行具体划分是比较合理的②。

区分公务秘书与非公务秘书大致可从三方面来考量：①其所在单位的性质；②其收入来源；③其与领导人之间的关系。根据这三方面，可将公务秘书与非公务秘书分别定义为：“公务秘书，就是在国家机关、国有或集体企事业，以及官办社团中担任秘书工作的公职人员。”“私人秘书，就是在私营企业、外资企业、民办社团、专业户、个体户，以及社会各界名流那里担任秘书工作的雇佣人员。”③

(一)公务秘书

1. 我国公务秘书的分类

公务秘书是我国秘书从业人员的主体，人数众多，分布广泛，其内部的种类划分也越来越细致。

英国把政府文官系统的秘书分为速记打字级、书记级、文牍级、执行级、行政级五

---

① 常崇宜主编《秘书学概论》，辽宁教育出版社，2007年，第65页。

② 张同钦主编《秘书学概论》，中国人民大学出版社，2011年，第18页。

③ 董继超：《普通秘书学》，中央广播电视大学出版社，1996年，第51页。

个层次。受这一做法的启发，我国学者大胆提出了秘书纵向分类的设想。早在1989年，翁世荣就提出“可以有高级、中级和初级秘书之分或一级、二级、三级等秘书之别”①。在此基础上，1997年，劳动和社会保障部启动秘书职业资格鉴定制度，规定秘书分为高级、中级、初级三个等级。2003年，劳动和社会保障部又启用新的国家职业标准，将秘书分为二级到五级共四个等级。由于目前的职业资格等级考试并未在公务员中推行，参照这一分类，董继超提出针对公务员的三级序列分类，即高级公务员层秘书、中级公务员层秘书和初级公务员层秘书②。具体来说，党政机关的秘书长和办公厅主任是高级公务员秘书；办公室主任和秘书处长、科长为中级公务员秘书；办事员、科员为初级公务员秘书。

横向分类是以秘书工作的内容或所在的行业为标准来进行分类。从秘书工作的内容来看，可分为行政秘书、文字秘书、机要秘书、通信秘书、信访秘书、事务秘书、生活秘书、外事秘书和会务秘书。这种分法强调了秘书的主要业务，在现实中应用较普遍，但各种类型之间的界线并不是很清晰，很多情况下一个秘书所涉及的业务是多方面的。从秘书所在的行业来看，大致可分为人事秘书、企业秘书、金融秘书、法律秘书、科技秘书、军队秘书、教学秘书、涉外秘书等。这种分类法的好处是行业清楚，比较便于管理与培训，但社会职业分工越细，势必意味着秘书分类也将随之再细化，分类过多过细，就没有意义了。

2. 我国公务秘书的特点

(1)人数众多，遍布全国，是我国秘书从业人员的主体。据粗略测算，在发达国家，如在美国，秘书人数在20世纪80年代初约占总人口的1%，90年代末已接近2%。我国的机关单位数目比例比美国高，各方面需要秘书的程度也比美国高，秘书人数至少不会低于总人口的2%，这个数字是非常可观的③。正是依靠这支庞大的秘书队伍，我国各级各地领导机关及领导工作才得以正常运行。

(2)非直接服务，但接近权力中枢。除少数高级领导的秘书外，普通公务秘书的工作由单位统一指派(非由领导个人安排)，并对单位负责(非对领导个人负责)，为领导提供的是一种非直接的服务。但这种服务同时又是一种近身服务，公务秘书在单位组织结构中处于最接近领导的特殊位置，最接近权力中枢。江泽民同志1990年在全国党委秘书长座谈会上形象地把秘书称为领导的“左右手”，即是此意。

(3)对政治素质的要求较高。公务秘书本质上是党的干部和国家公务员，从事的是国家行政管理工作。他们直接为领导和领导决策服务，这些决策通常体现为党和政府管理国家事务和社会事务的原则和措施，而秘书无论是为领导收集信息、调查研究、起草文件、组织会务，还是从事督查、协调、信访等工作，都是为了辅助领导制定政策和贯彻执行政策，因此，对政治素质的要求较高。

---

① 翁世荣：《现代秘书学》，上海人民出版社，1989年，第56页。
② 董继超：《普通秘书学》，中央广播电视大学出版社，1996年，第51页。
③ 常崇宜主编《秘书学概论》，线装书局，2000年，第39页。

(二)非公务秘书

1. 我国非公务秘书的组成

非公务秘书的范围不易明确界定，现阶段，主要是来自于：①三资企业；②乡镇(街道)企业；③非国有或国有控股很少的股份制企业；④私人企业；⑤民间其他法人组织(如民办学校、民间学会等)；⑥私人个体；⑦其他。

2. 我国非公务秘书的特点

(1)人员依附性强，流动性大。非公务秘书与其上司之间是雇佣与被雇佣的关系，因此非公务秘书不可避免地对其上司有一定的依附性，上司的业务发展方向、规划、思维方式甚至个人喜好等都有可能影响到秘书的职业前景。这与公务秘书是完全不同的。一般来说，公务秘书的工作不会因领导人、领导班子的变动而发生太大的变动，国家公务员制度也强调公务员队伍的稳定性。同时，非公务秘书与其上司又都有选择的自由，加上在市场经济体制下，优胜劣汰，私营企业者本身的流动性就较大，因此，非公务秘书队伍不太稳定是很正常的现象。

(2)业务性较强，政治性较弱。除极少数政治家的私人秘书之外，非公务秘书所从事的工作一般都很务实，业务性强而政治色彩相对较淡。很多雇主会要求其秘书不仅熟悉办公室的各项工作，还必须有一定的外语能力、能自如地处理人际关系、懂财务管理、掌握现代通信及信息处理技术等，一专多能的复合型、技术型人才往往能成为非公务秘书中的佼佼者。

(3)尚未纳入规范管理。现阶段我国对非公务秘书的职、权、责尚缺乏明确的、统一的规定，不同雇主的秘书在工作内容、工作标准、职权范围及薪酬待遇等各方面都有较大差异，这种情况造成非公务秘书的合法权益往往难以得到有效保障，也使其队伍鱼龙混杂，制约了其进一步的发展。

第二节　秘书职业的特点

一、秘书职业的基本特点

对秘书这一职业的基本特征有多种总结，如事务性、政治性、综合性、服务性等，大同小异。吕发成、方国雄认为：“必须抓住这种职业活动与其他活动的质的区别，抓住它不同于其他事物的基本特征，才能发现这种职业活动特有的规律。”[①]他们认为，秘书这一独立的职业活动，其特征是本质的中介性、成果的隐匿性和主体角色的多重性。本书部分地参考了他们的观点。

(一)中介性

“中介”是一个哲学概念，中介性是指一事物的运动全过程都介于其他事物之间，受

① 吕发成、方国雄：《秘书学基本原理》，兰州大学出版社，1996年，第31页。

到其他事物的制约，不能离开其他事物而存在。

辩证唯物主义的中介概念是指在客观世界中，每一个物质客体都和它周围的物质客体直接接触，并通过它们和在空间上与之并存的其他物质客体间接地相联系。各种物质客体之间有着直接的和间接的纵横交织的联系，构成了整个物质世界的普遍联系网，中介就是网上的纽结或关节点，它们在不同物质客体间起着居间联系的作用。而对于每一个物质客体来说，中介则表现为其内部对立两极之间的联系环节。

古今中外的秘书活动实践证明，秘书在其职业活动过程中始终处于中介位置。我们知道，秘书活动最早产生于政教合一的原始管理活动中，秘书的作用是联结天人、代鬼神言，是人神之间的中介。在几千年秘书活动的演变过程中，也始终没有脱离这样一个中介的位置，始终处于领导者与被领导者、管理者与被管理者两方的中介地带。现代社会中，秘书的这种沟通、中介的地位更加明显。

(1)从组织内部结构来看，秘书部门处于枢纽位置，是贯通上下、联系左右的中间环节，如图 2.1 所示。

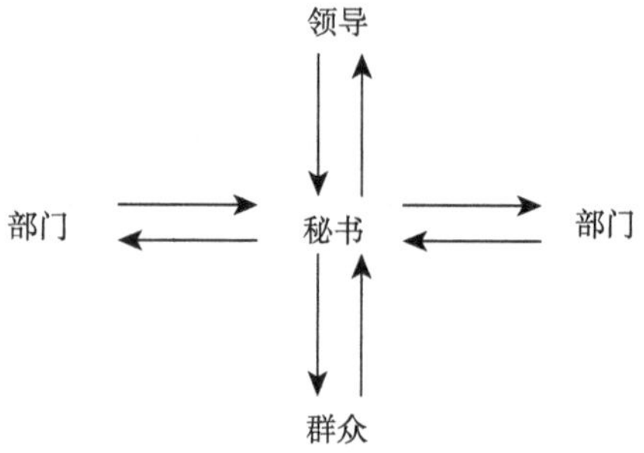

图 2.1 秘书的中介性

如图 2.1 所示，在一个组织机构中，秘书所处的位置如同十字路口，不论是领导与群众间的上下联系，还是职能部门间的左右沟通，都要经过秘书这样一个枢纽的联结。甚至组织机构与外界的联系，一定程度上也要通过秘书。可以说，正是秘书的中介性保证了整个组织机构对内、对外职能的正常运转。

(2)秘书既不是决策的制定者，也不是具体的实施者，只是以中介状态介入和辅助。从决策过程来看，秘书在决策之初所起的是调查研究、出谋划策的作用，但秘书没有决策权；决策实施时，秘书负责向下传达领导决策意见、向上反馈决策实施情况。秘书间接地介入和参与到整个决策过程中，所起的作用是沟通与联结，其活动处于实践—认识—再实践的中介点。

(3)中央领导同志曾明确指出，中央办公厅工作的指导思想是围绕党的总目标、总任务，做好“三服务”。

“三服务”是秘书工作的指导思想，这一提法来源于 1985 年 1 月召开的全国第三次秘书长、办公厅主任座谈会。在有关这次会议的报道中提到：“关于指导思想，他(时任中央办公厅主任王兆国)指出：中央办公厅工作是围绕党的总目标、总任务，做好‘三服务’，即为中央服务，为中央各部门和各省、自治区、直辖市服务，为人民群众服务。至于各地区、各部门办公厅(室)工作的指导思想，他建议是：为中央领导工作服务、为当地领导机关和各部委服务、为同级和下级机关服务以及为人民群众服务。”

可见，各级秘书都应做到“三服务”，即秘书要为上级领导服务、为同级各职能部门和下属单位服务、为人民服务，这种辐射状的服务方式也正表现出秘书活动的中介特征。

认识秘书中介性特性具有巨大的实践意义：①系统兼顾效应。秘书的一切活动都必须兼顾各方，否则必然导致失误或失调。②系统凝聚效应。秘书活动作为相关各方的中介，有效地发挥其职能作用有利于强化系统各方的凝聚力。③系统协调效应。秘书所处的位置决定了其能及时发现组织中的矛盾和纠纷，并在客观上起到一定的缓冲作用，为进一步分析和解决问题做准备。

（二）潜隐性

潜隐性是指秘书活动成果的隐匿性，即其成果不能以秘书的名义直接体现出来，而是隐藏在领导工作、组织形象和整体效益中，原因如下。

(1)秘书活动的基本任务是为领导服务，因此其成果必然是包含在领导活动的成果之中而不能独立存在。领导最基本、最主要的职能是决策，秘书要为领导决策做大量的调研、协调、反馈工作，领导的每一次决策都蕴涵着秘书的努力，但决策成功时，其业绩并不能归于秘书名下。

(2)秘书活动的成果体现在组织形象中。一个组织的社会形象首先表现在办事效率上，而高效率取决于该组织内部各机体的运转效率，秘书联结各机体，其卓有成效的工作保证了整个组织系统的高效运转，但这些幕后工作又往往是不为人知的。例如，某单位承办一次会议，秘书在会务组织中起着关键性的作用，但会议的成功举办带来的是外界对单位整体工作效率、工作质量的好评，而不是对张秘书、李秘书的个人褒扬。

(3)秘书不是直接生产者，也不是决策者，既不能以产值产量、也不能以决策管理的成效来衡量其工作业绩，其效益是间接反映在组织的整体效益中的。间接效益性是秘书工作的一大特点。

秘书职业的潜隐性并不意味着秘书工作不重要，事实上，秘书为领导人、机关其他部门及人员的工作提供服务，实质上是为他们成功地完成职能任务做好铺垫。正是秘书甘居幕后、默默奉献，才使领导活动、乃至整个组织得以高效运转，没有秘书活动，组织的整体效益无疑将受到重大影响。秘书的这一职能特性提醒我们，秘书只有摆正位置，认识到自己角色的特殊性，不追求虚名，甘做幕后英雄，才能真正服好务，实现职业价值。

（三）辅助性

辅助性是指秘书人员在各级领导人员的领导、指挥、控制之下，与领导站在同一层次上从旁帮助领导人员完成工作目标，具体如下。

(1)就秘书与领导关系的本质而言，领导居于权力的核心，是权力的主体，秘书处于权力的边缘，是权力的从体。这就决定了秘书不能脱离领导而独立存在，秘书永远处于从属的位置，地位再高的秘书也只是比他更高一级的领导人员的助手。所以，秘书的全部工作都必须以领导工作为主导，围绕领导工作来开展，对领导工作起辅助作用。反过来说，领导工作也离不开秘书的辅助，这主要是因为领导的精力主要放在宏观决策上，不可能事事躬亲；同时，领导的知识与能力也有限，再优秀的领导人也不可能仅凭个人智慧和经验去面对当前复杂的政治、经济、社会事务；另外，领导处于其位置，不可能直接履行调查研究、信访等职能，必须要靠其“左右手”来加以辅助。因此，辅助性也可以理解为秘书对领导职能的一种补偿性。

(2)秘书在处理任何问题时，都必须以领导的意图和指示为本，不能超越授权自行其是。秘书处于从属地位，这本身就意味着秘书职能的被动性，秘书只能按照领导的旨意去办文、办事、办会，一个秘书，也只有做到准确地领会领导意图，遇事多请示、多汇报，才能当好领导的参谋和助手。当然，这并不是说秘书就没有个人的独立人格和主观能动性，尽管秘书的很多工作确实是被动的，但在具体的工作方式、方法、技巧上，秘书还是有很大的主动权。如何变被动为主动，在被动中求主动，是一名优秀秘书应思考的最重大的课题。同时，面临大是大非时，秘书也要有清醒的认识，要有独立的思考与判断，不能狼狈为奸，更不能助纣为虐。

总之，秘书职业的辅助性提示我们，秘书与领导之间是主辅关系，秘书不能因为自己贴近权力中心就忘乎所以，而要充分认识自己的职业角色，自觉树立服务意识和从属意识，一心一意为领导服务。同时，秘书不仅要能领会和服从领导意图，更要善于补充、完善、创造性地贯彻领导意图。

二、我国秘书职业发展的趋势

(一)职业化

职业化是指“从事某项工作的人形成了相对稳定的社会群体”①。一个工种要实现职业化，首先是其职业形象获得了社会的广泛认可；其次要有较为明确的职责分工体系；另外还要建立合理可行的职业准入机制、具备完善的职业培训模式等。

从职业形象来看，在世界范围内，秘书工作不仅广泛存在于政府机关、企业和社会团体，而且渗透到社会各个角落，是公认最广泛的社会性职业之一。我国自改革开放以来市场经济不断发展，一改几千年来认为秘书是“官员”、是“后备领导干部”的传统观念，秘书的职业形象、职业技能与商业价值越来越得到肯定，人们已经把秘书越来越普遍地定位为一个专门的职业。

从职责分工体系来看，经过三十多年的研究与发展，不论是在理论界还是在具体的从业环境中，我们对秘书工作的职能、工作内容与范围、权责归属、职业规范、管理系统等都已基本达成了共识。

而且，我国秘书职业认证工作已全面展开。1998 年 6 月，劳动与社会保障部发布了《秘书职业资格鉴定试点工作方案》，在北京、上海、广东等 10 个省市率先开始了秘书职业资格鉴定试点工作；2000 年 3 月，又发布了《招用技术工种从业人员规定》，从 2000 年 7 月 1 日起，秘书等职业必须持职业资格证书上岗。从此，秘书作为一种社会职业正式进入了我国的职业目录，也意味着我国秘书职业化时代的到来。

现代社会对秘书技能的专业化要求越来越高，在此趋势下，我国秘书专业的教育已形成专科、本科至研究生的完整体系，不少高校的秘书学专业还特别开展了多方位的职业技能训练，将职业素养与业务能力的培养作为教学的重中之重，这成为整个秘书队伍不断满足社会需求、朝着更高目标迈进的人才保证。

---

① 杨树森：《论我国当前秘书行业的特点》，《秘书》2006 年第 4 期。

综上，秘书的职业性在我国已得到了社会的广泛认可，秘书作为一种社会职业日益受到各界重视。尤其是秘书职业资格认证工作的全面展开，意味着我国秘书职业化时代的到来。但不可否认的是，就世界范围来看，目前我国秘书的职业化程度并不高。这表现在：传统的“官本位”思想影响下，对秘书人员的职业定位仍有偏差；秘书教育的专业化、技能化程度尚需提高；秘书从业人员准入制度有待完善；秘书立法工作仍未提上议事日程；等等。可以说，秘书职业化既是社会发展、社会分工细化的必然结果，更是秘书自身行业发展的需要，只有全社会积极营造有利于秘书职业化的氛围，秘书界坚定职业化发展的信心，才能实现真正意义上的秘书职业化，从而顺应国际发展的潮流，更好地发挥秘书的职能。

（二）智能化

随着现代社会对高效管理、科学决策的要求越来越高，秘书也呈现出与以往不同的职业面貌，由事务型向智能型发展是当前秘书行业的重要特征。

第一，秘书每天要处理庞杂的事务，涉及不同的秘书业务领域，如写作、会议管理、财务管理、通信联络、社交礼仪等，它们各有各的专业性要求，秘书需要掌握特定的技能与技术才能完成这些业务。更不用说法律秘书、科技秘书、医疗秘书等特定行业的秘书人员，他们除了要熟悉秘书的专业技能外，还需要对所在行业的相关知识有一定了解与掌握，高级秘书甚至需要具备较深厚的行业领域的专业功底。

第二，办公室自动化程度的提高将许多事务性工作转向自动化、网络化平台，毋庸置疑，即使是办公室的日常文档管理工作，也要掌握现代通信及信息自动化处理技术，这样才能尽可能高效地收集、处理、整理、复制各类文件资料。随着社会科技化程度越来越高，办公室工作的技术含量也随之提高，秘书必须掌握计算机技术、办公软件的应用与维护以及一定的网络知识才能胜任。

第三，现代社会管理难度增大，领导决策行为日趋复杂，客观上要求秘书不能满足于完成一般的事务工作，而是要更多地参与到政务活动之中，辅助领导决策，如信息处理、调查研究、协调、督查等带有参谋、顾问性质的职能不再是高级秘书的专利，各级领导都对其秘书提出了“外脑”、“智库”的要求。因此，由事务型向智能型发展，是秘书行业发展的必然方向。

（三）女性化

从世界范围来看，秘书职业的女性化是一个显著的趋势。尽管尚缺乏准确的统计数字，但可以肯定的是，我国秘书队伍中女性所占的比例正在逐年提高，说女性占据了秘书行业超过半壁江山的分量是毫不为过的。

大多数研究者认同秘书队伍的女性化趋势。首先，女性的性别特征与秘书的职业要求较为吻合，女性似乎先天地较男性更为适合办公室工作环境。国际上的“欧卡诺手指灵巧测验”、“欧卡诺用镊灵巧测验”、“普渡钉板测验”等，都证明在手眼紧密灵巧的配合上，女性优于男性。“库达兴趣测验”还表明，男性在机械、科研、权力使用等方面较强，而女性在艺术、社会服务、语言文字运用、人际协调等方面更有优势①。更不用说女性更为耐心细致，天性较为顺从，这些都使得女性无疑更为适应秘书职业的中介性、辅助性、事务性要求。

其次，秘书职业也是知识女性较为青睐的一个就业选择。办公室工作属于白领阶层，相对于其他很多职业，尽管薪酬算不上优厚，但显然更为稳定、体面，工作环境也比较安全和舒适。如果说女性的性别特性比较适合办公室工作是客观使然，那么女性的择业态度则在主观上促成了秘书女性化的趋势。

最后，中国特殊的国情也是秘书职业女性化的原因之一。新中国成立以来一直强调男女平等、妇女解放，各级领导班子中都有相当数量的女性成员，很显然，女领导如果配置男秘书，工作中会有所不便。同时，党和国家一直以来也很重视培养妇女人才，受过高等教育的女性在全国总人口中所占比例正日益扩大，这些都为女性走上秘书岗位提供了条件。毫无疑问，今天，女性正成为办公室工作中不可或缺的角色。

第三节　秘书素养

所谓素养即素质与教养，是一个人内在的、稳定的物质要素和精神要素的总和。秘书素养是一种职业素养，是秘书职业内在的规范和要求，换句话说，秘书素养是一个秘书在其职业活动中所表现出来的综合品质。简单来说，秘书素养应包含精神素养、智能素养和心理素养三个方面。

一、秘书的精神素养

精神指人的主观世界，是人的意识和思维活动及其表现出的行为作风的总和。秘书的精神素养是指一个秘书所应具备的政治思想修养、作风修养与职业道德修养。

(一)政治思想修养

秘书的政治思想修养是指秘书在马克思主义理论知识、政治组织观念、法制意识和政策观念方面应达到的水平。秘书政治思想修养的高低，对掌握和领会党和国家相关政策的水准、辅助领导决策、提高执行力和影响力有着直接的影响。

1. 理论修养

秘书政治思想修养所要求的理论修养，指的是马克思主义基本理论的修养，它包括两个方面，一是理论知识，二是理论思维能力。

秘书的理论知识，即关于马克思列宁主义、毛泽东思想、邓小平理论、“三个代表”、科学发展观等重要思想的知识。这些理论是我们认识世界、改造世界的强大思想武器，是党和国家一直以来的指导思想，我们的方针政策和法律法规等都是在这一理论体系之下制定的。秘书要准确把握现行政策法规的精神实质，提高在任何复杂情况下分辨是非的能力及贯彻执行党的方针政策的自觉性和创造性，就必须认真学习这些政治理

① 吕发成、方国雄：《秘书学基本原理》，兰州大学出版社，1996年，第253页。

论知识。

理论思维能力是指我们运用马克思主义的立场、观点和方法来分析问题和解决问题的能力。马克思主义哲学是人类迄今为止最完整、最科学的世界观和方法论，具备一定的马克思主义理论功底，有益于我们形成全局意识和战略眼光，在纷繁芜杂的各种矛盾面前做出科学决策。

2. 政策水平

政策是体现党和国家意志、体现大多数人利益、为实现一定历史时期的路线和任务而制定的行动准则。在我国，政策往往体现为一整套相关联的宏观性方针，体现着一定的政治走向。因此，所谓政策水平，就是指对党和国家的方针政策(包括具体内容、来龙去脉、调整变化等)的熟悉程度和正确理解其实质与走向的能力。

秘书所开展的一切工作，不论是为领导起草文稿，还是协调、信访、处理突发事件，甚至代表领导应对各种日常事务，都必须符合政策，不能做出有违政策或与政策倾向不一致的事。所以秘书要时刻注意认真分析党和国家的各项方针政策，领会其精神实质，提高自己理解和把握政策的水平。不仅党政机关的秘书是如此，企事业单位、社会团体的秘书工作也具有政策性，因为这些组织的行为也必须符合各项政策。秘书只有熟悉相关政策，领悟其内涵与核心，才能结合本单位的实际情况，协助领导开展工作，避免出现政治导向性错误。

3. 法制观念

任何公民都必须遵纪守法，但是作为秘书，其贴近领导的特殊地位决定了他们更容易出现越轨行为，而秘书一旦违法乱纪，其所造成的危害及不良影响也将更为严重。因此秘书不仅要切实学习研究国家根本大法《中华人民共和国宪法》，要掌握国家各项重要法律法规，如《中华人民共和国刑法》、《中华人民共和国民法通则》、《中华人民共和国合同法》、《中华人民共和国保守国家秘密法》等，还要随时关注新颁布的各项法令、法规、条例等，并且要特别注意学习与本系统、本部门相关的专门性法律规定。只有这样，才能深刻把握和正确运用法律武器来维护国家和人民的权益，切实当好领导的参谋和助手。

(二)作风修养

作风是指人们在思想、工作和生活中所表现出来的一贯的态度和行为特征。关于秘书应该有什么样的作风修养，一些专家学者也进行了研究，他们或从正面提出了“实事求是”、“任劳任怨”、“保守机密”、“清正廉洁”等要求，或从反面提出秘书人员应“忌高高在上”、“忌优柔寡断”等。综合来看，它们大多是在较广泛的意义上对秘书的思想观念、政治意识或职业道德提出的要求，并不是秘书在具体工作中体现出来的习惯化的态度和行为。本书认为，秘书人员良好的作风修养体现为四个字，即快、细、准、严。

(1)快。在对秘书人员的工作作风的要求中，“快”字排在第一位。这是因为，秘书工作大多有很强的时效性，秘书人员是否能够做到雷厉风行，会直接影响到整个社会组织的工作效率，影响到领导决策的贯彻与实施效果。培养快速高效的工作作风，要做到：杜绝官僚主义和拖拉作风；树立高度的时间观念和效率意识；努力提高快速反应能力。

(2)细。“细”即细致，要求秘书人员在各项工作中做到认真负责、一丝不苟。秘书人员身处核心部门，每天承办大量的公文和日常事务，起着承上启下、上传下达的枢纽和桥梁作用，必须细致周到地做好每个环节的工作，否则就可能出纰漏，甚至造成严重的后果。

(3)准。秘书工作要求准确、实事求是。以文稿写作为例，如果起草公文时将法规、重要指示或决定写错一个字、一个数据，在校对时又马虎大意没有发现，文件一旦发出就可能造成严重的政治事故。

(4)严。“严”有两层意思，对自身是“严格”，对他人是“严谨”。现代社会对秘书提出了较高的要求，只有思想敏锐、工作勤奋、不骄不躁、与时俱进的秘书，才能得到各方好评。秘书一定要严格要求自己，不断提升自身素质，高标准、高质量地完成工作任务。严谨是指：态度严肃，不随随便便、盲目从事；办事严密，杜绝疏忽错漏；表态谨慎，不信口开河；等等。

(三)职业道德修养

职业道德是对从事一定职业的人的特殊道德要求。中共中央印发的《公民道德建设实施纲要》中关于职业道德有这样的解释：“职业道德是所有从业人员在职业活动中应该遵循的行为准则。”由此看来，秘书职业道德就是指秘书人员在日常履职和社会活动中，思想和行为所应遵循和履行的与秘书职业相适应的道德规范和行为准则。

关于秘书职业道德的具体内容，各种秘书学著述中也有不同的概括。本书综合各方观点，并参考 2003 年劳动与社会保障部制定的《秘书职业国家标准》的相关表述，认为秘书应具有以下职业道德。

(1)忠于职守。忠诚是一种宝贵的思想品质，也是秘书人员必须遵守的道德规范和行为准则。从大的方面来说，秘书应该忠诚于祖国、忠诚于人民；从小的方面来说，在不违背国家和人民利益的前提下，秘书应该忠诚于自己所服务的组织和上级。

(2)廉洁奉公。廉洁奉公是对所有公职人员的行为规范要求，但对秘书而言更有着特殊的意义。近年来，秘书腐败的案件屡见不鲜，腐败的根源在于权力寻租，秘书不是领导，严格来说并没有权力寻租的空间和机会，但秘书的工作岗位接近领导，事实上用权的渠道和方式非常多。加之现阶段我国权力制衡机制尚不成熟，如果秘书不从职业道德的高度严格要求自己，权力欲望恶性膨胀，就有可能导致职业性的腐败。因此，自尊自重、廉洁奉公，对秘书来说不但是一个组织纪律问题，更是一个道德品质问题。秘书人员一定要坚持组织原则，正确对待和使用领导授权，处理各项事务时不能掺杂私心，更不能利用自己的特殊地位牟取私利。

(3)不卑不亢。不卑，是指不刻意去讨好领导。秘书为领导提供近身服务，秘书工作的好坏，领导最有发言权，因此有些秘书误以为只要讨好领导、获得领导个人的赏识，就是一个好秘书。事实上，领导考量一个秘书往往还是看其对决策活动的贡献。如果一味奉承、讨好领导，而对领导的决策活动、对整个组织的工作毫无贡献，只会适得其反。

不亢，是指不能高高在上、自命不凡。秘书工作中要接触形形色色的人，除了上级领导外，还有同事，或者是下级部门的工作人员，也有普通群众。这些人和秘书打交道时，大多数是需要得到秘书对其工作间接或直接的支持与帮助，秘书绝不能因别人有求于己而盛气凌人，应本着“三服务”的宗旨，对不同身份、级别的人一视同仁、平等相待，踏踏实实做好本职工作。

(4)诚实守信。诚实守信是社会主义新时期的道德要求，人人都应以诚实守信为荣。秘书承担着沟通左右、上传下达的行政职能，只有诚实守信，才能得到领导和同事的信任，保持和谐的人际关系；也只有诚实守信，才能保证信息的传递与沟通真实有效，在组织管理中发挥效用；同时，秘书部门还是组织机构的窗口，秘书人员诚实守信，是良好组织形象的一个重要体现。当然，这也同时要求秘书不能轻易许诺，对明显违背组织原则，或存在不确定因素自己尚无把握的事项，不能草率表态。如已做出承诺而因种种客观原因无法兑现，也应做好补救和解释的工作，取得他人的谅解。

(5)严守机密。秘书经常有机会接触和掌握机密，因此一向是别有用心的人窃取保密信息的主要对象。秘书既要强化自身的保密意识，杜绝过失泄密；更要提高警觉，防止被人利用，而给组织和领导造成不必要的麻烦和损失。

二、秘书的智能素养

秘书的知识、智力与能力，是秘书素质的重要组成部分，统称为秘书的智能素养。

(一)知识素养

秘书的知识素养是指秘书为了更好地从事秘书工作所应具备的知识方面的素质与修养，很多学者也将之称为秘书的知识结构，即秘书所应掌握的全部知识的广度、深度及其比例与融合方式。不同种类的社会职业都对其从业人员的知识结构有一定要求，对于秘书人员来说，必须具备多维的知识结构，既要有较宽的知识面，又要满足相应的专业要求，具体来说，秘书理想的知识结构由以下三个层面构成。

1. 基础知识

基础知识是指在秘书知识结构中起基础性作用的那部分知识，是构建秘书知识结构的底座和前提，基础知识越扎实越深厚，秘书的知识潜力就越大，拓展空间就越宽。

秘书的基础知识包括两大部分，一是科学文化知识，二是政策法规知识。前者指包括语文、数学、历史、地理、逻辑、外语等在内的一般知识和科技常识。后者指包括党的方针政策和国家的法律法规等在内的相关法律知识。这些知识一部分属于社会科学，有助于秘书更深刻地认识人生、了解社会，更好地履行辅助决策的职能；另一部分属于自然科学，能帮助秘书培养理性思维和科学精神，更好地适应现代管理工作的需要；而党和国家的法律法规则与秘书工作密切相关，是秘书必备的重要知识。

2. 专业知识

秘书的专业知识是指从事秘书工作所必需的专门化知识，是秘书区别于其他职业的重要标志。在秘书的知识结构体系中，专业知识处于核心和主体的位置。

这些知识由与秘书业务有密切关系的学科构成，主要包括业务知识和行业知识两大类，前者包括秘书工作各个环节的操作常识、基本技能和操作规范以及行政工作的一般常识等，就学科而言，涉及秘书学、文书学、公文写作学、档案管理学、公共关系学、会议学、行政管理学、领导科学、政治学、信息学等。后者指秘书所在行业的一般性知识，这是秘书开展具体工作不可或缺的知识准备。具体来说，政府部门秘书可能涉及政治制度、公务员管理等方面的知识，商业系统秘书可能涉及市场营销、物流管理、贸易合作等知识，其他教育、科技、医疗等各行各业的秘书，也都应熟悉所在行业的一般性知识。

3. 辅助知识

辅助知识是指不属于秘书的专业知识，但又与秘书工作有一定关联的其他知识。辅助知识并不是秘书知识结构中的主要构成部分，但由于它们对秘书开展工作起着重要的辅助作用，同样也不可忽视。

与秘书工作联系最为密切的辅助知识有管理学知识、心理学知识、传播学知识、经济学知识等，也包括控制论、系统论、运筹学等新兴学科理论，乃至关于世界格局、各国军事、科技、文化发展与变化的情况及我国的国情民情、民风民俗等，这些都是秘书开展工作有可能会用到的背景知识。

当然，以上只是对广大秘书人员提出的一种理想化的知识结构要求，真正衡量一个秘书的知识结构是否合理，还要具体问题具体分析。一般认为，秘书更新和优化其知识结构应考虑以下原则。

1. 适应性原则

适应性原则是指秘书的知识结构应符合秘书职业活动的需要，具体来说就是要适应岗位职责的需要、适应所属单位业务特点的需要、适应发展中的经济和社会环境的需要。如果秘书能以这样的既定目标为取舍标准，就能准确判断知识的价值，首先更新和优化工作中最急需的部分，不至于因“知识爆炸”、“信息爆炸”而无所适从。

2. 比例性原则

比例性原则是指应根据各学科知识在秘书工作中发挥作用的频率及效能大小来决定其在知识结构中所占的比例。秘书的知识结构体系应是一个搭配得当、联系紧密的有序整体，是一个多层次、多侧面的复合体系。在这个体系中，只有各方面的知识搭配合理，才能使它们发挥出最大的整体功用，否则，势必会影响秘书工作的顺利开展，甚至适得其反。

3. 动态性原则

动态性原则是指秘书的知识结构应随着时代的发展、环境的变化和工作岗位的需要而不断调节和更新。研究表明，在当今世界，知识的半衰期是五年左右。秘书人员必须要有强烈的对知识的渴望，不断学习、与时俱进。

4. 个性化原则

个性化原则是指秘书的知识结构还应有个性特色。现代社会分工越来越细，一个人的精力和智力毕竟有限，不可能做到门门通、样样精，因此一个秘书只有找准自身个性与工作需要的最佳结合点，以此为出发点自我补充、自我完善知识结构，才能扬长避短，尽最大可能发挥自己的聪明才智。

(二)智力素养

秘书活动是脑力活动，必然要求秘书人员的智力素质达到一定的水平。心理学意义上的智力包括观察力、注意力、记忆力、想象力和思维力等几个方面。

1. 观察力

观察力是人们有意识地对人、事、物或事件、现象进行知觉感受的能力，它是人们认识世界的基本前提。由于先天的差异和后天所受训练的不同，不同个体感受世界、观察世界的能力是不一样的。秘书人员由于处在整个组织机构的枢纽位置，担负着组织、协调、沟通、反馈的重要职能，及时捕捉、发现、收集工作中的潜在性、苗头性问题就显得非常重要。秘书人员要有意识地训练自己的观察能力，做到主动、客观、全面、敏锐地认识事物、判断事物，协助领导做出符合客观实际的决策。

2. 注意力

“注意”是人的心理活动对一定对象的指向和集中，分为有意注意和无意注意两种。所谓注意力，事实上是指人们有意注意的能力，即一个人按照预定的目标在规定的时间内把心理活动集中指向某一特定对象的能力。毫无疑问，良好的注意力是集中精力做好工作的关键，而秘书工作事务繁杂，较容易使人分心。例如，领导要求秘书在规定时间内起草一份文稿，而与此同时，秘书可能还要处理信函、接听电话、接待来访、安排会务等，这对秘书的注意力是相当大的考验。秘书培养和提升自身的注意力，就是要在同一时间内尽可能清楚地把握更多数量的注意对象，这是由秘书工作的职业特性决定的。

3. 记忆力

记忆力是人们在记忆活动中所表现出来的一种心理品质和能力。秘书工作涉及的范围广、头绪多，要想胜任秘书工作，就必须要有良好的记忆力。记忆力的衡量指标包括记忆的敏捷性、精确性和持久性，也就是说，秘书的记忆应尽可能做到又快、又准、又久，否则，就有可能贻误工作。

4. 想象力

心理学把人脑对已有的表象进行加工改造而形成新形象的心理过程定义为想象。丰富的想象力有助于秘书人员创造性地开展工作，这不仅仅体现在日常事务安排上，而且也体现在辅助决策过程中。秘书人员必须不断地丰富自己的知识积累，拓展视野，提高思维能力，才能使想象力得到不断提升。

5. 思维力

思维是通过分析、综合、概括、抽象、比较、具体化和系统化等一系列过程，对感性材料进行加工并转化为理性认识的过程。思维力即人们在此过程中所表现出来的认识能力。良好的思维能力是秘书人员认识问题、解决问题的基本素质保证，也是辅助领导决策的重要条件。因此，秘书人员应随时注意培养和提升思维的全面性、逻辑性、深刻性和创造性，保持思路清晰，为领导正确决策提供有价值的思维材料。

(三)能力素养

智力属于认识活动的范畴，而能力属于实践活动的范畴。能力建立在知识与智力的基础之上，是知识、智力诸因素的综合表现。秘书工作的特性要求其从业人员应一专多能，其中表达能力、办事能力、辅助管理能力和人际协调能力尤其重要。

1. 表达能力

表达能力分为三个方面，即口头表达能力、书面表达能力和身势语言表达能力。

处在枢纽地位的秘书人员，不论是汇报情况、传达指示、提出建议、协调会商，还是接打电话、接待宾客、应对媒体、处理事务，每天的工作都离不开口头表达。口头表达又分为有备表达和即时表达两种情况。有备表达较常见的是会议发言或向领导作汇报等，由于有一定积累资料、准备讲稿的时间，秘书人员可以对表达的内容事先进行推敲和修改。在表达过程中，首先要注意言简意赅、条理分明；其次是措辞得体、大方从容；最后是语音标准、语速适中。即时表达则要求秘书在电话或面对面的交谈中，根据对方提供的信息进行迅速的判断、思考，并随即将思维活动的结果转化为言语，即时反馈给对方。很显然，由于无法预知对方将会提供什么样的信息，即时表达是很难在事前做出准备和安排的。秘书除了要具备以上的要求之外，还要有稳定的心理素质，力戒情绪化。

书面表达能力对秘书人员来说，主要是指应用类文书的写作能力。我国向来以“笔杆子”作为优秀秘书的美誉，传统观念也认为，能否写一手好文章是能否胜任秘书工作的前提条件。秘书人员的工作特征就是“以文辅政”，很多情况下需要以书面形式来表达和贯彻领导的思想意图，因此秘书应多加强这方面的学习。对秘书书面语言的要求是规范、准确、简洁、得体。当然，书面表达能力并不是单纯的写作技巧的问题，它是理论修养、思维能力、政策水平和表达能力的综合反映，秘书应有意识地强化自己的综合素养，练好自己应用文写作的“看家本领”。

身势语言是信息发送者把要发送的信息通过仪表、姿态、表情、动作等输送给信息接受者的一种方式，也称为身体语言、体态语言等。心理学家赫拉别恩的研究结果表明，信息传播的总效果＝7％的语言＋38％的声音＋55％的表情和动作。可见，在沟通过程中，仅仅靠语言是远远不够的，我们还必须借助自己的目光、表情、声音、手势、肢体动作等身体语言，以增强口头表达效果。身势语言可以起到支持、修饰、补充、延伸、强化或否定语言行为的作用，有时甚至可以直接代替语言行为，表达出语言难以表达的情感内容，是非常重要的沟通技能。秘书人员一方面应学会解读身势语言，充分理解他人的目光、表情、手势、声音、服饰、距离等所传达出的言外之意；另一方面要学会运用身势语言使自己的表达更准确、更形象，以帮助谈话对象准确无误地领悟自己内心的真实想法，防止因言语表达的不足而带来的理解障碍。

2. 办事能力

秘书工作事务性强，办事能力是秘书人员最基本的能力之一。秘书人员的办事能力主要是指其完成领导交办事项的能力，具体体现在以下五个方面。

(1)明白职权范围。首先，秘书要明确自己的职责范围，知道哪些事是自己的分内之事，哪些事不是；其次，秘书要清楚本单位领导班子的职责分工及各部门的职责；最后，秘书要明白各政府部门、各业务合作单位及其他相关单位及部门的权限和业务范围。只有这样，在办事时才能少走弯路。

(2)知晓办事程序。行政单位的各项事务都有很强的程序性，这就要求秘书一定要熟悉各种事务的经办流程。尤其是对一些常规的行政事务，秘书如能对其办理渠道、手续、经办部门及人员有一定了解，将会极大地提高办事效率。

(3)具备应变能力。应变能力就是面对变化的环境能够沉着应对、妥善处理问题的能力。秘书处理的事务千头万绪，很多不确定因素都会影响到计划和方案的实施。秘书要在变化了的环境和条件中完成原定任务，首先是要迅速地对各种情况进行分析和判断，其次要随机应变，快速做出反应，果断采取措施。当然，在重大活动和事项的安排上，最好还是提前准备好相应的预案，以免情况发生变化时措手不及。

(4)掌握实用技术。秘书应掌握的实用技术大致分为五类：一是各种办公设备的使用与维护技能；二是各种办公软件的操作技能；三是基于网络平台的各项办公技能；四是文书档案的编辑、校对、整理等技能；五是跨文化人际沟通技能。另外，如财务管理、摄影摄像、驾驶等，也是秘书需要学习和训练的。

(5)为领导巧妙挡驾。为领导谢客挡驾是秘书工作中应有的一项任务，其意义在于为领导人减少事务干扰，使他们得以把时间和精力用在大事要政上面。但来访者总是希望领导人能亲自接见和处理他们的事务，这样就产生了矛盾。秘书如何巧妙挡驾，既保证领导人工作的顺利开展，又能得到来访者的充分理解，就成为秘书工作的一门艺术。一般来说，以下情况一般应由领导人亲自接待处理：上级领导来人来电；下级请示亟须处理的公务；重要人物(如人大代表、政协委员等)求见；重要的应由领导人出面解释、协调的可能造成重大影响的事件；领导管辖范围内发生的重大事件，如灾害、重大伤亡事故等。除这些情况外，秘书均应酌情为领导挡驾。挡驾的方式包括另行预约时间、转由其他部门或人员接见处理、秘书直接处理等。

3. 辅助管理能力

秘书要做好领导的参谋和助手，辅助领导实施管理，其自身也要具备一定的管理能力。秘书的辅助管理能力主要包括辅助决策、辅助计划、辅助沟通和辅助控制等几个方面。

辅助决策能力主要体现在秘书为领导提供决策前的信息准备、决策中的组织论证、决策后的协助实施、检查督办等几方面。辅助计划能力是秘书协助领导做好计划的能力。秘书要能准确领会领导意图，协助领导拟订计划、贯彻落实计划及做好计划实施情况的反馈、总结。辅助沟通能力主要体现为秘书运用各种方式收集并整理信息，根据领导的需要进行信息加工、筛选和沟通交流的能力。辅助控制能力就是协助领导进行监督的本领，如催办文书、查办信访事务等。控制也是一种管理，有效的控制可以提高办事效率、降低行政成本。

4. 人际协调能力

人际关系协调是秘书的一项重要职能，因此秘书人员必须善于和各类人打交道，善于应对。只有做好组织机构内外的人际关系协调工作，才能一方面促进决策形成，保证决策落实；另一方面理顺各种关系，保证组织机构整体功能的实现。秘书人员培养和发展自己的人际协调能力应注意以下几个方面：正确认识自己，准确认识他人，学会理解、尊重、谦让和宽容；同事之间要努力建立相互信任、坦诚相待的合作关系，对领导则要庄重稳健、掌握分寸；社会交往中要注意礼节礼仪、谈吐文雅、服饰得体；如果交际中出现了纠纷或冲突，秘书要以大局为重，加以缓和、化解。总之，秘书在社交场合的表现是其个人素质和专业能力的综合体现，也是秘书人员应具备的核心能力之一。

三、秘书的心理素养

心理素养是指一个人在心理过程和个性特征方面所表现出来的本质特征，本书在此主要探讨秘书应具备的气质、性格与秘书心理障碍的克服。

（一）气质与性格

1. 气质

现代心理学把气质解释为人的心理活动的强度、速度、灵敏度等典型的、稳定的心理特征。最早提出“气质”(temperament)一词的是罗马医生，他们沿袭古希腊医生的看法，认为人体的健康由其体内的四种液体而定，这四种液体源自不同的器官，黏液生于脑，血液生于心，黄胆汁生于肝，黑胆汁生于胃，它们的比例及调和与否使人出现不同的行为倾向。这种观点并不科学，但长期以来许多学者都以其来解释不同个体的个性类型。其中，黄胆汁占优势的人为胆汁质，他们果敢、顽强，但暴躁、粗心，勇猛过人而谋略不足；血液占优势的人为多血质，他们热情、活泼，行动力非常强，堪称有勇有谋，但比较善变，缺乏持之以恒的毅力；黏液占优势的人为黏液质，他们温顺、内敛，善谋划但不善决断，行事常犹豫不决；黑胆汁较多的人为抑郁质，他们冷静、多思，但遇事比较消极、拖沓。当然，现实生活中纯粹的某种气质类型的人是比较少见的，一般都是几种气质的混合折中。

传统认为胆汁质与多血质的人不太合适做秘书，因为他们都较易冲动，主动性强而服从性较差，而黏液质与抑郁质的人正好相反，他们谨慎、温和，服从性强，更符合秘书岗位的要求。今天很多学者已不太认同这种看法，因为气质是先天的生理机能决定的，而人的个性很大程度上还受到后天的影响，也就是说，个性是可以有意识地加以改变和培养的。因此，秘书应了解自己的气质类型，清楚自己气质特点中那些适应或不适应秘书工作的方面，从而有意识地进行自我控制和调节，扬长避短，自我完善。

2. 性格

性格是一种非常复杂的心理现象，是人对现实的态度和行为中比较稳定的、独特的心理特征的总和。研究表明，气质部分地决定或构成了人的性格，因此，人与人在个性特征上既有先天的差异，也有因为成长环境、教育背景、工作氛围等而呈现出的某些共性。尤其是在同一职业的从业者中，由于相似的组织环境、社会关系、工作实践等，形成了相对封闭、趋于稳定的职业行为和态度，这就是通常所说的职业性格。

秘书的社会角色、工作性质决定了秘书要有不同于其他职业的职业性格，具体来说，现代秘书最好能具有以下性格侧面。

(1)开朗豁达。开朗豁达是一个人自信与乐观的表现，是个人人格成熟的标志，对秘书人员来说尤其重要。因为秘书平日里工作压力较大，如果没有开朗乐观的性格品质，很难保持轻松愉快的精神面貌和良好的工作状态。再加上秘书处于复杂的人际关系之中，常常需要面对误解与不满，如果个人心胸狭窄、性格偏激，则将很难开展工作。

(2)稳重自制。从心理学的角度来看，人的知觉、记忆、思维、判断等均受其主体情绪的影响，如果一个人情绪处于失控的状态，其各种智力因素的发挥都会受到限制，理性被削弱，分析判断能力受到抑制。而秘书日常工作的一举一动看似平常，却往往关系到组织形象和领导决策的成败。因此，秘书必须做到谨慎稳妥、清醒冷静，尤其是在突发事件面前，秘书一定要有较强的约束自己情感和行为的能力，沉着应对，任何时候都绝不能情绪化、意气用事。

(3)坚毅顽强。坚毅是意志坚强的表现，是一种非常突出的性格特征。秘书每天面临着简单重复的事务性劳动，难免产生厌倦、烦躁的负面情绪，但因为秘书所处位置的特殊，他们很难完全敞开心扉向人诉说。甚至在遇到挫折或受到委屈时，秘书也只能忍辱负重。如果没有坚毅顽强的性格，很难坚持下来。

(4)宽容友善。宽容友善是秘书建立自身亲和人格的前提，是培植良好人际合作关系的基础，它要求秘书能容忍、有气度，尤其是在遇到矛盾、隔阂的时候，秘书应以大局为重，只要不涉及原则性问题，都应求同存异、宽容相待，不对他人求全责备。

(5)幽默风趣。幽默是智商、情商和职商的综合体现，它首先是一种积极乐观的人生态度，其次是一剂释放工作压力和舒缓紧张情绪的良方，因此，幽默也被列为秘书必备的职业性格之一。从心理学的角度来看，幽默能使人保持自我心态平衡，缓解紧张的工作气氛，有时候还能作为摆脱僵局或窘境的婉转方式，能达到出人意料的协调、沟通效果。

(二)心理障碍

心理障碍是指影响个体正常行为和活动效能的心理因素或心理状态。当秘书人员在学习、生活、工作的困难或阻力面前出现内心冲突与不平衡，短期内无法凭其自身努力加以改变时，可以说是出现了心理障碍。心理障碍是一种负面的心理能量，如果不能适时地加以调节，既会给秘书自身带来身心伤害，也会影响秘书职责的履行，给组织机构的整体运行埋下隐患。但秘书工作的辅助性、从属性、被动性的特点，又决定了秘书人员不可避免地会遭遇或轻或重的心理障碍。因此，秘书人员必须要提高自身心理调适的意识，努力培养完善健康的心理品质。

1. 顺境中的心理障碍

(1)自负。心理学认为，自负源于过高的自我认知。秘书在领导身边工作，往往会让人觉得高人一等，秘书也难免居高临下、自命不凡。自负心理是秘书的大忌，因为这既间接影响了领导在组织中的形象，也会妨碍秘书自己工作的开展。同时，秘书因为自负而不顾场合的乱发言、乱表态，往往不会得到大家的认可，反过来又造成秘书的受挫心理、急躁心理，使其自我认知出现较大的混乱，落入更大的心理困境。

(2)错位。错位归根结底是秘书角色定位的错误引起的，是指秘书人员在执行公务时超越职权范围而产生的心理障碍。最为常见的就是秘书在为领导提供决策服务时，过于强调自己的参谋、智囊作用，有意识地对领导决策施加影响；而一旦遭到领导的批评或其他人的抵制，又往往沮丧失意，认为自己一无是处。

(3)唯上。唯上是指唯领导之命是从，不敢越雷池半步，一切等待领导拍板定夺，秘书完全失去了主观能动性。唯上表面上看是尊重领导，短期内往往能获得领导的好感，但从长远来看，这样的秘书缺乏创造性，在领导身边亦步亦趋、形同虚设，并不能有效地履行职责，辅助领导决策。

2. 逆境中的心理障碍

(1)自卑。秘书在际遇不佳时很容易产生自卑心理，自卑源于过低的自我认知。有的秘书认为自己经验不足，害怕出错，在领导面前唯唯诺诺、缩手缩脚；有的认为秘书无职无权，充其量就是抄抄写写，无足轻重，因此工作消沉、自我否定；有的是曾经出过差错、受过批评，于是整日畏首畏尾、如履薄冰。这些心理障碍都会影响秘书的日常履职，严重时更会造成秘书心理失调，甚至出现心理疾病。

(2)嫉妒。这是秘书身处逆境时容易诱发的另一种不良心理，是发现自己不如别人时产生的一种由羞愧、愤怒、怨恨等复杂情绪构成的心理状态。其危害是既不能正确认识自己，又不能客观地评价他人，往往把自己的不如意处归结到他人身上，使自己变得偏激、紧张，甚至产生攻击行为。

(3)焦虑。焦虑是个体对环境即将出现的变故或需要做出的努力在主观上引起紧张和不愉快的期待情绪，是一种缺乏明显客观原因、甚至也缺乏明确对象的内心不安或恐惧。焦虑往往交织着自尊心的受损、自信心的丧失、愧疚感、不安全感、忧虑甚至惊慌等情绪，严重的不仅造成情绪波动、情感紊乱，也会产生胸闷、头晕、心悸等生理性异常感觉。

(4)疲沓。容易产生疲沓心理的往往是从事秘书工作多年而仍籍籍无名的老秘书，尤其是政务秘书。与其他很多职业相比，秘书工作没有实际的名和利，往往使人觉得秘书没有价值，再苦再累也是为他人作嫁衣裳。于是有的秘书自叹命苦，工作拖拖拉拉；有的见异思迁、三心二意。这都会影响到机关工作作风和工作效率，甚至因此而贻误工作，造成更严重的后果。

总之，不论顺境还是逆境，都有一些秘书容易出现的心理障碍，它们使秘书身心受损，工作也因此受到影响。良好的心理素质是秘书必备的素质之一，适时进行自我调适有着非常重要的现实意义。秘书心理调节首要的是必须加强个人价值观、理想信念、思想作风的修养，只有把国家、人民的利益与个人的利益紧密联系起来，才能脱离“小我”的局囿，摆正自己的位置，对顺境、逆境等种种外界环境都能做出适当的反应，从而保证个人心理状态的健康。当然，秘书还要注意不断学习和更新知识，尤其是要掌握一定心理学知识，运用专业知识进行自我分析、自我评估、自我监督，有意识地加强心理素质的训练，不断完善个人人格品质，培养健康稳定的情绪和积极开放的心理素质。

第三章

秘书工作的沿革

要真正认识一种事物，就必须搞清它的来龙去脉，考察它发生发展的全部历程，才能发现其中规律性的东西。我国秘书工作历经数千年的发展，具有丰富而宝贵的历史经验，今天的秘书工作就是这些宝贵经验的发展和延续。我们只有善于总结与借鉴历史经验，才能古为今用，取得更大的发展。

第一节　我国古代秘书工作的起源与沿革

一、秘书工作产生的社会历史条件

关于中国历史上的秘书工作究竟起于何时，学术界有三种主要的观点。一种以杨剑宇为代表，认为“我国的秘书工作起源于部落联盟的昌盛时期，即黄帝至禹时期，约距今四千五百年至四千一百年之间……”[①]。另一种观点以常崇宜为代表，认为“我国的古代的秘书，诞生于殷商后期，距今约三四千年之间”[②]。之后，杨树森又发表了不同的观点，认为我国秘书工作的起源还可以从黄帝上推至原始社会后期的氏族部落时期，距今约五千年[③]。

尽管关于我国秘书工作的具体起源时间尚有争议，但有一点是肯定的，就是秘书工作是人类社会发展到一定历史阶段的产物。秘书工作的产生，必须具备两个基本条件：一是社会组织及相关管理活动的出现；二是文字的产生和使用。

1. 社会组织及相关管理活动的出现是秘书工作产生的社会基础

秘书工作不能脱离领导活动而独立存在，领导活动是领导者为实现组织的目标而运用权力向其下属施加影响力的一种行为过程，这个过程说到底就是管理。如果没有以领导者为首的管理活动，自然也就无法产生秘书工作。

---

① 杨剑宇：《中国秘书史》，上海同济大学出版社，1988 年，第 11 页。

② 常崇宜：《秘书学概论》，线装书局，2000 年，第 425 页。

③ 杨树森：《中国秘书工作起源年代新探》，《秘书工作》2001 年第 7 期。

人类最早的社会组织是原始人群，原始人群的社会结构较为简单、松散，没有形成专门的管理活动和管理者。经过数十万年的漫长演变，人类社会逐渐形成了以血缘关系为纽带的稳定的社会基本经济单位——氏族。早期氏族群体中已出现氏族首领，但氏族事务基本上是全体氏族成员聚众商议，即使存在一定的领导与管理活动，也无需秘书辅助。但到了新石器时代的母系氏族社会时期，即杨树森所认为的黄帝之前约五百年，出现了若干氏族组成的“胞族”和若干胞族组成的“部落”。根据《尧典》的推算，部落的规模已经相当可观，部落首领的管理活动绝非通过直接交谈即能实现，必须有人为其提供辅助性的服务。考古发现也证实当时已出现了私人财产，而财产分配正是初期管理活动的主要内容之一。因此，从理论上来说，部落管理活动已为秘书工作的起源提供了社会基础。

常崇宜在其《秘书学概论》中将秘书工作产生的社会基础细化为四个条件：一是大规模宗教仪典的固定举行；二是部落管理越来越繁杂；三是财产管理精细化；四是部落对外联络的需要。这些都是部落领袖单靠一己之力无法完成的，需要一定数量的助手来与其配合。

2. 文字的产生和使用是秘书工作形成的直接推动力

人类社会早期，主要靠口头语言来交流思想、传达信息。由于口头语言受时间、空间的局限较大，世界各地的原始民族都先后发明了结绳、刻契等原始记事表意方法，并逐渐出现了记录语言和思想的符号系统——文字。文字的产生是人类进入文明时代的主要标志，它使信息的交流成为可能，使社会组织的领导者得以在较大空间、时间范围内发布其管理措施，记录其管理活动，延续其管理意图。最早运用文字辅助社会组织的领导者、并为其办理日常事务的人员，就是秘书，他们所从事的，就是早期的秘书工作。

迄今发现的中国最早的文字系统是殷墟出土的甲骨文。研究发现，甲骨文已经是一种非常成熟的文字体系。因此专家推断，在甲骨文之前肯定已出现过对文字符号的简单尝试与运用。而近年来新的考古发现也不断证实，中国早在部落联盟时期即有了零星的文字运用。应该说，秘书工作产生的文字基础已经具备。

二、我国古代秘书工作沿革

我国的秘书与档案史研究学者，大部分较倾向于将夏代看做我国古代秘书的萌芽时代，约公元前 21 世纪至公元前 16 世纪。夏代没有给我们留下确凿的文字资料，但可以肯定的是，夏朝是我国第一个奴隶制王朝，国家管理已逐步完善，当时没有专职的秘书人员，有关文书方面的事务是由掌管宗教、政治和文化事务的“史”来兼理，史官是文书的形成者、传达者与管理者。

自夏以后，关于我国秘书及秘书工作的发展演变的记载较多，史料浩繁，线索庞杂，本书参考吕发成、方国雄的研究成果，以表格的形式简要勾勒出其发展沿革的轨迹[①]，如表 3.1 所示。

① 吕发成、方国雄：《秘书学基本原理》，兰州大学出版社，1996 年，第 11～16 页。

表 3.1　我国秘书及秘书工作的发展演变

时期	秘书机构与职官	主要职能	例注
尧舜	巫、祝 纳言	为王占卜，指导国事 出纳帝命，上传下达	《尚书·尧典》："帝曰，龙，朕堲谗说殄行，震惊朕命，命汝作纳言，夙夜出纳朕命，惟允。"
商	太史寮 太史 史 乍册	统管王室活动，起草文书，发布文告 书刻卜辞，记录王室活动 镌刻、保管文书	杨剑宇《中国秘书史》："商代朝廷出现了秘书机构——太史寮，其长官为太史，下隶有不同层次分工各异的史官，主要职掌为负责商王的册命及祭典等事宜。"
周	太史寮 太史 小史 内史 外史 御史	总掌起草文书，编写史书、管理档案，组织祭祀 掌邦国之志、贵族家谱 拟制简册，宣示王命 掌四方之志 收受保管文书	潘林杉《中国古代秘书通论》："太史寮则是为王室服务的秘书处，其长官太史地位很高，与三公卿士相当，是周天子和王室的秘书长。"
春秋战国	太史 右史 左史 (秦)尚书、御史 (齐)掌书 (魏)主书 (赵)御史 (楚)左徒	掌起草文书，策命诸侯卿大夫 记录王的言语和口授命令、文告 记载王的行动和宫廷内外政治军事大事 掌管文书，记录王事，应对诸侯，各国略同	《礼记·王藻》："动则左史书之，言则右史书之。"《史记·廉颇蔺相如列传》："越王鼓瑟。秦御史前书曰'某年月日，秦王与赵王会饮，令赵王鼓瑟。'"相如怒，固请秦王为赵王击缻……"相如顾召赵御史书曰：'某年月日，秦王为赵王击缻'。"
秦	御史大夫 御史 尚书、令史、主簿、秦曹等	掌天下文书，兼行使监察 起草文书，办理文牍事项 同在少府办理文书	《汉书·张丞相列传》："秦时为御史，主柱下方书。"《通典·职官志》："秦少府遣吏四人，在殿中主发书，谓之尚书。"
汉	尚书台(署、省) 尚书 尚书仆射 (郡)主簿 (州)书佐 (县)令史	伴王左右，掌管章奏文书 协助尚书分担文书事务 典领文书，掌管印鉴 起草抄录文书 草拟处理文书，掌印鉴	左言东《职官与科举》："文书的收发、保管与诏令的起草，归尚书台负责。"《后汉书·李固传》："今陛下之有尚书，犹天之有北斗也，斗为天喉舌，尚书亦为陛下喉舌……尚书出纳王命，赋政四海，位尊权重，责之所归。"

续表

时期	秘书机构与职官	主要职能	例注
魏晋南北朝	秘书(监)令 中书省 　中书监 　中书令 　中书侍郎 　中书舍人 门下省 　侍中 尚书省 　尚书令	典尚书奏事，掌出放敕令 典司经籍，起草文书 掌奏事 撰拟诏诰，呈奏案章 直侍王左右，掌奏事 掌文书事务	《文献通考》："及魏武佐汉，初建魏国，置秘书令，典尚书奏事。"瞿蜕园《历代官制概述》：中书监"只等于皇帝的秘书长，脱不了幕僚的性质"。汪士铎《南北史补志未刊稿・职官志》："其管枢密，则中书也。"
隋	中书省 　中书舍人 　通事舍人 　中书侍郎 门下省 　纳言 尚书省 　尚书丞	 掌拟诏 掌宣奏 兼草拟诏令 掌诏命审核、驳正 收发、传令、承办文书	潘林杉《中国古代秘书通论》："不论拟令、审令的中书、门下省，还是负责传达帝命的尚书省，都起着秘书幕僚作用，是皇帝的秘书处而已。"
唐	中书省 　中书令 　中书侍郎 　中书舍人 门下省 　侍中 　侍郎 　给事中 尚书省 　尚书仆射 翰林院 　翰林供奉 　翰林承旨 集贤院 　学士 学士院 　学士 匦使院 　知匦使 (军)参军事 (州)掌书记 　判官 　孔目 (县)主簿	 掌军国之政令 参议邦国之庶务，朝廷之大政 掌章奏文书 出纳帝命，顾问答对 掌机密文件，审议公文 掌封驳诏命章奏 掌朝廷事务 翰林、集贤、学士三院官员皆协理批答四方章表疏议，起草制诏书敕 处理信访事务，使下情上达 以下几类，皆在军队或地方掌管文书事务	《旧唐书・职官志》：中书省职掌"侍奉进奏，参议表章"，"凡诏旨敕制及玺书册命，皆按典故起草进画，即下则署而行之"。"制敕既行，有误则奏而正之。""凡大朝会，诸方起居，则受其表状而奏之。"李阳冰《草堂集・序》：(李白)"出入翰林中，问以国政，潜草诏诰。"《旧唐书・则天皇后纪》：初设匦使院，"申天下之冤滞，达万人之情状"。

续表

时期	秘书机构与职官	主要职能	例注
宋	政事堂 孔目房 勾销房 中书省 门下省 尚书省 翰林学士院 枢密院 都承旨	 掌文书案牍 掌印堂符信 中书、门下、尚书三省的职掌与唐代略同 起草机密文书 专掌机要文书	杨剑宇《中国秘书史》:“宋代中央秘书机构的职能就由政事堂，中书、门下、尚书三省，枢密院及三司分别兼行。”《文献通考》:都承旨“承宣皇帝旨命，通领枢密院务”。
元	中书省 参议府 翰林兼国史院 翰林蒙古院	 总掌文牍事务 掌制诰、修史 拟制、翻译、颁布文书	潘林杉《中国古代秘书通论》:“元代中书省所设参知政事、参议中书省事，都是主管秘书文牍事宜……翰林兼国史院，重要职责是起草皇帝诏令……翰林蒙古院主管译写文书。”
明	内阁 中书科 制敕房 六科给事中 通政司 司礼监 文书房	 起草诏诰 缮写文书 协助皇帝对口掌管吏、户、礼、兵、刑、工各部的秘书事务 收受臣民奏本，参与议决大政 掌内外章奏初阅、批答，记述传达皇帝命令 草拟文书	潘林杉《中国古代秘书通论》:“明内阁自始至终都属于秘书幕僚性质，故内阁纯系皇帝的秘书处……内阁首辅实为皇帝的秘书长，内阁辅臣等于皇帝的机要秘书，他们都是皇帝的秘书人员。”
清	国史院 秘书院 内阁 军机处 军机大臣 军机章京 通政司 奏事处 南书房	掌记皇帝起居、诏令，起草诰命、册文，修撰各朝实录 撰拟涉外文书，拟制敕谕，抄录奏疏本章 办理本章，承宣谕旨，组织大典，收存档案 拟写谕旨，批办文书，参与政务 收发处理文书，缮写诏旨，查核奏议，封存档案等 收受题奏，查核本章，负责信访 收受密奏，传宣谕旨 起草诏诰，发布政令	杨剑宇《中国秘书史》:“清朝中央秘书机构经历了从内三院到内阁，从内阁到军机处的演进过程。”《清史稿·职官志》:内阁职掌“钧国政、赞诏命、厘宪典，议大礼。”梁章钜《枢垣记略》:“章疏票拟，主之内阁。军国机要，主之议政处。”“军机处为办理枢务，承写密旨之地，以严密为要。军机大臣传述朕旨，令章京缮写，均不应有泄漏。”

纵观我国古代秘书工作沿革，不难看出其具有以下特点。

(1)秘书活动始终与国家的管理活动紧密联系，是国家管理活动不可分割的一部分。

秘书机构和秘书人员随着国家体制的变化而变化，总的趋势是在继承前代的基础上由简到繁创新发展，秘书职能的具体分工由疏放到严密，秘书机构也由单一化走向多层次。

(2)秘书人员的职责及活动范围时大时小，但撰写文书一直是秘书活动的主要内容。文书的撰制与执行，是国家管理的重要手段，秘书活动也因此在国家管理活动中占据着重要一席。在封建社会后期，为巩固皇权统治，国家机关系统和政治制度的建设日趋完备，秘书工作也得到空前充实，建言规劝、下情上报、信访监督、机要保密等相继被纳入秘书工作的内容，秘书活动在国家管理中的地位日趋重要。

第二节 我国近、现代秘书工作的发展

1840 年鸦片战争爆发，揭开了中国近代史的序幕。而 1911 年的辛亥革命和随之建立的南京临时政府，成为我国秘书史上真正的分水岭，将中国秘书工作带进现当代时期。

一、清朝晚期的秘书工作

社会的巨大变化也给秘书工作带来了新的变化。最大的变化就是随着外交事务的增多，1861 年增设了新的秘书机构“总理各国事务衙门”，内设司务厅和清档房，分别管理文书和档案工作。1901 年，总理各国事务衙门改为外务部，内设日常办公的秘书机构，包括司务厅、翻译房、清档房、电报处、文报局等。1911 年清政府成立责任内阁，下设承宣厅、制诰厅、收文处等秘书机构，中央各部门也相应设立了秘书工作机构。

在秘书人员的构成上，这个时期出现了一个重要的变化，自明晚期以来出现的带有私人秘书性质的“师爷”、“幕僚”在清晚期蔚然成风，许多朝廷重臣和地方大员都普遍聘用幕友，民间还开设了专门培养幕僚的私人秘书学校“幕馆”。以“师爷”为代表的秘书职业形象开始走进社会。

二、中华民国临时政府和国民党政府的秘书工作

(一)中华民国临时政府的秘书工作

1911 年 10 月 10 日孙中山领导的辛亥革命，推翻了中国两千余年的封建君主专制制度，1912 年 1 月 1 日在南京成立了中华民国临时政府。这一时期的秘书工作有以下特点。

(1)临时政府颁布了《中华民国临时政府组织大纲》，对政府秘书机构、秘书岗位的设置做了明确的规定，第一次将秘书工作的管理纳入了法制轨道。南京临时政府实行总统制，总统府秘书处就是中央政府的总秘书机构，设秘书长一人，下设总务处、军事组、外交组、电务组、官报组、收发组六个分支机构。临时政府共设九个部，各部设政务厅，相当于部办公厅。在地方，各地方政府机构、省都督府也都设置相应的秘书机构。

(2)临时政府在秘书工作的一些具体环节、尤其是文书工作方面进行了一系列改革。

首先，废除延续两千年的章、表、奏、制、诰、诏、敕等带有封建色彩的公文名称，代之以新的公文文种。其次，废除强调封建等级观念的公文用语，如“大人”、“奴才”等，一律称现任职务如“科长”等，无职务者统称“先生”或“君”。再次，规定凡对外发文必须盖印、签名，增强了公文的权威性。最后，改公文结尾的天干地支纪年为公元纪年。另外，还明确要求各级机关应直接办理职责范围内的事务，摒弃“呈请转饬”的文牍主义。

中华民国临时政府是中国历史上第一个资产阶级的民主政权，虽然存在的时间不长，其秘书工作却开创了中国现代秘书工作的先河，尤其是它体现了资产阶级民主主义革命派反对封建专制的思想，冲破了“君尊臣卑”封建思想的禁锢与束缚，对后来的秘书工作产生了巨大影响。

（二）国民党政府的秘书工作

1927 年南京建立了国民党一党专政的国民政府，为了巩固其统治，在各级政府机关中建立了一整套秘书机构，制定了许多有利于秘书工作规范化的规章制度。

(1)从中央到地方都设立了专门的秘书机构，配置了大量专职秘书人员，形成了自上而下的秘书群体。在中央，国民政府实行“五院制”，由立法院、行政院、司法院、考试院、监察院共同对国民政府负责，设文官处掌管政府秘书工作。五院又各设秘书处，负责本院的秘书工作。在地方，各省及其所属各厅、局和专署、县一级政府机关均设秘书机构，配备秘书人员。军事机关、企业、社会团体也都设置秘书机构或配备秘书人员。1932 年设立的侍从室是蒋介石的秘书机构，其主要职能是负责与中央国家机关联系，掌管机要，传达蒋介石的指令，提供各种辅助服务，直接保证党、政、军大权集蒋介石一身。这些情况说明，国民党政府统治时期，各层次的秘书工作均已完备，现代秘书工作机构和体系已初步形成。

(2)加强了秘书工作制度和规范的建设，倡导行政效率改革运动。自 1928 年 6 月起，国民政府先后颁布了《暂行公文格式新办法》、《划一公文用纸办法》、《公文改良办法》、《处理案件注意要点》等规章制度，加强秘书工作管理。1933～1947 年，又先后三次开展了“行政效率运动”、“行政三联制”、“文书工作竞赛运动”，旨在提高秘书工作质量与效率。这些制度、措施和改革活动，尽管所起作用不同，甚至有的并未得到真正的贯彻执行，但对于促进秘书工作的现代化进程仍不无裨益。

三、中国共产党在民主革命时期的秘书工作

中国共产党自成立之日起，就十分重视秘书工作，但早期并未立即成立秘书工作机构，也没有专职的秘书人员。在中共一大上，毛泽东就既是代表又是秘书。从有关史料来看，正式设立秘书一职是 1923 年 4 月，由毛泽东担任中央局秘书（相当于秘书长），参加中央的领导工作，并负责文件起草、处理、保管和会议记录工作。同年 6 月，在党的三大上通过了《中国共产党中央执行委员会组织法》，规定党中央秘书（实际上是秘书长）的职责是：“秘书负本党内外文书及通信及开会记录之责任，并管理本党文件，本党的一切函件须由委员长及秘书签字。”从此，党中央建立了正式的“秘书”制。1926 年，党的四届三中全会决定设立中央秘书处，下设文书科、交通科、会计科、出版分配科和

翻译科等，在各省委也设立秘书处或秘书科。至此，党的秘书工作形成了一定的规模。

1927年蒋介石发动了“四一二”反革命政变。“八一”南昌起义后，党确立了开展武装斗争、建立农村革命根据地的方针，国民党统治区的党组织转入地下斗争。这期间，党中央设立了秘书厅、交通局、出版局等机构，中央各部委设秘书，地方党组织设秘书长。秘书工作的职责范围包括领导助理、党务承办、会议组织、文档管理、报刊出版、外语翻译、秘密交通、安全保卫、机关管理等方面。在革命根据地，区、乡苏维埃设一名秘书，被称为“书记”，县苏维埃设秘书处。秘书的职责是起草、印刷和收发文件书信，搜集各种材料，随时向主席及常委会报告。1931年10月，中华苏维埃共和国中央临时政府在江西瑞金成立，秘书工作机构与秘书业务在苏维埃机关得到了普遍推广。

抗日战争时期，许多敌后根据地都建立了人民的政权，这些政府机构大都设有秘书处。如陕甘宁边区政府设有秘书长，边区政府直属机关和专县政府机关设有秘书室，边区参议会主席团设秘书处等，均下设文书科、议事科、总务科、警卫科等，配备专职秘书人员若干人，分工细密。

抗日战争胜利后，随着革命形势在全国的迅速推进，党的秘书工作也发展到了一个新的历史阶段。首先，秘书工作机构在全国范围内得到逐步健全和加强。中共中央成立了书记处办公处，协助书记处处理日常事务。在地方，各大行政区政府设秘书厅，由秘书长主管。1948年北平市人民政府成立后，设立了秘书长领导下的秘书厅，统一领导秘书处、行政处、人事处、新闻处、调研室等部门。这种秘书机构的设置方式，为新中国成立后省、市级秘书工作机构的建立提供了范本。其次，这一时期的文书工作日益系统化、科学化，文书工作形成了一套较为完善的收文、发文的工作程序，尤其由于电报数量激增，电报的发送、催办和分类归档工作日益专业化，是秘书工作的一个新发展。最后，完成了文件种类和行文关系的逐步统一管理。规定上级对下级的文种有令、训令、指令、指示、决定、布告、批复、通知、通报、通令等；下级对上级的文种有呈、报告、请示；平行机关或不相隶属机关之间的文种有公函、信和快邮代电(电)等。在行文中，规定了主报和抄报的具体做法。以上种种，为新中国成立后党和国家的秘书工作奠定了直接的基础，有的沿用至今。

四、新中国成立初期的秘书工作

1949年中华人民共和国成立，在党的直接领导下，秘书工作得到了迅速开展与完善，秘书工作的性质、任务、作用和方法与历史上任何一个时期的秘书工作相比，都有了显著的不同。

1. 规范了行政机关秘书机构的名称和组织形式

1949年9月中国人民政治协商会议通过的《中央人民政府组织法》规定，中央人民政府设秘书长1人。1949年12月发布的《政务院及其所属各机关组织通则》规定：“各机关得设办公厅；为分掌业务，得设司或处，”明确了掌管机关综合性事务的秘书机构与分掌专门业务的职能部门平列的机关格局，同时规范了秘书机构的名称——办公厅(室)。此后，各省、地市、县级的行政机关基本上按这一格局设置了相应的秘书工作机构。

2. 颁布了一系列秘书工作制度

1951 年前后，中央人民政府政务院发布了一系列文件，规定了多项秘书工作制度，主要有印信管理制度(1950 年)、保密制度(1951 年)、信访工作制度(1951 年)、机关文书工作制度(1951 年)、档案工作制度(1954～1956 年)等。这些制度的颁布实施对于规范秘书工作、提高秘书人员的整体素质起到了积极的作用。此后的 1953～1966 年，党中央、国务院发出的有关秘书工作的文件多达几百个，内容涉及文书处理、信访、印信管理、档案管理、机要交通、调查研究、外事接待等多个方面，充分说明党和国家对秘书工作高度重视。

3. 召开了第一次全国秘书长会议

1951 年 4 月，政务院召开了全国秘书长和不设秘书长的办公厅主任会议，会议重点研究了各大行政区和直辖市人民政府的秘书工作，总结了新中国成立以来各级行政机关秘书工作的经验，通过了一系列文件。尤其是《关于各级政府机关秘书长和不设秘书长的办公厅主任的工作任务和秘书工作机构的决定》，对规范秘书工作的职责范围具有里程碑式的意义，对全国秘书工作的组织建设与思想建设也具有重大的指导价值。

五、新时期的秘书工作

1966～1976 年的“文化大革命”给中国的政治、经济、文化和社会生活各方面都造成了极大的损害，秘书部门作为直接为领导服务的机构，也受到了严重的冲击和破坏。直到 1978 年 12 月十一届三中全会召开，我国进入了全面进行现代化经济建设的历史时期，秘书工作才随之出现了全新的局面。

1. 召开了第二次、第三次全国秘书长会议

1981 年 1 月、1985 年 1 月先后召开了第二次、第三次全国秘书长会议，对秘书工作提出了新的要求。特别是第三次全国秘书长会议强调和指出了“三服务”，即办公厅工作要为领导服务、为同级和上级领导机关服务、为人民服务。在秘书工作方式和工作方法上，会议提出了“四个转变”，即从办文办事转为既办文办事又出谋献策、从收发传递信息转变为综合处理信息、从单凭老经验办事转变为实行科学化管理、从被动服务转变为主动服务。中央还强调办公厅工作对领导机关和领导者应起到“四个作用”，即参谋作用、助手作用、提供信息作用和协调作用。“三服务”、“四个转变”及“四个作用”高度概括地指出了我国秘书工作的根本宗旨、基本任务、发挥职能的途径及方式方法，对我国秘书工作具有极为深刻的指导意义。

2. 秘书工作正常化、制度化

自 20 世纪 80 年代以来，各级、各部门根据自身实际，通过制定岗位责任制，明确了秘书工作的职责范围，保证了秘书工作的正常化和制度化。尤其是一系列文书制度的修订和制定，使文书工作日益规范化。例如，1981 年 2 月国务院办公厅发布了《国家行政机关公文处理暂行办法》，把公文分为 9 类 15 种；1987 年 2 月，国务院办公厅发布了《国家行政机关公文处理办法》，把公文分为 10 类 15 种，1993 年 11 月对此进行了修订，把公文分为 12 类 13 种；2000 年国务院发布了新的《国家行政机关公文处理办法》，把公文分为 13 种；另外还有中央办公厅 1989 年发布的《中国共产党各级领导机关文件

处理条例(试行)》和1996年发布的《中国共产党机关公文处理条例》等。2012年7月1日起正式实施的《党政机关公文处理工作条例》(中办发〔2012〕14号)首次统一了党政机关的公文处理规范，极大地推进了党政机关公文处理工作的科学化、制度化和规范化。

3. 秘书工作出现了新的热点和变化

1992年春邓小平南行讲话和党的十四大确立的社会主义市场经济理论，使中国社会生活发生了深刻的变化，也对秘书工作产生了巨大的影响，秘书工作出现了新的热点和变化。例如，现代科学技术的快速发展，使信息工作、调研工作成为秘书工作的重要内容，秘书的参谋和助手作用得到前所未有的重视；政治经济体制改革中出现的各种矛盾和问题使秘书信访工作、协调工作的地位日益彰显；而随着办公自动化和管理科学化程度的不断提高，秘书工作的智能化、专业化也日益明确；民营企业秘书、私人秘书、涉外秘书迅速增加，公关工作、商务谈判、财务管理等成为秘书常规的工作内容，拓展了秘书职业的整体形象。

4. 秘书学学科理论日益成熟

自20世纪80年代初秘书学雏形初现，二三十年间秘书学研究工作得到了很大的发展，时至今日，秘书学的学科理论体系已基本形成，并且派生出涉外秘书、商务秘书、企业秘书等分支学科。另外，秘书专业高等教育的发展、秘书专业教师队伍和科研人员队伍的壮大、秘书学科研机构和秘书学刊物的创立等，也是秘书学研究工作发展的标志。总之，秘书学的学科地位已经正式得到确立，学科理论的深度和广度得到不断拓展，保证了秘书工作在新时期一定能够发展得更科学、更合理、更完善。

可以预见，随着我国现代化建设的全面深入，秘书工作也将不断迎来新的变革和进步，在富民强国之路上做出更大的贡献。

第三节　国外及我国港、澳、台地区秘书工作简介

一、国外秘书工作概况

世界各国因为政治制度、意识形态、行政管理结构以及经济体制、文化背景等的不同，秘书体制与秘书工作也呈现出不同的面貌。丁晓昌、冒志祥将世界范围内的秘书工作归纳为以下几种模式①。

1. 前苏联模式

秘书工作主要是围绕着处于领导核心的政党而存在。秘书职能主要是办理事务性的辅助工作和为机关服务的信息工作。秘书的从属性比较强，对秘书的政治素质要求比较高。但是，由于体制性的原因，整个行政管理的工作效率比较低，官僚主义严重，秘书的事务性工作因此更显琐碎，造成了社会对秘书职业的评价普遍比较低。

2. 发达资本主义国家模式

在以美国为代表的发达资本主义国家，秘书工作遍及全社会，秘书从业人员数量庞

① 丁晓昌、冒志祥：《秘书学与秘书工作》，苏州大学出版社，2004年，第52页。

大。秘书不仅为政党服务，也为各级组织机构服务，其服务性非常突出。同时，由于秘书工作的设备和技术较为先进，秘书对上司的决策补偿功能也得到了足够重视，秘书职业的专业性和技术性较强，社会地位较高。

3. 发展中国家模式

发展中国家国情不一，其秘书工作也比较多样化。有的是学习前苏联模式的社会主义国家的秘书工作，有的是模仿西方资本主义国家，有的还是带有封建性质的秘书工作。

二、美国的秘书工作

美国的秘书工作十分发达，是秘书工作职业化程度最高的国家，秘书职级、种类的划分很细，秘书的培养机制、工作制度健全，是西方国家秘书工作的样板。

美国劳工部依照下述三个标准对秘书进行分类。第一是LS类秘书，根据秘书所服务的管理人员的级别从低到高分为四个类别：LS-1至LS-4。第二是LR类秘书，根据秘书所担负的职责的大小由低到高分为两级：LR-1和LR-2。第三是OT类秘书，按照职位所规定的职责又分为两大类：一类是行政秘书，另一类是专业秘书。而行政秘书又分为“B级秘书”、“A级秘书”和“经理秘书(也称行政助理)”，分别属于低级、中级和高级。这样的职位分类和分级制度，对欧美国家均有一定的影响，对我国秘书人员的管理也有一定的借鉴意义。

美国的秘书教育学校有三种类型。第一类是高等学校设立的秘书系或专业，主要是两年制的大专技术学院或商学院，四年制本科较少。第二类是高中，即普通高中开设的秘书课程及与秘书职业相关的选修课。第三类是成人学校，有的就叫秘书学校，有的是在商业、技术学校内设立秘书系科。美国秘书教育的特殊之处在于双学位制，即正式上岗的秘书除了要有秘书专业的学位外，还需要有另一门专业的学位。

与兴盛的秘书教育相适应，美国的秘书专业书籍也以其权威性闻名于世。其中20世纪70年代中期出版的《韦氏秘书手册》是美国的行政管理和职业教育专家集体编写的一部秘书工作专著，对世界范围内的秘书工作和行政管理工作都具有较高的参考价值。

三、英国的秘书工作

英国的秘书分类较美国简化，其最突出特点是秘书的考试制度和政府秘书职级的整齐划一。这两项制度不但在英国国内实行多年，也被推广到英联邦的国家和地区，特别是其秘书考试制度今天已被众多国家效仿，在国际上颇有影响。

英国秘书分为四大类，即政府秘书、执行秘书、公司秘书和私人秘书。其中政府秘书又分为行政级、执行级、文书或办事员级、助理文书级。

英国的秘书资格考试名目繁多，相应的秘书资格证书也是种类繁多，主要有秘书特许状考试、秘书学习证书、私人秘书证书、私人和执行秘书毕业证书等。另外，英国政府还对秘书实行“入门训练”和“加温训练”的培训制度。入门训练为期两年，针对的是初录用的秘书；加温训练则是对秘书的终身培训。这些考试和培训制度对于稳定秘书队伍、加强秘书队伍建设起到了很好的作用。

四、日本的秘书工作

日本的秘书工作主要是在结合本国国情的基础上学习欧美国家的经验，其基本特点是立足于实际，注重实务和技能，同时秘书理论的研究也较为活跃。

日本的秘书种类主要有公务秘书、事务秘书、外事秘书、企业秘书、私人秘书等，共分四个职级，包括见习秘书、初级秘书、中级秘书和高级秘书。另外，日本还存在着所谓的男性秘书集团和女性秘书集团，前者也被称为“管理决策集团”，主要起参谋咨询的辅助决策作用；后者则主要处理日常办公室杂务。

日本的秘书教育也很发达，除了学校中的秘书教育之外，社会上还有很多秘书培训，如上岗培训(on the job training，OJT)、岗外培训(off the job training，OFFJT)、函授教育和秘书团体举办的专业交流形式的进修班、研讨会等。

日本的秘书考试主要有：一是秘书技能测定考试；二是 CBS(certification of board secretary)考试，这是日本主要的秘书资格考试，主要审定秘书的英语、日语能力和业务知识、技术水平；三是“秘书士”资格审定考试。日本全国短期大学秘书教育学会对完成学习计划并通过考试的学员授予“秘书士”称号。

五、我国港台地区的秘书工作

我国港台地区经济较为发达，行政机构规模较小而商务机构较多，因此公司秘书在整个秘书队伍中占绝大多数，其中又以女性秘书居多。

香港秘书按从业年限长短可分为初级秘书、秘书、行政秘书(又称高级秘书)和私人助理几个职级，其中后两者属于高级秘书。港台企业比较通行的是秘书一对一地为特定的上司服务的形式，企业主对秘书的要求主要有两方面，一是从业人员的“秘书观念”，包括是否服从上司、是否能保守公司商业机密、是否注意维护公司形象等。二是从业人员的实际技能，这些技能包括环境适应能力、信息辨析处理能力、时间管理能力、语言能力、公关社交能力、创造精神、超前意识等。

香港不少大学开设有秘书专业，在职人员也可全职或半职攻读一年制的秘书课程和接受专业训练。一些小公司招聘秘书的条件并不高，高中毕业即可应聘，但一般都要求必须先经过一定的专业训练。香港企业也十分重视在职秘书人员的培训，秘书实务补习班和培训班是在职进修培训的主要形式。

以上这些国家和地区的秘书工作的做法和经验，对于开阔我们的视野、取长补短、不断发展和完善我国秘书工作，有着积极的作用。

第四章

我国当代秘书工作概述

任何一个系统的运作都需要组织机构加以保障，并通过一定的组织活动形式来表现。秘书系统也是一样，秘书工作和秘书活动脱离不了秘书机构。尤其是在我国，与其他国家和地区相比，秘书绝大多数是在秘书机构中工作，而不是以个人身份从事秘书工作。因此，研究我国的秘书工作，必须从研究秘书机构着手，包括它的名称、设置、职能及运转机制等。

职能，是指人、事物、机构具有的作用和功能。秘书职能，是指在组织管理过程中，秘书所承担的职责和应发挥的总体功能。本章概括了秘书的五大职能，即办理事务、沟通协调、辅助决策、咨询参谋和督促检查。这五大职能相互联系，在事务工作、业务工作、政务工作和领导临时授权的其他工作中相互渗透，从而形成秘书工作的有机整体。

环境是一个系统的、开放的概念，秘书职能环境具有开放系统的层次性，各层次环境由多种相互联系的要素组成，包括秘书机构内部环境、秘书所在组织内部环境和秘书组织外部环境。三个层次相互联系，对秘书工作各自发挥着重要影响。

第一节　秘书工作机构及其设置

一、秘书机构的含义及设置原则

秘书机构，又称秘书部门，是指在各级各类社会组织中为领导机构和领导者处理综合事务、辅助管理的综合性办事机构。

我国各级党政机关、企事业单位的内部机构，按其担负任务的性质，可分为两大类：职能性机构（又称职能部门、业务部门等）和综合性机构。职能性机构是分工专管某项业务的工作部门，如组织、人事、宣传、保卫、财务等；秘书机构属于综合性机构，它虽然不承担任何具体的业务工作，但许多无法分担到业务部门的工作，如整个组织机构内部的综合协调、信息沟通、事务管理等，都要由秘书机构来承担。它是决策层与职能层的桥梁与纽带，是决策与执行的转换中介。

秘书机构有广义与狭义之分。广义的秘书机构不仅指各级负责综合性工作的办公厅

(室)而且包括其下属的秘书、档案、机要、调研、信访、警卫等部门；其职能包括政策研究、日常行政与事务管理三大方面。狭义的秘书机构，仅指各级办公厅(室)及其下设的秘书科、秘书室等，主要负责文书、会议、接待、信息等工作。本书所说的秘书机构，是指从事秘书工作的所有部门，即广义的秘书机构概念。

秘书机构的设置必须遵循以下几项原则。

1. 必要性原则

秘书机构的设置，首先必须考虑必要性原则，简单来说，独立单位才有必要设置秘书机构。所谓独立单位，是指有稳定的机构形式、有一定数量的领导干部和办事人员、能独立行使一定权力的实体单位。也有人从文书处理的角度，认为凡独立行文的单位均可设置秘书机构。而独立行文单位至少应具备三个条件：其一，是一个有一定职责范围(即有明确的行政权力)的独立实体，有合法公章，有行文权限；其二，有一定数量的领导干部和办事人员；其三，有一定数量的收发文件。这些单位，既包括党政领导机关，也有企事业单位和群众团体。从实际情况来看，目前我国从中央到基层共有五六个行政管理层级，分属不同系统，它们综合构成一个有序的立体网络状组织，这个网络的每一个交汇点都构成一个独立行文单位，也都有必要设置秘书工作机构。

某些大型实体单位，由于职能比较复杂，工作量比较大，内部管理层级也较多，常在内部不同管理层级或分支机构中设立秘书机构。这些机构名称各异，不独立对外负责，但由于所承担的也是综合性、辅助性的服务工作，习惯上也作为秘书机构进行管理。

2. 合理性原则

秘书机构的规模、内部层级、人员的配置等，直接关系到秘书工作的成效，因此，秘书机构的设置必须科学合理。具体体现在以下几个方面。

1)层次结构和部门设置要合理科学

秘书机构内部管理层次的设置必须科学。所谓管理层次，就是在职权等级链上所设置的管理职位的级数。当组织规模较小时，一个管理者可以直接管理其下属的每一位从业人员，只有一个管理层次。规模较大的组织机构，则会形成多个管理等级。秘书机构必须遵循组织管理的客观规律，合理设置管理层次，形成职责分明、沟通顺畅、协调一致、高效运转的完善整体，不能随意增加管理层次、增设科室。

管理层次较多的秘书机构，就需要进行部门设置。我国秘书机构的设置形式主要有三种：一是按事设置，如许多政府机关办公室下设的文书处、机要处、档案处、接待处等；从目前来看，其缺陷是偏向于事务性的部门比较多，智囊性、信息性的部门较少。二是按人设置，主要是按照秘书所服务的对象来设置，如总经理秘书室、董事长秘书室等。三是人事结合，这种方式主要运用于较高级的政务秘书工作机构和企业秘书工作机构中。如大型企业一般设置有董事长秘书、总经理秘书、文书室、行政科、信息科等。在行政机关中，省一级秘书工作机构的一般设置形式是：秘书一处(主管文件处理、会议工作等)、秘书二处(主管机要工作、为各对口领导人提供服务)、秘书三处(综合搜集信息、动态，起草文件，编发简报)、党刊处(出版党内刊物、指导基层工作)、机要处(主管处理机要文件、电报传递、保密工作)、巡视处(负责督办、查办)、行政处(处理机关日常行政事务工作)等。小型企业随意性较强，秘书部门变更频繁，层次交叉，人员职责分工不明，工作效率也受到影响。

2)职责确定要科学

秘书机构在确定不同岗位的工作职责和服务范围时，应考虑和相应的领导机构的服务需求相适应，要对工作职责做出科学的界定。如权力机关的秘书机构，应将贯彻落实工作纳入职责范围，而监督机关的秘书机构则应多考虑检查督办工作等。

3)人员配备要合理

秘书机构要酌情考虑其人员配备，既不是人越少越好，也不能因人设事、因人设岗。一个优秀的秘书团队，其成员之间应既有同质性，又有异质性。所谓同质性，是指组成团队的成员有共同的奋斗目标、责任意识、群体规范和行为模式，成员之间相互依存，并相互产生影响。所谓异质性，是指合理的秘书团队应是知识、智能、气质、年龄、层次等各方面协调互补的有机结合体。不同特色的个体有机结合，才能产生“1＋1＞2”的放大效应。

3. 相对稳定原则

诚然，一个合理、协调运作的秘书团队必然是在不断地相互适应和磨合中形成的，因此，鼓励秘书团队的合理流动是秘书机构达到动态优化效果的前提。但是，作为社会系统，秘书机构又有着维持已有模式的自我平衡机制。从动态分析的角度看，秘书机构经历着内部和外部的各种扰动，如经济与市场的波动、经济关系的调整与变化、政权更迭、道德观念的演变，以及秘书工作自身宗旨、目的等的嬗变等，但这些扰动最终被引导到预先存在的自我平衡机制中，逐渐被消化并缓和下来。正因为如此，在中国几千年的历史进程中，从商周时期的太史寮一直到清朝的军机处，秘书机构虽然名称一变再变，但其基本职能是一脉相承的。新中国成立后的历次机构改革实践中，许多行政机构发生了较大的变化，国务院办公厅却一直岿然不动，其他机关的秘书机构的变动也非常小。这都足以说明秘书机构具有自稳性，保持秘书机构的相对稳定是利于秘书工作总体发展的。

4. 应变原则

秘书工作随时面临着千变万化的局面，秘书机构的设置也要考虑到根据各种变化了的情况随时做出调整，可根据工作需要设立临时性的秘书部门，或者撤销不必要的秘书部门。秘书人员的配备也要根据特定的业务需要或领导人的工作性质来做安排。例如，中国加入 WTO 以后，中国企业要打入国际市场，必须按照国际通行的规则来行事；与此同时，大量外资企业进入中国，也迫切需要懂外语、懂经济的工作人员，这种情况下，办公室中就需要增加外语人才、经济人才。

二、秘书机构的组织形式

秘书机构的组织形式是指机构内部各有机构成要素的联系方式或形态，共有三种类型。

(一)综理制

这种形式是按组织和领导机关运转的整体需要设立的，是把办文、办会、办事等综合性职能和专业性职能结合在一起，由统一的办公厅(室)统筹安排、全面管理。这种模式结构简单、权力集中、责任分明，有利于发挥整体功能。特别是能够及时迅速地进行信息反馈，尽快地为领导决策提供参考。但综理制对办公厅(室)的负责人要求较高，必须要有较强的全面统筹能力和组织管理能力；秘书之间也不仅要有整体上的分工合作，还要具备多方面的工作能力。否则，整个机关将会陷入群龙无首或疲于应付之地。

综理制模式横向间协调配合、联系紧密，但组织内部仍分两到三个层级，纵向间分级管理、政令统一。一般来说，下设有秘书科、文书科、机要科、档案科、信访科、调研科、接待科等(图 4-1)。综理制的秘书机构适合机关驻地集中、业务性较强、业务面较窄、内部机构层级较少的单位。

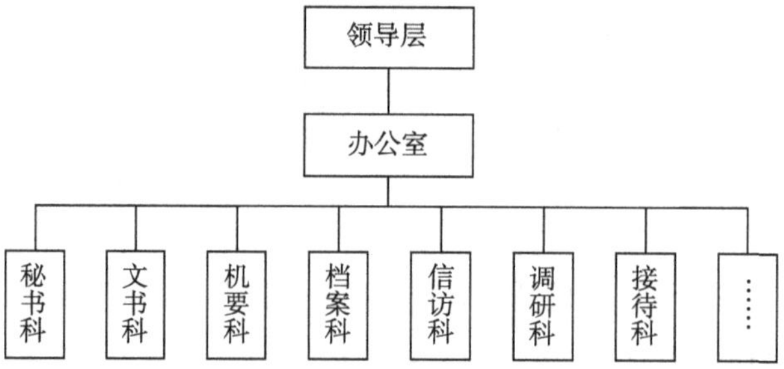

图 4-1　综理制二级模式

(二)分理制

现代管理日趋复杂，分工渐细而又需要各部门互相协调，在一些大中型机关单位，职能涉及面广，需要处理的事务较多，如果采取综理制，难以保证面面俱到，这种情况下采用分理制更为理想。分理制是采取职能分工的模式，将领导集团的办公需要分解成若干方面，分别交由各职能部门或有关人员(图 4-2)。分理制能充分发挥职能部门专业管理的作用，将秘书活动的职能业务化整为零，各负其责、各司其职，不仅可以适应职能分工较复杂的局面，也利于秘书个体发展专业及综合才能。比如分设的调研处，其主要任务就是辅助组织和领导决策，秘书人员充分发挥其调研职能，不仅能提高决策的科学性，也有利于秘书向专业化的方向发展，成为专职的调研员、信息员，使复杂的办公职能条分缕析、井井有条。分理制适合管理面较宽的大中型机关单位，或驻地相对分散，且工作联系面广，需处理的公文较多的机关。分理制的形式多样，可视不同情况具体进行设置。

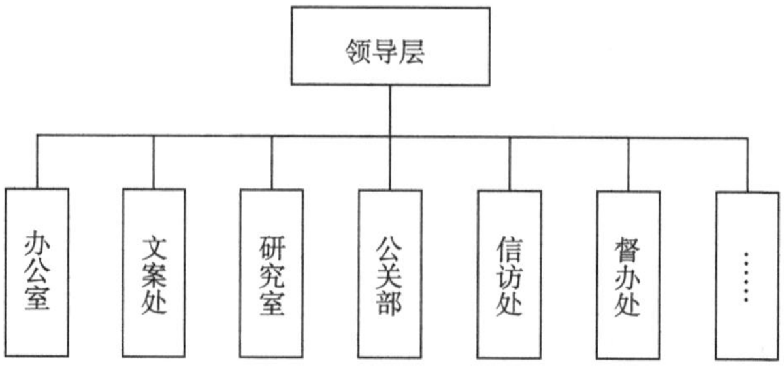

图 4-2　分理制模式

(三)单一制

一些规模较小的组织，人数较少，业务也比较单一，对外联系不多，所需处理的公文有限，通常就只配备一名专职或兼职秘书人员。这种模式表面上看只有一名人员，但却体现着秘书部门的全套职能，与综理制、分理制相比，单一制仅有工作量大小的不同，而没有质的区别(图 4-3)。单一制的优点在于便于领导直接指挥和调遣，权责分明，但要求秘书人员的综合能力和适应能力较强。单一制一般用于基层党政机关和小型企事业单位。

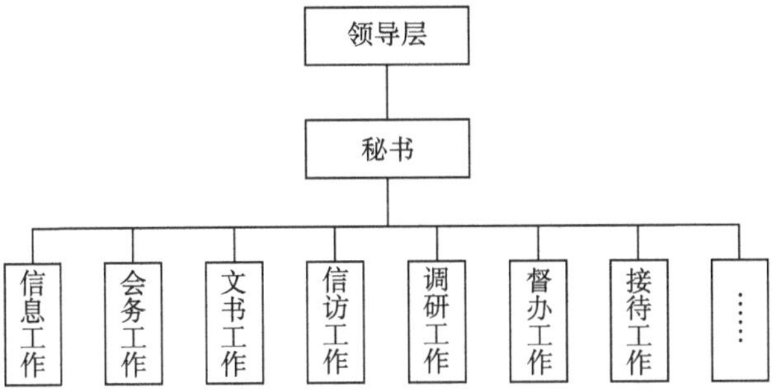

图 4-3 单一制模式

三、我国现阶段常见的秘书机构

我国现阶段的秘书机构由于没有统一的规定，因而差异较大。

1. 党政机关的秘书机构

中共中央、国务院均设办公厅，国务院办公厅由秘书长直接领导，中共中央则设办公厅主任。两办实行的均是分理制，办公厅下设局级机构，如秘书局、机要局、信访局、保卫局、机关事务管理局等，局下设若干处室负责具体工作。中共中央、国务院所属部委也均设办公厅。

省、自治区、直辖市的党政机关也都设立办公厅，负责机关的秘书工作。办公厅下设若干处(室)，如秘书处、信息处、接待处、行政处、综合处、人事处等，有的处(室)还下设若干科。目前各省、自治区、直辖市党政机关的秘书机构在部门设置、规模、职位方面都不尽相同。

市、县级党政机关通常只设办公室，有的办公室下设科或股，有的则由办公室人员按工作任务分工负责。

乡镇党政机关的秘书机构或设办公室负责全面工作，或只设若干秘书岗位，负责相应的工作。

2. 权力机关的秘书机构

全国人民代表大会常务委员会、中国人民政治协商会议全国委员会、中央军事委员会和地方人民代表大会、政治协商会议均采用综理制模式设置秘书机构，由秘书长负责办公厅，综合承办日常工作，统辖下属局、处、室、科。

3. 企事业单位的秘书机构

企事业单位因性质、规模、级别不同，其秘书机构在编制形式和人员配置上差异非常大，企业一般是参照同等级党政机关进行设置。大中型企业设党委办公室、厂长办公室、总经理办公室等；小型企业只在厂长或总经理办公室设若干秘书岗位；有些小企业甚至将人事、保卫、文书、工会、宣传等工作合为一体，设党政工办公室或综合办公室。

事业单位中，规模较大的一般设两级秘书机构，如高等院校一般设校、院两级办公室；中型事业单位一般只在办公室下设相应部门；较小的事业单位只设办公室，内设若干秘书岗位，分别负责相关的秘书工作。

企事业单位一般不设专门的政策研究部门和信访部门，但近年来信息、情报工作越来越受到重视，越来越多的企事业单位设立了信息中心、情报中心，或与档案机构合并设立资料中心等，一般由办公室领导。

4. 民主党派和社会团体的秘书机构

各民主党派的领导机关，根据各自的组织章程，参照同级党政机关的级别，设立秘书机构。一般实行秘书长综理制，负责领导日常工作。其机构一般设办公室、组织部、宣传部等，但相较党政机关而言，其规模较小，秘书人员也较少。

工会、团委、妇联等群众团体，参照同级部、委、局，设立办公室或秘书处、秘书科。由于与群众联系的事务比较多，常下设信访、政策研究机构，或配备专人负责相关工作。

学术团体如社会科学联合会、写作学会、秘书学研究会等，通常不设秘书机构，日常工作由秘书长主持。

5. 临时性秘书机构

临时性秘书机构是指各级各类组织为完成短期任务而临时组建的秘书机构，任务完成后即解体。临时性秘书机构有两种：一是为临时性领导机关服务的秘书机构。为组织、管理重大活动或特殊工作事项，常成立一些跨地区、跨系统的临时领导机构，如抗洪救灾指挥部、2008 年奥运会筹委会等，为了保证这些领导机构开展工作，需要从各方面抽调人员组织秘书班子。二是为各种重要会议服务的秘书机构。其规模和人员配备根据会议的规模、级别、性质而定，通常秘书人员从机关选派，会议结束即回原单位，如全国人大会议在大会主席团领导下设正副秘书长，负责秘书处、联络处、行政处、文书处、保卫处等秘书机构，承担会前筹备、会中联系及会议善后等工作。

第二节　秘书的基本职能

秘书职能，是指在组织管理过程中，秘书所承担的职责和应发挥的作用和总体功能，是领导根据组织目标与管理工作的需要而明确赋予秘书机构或秘书职位的具体职责权限。

秘书职能从宏观上规定了秘书的工作方向、活动范围和办事标准，在具有一定的规范性和相对稳定性的同时，也具有一定的可变性。但总的来说，秘书的基本职能就是为领导工作服务，综合处理机关事务，促进领导决策和组织目标的实现。具体来说，体现在办理事务、沟通协调、辅助决策、咨询参谋、督促检查五个方面。

一、办理事务

所谓办理事务，是指秘书以辅助领导决策、管理政务为核心，操办和管理办公室的相关事务。政务与事务相对应，处理政务是领导的职能，主要指决策与指挥；而事务则是具体事项的安排与实施，是领导开展政务管理活动的基础和保障。秘书办理事务的水平，关乎组织机构的工作效率，对领导统一指挥、协调、控制组织整体运转有重要的影响，是秘书工作最基本的职能。

(一)秘书办理事务的特点

1. 层次性

秘书办理事务，具有十分明确的层次性。有两方面含义：一是秘书服务对象的管理职务具有层次性。当主要领导与次要领导的事务需要同时提出时，秘书要优先安排为主要领导服务。这是因为，主要领导的工作往往关系着全局性工作，重要程度较高。二是事务本身也具有层次性。秘书在面临多项事务时，要注意区分轻重缓急，优先安排为重大事件和紧急事件服务。秘书要做到耐心、细致，善于计划统筹，不断提高办理事务的成效。

2. 适变性

组织运转的可变因素很多，秘书办理事务时要充分考虑各因素有可能出现的变化，做好预案。尤其是在时间、地点、交通、通信等细节的安排上，秘书应随时根据各种变化了的因素及时做出调整。如秘书正在为领导人出差做经费、交通工具、讲话稿等方面的准备，突然接到上级有关部门近期将来单位进行视察的通知，领导人于是取消出差开始着手安排相关的接待事宜，这时候秘书不仅要马上对原先的出差安排做善后处理，还要及时转入接待工作的准备活动中，配合领导做好相关安排。

3. 机动性

秘书部门尽管也有相对的职责划分，但毕竟不像其他职能部门那样有明确的专业分工，机关内遇到不归其他部门专管的、带有全局性特点的日常工作和临时任务，以及在活动中遇到新情况、新问题时，都常常由秘书部门来进行综合协调或处理。这就在客观上造成了秘书部门成为“不管部”的局面，也使每一个秘书面临的事务工作不仅内容繁杂、牵涉面广，而且随时有可能发生新的变动和调整，不一定有章可循。秘书人员要做好随时接受新任务的准备，不论出现什么样的局面，都要全力以赴，完成辅助领导决策这一中心工作。

(二)秘书办理事务的职能基础

秘书是领导的参谋和助手，秘书办理事务，具有极为有利的职能基础。

1. 便于全面服务

秘书在机关中处于信息中心的枢纽位置，对组织机构的情况了解比较全面，特别是能及时准确地了解组织内外环境的各种变化情况，既能保证有效地为领导提供服务，又能满足各职能部门的需要。这种全面、及时、双向、有效的优势，能极大地提升秘书办理事务的成效，是其他任何部门或岗位都不具备的。

2. 便于综合协调

机关各子系统在其运转过程中时刻会产生事务服务的需要，有时这种需要甚至会集中出现，导致相应的资源紧张。例如，好几个职能部门同时需要机关领导就近期的工作做出部署，如果没有秘书居中进行安排，不仅领导手忙脚乱，就连会议室有时也不够用。秘书作为领导的助手，在各类事务冲突中便于与相关各方进行沟通，是进行综合协调的最佳人选。

（三）秘书办理事务的原则

1. 规范性原则

事务工作有很强的机动性、灵活性，因此通常领导会给办理事务的秘书一定的授权，也会给予秘书一定的自由度，但这并不意味着秘书可以任意行事。秘书办理事务的首要原则，就是必须遵照秘书工作的规范和制度。这些规范和制度包括两大类：一是法定性规范，即党和国家的法律法规、地方性政府和部门的规章制度及以规章制度的形式确定的办事规范等。二是约定性规范，即在长期秘书实践中约定俗成的或由各组织和机关自行订立的办理事务的规则，如接待工作细则、值班制度、财务管理办法等。

2. 协调性原则

事务工作往往牵涉面广，每个环节都需要秘书进行细致周到的协调与安排，正所谓“七分办事，三分协调”。如处理信访事项时，往往要根据领导的授意综合协调各职能部门联合办案；安排领导集体活动时，要全盘兼顾每位领导的时间表；甚至一次简单的宴请，也需要综合考虑各方面因素，协调各方面关系。如果一个秘书缺乏整体协调意识，只顾点不顾面，就会因事杂而乱为，妨碍组织目标的实现。

3. 服务性原则

秘书办理事务事实上就是提供事务服务，一方面是为领导决策服务，另一方面是协助领导为人民群众服务。秘书要做到心中有服务、口上讲服务、行动是服务，任劳任怨，努力提高服务质量和服务水平。切忌自命高人一等，产生角色错位。

4. 计划性原则

如前所述，秘书办理的事务本身具有层次性特点，繁复多样，如果事先没有计划，不分轻重缓急，势必眉毛胡子一把抓，耽误领导工作。因此，一个称职的秘书，对常规的事务工作会事先订出计划，明确目标任务、重要程度、个人职责、时限要求、具体措施和方案等。对于临时性的事务，也应根据事物发展的一般规律，做好预案。

二、沟通协调

沟通是指信息的传递与交流。协调是指通过协商、调解，达到组织机构的和谐和统一。秘书部门通过沟通协调来实现对组织系统的控制，使组织的各部分有效运转。因此，沟通协调是保持组织机能的整体性的重要手段，是秘书部门和秘书人员的重要职责。

(一)秘书沟通协调的特点

1. 非权力支配性

在管理体系内，秘书并没有法定的权力，但是秘书在协调过程中通常代表着领导，因而有着较大的影响力。协调各方在领导权力辐射的影响下，一般情况下都能接受秘书的调解。作为秘书，一定要认识到领导权力延伸的半径和辐射的强度对协调的成效起着决定性作用，秘书本身并没有支配性权力去决定协调的结果。因此，在协调过程中，秘书一定要注意方式方法，切记不能以领导的身份、用命令的口吻以势压人。否则，不仅不能有效地进行沟通协调，秘书自身也极有可能卷入矛盾的漩涡、陷入被动。

2. 非职责限定性

一般来说，管理职能只有在确定的职责范围内才能有效地发挥作用，然而，秘书的沟通协调职能却没有确定的职责范围的限定。这是因为，随着现代组织运转和环境条件变化的加速，秘书信息沟通网络也在变化之中，秘书沟通协调职能所能发挥的作用的弹性也变得越来越大。原则上，秘书的沟通协调可以在系统外、系统内，可以在领导班子成员之间、基层组织成员之间施行，但如果沟通协调的环境条件不具备，或者领导人未给予足够的支持与信任，或者秘书自身的素质不足以胜任沟通协调工作，就很难发挥出沟通协调应有的作用。因此，我们很难对秘书协调的范围、内容、具体职责等做出硬性规定。

秘书沟通协调的非职责限定性是与其非权力支配性相联系的。正是由于没有法定的支配性权力，秘书协调的效果取决于领导人的权力惯性、权力辐射和秘书自身的能力、在群众中的威信、领导对其的信任程度等，具有较大的不确定性。这使得秘书沟通协调职能的发挥具有很大的伸缩性，组织系统因而难以用职责范围去对其加以限定。

3. 非确定地位性

在管理体系内，执行职能任务的主体一般应有确定的地位，主体定位清晰、准确，才能明确其与执行客体之间的关系，进而产生恰当的管理行为。但是，秘书执行沟通协调职能时，根据情况不同有可能处在不同的地位，扮演不同的角色，不以级别或权力为区别。如秘书协调领导班子成员之间关系时，是下对上的工作关系；在同级职能部门之间协调时，秘书处于同级地位；另外，秘书也有可能需要协调下级部属之间的关系，这时就处于上级地位。甚至有时候执行同一沟通协调任务，秘书也有可能需要在几种不同的地位和工作关系间转换，这就是秘书沟通协调的非确定地位性。

4. 认同疏导性

由于具有以上三个特性，秘书在协调时不能采取强制手段，而应加强感情沟通、信息沟通，对有关人员从各方面加以疏导，消除分歧，实现协调一致。实现认同疏导的前提：一是要有充足的事实依据；二是要有雄辩的说理能力；三是要有真诚的情感表达技巧。

(二)秘书沟通协调的职能基础

1. 具有沟通协调的地位优势

秘书部门处于承上启下、沟通左右的中介位置，在组织机构中，发挥着使各方联结畅通的桥梁作用。领导的决策通过秘书传达给职能部门，职能部门的反馈又通过秘书汇集给领导。秘书既了解领导意图，能从领导的角度考虑问题，又熟悉职能部门的情况，能及时发现局部的失调现象和潜在的失调危险。一定程度上来说，局部的失调就是由于信息运转受阻、信息失真或信息传播过程中受到干扰，秘书所处的位置使其能比较方便地在组织机构的各构成要素间进行信息沟通，及时消除误解和隔阂，促进各要素间的配合与合作，维系组织机构的和谐运转。

2. 具有沟通协调的信任优势

秘书协助领导处理政务及日常事务，是领导的得力助手与不可或缺的“外脑”；与此同时，秘书长期履行上传下达的职能，部门和群众也普遍较为信任、依赖秘书。当发生冲突或出现失调局面时，秘书与各方的这种特殊的相互支持、相互信赖的关系使其较易获得大家的认同，尽管秘书没有实际可支配的权力，却能促进上级尽可能地了解下级的合理要求，也使下级能认真理解上级的决策意图，达成上下级之间的协调状态。而在各职能部门之间出现事权交叉以至于产生矛盾冲突时，秘书也能及时介入，协助领导进行协调和仲裁，控制事态，达到协调效果。

（三）秘书沟通协调的原则

1. 从属原则

秘书是领导者的助手，秘书协调是一种非权力性协调，实质上是协助领导者更好地履行其管理职责，因此，未经领导授权秘书不得自行其是。

坚持协调工作的从属原则，秘书部门必须做到积极主动而又不越权，即只有上级领导和领导机关交办的事项秘书才能去协调，上级领导没有交办的事项，秘书部门可提出建议，待领导批准后根据领导的意图实施协调。秘书绝不能先斩后奏，也不能想当然地随意改变领导的意图，对重大问题随意表态。

2. 分层负责原则

分层负责是管理的核心。在协调工作中，分层负责原则要求哪一层职能系统出现的矛盾，就应当在该层职能系统内协调解决，不得上交矛盾，也不能下推矛盾。秘书部门在受理协调事项时，要严格把关，对于应该由下级系统协调的事项，原则上不予受理；只有当矛盾比较复杂，涉及面比较广，下级职能系统无法协调时，秘书经请示领导批准后，才能立项协调。同时，也不要把本层职能系统能够解决的矛盾上交给上级组织；对于确需上级出面协调的事项，秘书要做好请示，同时准备好背景资料，配合上级协调。

3. 调查研究原则

调查研究是做好协调工作的前提和基础。沟通协调所面对的通常都是比较复杂的问题，只有经过认真细致的调查研究，才能弄清事情的来龙去脉，做出客观、准确的判断，在此基础上提出协调意见和协调方案，才能做到合情合理、各方满意。

4. 平等协商原则

秘书协调非权力支配性的特点决定了秘书在协调工作中必须坚持平等协调的原则。在协调过程中，秘书与协调客体之间的关系不是上下级关系，而是相互理解、相互配合的合作关系。秘书只有尊重协调客体，本着平等协商、耐心说服的态度，才能赢得协调客体的支持与尊重，从而使其接纳秘书的观点和建议，建立起双向反复沟通、真诚互动的良性循环。相反，如果秘书以领导的权势压人，采用简单粗暴的强制性协调方式，即使一时压住了矛盾，也并不能解决深层次的问题，还有可能导致矛盾的进一步恶化。

三、辅助决策

决策是人们在社会实践过程中寻求并实现某种最优化预定目标的活动。从各个社会集团的内部分工来看，决策是领导活动的内容，而任何个人认识事物的程度、范围、水平等毕竟有限，领导者光靠自己，其思维必然走向独断、单一和封闭。因此，领导者应充分借助各种辅助力量，包括专业研究机构、相关职能部门、秘书部门等。而在所有这些力量中，秘书部门的位置最为特殊，辅助决策因此成为秘书活动的重要职能。

(一)秘书辅助决策的特点

1. 辅助决策与辅助实施相结合

决策有广义、狭义之分。狭义的决策是指在行动之前做出的决定；而在广义上，决策被理解为一个过程，既包括行动方案的制订，也包括方案的实施。专业咨询机构为领导提供的辅助性服务一般只负责决策方案的制订，而秘书的辅助决策则既涉及决策的形成，又要辅助决策的实施。这种对决策的形成和实施进行全面辅助的特点，有利于秘书人员更具体地从实施决策的各步骤、各环节和各项具体措施中，深入细致地考虑决策方案的科学性、可行性，全面地考虑实施方向与决策目标的一致性、决策要求与实际效果的统一性。

2. 全面辅助与随机辅助相结合

秘书辅助决策与职能部门的辅助决策不同。职能部门辅助决策是从其自身职能管理的角度出发的，如财务部门的工作人员辅助决策，主要从财务管理的角度考查决策的科学性和可行性。而秘书部门则不同，秘书辅助决策，必须发挥综合办公的职能优势，系统地加以辅助。不仅从可行性，还可以从时空变化、组织内外环境条件的发展角度，考虑决策执行的适度性和决策宗旨的维持性。全面地协助领导进行科学决策，系统地跟踪决策目标实现的全过程，是秘书辅助决策的一大特点。但是，秘书的辅助决策，也具体体现为从日常工作中发现问题，协助领导分析问题、解决问题的随机辅助，这就形成了秘书全面系统地辅助决策与随机性辅助决策的有机结合。

3. 无责辅助与责任辅助相结合

领导是决策的主体，掌握着决策权，必须对决策所产生的全部结果负责。秘书则不同，既不掌握决策权，也无需对决策的结果负责任。从这一意义上来说，秘书的辅助决策超脱了决策的权力与责任。然而，秘书在辅助实践中既参与决策的制定又参与决策的实施，与决策的成败有着密不可分的关系，因此，秘书辅助决策时，应增强主动性与责任感，不可完全超脱决策过程。

(二)秘书辅助决策的职能基础

1. 便于为决策提供有效的依据

有效信息是科学决策的保证。秘书身处组织机构的信息枢纽位置，便于为领导决策提供有效的信息。尤其是秘书在职能部门间发挥协调作用，便于为决策提供各类综合信息；另外，秘书经常深入基层进行调查研究，也是为决策收集反馈信息的最好机会；秘书还承担着组织内外联系的纽带作用，便于为决策提供外界环境条件的判断依据。这些，都是秘书发挥其辅助决策职能的有利条件。

2. 便于加速决策实施的进程

秘书辅助决策便于加速决策实施的进程，主要体现在：一是在决策实施过程中，秘书受命督办、查办和催办，这有利于秘书对各执行系统的决策实施情况进行了解并起到督促、加速的作用；二是秘书在各部门间发挥协调作用，有利于在决策执行中发现问题，调解、缓和各种问题，推动决策的执行；三是秘书掌握各有关方面的反馈信息，有利于对决策进行及时的调整、补充和修正，使决策顺利实施；四是秘书协助领导处理群众来信来访，能及时转化消极因素，调动大家的积极性，也有利于加速决策实施的进程。总之，秘书得天独厚的地位使其能有效地加速决策的进程，保证决策的实施，有力地实现辅助决策的职能。

3. 便于促进决策的优化

秘书在决策前收集群众的意见和建议，参与并组织专家学者进行讨论，还负责拟订与整合各种可行方案，这些都有利于优化决策。在决策实施的过程中，秘书还要负责阶段性的考核评估，有利于发现疏漏和失误，采取必要的补救措施。决策实施取得成果后，秘书还要撰拟总结、汇报材料，对决策的形成、实施过程及效果进行全面系统的分析研究，供今后制定和实施新的决策参考和借鉴。总之，在决策的整体过程中，秘书的作用不可低估，是优化决策的有力保障。

（三）秘书辅助决策的原则

1. 定位原则

定位原则是指在决策的全过程中，秘书要有清晰的自我定位，要始终将自己置于“辅助”的位置上，不能越位。因为秘书活动的根本性质决定了秘书在领导系统的决策过程中只能发挥参谋、智囊和助手的作用，只“谋”不“断”。秘书要清楚决策的主体是领导者，只有领导者才有权对决策方案做最后的决断，秘书不可反辅为主，左右领导决策。

2. 超前原则

决策是为解决当前或未来可能发生的问题而制订各种方案的过程，决策过程本身就伴随着不确定性和风险性。为降低决策风险，做到科学决策，秘书在辅助决策时要有一定的预见性，用超前的眼光对有可能出现的问题提前做好安排。具体来说，要做到辅助决策中的“四超前”：一是超前于领导要求，准备好决策预案；二是超前于决策制定时限，提前做好决策方案；三是超前考虑决策实施措施；四是超前做好与决策有关的事务性工作，真正为领导决策服好务。

3. 信息原则

决策必须以准确的信息为前提和基础，为保证决策的科学性，秘书人员应深入实际进行调查研究，从各方面抓取与决策有关的信息，确保信息的质量、数量和时效，切实做好决策各环节的信息服务工作，为科学决策提供强有力的保障。

4. 进谏原则

决策事关全局，决策失误往往会给组织造成难以挽回的损失，因此，决策者应当异常慎重，努力保证决策的科学性。但由于受决策对象、决策环境和决策者个人因素的影响，决策过程中难免会出现失误和不足。这就要求秘书人员本着对组织、对领导高度负责的态度，实事求是地向决策者进谏，直言不讳地提出自己的意见和建议。那种为个人利益而患得患失、明哲保身的做法，不符合秘书履行职能的要求，是失职的行为。

四、咨询参谋

咨询参谋是自人类文明产生以来就有的一种智力交流活动，其目的是通过出谋划策，为对方解决问题提供意见和帮助。秘书的咨询参谋职能的产生也是由其所处的信息枢纽地位决定的。秘书在每天的事务性工作中，接触到大量有用的信息，这些信息对于领导来说非常宝贵。秘书作为领导的“外脑”和“智囊”，其咨询参谋职能就是围绕着信息展开的。秘书不仅向领导提供原始信息，还要提供经过整理、分析、综合的增值了的信息。“咨询参谋”的“咨询”侧重于原始信息，而“参谋”则是提供经过整理、分析、综合的增值了的信息。

(一)秘书辅助决策与咨询参谋的区别

(1)在特点和要求方面，辅助决策主要是围绕着领导意图来进行，虽然允许有不同意见，允许秘书人员创造性地开展决策服务工作，但辅助决策总的来说必须服从于领导的意图与思路。而咨询参谋则是对客观事实负责，很多情况下是为了让领导听到不一样的声音，起到兼听则明的作用。

(2)在工作内容方面，辅助决策主要是围绕领导的某项具体决策开展辅助工作，咨询参谋主要是从自身的调查研究中发现问题，主动向领导者提出意见、建议，大多涉及一定时期的大政方针、规划和重大措施。辅助决策多是秘书个人在领导身边提供服务，而咨询参谋由于事项重大且牵涉的问题较为复杂，多是秘书在领导授意下组织各方面的专家集体参与，时间跨度也更长。

(二)秘书咨询参谋的特点

1. 随机性

秘书人员是领导的近身助手，经常与领导工作在一起，久而久之，其思路也往往与领导有一定的同步性。这就使得秘书可以随时发现领导咨询参谋的需要，并且随时向领导提供咨询参谋，不必经过一定的程序和安排，也较少受到时间、地点的限制。而很多领导也习惯于随机性地向秘书了解信息、征求意见，秘书人员应充分利用这一有利条件来实现自己的咨询参谋职能，促进组织整体目标的实现。

2. 依附性

依附性是指秘书完全被动地接受领导要求的咨询，而咨询参谋的效果如何，也不完全由秘书个人的努力程度决定。换句话来说就是，秘书咨询参谋职能能否得到发挥、发挥的程度与效果如何，受到一些因素的限制与影响。这些因素主要包括以下几个方面。

(1)秘书自身素质。秘书自身素质包括秘书是否能站在全局立场提供咨询参谋、秘书个人思考和处理问题的能力如何等。前者是“德”，后者是“能”。如果一个秘书自身素质好，咨询参谋过程中涉及各方的不同利益时，秘书就能以大局为重、摒弃私心，确实提出解决问题的良策。另外，能否看出对大局最有利的安排，能否理解领导的意图和思路，从而在咨询参谋中向领导提供最具实效的帮助，是秘书的业务能力的具体体现。

(2)领导人素质。领导人素质主要是指领导人是否具有民主管理思想。如果一个领导思想开明，能够容言纳谏，经常性地鼓励下属畅所欲言，就会在整个组织机构内部形成良性的民主氛围，秘书咨询参谋职能的实现也能得到充分保证；反之，如果领导者刚愎自用，听不进别人的意见，秘书即使主动履行咨询参谋职能并能提供有价值的意见和建议，也不见得能取得实效。而任何一个领导者，也难免会情绪不稳，或者更愿意自己集中精力思考问题，不希望别人随意表态，打乱自己的思路，这就使得秘书在履行咨询参谋职能时，要准确把握时机，采取灵活的方式，使领导人更容易采纳。

(3)组织气候。组织气候是指一个单位或部门所形成的群体气氛，包括人际关系、领导方式、作风，以及人员间心理相融程度等，是组织内部的小环境、软环境。和谐、民主的“组织气候”，为秘书深入基层、了解群众的想法和要求提供了先决条件，秘书只有深入群众汲取智慧和经验，才能在领导和群众之间发挥好联结作用，充分行使其咨询参谋职能。相反，如果一个组织机构思想涣散、关系紧张，秘书不仅会处于信息的孤岛，即使其提出有价值的意见和建议，在频繁的人事纠纷中也很难被采纳和实施。

(4)信息沟通系统。秘书的职能地位处于信息沟通网络的中枢，如果这个沟通网络结构合理、硬件设施到位、运转效率高，秘书掌握的信息就全面、及时、准确，以此为依据提出参谋建议或进行咨询，就有较高的实际价值。反之，如果信息沟通系统结构不合理，或因其他种种原因运转受阻，秘书就会因为信息不灵而陷入被动，失去了发挥咨询参谋作用的信息优势。

3. 灵活性

秘书的咨询参谋活动由于存在着对领导和其他各方面因素的依附性，这就决定了秘书必须根据具体情况灵活应变。如在公开场合，秘书最好采取暗示或递送相关资料的方式委婉地提出建议或提供咨询；领导集中精力考虑与处理问题时，秘书不宜介入，而应等领导的活动告一阶段后，再提出建议；对于紧急的、全局性的、关系重大的问题，秘书必须及时提供咨询参谋，而对于枝节性的、局部的问题，则可以适当推迟，待时机成熟时再以恰当的方式提出。总之，秘书只有权宜应变，多种方法和技巧相结合，才能有效地发挥咨询参谋的作用。

五、督促检查

督促检查工作，简称督查，就广义而言，是指上级机关对所属的下级部门或单位贯彻上级决策和执行工作任务的情况进行监督、检查和推动，从而发现问题，纠正偏差，促使下级保质保量、如期完成工作任务。而秘书活动中的督查工作，特指秘书部门根据工作需要、领导指示和群众反映的情况，对本组织辖属各单位的决策实施情况进行督促、检查、催办的过程。督查工作是近年来秘书工作的一项新内容，在重大政策、重大工作部署的实施，以及落实领导批示、交办的事项上，督查工作起到了重要的作用，是秘书服务性职能的又一体现。

（一）秘书督促检查的特点

1. 严肃性

秘书部门的督查工作，通常是围绕党和政府的中心工作和大政方针而展开，针对领导机关和领导者的决策指令而进行。其成效如何，不仅影响全局工作，而且会带来广泛的社会反响，是一项政治性、政策性很强的工作。秘书人员必须秉持对党、对人民高度负责的态度，严肃认真、一丝不苟地对待督查工作中遇到的各种问题。

2. 权威性

督查工作自始至终具有很强的权威性。其一，督查是实施领导的一项重要内容，是保证决策顺利实施的重要手段，凡列入督查范围的事项，都是领导机关依据党的路线、方针、政策和国家法律、法令做出的决策、指令，能否全面认真地得到贯彻执行关系到党和政府的威信。其二，作为综合执行部门的秘书部门，是根据领导机关的指示、代表领导机关或领导人进行督查的，其督查行为代表了领导意图，可代表领导了解、检查下级单位的工作，可列席下级单位的相关会议，可阅读密级较高的重要文件，可对所督查的问题提出办理的意见和建议，对下级单位具有很强的约束力和权威性。

3. 间接性

督查工作只是实现决策的一种手段，秘书部门展开督查工作必须经过领导机关或领导人批准，根据领导机关的指示精神进行办理，发挥的是间接性的辅助作用。秘书部门通常并不直接参与办案和处理问题，更不能代替下级单位的工作，只是督促相关部门履行职能，协助领导做好交办、催办、调查等具体工作。

4. 时效性

督查工作是一项时效性很强的工作。督查的目的是促进各项工作加快办理的速度，在规定的时限之内完成工作任务，保证领导决策得到贯彻执行。督查工作做得好不好，就是看决策是否落到实处、是否收到实效，这一要求决定了督查工作必须讲求时效。因此，秘书人员在督查工作进程中，必须树立起强烈的时效观念，及时、高效、准确、严格地按照规定的时限进行办理，杜绝不注重实效的形式主义方法和作风。

（二）秘书督促检查的职能基础

1. 便于全面理解决策目标

秘书通过辅助决策职能直接参与决策的全过程，从决策前的信息收集整理，到决策中草拟、论证决策方案，对决策的背景、目的、内容和实质都有全面深入的了解，这显然有助于秘书在督查工作中把握衡量的标准，准确分析下级执行政策指令的情况，发现有所偏差之处，并对实施的结果做出客观评价。

2. 便于综合运用信息手段

督查人员需要准确捕捉、综合处理各方面的信息，才能对督查中获得的相关情况进行分析判断。而秘书所处的信息枢纽位置显然有助于其熟练运用高效的信息处理手段来开展工作，其信息工作经验也是其他岗位的人员难以比拟的。

3. 便于及时准确反馈情况

秘书直接受命于领导，与领导保持着密切的信息沟通，便于及时准确地将督办的情况反馈给领导，避免因层层转报造成时机贻误或信息失真等，最大限度地确保了决策指令得到正确贯彻。

第三节 秘书职能的实现

秘书职能是对秘书工作的概括，秘书工作是秘书职能的具体体现。根据秘书职能特征，可以把秘书工作分为四类，即事务工作、业务工作、政务工作和领导临时授权工作。

一、事务工作

事务工作是指一些专业性不强，主要依靠经验和责任心来处理的机关具体事务。

(1)办公室管理：就是对办公环境、办公用品、办公器材和设备、物业、小额现金等的管理以及办公效率的管理。这是秘书的一项经常性工作，是秘书辅助职能的主要体现。有效的办公室管理可以促使组织整体功能得到更大程度的发挥。

(2)接待工作：这是秘书机构常见的事务工作，分为内宾接待和外宾接待。前者是秘书接待工作的主要部分，指的是对国内各地、各级、各类社会组织派来联系公务的工作人员的接待，也包括本组织来访群众的接待。随着我国改革开放程度的不断加深，外宾接待工作也日益频繁。尽管不少组织机构设置了专门的外事部门，秘书部门还是应配合宣传国家有关外事工作的政策、方针，协助领导者完成本单位的外事接待。

(3)通信工作：主要内容是通信工作制度的建立健全、通信设备的采购及日常维护、国内各类函件的收发、电子信函的合理使用等。做好通信工作，对于社会组织的整体系统运转具有十分重要的意义。

(4)印信管理："印"指印章，"信"指介绍信。管理印章和介绍信是秘书的重要职责。秘书管理的印章主要有两种：一是组织机构的公章；二是领导因工作需要而使用的个人名章。印章是组织机构履行职责和行使权力的标志，秘书管理印章的工作内容包括印章的刻制、颁发、启用、保管、停用等。介绍信是介绍组织成员外出办理有关公务并证明其身份的一种书面凭证，它既是持信者的身份证明，又代表一个组织机构对持信者的法定授权，同样要严格管理。

(5)值班工作：这是一种按时间分工的工作方式。值班主要有三种：一是常设性值班，即一些有特殊职能需要的组织机构安排的专职值班员的 24 小时值班；二是间歇性值班，仅在下班时间或节假日期间安排；三是临时性值班，是在遇到特殊事件时或为了防范突发性事件的发生而临时设立的值班。值班工作的职责主要是处理正常上班时间之外的紧急事宜和做好组织机构的安全保卫工作，一般都由秘书部门负责组织和安排。

(6)领导日程安排及活动组织：指秘书部门协同领导对下一阶段所要进行的工作按时间顺序做出合理的计划，并使计划得以顺利实施的工作，具体事项包括领导的会议、面谈、出差、宴请、访问和其他各项活动等。它是秘书部门的一项重要的事务工作，通常由秘书部门的负责人或有经验的秘书来承担。

二、业务工作

业务工作是指带有专业性质的常规工作。

(1)公文处理：公文处理是最为典型的秘书业务之一，指公文从起草到归档或销毁全过程的处理工作。国家对公文的处理程序一向有明确而严格的规定，秘书的公文处理工作就是要遵循公文处理的原则，按照国家的有关规定，运用科学合理的方法对公文的拟制、办理、管理以及立卷归档开展一系列衔接有序的工作。

(2)文稿撰拟：秘书经常撰写的文稿主要包括法定公文、商务文书、领导讲话稿、新闻报道稿、总结汇报材料等。文稿撰拟的工作就是指这些文字材料的起草、修改与审阅。文稿撰拟是最能显示秘书综合水平和才能的一项工作，秘书最直接、最重要的作用也就是“笔杆子”的功能，可以说，这是秘书最核心的业务之一。

(3)会务工作：会议是各级各类组织机构实施管理的重要手段，秘书的地位和职责，决定了会务工作大都由秘书筹备和组织，大型会议还要专门设立秘书处。因此，会务工作是秘书工作中一项重要的经常性工作。总体来讲，秘书部门会务工作的任务主要是：会前认真负责地做好准备工作，会中严密正确地组织好各项服务活动，会后妥善处理有关事宜。

(4)保密工作：国家秘密是关系国家的安全和利益，依照法定程序确定，在一定时间内只限一定范围的人知悉的事项。保密工作就是为达到保密目的所采取的一切手段和措施。秘书部门保密工作的重点环节是文书保密、会议保密、通信保密、经济情报保密、人事保密以及计算机网络信息保密等。

(5)档案工作：档案工作分为档案馆工作和档案室工作，机关和企事业单位秘书部门的档案工作主要是指本机关档案室的档案管理工作。机关档案室是秘书机构的组成部分，因此，从全国档案工作来看，它们是国家档案工作组织体系中最基层的业务，而从秘书工作的角度看，档案工作也是秘书工作的一个组成部分。

(6)信访工作：信访工作是指组织机构处理来信来访事宜，综合处理信访信息，以及围绕处理信访问题和综合信访信息而进行的相关管理协调工作。信访工作是信息反馈的重要窗口，是掌握群众思想脉搏的重要渠道，对于促进我国的民主法制建设、构建和谐社会具有重大意义。专门的信访部门是秘书机构的组成部分，不设专门信访部门的组织，接受来信和接待来访的工作，一般也由秘书承担。秘书承担和参与信访工作，是由秘书辅助决策的职能决定的，也是由秘书机构的综合性质和枢纽地位决定的。

三、政务工作

政务工作是指直接为领导决策(包括党政机关的政治决策和企业的商务决策)服务的综合性工作。

(1)调查研究：调查研究包括调查和研究两个方面。调查是指通过各种途径，运用各种方式方法，有计划、有目的地了解事物的真实情况；研究是指对调查材料进行去粗取精、去伪存真、由此及彼、由表及里的思维加工，以获得对客观事物的本质和规律的认识。调查研究是获取第一手信息最重要、最可靠的方法，是领导科学决策和科学管理的基本前提。秘书部门既要经常参加领导的调研活动，也要单独完成各种调研任务，是秘书发挥参谋辅助作用的重要体现。

(2)信息工作：秘书的信息工作是指对信息的收集、传输、加工、利用和存储保管工作。信息是秘书辅助领导决策的依据，也是秘书部门处理其他日常事务的基础，它既是一项独立的辅政工作，同时也贯穿于秘书的其他工作之中，是秘书的一项经常性的政务工作。

(3)督查工作：督查即督促检查，其本来是领导工作的一项职能，是领导管理过程中必不可少的关键环节，后来这项工作被明确地赋予了秘书部门，是秘书部门在领导授权下的一项新的职能。如果没有督查，很可能多数决策会成为一纸空文。督查是实现决策目标的重要手段，是克服官僚主义的重要措施，也是秘书部门获取反馈信息的重要渠道。

(4)协调工作：秘书部门作为各级社会组织的综合办事机构，位居整个组织活动的中枢，综合协调是其基本职能之一，也是领导宏观管理的一项内容。秘书部门开展协调工作有利于领导实施管理，保证政令通畅，也有助于优化组织内外人际关系，增强组织的凝聚力和向心力。

四、领导临时授权工作

领导临时授权工作，指的是须经领导授意授权，并在授意前提下和授权范围内才能开展的秘书工作。这类工作与前述三者的不同之处在于其具有被动性与权力的赋予性。

领导临时授权工作一般有两种情况：一是领导授权秘书处理事务性工作；二是领导授权秘书应对与处理突发性事件。事务性工作方面，包括秘书代表领导参加会议、接见客人、节日慰问、探视病人等，其目的主要是为领导减轻负担，使其集中精力考虑大政要事。突发性事件包括自然灾害及社会群体事件等。这类事件涉及面广，领导往往会临时给予秘书一定授权进行应对与处理，由于事态发展往往难以估计，其应对与处理也无章可循，因此秘书需要有较高的政策水平、较强的应变能力、周密的组织管理能力。

第四节　秘书职能环境

一、秘书职能环境概述

任何活动都是在一定的环境条件中进行的，个人欲履行社会责任，就必然处在一定的职能环境之中。换言之，职能环境是职业活动的基石。要研究各种职业活动，必然要研究各种职能环境，秘书活动也不例外。秘书职能环境指的是秘书在履行社会职能时，必须与之发生职能关系的、相对稳定的职能对象构成的外部环境。

职能环境对秘书工作有着重要的作用，包括以下几个方面。

1. 秘书职能环境对秘书工作具有规定作用

秘书职能环境对秘书工作的规定性主要体现在：第一，从社会环境来看，人类社会分工的细化，以及领导管理工作对近身辅助和综合服务的需要决定了秘书工作与秘书职业的存在。第二，从行业来看，政、商、工、农、文化、教育等不同的行业环境，决定了秘书工作特定的辅助对象、工作内容及运作方式，以及对秘书素养的不同要求。第三，从组织层次来看，不同层次的组织环境决定了秘书工作的不同运作方式与工作任务的深度、广度。第四，从秘书岗位来看，不同的岗位环境决定了秘书工作的不同服务对象和工作目标。如秘书机构负责人、办公室秘书、机要秘书、文字秘书、档案秘书等的工作职责和工作要求大不相同。第五，不同的环境为秘书提供不同的人力、物力、财力条件，以及在影响力赋予、权力授予等方面提供不同的支持。总之，正确认识和把握秘书职能环境的规定性，对秘书充分利用职能环境条件、规范工作行为、有效地发挥职能作用具有重要意义。

2. 秘书职能环境对秘书工作具有导向作用

不同的职能环境有不同的组织目标和领导工作目标，且职能环境又随时处在发展变化之中。秘书工作必须适应职能环境的需要，遵从组织目标和领导工作目标，并且顺应职能环境变化发展的趋势。秘书职能环境的导向性要求秘书：第一，准确把握宏观环境的发展方向，在思想和行为上都遵从职能环境导向。第二，准确把握行业系统、地区等小环境的业务要求，有效开展秘书职能活动。第三，准确把握组织和秘书机构的内部环境和具体工作方向，创造性地开展工作。

3. 秘书职能环境对秘书工作具有激发作用

人们从事社会工作的动力来自于社会组织对其需要的满足。秘书职能环境能具体地满足秘书的需要。因此，秘书职能环境对秘书工作具有激发性。秘书职能环境对秘书工作的激发性，具体体现在以下方面：一是行政性激发。领导依靠行政职权，配合指导、激励等手段，向秘书发出指令，要求秘书贯彻执行组织和领导意图。这能够直接激发秘书努力完成工作任务、实现自我价值。二是诱导性激发。功利性引导是在管理实践中激发人的主观能动性的有效方法。未来发展远景、具体任务目标及劳动成果分配方式、荣誉回报、职务升迁等因素，能够产生推动力，促进秘书积极、主动地做好工作。三是比较性激发。人们对自我价值的评价以及自我需求的满足感，往往会以周围环境中的特定对象为参照物。在秘书职能环境中，其他工作人员的工作绩效、物质报酬、荣誉奖赏等，都会对秘书产生比较性激发作用。在比较中，秘书认为自己落后的，会不甘落后，奋起直追；认为自己先进的，则势必增强自信，继续努力。

二、秘书职能环境的构成

(一)秘书机构内部环境

秘书机构是秘书开展业务活动、分工合作的基本单元，其人员构成、分工协作情况、管理制度、人际关系、秘书部门负责人的影响力、秘书部门内部的团队精神和凝聚力，以及秘书的办公设备和办公条件等要素，构成了秘书机构的内部环境。

秘书机构是组织领导决策层的辅助机构，内部形成良好的环境氛围，对其工作质量和效率具有重要影响。要想形成和保持机构内部良好的环境：一是要有一位作风正派、知识全面、经验丰富、具有良好的指挥和协调能力的秘书部门负责人。有了这样的负责人起组织和带头作用，良好的内部环境才有了核心，秘书才能在周围形成富有活力的工作群体。二是要有健全的工作制度。工作制度健全了，秘书工作行为才有了规范的依据；评价秘书工作，才有明确的标准；才能确保工作有序进行。秘书工作内容纷繁、涉及面广、机动性大，有时要由秘书个体独立完成。只有加强制度化的规范管理，才能忙而不乱。三是要建立科学合理的分工配合体系，形成高效的工作流程。有合理的分工，才能各负其责；有紧密的配合，才能形成整体合力。四是要形成灵敏的信息综合机制。秘书机构是组织信息流动的枢纽，但发挥信息枢纽作用的是秘书机构整体，而不可能仅由个别秘书承担。因此，秘书机构内部要加强信息融合，这样既可提高信息的综合度，又可促进秘书人员的相互交流、相互理解、相互配合。五是要形成和谐的人际关系。工作人员、秘书与部门负责人之间要相互关心、相互体谅、相互支持，不断加强向心力和凝聚力。六是要改善物质环境，配备一定的办公设备，创造条件建设办公自动化系统，以科学的手段提高秘书机构工作效率。

在以上这些要素中，最重要的是人际关系。社会生活中的人际关系是指在生产实践和社会活动中人与人之间通过语言交流、行为交往等形式而产生的相互关系。秘书的人际关系是一种业缘关系，是秘书在职业活动中发生的交往关系，它是秘书活动的重要体现，也是秘书职业应有的职能，其目的是为了取得外界及同事的信任与支持，为秘书工作创造最佳的职能环境。

1. 秘书人际环境的类型

和谐型：组织机构内各成员之间关系协调、情感融洽，各方面能正常配合，工作效率较高。其是最利于秘书发挥职能作用的组织类型。

淡漠型：组织成员间缺乏感情联系，各项工作正常，但成员缺少参与感和主动性，工作被动、按部就班、气氛沉闷。较多出现在科研部门、文化部门。

紧张型：人际关系紧张，甚至有明显冲突，工作配合失调，沟通协调难度较大。多出现于企业单位及事业单位的职能部门。

暧昧型：存在不合常理的人际关系结构，工作关系较难把握。多出现在行政机关。

2. 影响秘书人际交往的因素

秘书人际交往中应注意以下因素。

频率：一般来说，交往频率决定人与人之间了解的程度，交往多者彼此容易了解，也容易亲近，反之则不然。因而，交往频率影响着交往的质量。

相似性：俗话说“物以类聚，人以群分”，人与人之间在性格、兴趣、爱好、经历等方面的相似性决定着交往的深度。

需要：相互的物质、精神、情感等方面的需要构成交往的动力，影响交往的持久性。

情景：在某些特定的情景和环境中，人与人之间更容易消除戒备，更容易认可和亲近。

中介：通过某种互相都能接受的中介(人或物)，可以促进彼此的交往。这种模式国外称之为“AXB”，即A和B尽管素不相识，但通过彼此共同接受的X，他们也可能建立起交往关系，有的时候，这种关系还会相当稳固而持久。

3. 秘书人际交往的原则

人际交往中一般应遵守的原则都适用于秘书，但除此之外，秘书在处理人际关系时还应特别注意以下原则。

对等原则：包括地位对等、态度对等、价值对等和情感对等。对等原则是秘书建立和处理人际关系的前提条件，在任何事务上，秘书心里都要有一杆秤，尤其在处理物质关系时，一定要注意对等。

互惠原则：包括物质利益的共分和精神利益的共享。

诚信原则：诚实、守信、重诺。虚伪做作、言而无信，是人际交往中的大忌，秘书代表着组织机构的整体形象，尤其要注意言行一致、言出必行。

包容原则：交往中要保持宽容和忍耐。尤其是在秘书的正确意见或行为不为他人所接受、甚至遇到阻力时，一定要学会控制自己的情绪，保持宽容和忍耐，尽量避免感情冲动而做出过激的反应。

(二)秘书所在组织内部环境

秘书机构所在单位内部环境由三大要素构成，它们分别是单位领导集团、各职能部门及与组织活动相关的人员(群众)。这些要素关系，对秘书的职能活动都有着重要的影响。

1. 单位领导集团

秘书与其所在组织领导的关系是秘书组织内部职能环境中最重要的一环，是决定秘书工作成败的关键因素，正确认识与处理秘书与领导的关系，是秘书学研究的重要课题。秘书处理与领导的关系，要注意以下问题。

1)忠实体现领导意图

领导意图是指领导者、领导班子或领导机关在指导组织机构实现目标的过程中所提出的意见和企图的实质，是领导提出的工作意见和总体所表达的真意、实质、核心、出发点和目的，是领导工作思想的具体体现。领导意图形成的过程就是领导决策的过程。领导人的远、近期工作构想，单项工作的部署与安排，具体活动的打算和要求，即时事项的处理口径及原则等都可看做领导意图，有的时候是以命令、指示、决定、通知等正式文件的形式下达，但更多情况下是通过签批意见、口头要求等比较含蓄的方式向下级有关人员进行的一种授意。因此，领导意图具有以下特点。

意向的抽象性：领导意图本质上来说是领导的主观愿望或实现这一愿望的初步构想，它含有相当分量的实质内容，但又常常因条件所限或领导不愿意事无巨细做出安排而表达得不具体、不明确，或者比较抽象和笼统。如接待工作中，领导一般指示“妥善接待”、“做好接待安排”等，而不会对具体的食宿安排等一一过问。

表达的含蓄性：领导多半会以简短的指示甚至是手势、表情等来表达其意图，秘书要善于领会。

操作的伸缩性；领导授权秘书处理一些事务时，只会简单表明其基本态度，而对具体的操作步骤、方式方法等不明确表态，给予秘书灵活、变通的处理空间。这就要求秘书对领导的基本态度有准确的领会，既不能超出领导的授权，又不能因此而束手束脚，影响领导意图的贯彻。

正确领会领导意图要注意以下几方面：一是要熟悉领导的思维方式和表达习惯，掌握领导对一些问题的基本看法和处理原则。二是要了解与领导意图有关的背景材料。三是要把握领导意图的实质，严格掌握可行范围的量和度。四是当吃不准领导意图时，要主动向领导请示、报告。尤其是一些比较重大的问题的处理，领导意图可能是逐步形成的，秘书要及时把握，不可轻率行事。

2)有效辅助领导活动

所谓“有效”，是指具有效益和效率。不同的领导工作作风不一样，大致有集权型、民主型、开放型等，秘书只有针对不同类型的领导采取不同的服务技巧，才能有效辅助领导的决策活动。

集权型领导：集权型领导喜欢把一切权力控制在自己手中，其他人员完全处于被动地位。这类领导很少参加组织成员的群众性活动，很少同组织成员交流思想，也很少关注群众的想法和意见。这种领导方式在任务单纯、规模较小的组织机构中容易出现，其优点是言出必行，雷厉风行，责任明确，效率较高。但缺点也很突出，即容易导致“一言堂”、“家长制”。秘书在辅助这类领导时，要注意多关注领导的思想动态，当发现有可能出现不良决策时，要提前给领导“吹风”，做软性处理，不要等决策已定再提出相反意见。

民主型领导：民主型领导常用讨论与沟通的方式与组织成员分享决策权，决策的制定与执行，都对组织成员坦诚公开。民主型领导的优点是领导者与被领导者彼此信任、互相尊重，能集思广益、各显其才，利于调动组织成员的积极性、主动性与创造性。不足之处是决策过程较慢，容易民主而不集中，最终因分权而导致各行其是，贻误工作。对此，秘书要“韧”，在民主决策的过程中随时提醒领导掌控好最后定夺的环节，灵活处理。

开放型领导：开放型领导只把握组织运转的大体目标，如政治方向、经济战略等，而对具体的决策过程及决策的执行很少过问，放手让部属各司其职，只有当组织的运转出现梗阻时，领导才出面协调解决。这类领导在科研单位、文化团体等独立性和个体主动性较强的单位较多，其管理灵活自由，但容易议而不决。对此，秘书要“紧”，对急需领导做出决策的事项要催促“某某事是不是该定了？”等，以免组织陷入无政府状态。

3)避免干扰领导政务

秘书应积极而适度地参谋领导政务，正面促进领导的决策活动，避免干扰政务。只有在不超越职能范围、不干扰领导政务的前提下，给予领导的参谋建议越多、越切合领导决策的需要，其工作价值才能体现出来。因为秘书提供的情况及谋划，只属于建议，只能作为领导决策的参考，并不构成权威的一票。这是秘书参谋政务应掌握的一个界线。秘书如果盲目参谋政务，不审时度势，往往于事无补，甚至干扰领导的决策思路，引起反感，最终导致秘书自身的职能环境恶化，更影响到组织机构整体目标的实现。

4)竭诚弥补领导缺失

缺，是指缺陷、不足；失，是指失误、失控。领导缺失具体来说就是领导集团成员间的分歧、矛盾所形成的失谐失调，以及领导个人在思想修养、工作作风、处事方法等方面有碍领导活动的种种不足与缺憾。

领导个人在思想修养、工作作风、处事方法上的缺陷以及领导集团内部不可避免地存在的分歧、矛盾等会对领导威信有所影响，秘书应从工作全局出发，给予一定的理解和帮助，弥补领导缺失。秘书贴近领导，比其他机关人员更直接、更经常接触领导，秘书职能的综合性，也使其接触领导带有全方位、多侧面特征；另外，领导对秘书也会比对其他人更亲密自然，主观和客观上都会在秘书面前坦露更多的个性与倾向。由此不难理解，秘书能够更容易、更深切、更细微地了解领导的优点和缺失，领导也本能地需要秘书对自己的理解、适应和弥补、帮助。

既理解体谅又讲原则地有效弥补领导缺失，是秘书人员的一项辅助性职责，也是秘书优化同领导的职能环境的又一重要条件。

2. 各职能部门

在机关管理系统中，职能部门是施控中枢，即领导与基层干部之间的直接的职能组织中介，它们各领一个方面的明确的、具体的业务职能，如组织、人事、财务、治安、后勤等，对上直接承接领导意图，并通过有效的组织管理活动将之化为对下的职能行为。因此，基于秘书职能，秘书同部门之间的关系主要表现为两种形态，即辅助形态和协调形态。辅助形态，即作为领导直接指挥部门的主线之外的一种辅助，由秘书向部门传达领导的意图，并将部门在执行过程中遇到的问题向领导汇报，在领导与部门间纵向传递信息。这时候秘书不是以领导的身份去命令部门，也不是作为部门的代表而责难领导，只是居中传递信息，辅助决策及其实施。协调形态，是指在部门间横向进行沟通和协调，尤其是在多部门合作、有可能发生利益冲突时，秘书通常要居中进行协调，使多部门同步协调地完成一项综合、交叉任务。

因此，秘书要有效辅助领导活动，全面履行好自己的职能，同样要注重处理好同组织机构内各职能部门的关系，建立起良好的职能环境。秘书要获得职能部门的合作，就要注意以下几个方面。

(1)强化部门观念。机关业务职能部门是机关直属的组织执行环节，机关最基本的日常职能活动，直接依赖它们分工进行。秘书虽然贴近机关领导，秉承传达领导意图，在部门眼中占有特殊位置，然而，无论何时，秘书都得正视其地位与作用的辅助性质，恪守谦虚谨慎的职业道德，铭记为部门服务的基本观念。秘书要切忌：自视高人一等，盛气凌人；仗籍领导权威，颐指气使；擅传上下信息，贻害工作；假用职能条件，损人利己。

(2)体谅部门实情。机关职能部门相对自成一体，要承上启下，完成其本职工作任务，自有其繁难之处；作为下级部门，常常会通过秘书弄清、理解领导意图，反映情况、要求，对秘书自有所求。秘书与部门，既要忠实按领导意图办事，且一般要求多、时限紧；秘书又多处于被动紧张状态，不易照应到部门的难处或苦衷。在这样的矛盾面前，秘书应该：详明转述任务，便于部门理解执行；尊重体谅对方，少给部门施加压力；随时搜集情况，乐为部门反馈信息；发挥职能优势，多为部门排忧解难；注意同等对待，不要厚此薄彼。

(3)促进部门协调。如前所述，机关职能部门常会遇到某些临时出现的跨部门、交叉事项，要由秘书出面给予综合协调，如政策协调、事务协调、步调协调及关系协调等。这些问题可能表现为业务工作，也可能出现在秘书的机关事务管理职能之内。秘书认真处理好这些关系，既会促进职能部门团结一致地协同工作，也会促进秘书部门环境的优化，使自己获得更有利的职能活动条件，形成良性循环。

3. 与组织活动相关的人员(群众)

从广义的机关而言，机关秘书的群众概念，既包括机关之内职能部门与基层单位的一般干部、职工及其他人员，也包括机关之外秘书可能与之发生职能关系的干部、职工及其他人员。对于机关，群众是基础构成和主体原动力量，是机关也是机关领导的基本依靠对象和服务客体。没有群众，不会有机关；脱离群众，机关领导寸步难行；离开群众的积极性，机关难以正常运转，以致一事无成。秘书的任务在于综合辅助领导推动整个机关实现管理目标，实际上是综合辅助领导宣传群众、组织群众、服务群众。特殊点在于以辅助领导为中心，以沟通信息为主要手段。

群众是秘书活动的重要对象，是有效辅助领导活动的重要依靠，是秘书的三大服务方面之一。为群众服务是秘书三服务的内容之一，群众是秘书活动的重要对象，秘书应摆正位置，辅助领导宣传群众、组织群众、服务群众。

(1)强化服务观念。秘书首先要从思想上正视自己、正视群众，把自己视作一个国家干部和系统的普通一员，自觉为群众积极服务。要全面把握秘书的职能任务，将为群众服务与为领导服务、为部门服务有机统一起来。必须正确对待和利用秘书贴近领导的职能条件，这种条件为秘书特定职能所赋予，它反过来又被用来为秘书履行职能服务。秘书尤其要摒弃一种极易产生的优越感，积极恰当地利用职能条件，给群众热情帮助，从感情上密切同群众的联系。

(2)有效沟通上下。秘书是机关领导与群众之间的一条重要的沟通渠道，这种沟通作用，无论对群众还是对领导，都是相对直接、相对可信的。秘书重视并有效地做好这种沟通工作，对于密切同群众的关系，乃至进而密切群众同领导的关系，具有积极意义。在这种信息沟通活动中，秘书要全面、准确把握领导意图，适时、适当地传输给有关群众，防止片面曲解和违意误传；同时，也要把群众提供的意见和要求及时、明确地反馈给领导和有关部门，不能轻慢。

(3)积极排忧解难。群众随时有可能因对某一政策不够了解、或遇到实际困难等，迫切希望当面向领导表达意愿。而这些都必须先通过秘书进行沟通或处理，这种情况下秘书应急群众之所急，多为群众着想，确有必要又有可能时，应尽力为群众面见领导做出安排。如领导难以直接接访，秘书也应通过其他方式将群众的陈述递送领导，帮助群众排解疑难。

(三)秘书所在组织外部环境

秘书所在组织外部环境是一个庞大的、具有层次性的、开放的、相互联系的系统，大到宏观的国际国内政治、经济、科技、文化等大环境，小到各组织机构的行业系统环境、地区环境、市场环境、协作与竞争环境、社区环境等，均属组织外部环境的范畴。秘书机构是组织与外部环境沟通的枢纽，不仅要敏锐捕捉外部环境因素的变化，还要通过自身的职能活动协助领导进行管理和调整，使组织的运转与不断发展的外部态势相适应，促进组织不断发展。

秘书机构所在组织的外部环境主要与下列因素相关。

(1)政治环境。指国家的政治制度、政治体制、政治目标、方针、政策、法律法规等，它反映了国家的政治意志，决定着组织和领导行为的政治方向。秘书必须适应政治环境，否则，一旦在办文、办事、办会中对政治方向的理解有任何偏差，都可能造成恶劣的影响。

(2)经济环境。指国家和地区经济发展的条件和水平，包括市场状况、资源配置状况、经济运行机制、经济发展规划、经济政策、产业结构、基础设施等。经济环境不仅影响秘书所在组织的生存与发展，从而影响到秘书工作的物质基础，而且影响到秘书工作的具体内容。正确认识组织所处的经济环境，有助于秘书更有效地为领导提供综合服务。

(3)科技环境。指同组织生存与发展相关的科学技术水平和发展速度，它与秘书工作的内容、手段和方式也有着密切联系。

(4)文化环境。包括社会教育程度、社会价值观念、信仰、道德伦理观与道德规范、社会风气、社会习俗等，它影响着人们的思想意识、思维模式、价值取向、行为方式，也间接对各组织的内部气氛、价值观念等有一定影响。秘书办事、办文、办会都要综合考虑组织所在的文化环境。

三、秘书对职能环境的适应、优化与障碍排除

秘书与职能环境的关系，集中体现在秘书职能场上。秘书职能场是指秘书在职能环境中其职能活动的影响力范围，也即秘书在职能环境资源各种要素的作用下，通过其本职工作对环境的反作用及其产生实际效应的范围。每一位秘书在其具体的职能环境中开发利用环境资源的能力千差万别，具体体现就是秘书对职能环境的适应、优化与障碍排除。

(一) 秘书对职能环境的适应

1. 适应职能环境特点

秘书适应职能环境特点包括：一要适应国际国内的宏观社会环境特点及其发展趋势；二要适应所在组织的行业环境特点；三要适应所在组织的内部环境特点；四要适应秘书机构的内部环境特点；五要适应具体秘书工作岗位的环境特点。不能适应其中任一层次职能环境特点，秘书都很难胜任其本职工作。

2. 满足职能环境需求

首先，秘书要满足领导工作的需求。例如，领导下达调研课题、授命秘书草拟计划方案。有时领导没有提出工作要求，秘书也可主动提出参谋建议，拾遗补阙。其次，秘

书要满足组织日常办公事务的需求。在日常办公事务中，秘书需要处处留心，善于观察问题和分析问题，并且具有解决问题、协调矛盾的能力，切实做好综合服务和跟踪服务，满足职能环境需求。

3. 顺应职能环境发展

在秘书适应职能环境特点、满足职能环境需求的实践过程中，存在着顺应职能环境发展趋势的问题。如对社会、组织及秘书工作的长远发展的态势有所预期，并从知识、能力上做好充分准备；准确把握组织一年内的工作计划以及外部环境的发展变化，安排一年各阶段的工作重点；随时关注领导工作，了解领导工作的变化与需要，适时地安排秘书工作，这也是秘书顺应职能环境发展的最直接、最基本的要求。

4. 开发职能环境资源

适应职能环境特点、满足职能环境需求、顺应职能环境发展，都要以有利于充分、合理地开发职能环境资源，有利于实现组织目标为根本目标。

秘书在工作中开发职能环境资源要注意以下方面：第一，合理开发领导机构及领导人的影响力资源。领导机构和领导人法定的地位和权力，以及其在工作中取得的成效和威信，使其具有强大的影响力。这种影响力既是领导机构和领导人开展领导工作的保证，又是秘书开展职能活动的基础性资源。第二，注重开发职能环境中的信息资源。秘书发挥辅助决策职能作用的主要依据就是信息。第三，注重从协调各方面关系中开发职能环境中的能量整合资源。它包括协调组织内部各机构之间的关系及协调组织与各类公众的公共关系两大方面。有效地开发职能环境资源，有利于秘书增强工作的活力，大大提高秘书工作的效益，以便更好地辅助领导工作和组织管理工作。

(二)秘书对职能环境的优化

职能环境是客观存在的。秘书优化职能环境，必须从客观实际出发，立足本职工作，立足现实需要。由于与领导主辅配合、在领导身边发挥综合辅助作用是秘书发挥职能作用的基本形式，所以要以优化开发具体工作的环境为着力点。优化与领导的主辅配合关系，对增强秘书的职能作用、优化秘书职能环境，均有着关键性的影响。

秘书优化具体工作的职能环境，主要途径是在其具体的职能工作中，与各有关方面建立、维护和加强相互理解、信任和合作的和谐关系，而不是在职能工作以外去寻找优化职能环境的途径。在实践中，秘书只有不断提高自身素质，善于体察领导工作的需要，卓有成效地发挥参谋辅助和事务服务的作用，有效促进领导工作效率和效益的提高，秘书与领导的主辅配合关系才能不断地得到改善和优化。秘书只有在办文、办会、办事等职能活动中无私奉献、公道正派、准确及时，热心为群众和部门服务，真正起到上情下达、下情上达的作用，才能在强化领导与下级部门及群众的关系的同时，促进自身具体工作职能环境的优化。秘书只有在与组织外部事务交往中诚恳待人、热情合作、善于协调，才能在树立和维护良好的组织形象和领导形象的同时，改善和优化自身的具体职能环境。

秘书优化具体工作的职能环境的主要途径，是靠自身卓有成效的职能工作；而具体的秘书工作职能环境的优化，又能为提高秘书工作的效能和效率提供良好的环境条件。

两者相互作用、相互促进，构成良性循环。

（三）秘书对职能环境的障碍排除

在具体工作中，秘书的职能环境可能会出现一些不利因素或障碍。因此，秘书不仅要注重适应和优化职能环境，还要善于排除具体环境中可能出现的各种障碍。客观职能环境不是一成不变的，旧的障碍排除之后，还会不断出现新的障碍。但每排除一次障碍，就前进一次。秘书要立足本职工作，努力排除职能环境中的各种障碍，充分发挥自身的职能作用，促进组织事业又快又好地发展。

1. 排除信任障碍

信任度对秘书工作有着直接的、十分重要的影响。秘书必须善于发现和排除职能环境中的信任障碍。首先，排除工作能力造成的信任障碍。如果秘书的工作能力不够，不能圆满地完成任务或造成工作失误，就会产生信任障碍。要排除这种信任障碍，秘书要努力提高自己的工作能力，以便能圆满地完成工作任务，重获他人对自己的信任。其次，排除工作态度造成的信任障碍。如果秘书工作粗枝大叶、敷衍了事，会使他人产生不信任感。要排除这种信任障碍，秘书必须加强工作责任感，工作认真、细致、一丝不苟，用实际行动重获他人对自己的信任。再次，排除性格人品造成的信任障碍。有的秘书性格或人品存在缺陷，如自私自利、弄虚作假、搬弄是非。这种秘书往往最不被信任。要排除这种信任障碍，秘书要加强个人修养、端正动机、光明正大、老老实实，以重新得到他人对自己的信任。最后，排除误会造成的信任障碍。秘书要加强与各方面的交流，消除工作中的各种误会，特别注意在解释误会原因时，要多作自我批评。

2. 排除沟通障碍

常见的沟通障碍有以下几种：一是虚报信息造成的沟通障碍。如虚报、假报、报喜不报忧等。这必然导致组织的决策失误、管理失控和思想混乱。所以，秘书必须抵制各种错误观念的影响，真实准确地筛选、加工、报送、传递信息；必须在信息沟通中加强宣传，强化人们科学的信息意识；还要协助领导建立健全信息工作管理制度，规范信息管理工作。二是信息网络不完备造成的沟通障碍。在职能环境中，有的组织存在信息网络不全、信息渠道不畅等问题。秘书必须建议领导加强信息网络建设，优化网络结构和功能。三是人际关系不和谐造成的沟通障碍。秘书要多做协调工作，使组织内外人际关系和谐，沟通顺畅，以免影响组织利益。

3. 排除利益障碍

在秘书工作中，局部利益与整体利益的冲突、多元利益主体之间的矛盾，或个人利益膨胀引起的问题，往往造成秘书职能环境中出现种种障碍。这些障碍不排除，不仅秘书工作无法顺利进行，而且会危害组织的健康、和谐发展。利益障碍主要有以下几种表现形式：一是只顾局部利益，不顾整体利益。组织内有的部门为了本部门的局部利益，不惜损害其他部门的利益或组织的整体利益。秘书要帮助领导做好思想教育、统筹协调、督查批评等工作，排除这种利益障碍。二是只顾眼前利益，不顾长远利益。有的领导为取得眼前的“政绩”，不惜牺牲组织的长远利益。对此，秘书必须保持冷静的头脑，要提供客观的、准确的信息，不能为了迎合领导的个人喜好而提供虚假的信息；要以实事求是的科学态度提出劝谏建议，不能不负责任地盲目服从。三是个人利益膨胀。个人利益膨胀会造成个人与组织及社会的利益冲突，危害性极大。其表现形式有唯利是图、以权谋私、违法乱纪等。对此，秘书在工作中，除了约束自己外，还要协助领导加强组织的思想教育；加强监督，手段有信访、调研、督查等；加强先进人物和先进事件的宣传，手段有撰写典型材料等。

第二编

秘书『办文』

第五章

公务文书的写作

公务文书的写作几乎贯穿一切秘书工作的始终，是党政机关、企事业单位、人民团体的秘书从事办公室工作的一项重要内容，是秘书工作不可分割的重要部分。这是因为，各行各业的各种公务活动都必须通过公文反映出来，否则就无所凭据、无法执行。因此，公务文书的写作在秘书工作中显得尤为重要，掌握公文写作的基本知识和写作要领，是秘书人员一项重要的业务技能。

第一节　公文概述

一、公文的含义及特点

（一）公文的含义

公文是指各级、各类社会组织在各种公务活动中形成和使用的具有规范体式和法定效用的信息记录，是管理机关工作的重要工具。

（二）公文的特点

公文与图书、档案、资料等文献相比，具有如下特点。

1. 公文具有鲜明的政治性

公文是阶级社会的产物，是一定社会的统治阶级为了维护其统治地位，强化其统治意图，传达其政策主张，确保国家政权的正常运转而使用的一种不可缺少的重要手段。它是一种政治工具，不过是以书面形式为特征的政治性工具。公文是基于国家政治目的的需要而产生和使用的，鲜明的政治性是公文在形成原因和使用目的上的突出特征。

2. 公文由法定作者制成和发布

文章都有作者，公文非一般文章，普通公民不能随意撰写公文。公文作者具有法定的特点。所谓“法定作者”，是指依法成文并能以自己的名义行使权力和担当义务的组织及其领导人。公文作者有两种形式：一种是指依法成立的党政机关、社会团体和企事业单位；另一种是指机关的领导人，如部长、省长、市长等。以机关领导人名义发布文件，是领导人行使职权的一种表现。领导人对外行文，代表的是机构而非个人。

3. 公文具有法定的权威和现行效用

公文法定的权威性，是指公文在法定的时间与空间范围内能对受文者的行为产生强制性影响，如必须贯彻执行、阅读与办理、予以复文等。公文之所以具有权威性，是由于它传达了制发机关的决策与意图，体现了制发机关的意志与权力。

公文还具有现行效用。现行效用是指公文在现实工作中所发挥的现实执行、指导和规范作用。公文总是着眼于现实工作，它在现实工作中形成，在现实工作中使用，为推动现实工作服务。现实工作完成了，用于指导现实工作的公文的现行效用也随之结束。

4. 公文具有特定的体式和处理程序

体式，即公文的文体和格式。公文采用应用文体，同时兼有记叙文、议论文、说明文的一般表达特点。为了维护公文的严肃性、权威性、准确性与有效性，党和国家规定了统一的公文格式，并且发布了《党政机关公文格式》。任何机关都要按照统一的格式制发公文，不得自行其是。

处理程序，即机关内部公文运转处理的一系列程序，也就是撰制和处理公文的一系列必要环节。公文处理的各个环节之间前后衔接、环环相扣，总合起来构成公文运转处理的整个流程。科学地组织与安排公文处理程序，有利于保证公文制作过程的合法性，保证公文的正常运转，提高公文质量与办文效率。

二、公文的功能

(一)公文的基本功能

1. 管理的工具

制作公文的根本目的在于传递管理信息，公文制作者的主观愿望是将公文作为一种管理工具，可见公文首先是为管理活动服务的。无论是公文的内容，还是行文的规则，都是管理理论和原则的具体应用。因此，公文的首要功能是管理工具，与管理活动同步产生、运行，通过对公文管理活动的有效组织与控制，实施对管理活动的组织与控制。

2. 沟通的手段

公文在上传下达、沟通左右、实现管理工具效用的同时，在客观上成为互联互动、传递信息的沟通手段。公文具有信息载体的本原性，决定了它成为沟通手段的必然性。由于相当一部分公文可以在一定的范围内，甚至在社会上公开传递，这在客观上使公文成为社会组织之间、社会组织与民众之间相互沟通的手段。

(二)公文的具体作用

公文的基本功能通过每一份具体文件、在特定公务管理活动中发挥各自的作用得以实现。一般情况下，一篇公文往往同时具有几个方面的作用。

1. 领导指导作用

具有领导及管理职能的社会组织，通过公文把党和国家的方针、政策或系统、行业或机构的决策意图和要求传递给受文者，达到统一思想、统一行动的领导指导作用。

2. 行为规范作用

相当一部分公文，如全国或地方性的各种法律、法规和规章等，具有规范行为的作用。规范性公文一经制定、发布，在没有修改和宣布作废之前，在生效期间受国家强制力保护，人人必须遵守、不得违反。

3. 公务联系作用

公文除在上下级组织之间进行协调、沟通之外，还可以在平级和不相隶属的组织之间交流信息、通报情况、商洽事务、取得配合。可见，公文是各级机关组织沟通的纽带，发挥着重要的联系作用。

4. 宣传教育作用

为了保证党和国家的方针、政策、法律、法规的贯彻实施，各级社会组织经常制发一些旨在对干部、职工或公众进行思想教育的公文，以便共同提高认识。

5. 凭证依据作用

各种公文都反映了制发机关的意图，具有重要的现行效用；受文单位都要以此作为工作的依据。此外，许多公文在完成了现行作用之后便转化为档案，作为历史的真凭实据，供后人查考。可见，公文在其生命周期的各个阶段，都在发挥着凭证作用。

三、公文的分类

根据不同的分类标准，可将公文划分为不同的类别。

1. 从内容性质的角度分类

按照公文的内容性质，可分为领导指导类文件、报请类文件、知照类文件、规范类文件和会议文件等。

领导指导类文件。以领导、指导机关及其领导人名义制发的用于颁布政令、部署工作、批复事项的文件，如命令、决定、批复等。

报请类文件。领导机关向有关上级机关汇报工作、反映情况、答复询问、提出建议、请求指示或批准时使用的文件，如报告、请示、议案等。

知照类文件。面向社会或特定范围，为公布、通知有关事项，通报情况，联系工作，商洽事宜，交流信息而制发的文书，如通告、通知、通报、函、简报等。

规范类文件。以强制力推行的用以规定各种行为规范的文件，包括各种法规、法令、规章等，如条例、规定、办法、章程等。

会议文件。在会议活动中形成和使用的所有文件材料，如会议记录、会议纪要等。

2. 从涉密程度的角度分类

根据内容涉密的程度，可将文件划分为绝密、机密、秘密三种。

绝密级文件。又称绝密件，指涉及党和国家最核心的机密的文件，一旦泄露，会使国家的安全和利益遭受特别严重的损害。

机密级文件。又称机密件，指涉及党和国家重要机密的文件，一旦泄露会使国家的安全和利益遭受较大的损害。

秘密级文件。又称秘密件，指涉及党和国家一般机密的文件，一旦泄露会使国家的安全和利益遭受一定的损害。

3. 从办理时限的角度分类

从办理时限的角度划分，文件可分为特急件、急件、平件三种。

特急件。内容至关重要且特别紧急，必须在最短的时间内以最快的速度优先传递、处理的文件。

急件。内容重要且紧急，要求打破工作常规迅速传递、处理或在规定的时限内办理完毕的文件。

平件。无保密和时限方面的特殊要求，按工作常规传递、处理的文件。

4. 从行文方向的角度分类

按照文件的行文方向，文件有上行文、下行文与平行文之分。

上行文。下级机关向所属的上级领导机关汇报工作、请示问题或请求指导和批准的公文，如报告、请示、部分意见等。

下行文。领导机关向所属下级机关公布政策、决定事项、指导工作、回答问题、批准事项的公文，如命令、决定、通知、通告、通报、批复等。

平行文。平级机关或不相隶属机关之间商洽、联系工作，征询或答复问题，请求有关主管部门审批有关事项的公文，如部分议案、通知、函、纪要等。

5. 从文件来源的角度分类

按文件的来源，可分为收文、发文和内部公文。

收文。是指由其他机关制定、发送来的公文，如领导机关发来的通知、通报、决定，下级机关发来的请示、报告、部分意见，平行机关发来的函等。

发文。是指本机关向其他机关发出的公文，如向领导机关报送的请示、报告、部分意见，向下级机关发出的通知、通报、决定、批复，向平行机关发出的函等。

内部公文。是指用以管理本机关的工作而制发的公文，如内部的通知、通报等。

四、公文写作的特点

1. 从写作动因来看，有“应命性”

对于文秘人员来说，公文写作从来不是一种发自内心的主动行为，而是一种典型的被动写作。要么是在领导的授意下写作，要么是代表机关阐发意图，要么是根据来文起草答复文章，要么是为了解决即将出现或已经出现的问题而写作。总之，是遵命作文，离开领导意图或机关工作需要这个根本前提，就不可能有公文起草活动。

2. 从写作人员来看，有“群体性”

公文写作不是秘书人员的个体劳动，而是多数人参与的集体劳动，表现为“领导下命令，众人动起来”。围绕一篇公文，常常是领导“交拟”，文秘人员“拟写”，甚至专门成立写作班子，涉及众多单位。即便是那些短小的公文，也是有人草拟，有人审核，有人讨论修改，最后还要过领导“签发关”。因此，公文是集体智慧的结晶。公文起草人员必须善于集思广益、兼收并蓄、协商共事，充分调动每个人的积极性。

3. 从收文对象来看，有“针对性”

公文总是写给人看的，具有特定的读者对象。公文内容是要反映现实工作中需要贯彻、执行、联系、商洽的事项。没有受文对象，就没有发文的意义。所以，公文内容讲究求真务实，对于不同的读者对象，还要注意行文关系正确、语言语气得体。

4. 从主题内容的表述来看，有“政策性”

公文具有特定的现行效用。其内容既要符合党和国家的方针政策或法律规范，又要提出便于执行的具体政策措施，还要讲究政策的连续性和相关性，不能自相矛盾。它是方针政策的物质体现形式。

5. 从完成任务的时间来看，有“时限性”

公文是一种典型的应用工具，为解决已经出现的实际问题而提出决策意见，或对即将开展的工作活动提出行动方案，或对执行情况进行反馈。这样的行文目的，赋予公文刻不容缓和时限性强的突出特点。所以，公文写作活动必须强化时间和效率观念，力争做到又快又好，解决问题及时，处理工作迅速。

6. 从整体的表达方式来看，有“规范性”

公文作为典型而且最为规范的应用文，具有特定的表达方式。首先，在外观格式上，党政机关颁布了统一的公文格式标准。对文件的结构、版面安排、字型字号、用纸规格等都有具体的要求，各机关制作公文时必须严格遵照执行。其次，公文在长期使用过程中，形成了大量约定俗成的、简洁明了的、具有生命力的专门术语，拟写公文时要准确应用，确保公文语言得体规范。

五、公文的体式与结构

(一)公文的体式

公文体式是公文特有的表现形式，包括两个方面的内容。其一是指公文的文体特征；其二是指公文的外观样式特征，即公文构成项目及其在载体上排列的规范。

根据 2012 年 7 月 1 日开始实施的《党政机关公文处理工作条例》和《党政机关公文格式》(GB/T 9704—2012)的规定，公文格式构成要素划分为版头、主体、版记三个部分。

1. 版头部分

公文的版头包括份号、密级和保密期限、紧急程度、发文机关标志、发文字号、签发人等要素。

(1)份号。是指公文印制份数的顺序号。涉密公文应当标注份号。

(2)密级和保密期限。是指公文的秘密等级和保密的期限。涉密公文应当根据涉密程度分别标注“绝密”、“机密”、“秘密”和保密期限。

(3)紧急程度。是指公文送达和办理的时限要求。根据紧急程度，紧急公文应当分别标注“特急”、“加急”，电报应当分别标注“特提”、“特急”、“加急”、“平急”。

(4)发文机关标志。是指表明公文作者的标志。由发文机关全称或者规范化简称加“文件”二字组成，也可以使用发文机关全称或者规范化简称。联合行文时，发文机关标志可以并用联合发文机关名称，也可以单独用主办机关名称。

(5)发文字号。是指发文机关对所发公文依次编排的文件代号，由发文机关代字、年份、发文顺序号组成。联合行文时，使用主办机关的发文字号。

(6)签发人。是指代表机关核准公文对外发出的领导人姓名，只用于上行文。

发文字号之下 4 毫米处居中印一条与版心等宽的红色分隔线，把版头和主体隔开。

2. 主体部分

公文的主体包括公文标题、主送机关、公文正文、附件说明、发文机关署名、成文日期、印章、附注、附件等要素。

(1)公文标题。用来概括和揭示公文的主要内容。一般由发文机关名称、事由、文种三部分构成。拟写公文标题，要求准确、概括、简明，并正确选用文种。公文标题回行时，要做到词意完整、排列对称、长短适宜、间距恰当，标题排列应当使用梯形或菱形。

(2)主送机关。是指公文的主要受理机关，应当使用机关全称、规范化简称或者同类型机关统称。当主送机关不止一个时，应按其性质、级别、有关规定或惯例依次排列。

(3)公文正文。是指公文的主体部分，用于表述公文内容，使收文者具体、明确地掌握文件传递的信息，其正文内容一般要求做到一文一事。

公文正文的表达形式主要有分层表达式、篇段合一式、条款式三种类型，分别适应不同种类的公文。公文正文要求表达准确、结构严谨、层次分明、通俗流畅。

(4)附件说明。是指附属于公文的其他公文或材料，应当标明其顺序号和名称。

(5)发文机关署名。署发文机关全称或者规范化简称。

(6)成文日期。是指形成文件的日期，署会议通过或者发文机关负责人签发的日期。联合行文时，署最后签发机关负责人签发的日期。

成文日期要求用阿拉伯数字写全具体的年、月、日。

(7)印章。公文中有发文机关署名的，应当加盖发文机关印章，并与署名机关相符。有特定发文机关标志的普发性公文和电报可以不加盖印章。

(8)附注。是指公文印发传达范围等需要说明的事项。为使正文集中表述主要内容，一些不便在正文中直接解释、说明的名词用语或公文的阅读范围、使用方法等，通常置于附注中加以注解。附注左空两格标注在成文日期下一行。

(9)附件。公文正文的说明、补充或者参考资料。附件应当另面编排，并在版记之前，与公文正文一起装订。

3. 版记部分

公文的版记属于公文格式的结尾部分，包括抄送机关、印发机关和印发日期等要素。

(1)抄送机关。是指除主送机关外需要执行或者知晓公文内容的其他机关，应当使用机关全称、规范化简称或同类型机关统称。

(2)印发机关和印发日期。是指公文的送印机关和送印日期。

(二)公文的结构

公文结构是指公文内容的组织构造形式，也是对公文主题和材料所做的合理有序的组织与安排。公文的结构和一般文章一样，由标题、开头、主体、结尾等要素构成。

1. 标题

一个完整的公文标题由发文机关名称、事由、文种三部分组成。但也有省去发文机关名称或事由的，有的则只有文种，归纳起来，公文标题有以下几种组成情况。

第一，完全式标题。由发文机关、事由、文种三部分组成，如《国务院关于 2011 年度国家科学技术奖励的决定》。公文的“事由”，就是说明公文因何事而发的原因，也就是公文的基本内容。

第二，省略式标题。一般由“发文机关”和“文种”组成，如《中华人民共和国公安部公告》。

第三，文种式标题。有的公文如“命令(令)”、某些“公告”或“通告”、机关内部的事务性公文“通知”等，有时只用文种作为标题。

2. 开头

好的公文开头，可以引起受众的关注，抓住受众的心，明白公文所涉及的具体事项。公文的开头一般要求开门见山、直接入题。

公文常用的开头包括以下几种。

(1)原因式。开篇交代事项起因、写作原因等，使用“由于……”、“因为……”、“鉴于……”等句式。

(2)目的式。说明事项或要求的目的、意义等，使用“为了……”、“……为此……”等句式。

(3)依据式。交代事项或要求的根据，使用“依据……”、“根据……”、“经……决定”、“经……通过”、“遵照……”等句式。

(4)引据式。亦称引述式，引述来文来函关键内容，进而表明写作意图和看法，如批复、复函就用这样的方式开头。

(5)情况概述式。简要叙述对象的基本情况，以使受众有总的印象，并有利于自然引出具体介绍或进行分析评价、表达主旨。

(6)评论结论式。针对文章涉及的问题与事实发表意见、做出评价、提出总体看法。

在一篇公文的写作中，以上开头方式虽有单独使用的情况，但也有多种方式结合使用的，涉及某份公文写作时，应具体问题具体分析，选用最恰当的开头形式。

3. 主体

主体是公文正文的主要部分，主要材料和观点均在此部分展开。公文主体的结构形式一般包括层次和段落两个方面。

(1)层次。也称结构段、意义段。用以区别段落(自然段)，从整体上确定全文的逻辑关系。层次安排合理，则文本内容脉络分明。文种不同，内容不同，层次的安排方式亦不同，常见的有：缘由—观点；事实—结论；结论—理由；观点—观点(亦称并列式)。

(2)段落。即自然段。它是从文字表达形式上体现文本内容表达过程中的停歇或转换的一种标志，这种标志就是“换行”。段落表现文本内容的外在秩序，即是文章的外部结构。段落要长短适度、单一完整。

4. 结尾

公文的结尾一般简洁、自然、干净有力，常见形式如下。

第一，总括式。就是对文章的主旨进行概括总结，使受众对全文有一个总体印象。如报告、总结等多用此方式结尾。

第二，期望式。公文中的下行文往往采用这种结尾形式，作者在结尾自然地提出希望与要求、发出号召。如通报、通知等多用此方式结尾。

第三，强调式。应用文的强调式结尾多数为告白式强调，用“特此××”、“此×”的句式，以引起受众的重视。如通知、复函等多用此方式结尾。

第四，祈请式。一般用于公文的上行文、平行文中，表示请求批准、指示，给予支持、帮助的意愿。如去函的“盼复”、“希给予大力支持”，请示的“妥否，请指示”等结语。

第五，结论建议式。调查报告、述职报告等文种一般采用此形式结尾。

六、公文材料的收集和选择

(一)公文材料的收集要求

公文材料是指形成和表达公文主旨所依据的事实、数据、马列主义经典著作与基本原理、党和国家的方针政策等。

收集材料的总体要求是“多多益善”，要尽可能多地收集材料。而所谓“多”，不仅是材料数量要充足够用，更要求材料类别丰富多彩。

所谓材料类别丰富多彩，就是要根据实际需要，有意识地收集具有互相联系的多种形式的材料。例如，既要有历史的材料，也要有现实的材料；既要有本单位、本地区的材料，也要有外单位、外地区的材料；既要有正面材料，也要有反面材料；既要有直接材料，也要有间接材料；既要有文字型材料，也要有数字型材料；既要有典型材料，也要有一般性材料；既要有来自领导层的材料，也要有来自基层组织和群众的材料；等等。这是为了进行多方面、多角度的分析和比较，满足不同目的的需要。

(二)公文材料的选择要求

选择材料的总体要求是一个“严”字。就是要根据行文目的和发文要求，从严掌握，认真筛选，宁缺毋滥，绝对不能用陈旧、芜杂、零乱的材料堆砌公文。

选择材料时要注意以下问题。

1. 材料必须真实

选用的材料必须是客观存在、真实可靠的事实。公文内容具有高度的政治性和政策性，不能有丝毫的马虎和虚假。因此，重要数据和反映本质问题的重点材料，既不能道听途说，也不能“合理想象”，必须经过鉴别核实，“去伪存真”。如果出现虚假材料，就会造成不良影响，给工作带来损失，甚至损害党和政府的形象。

2. 材料必须典型

选用的材料要能够揭示事物的本质特征，具有广泛的代表性和很强的说服力，可以“以一当十”、以小见大。有典型意义的材料，才能深刻有力地表现主题。

3. 材料必须新鲜

写作公文时，要善于发现实践中的新事物、新思想、新情况、新问题，使用新鲜材料。这样才能给人们深刻强烈的印象，也容易吸引人、感染人。

4. 材料必须适用

收集到的原始材料往往不能直接使用，还需进行适当加工，删繁就简，去除枝节材料，保留反映本质问题的材料，并且保证材料与主题的和谐统一。

七、公文的语言与表达方式

(一)公文的语言

公文语言是公文的基本要素之一，公文的主旨是通过语言来表达的。拟写公文的过程就是运用公文语言说明事理的过程。

1. 公文语言的特点

公文语言以实用性为基本属性，讲求表达的简约性和社会化，与以生动形象为特征的文学语言和以通俗谐趣为特征的日常口语相比，有明显不同的特点。

1)以社会化的书面语体为主

公文是处理公共事务、解决实际问题的工具，因此，它的语言以工具性、实用性为准则，而无需生动感人、形象传神，表述应直接明了。所以，公文的语言应力避个性化色彩强烈的语言、某些区域的方言俚语以及超常规的句式和生僻字词。

为了达到公文社会化的书面语体的要求，还要力避外来语汇，但可保留使用部分有表现力和较好表达效果的文言词汇，如兹、奉、悉、拟、如期、鉴于、责成、径送、业经、当否(妥否、可否)、承蒙慨允、专此函达等。

2)关键部分常用规范化、模式化语言

起首语，常用的模式有目的式(“为了……”、“由于……”)、依据式(“根据……”、“遵照……”、“据查……”)等。

承启语，常见的有“为此”、“基于”、“综上所述”、“如前所述”、“特通知(通告、公告)如下”、“拟作如下打算(安排)”等。

结语，一般带有总结、强调、祈请、责令等意味。例如，“特此(通告、通知、报告、函达等)”、“……为要”、“……为荷”、“……为盼”、“当否，请批示”等。

引据用语，如“兹就……”、“……悉(收悉)”等。

称谓用语，如“本(厂)”、“我(校)”、“你(局)”、“贵(单位)”、“该(公司)”等。

表态用语，如“严禁”、“不得”、“禁止”、“同意(原则同意)”等。

3)句型句式有惯用或特定的要求

为了便于受文者了解事实和作者的行文目的、意愿，公文往往使用陈述句和祈使句。从句型看，由于大多数公文的行文者和受文对象往往是确定的，为了行文的简洁，较多使用无主句。

2. 公文写作的语言要求

公文写作是为了解决工作和生活中的实际问题、处理具体事务，因此公文语言表达的基本要求是准确、简练、庄重、得体。

(1)准确。这是公文语言的最基本也是最高的要求。公文多是用来反映情况、指导工作的，一词一句，一个概念，都必须有确定的含义，因此，应做到：第一，要准确表达发文依据；第二，要准确反映客观实际；第三，要严格遵守语法规范；第四，要严格符合逻辑要求。

(2)简练。公文语言要求文字简短，表述直截了当，言简意赅，力避烦琐重复。因此，公文语言表达崇尚简洁精练、惜墨如金。这就需要开门见山、详略得当、主题突出。还要多采用陈述句和祈使句，少用或不用疑问句和感叹句，多采用并列语句，使语意集中、句式紧凑。

(3)庄重。公文是法定的机关与组织传达、公布公务信息和领导意图的一种重要工具，对外代表发文机关的法定职权，对收文者的行文产生法定的权威与效力。因此，公文语言崇尚庄重沉稳，力戒浮华造作。

(4)得体。公文用语的得体表达主要体现在两个方面：一是根据收发文双方各自的地位、职能及其相互关系，选用恰当的语气和词语来行文。做到对上级行文恭而不卑，对下级行文严而不酷，对平级行文谦而有度。二是根据不同类别的公文文种，确定不同的语言表达形式。如命令的语言要威严庄重，报告的语言要诚实谦虚，请示的语言要恭敬恳切，函的语言要委婉谦和，等等。

(二)公文的表达方式

公文常用的表达方式是叙述、说明和议论。

1. 公文的叙述

叙述，就是把人物的经历、事件的发展变化过程陈述、交代出来，是一切写作活动中最基本、最常用的表达方式，也是公文写作最主要的表达方式。

公文写作在运用叙述手段时，一般采用概括叙述而少用具体叙述。叙述方法上，以顺序为主，少用倒叙和分叙，一般不用插叙、补叙等方法。在叙述人称上，公文写作常用第一人称和第二人称。

公文写作对叙述的要求是清楚、概括、朴实。

2. 公文的说明

说明，就是用简洁明白、准确的语言文字以及图表和其他符号，对事物的性质、特征、形体、状态、成因、构成、功能、关系、规律等进行说明，或把人物的一般情况，如姓名、性别、年龄、籍贯、政治面貌、履历等进行客观的阐释、介绍和解说。它是公文的基本表达方式。常用的说明方法有定义法、诠释法、分类法、举例法、比较法、引用法等。

公文写作对说明的要求是准确、简练、明白。

3. 公文的议论

议论，就是对事物或事理进行分析、评价、推理，做出判断，表明立场、观点、意图和态度的一种表达方式。议论的主要特点是运用概念、判断和推理等逻辑手段来阐明事理。这是议论文的主要表达方式，也是公文的一种重要的辅助表达方式。

八、公文的行文要则

行文要则，就是公文在撰写和处理过程中必须遵守的规定和准则，旨在确保公文有序、有效地运转。

（一）公文的行文关系

公文的行文关系是根据组织系统、公文法定作者的职权范围与行文单位间的隶属关系确立的发文单位与受文单位之间的关系。机关的工作关系和行文关系是由其各自的组织系统归属和职权范围决定的。这种关系主要有四种类型。

(1)处于同一组织系统的上下级机关或组织间存在领导和被领导的关系，即领导关系，又称隶属关系。

(2)同一组织系统内上级主管业务部门与下级主管业务部门有指导和被指导关系，即指导关系。

(3)处于同一组织系统的同级机关或组织有平行关系。

(4)非同一组织系统的任何机关间均为不相隶属关系。

各级机关的行文关系，应当根据各自的工作关系和职权范围来确定。

（二）公文的行文方向

按照一定的行文关系，公文向不同级别的机关运行的方向叫行文方向。行文方向一般分为下行、上行、平行方向。

(1)下行文方向。下行文指有领导关系的上级领导、有指导关系的上级业务主管部门对下级机关和下级业务部门的行文。下行文可采用对下逐级行文、对下多级行文和对下直接行文等方式。

(2)上行文方向。上行文指有领导关系的下级机关、有指导关系的下级业务部门对上级机关和上级业务主管部门的行文。它可采用对上逐级行文、对上多级行文和对上越级行文等方式。

(3)平行文方向。平行文指没有领导、指导关系的机关之间的行文，即有平行关系和不相隶属关系的机关、单位之间的行文。

（三）公文的行文方式

机关、单位行文时选择的行文路线的结构形式就是行文方式。它包括逐级行文、多级行文、越级行文、直接行文等。

(1)逐级行文。逐级行文指按组织系统结构层次逐级下达上报，即只对直属上一级或所属下一级机关单位行文。有领导关系、指导关系的机关、单位之间，一般应采用逐级行文。可以说，逐级行文是上行文、下行文的常用方式。

(2)多级行文。多级行文指同时向上几级或下几级机关单位行文。必要时下行文可采用多级行文，以省去逐级转发的程序，使下级组织迅速了解上级文件精神，提高办文效率。问题重大急需使直接上级和更高的上级机关同时了解公文内容的特殊情况下，上行文也可采用多级行文。

(3)越级行文。越级行文指越过直接上级或直接下级机关向其他上级或下级机关行文。除非出现特殊情况，一般都不要越级行文，其中尤以对上行文的请示要求最为严格。越级行文的目的，往往是为了尽快解决问题。但这种违反行文规则、损害正常的上下级关系的做法，如果处理得不好，反而会使问题更加难以解决。

(4)直接行文。直接行文一是指不相隶属机关之间或平行机关之间的行文；二是指直接向基层单位、人民群众传达党和国家方针、政策、法规、规章或重大事项的行文。为提高公文传递效率，便于公民参政议政了解国家大事，可经批准后直接在报刊上发布公文，各方面应视为正式公文遵行。如不另行文，应在报刊上注明。

(四)公文的行文规则

行文规则，是指公文运行过程中应遵守的相关规定。《党政机关公文处理工作条例》的规定如下。

第一，行文应当确有必要，讲求实效，注重针对性和可操作性。

第二，行文关系根据隶属关系和职权范围确定。一般不得越级行文，特殊情况需要越级行文的，应当同时抄送被越过的机关。

第三，向上级机关行文，应当遵循以下规则：

(1)原则上主送一个上级机关，根据需要同时抄送其他相关上级机关和同级机关，不抄送下级机关。

(2)党委、政府的部门向上级主管部门请示、报告重大事项，应当经本级党委、政府同意或者授权，属于部门职权范围内的事项应直接报送上级主管部门。

(3)下级机关的请示事项，如需以本机关名义向上级机关请示，应当提出倾向性意见后上报，不得原文转报上级机关。

(4)请示应当一文一事，不得在报告等非请示性公文中夹带请示事项。

(5)除上级机关负责人直接交办事项外，不得以本机关名义向上级机关负责人报送公文，也不得以本机关负责人名义向上级机关报送公文。

(6)受双重领导的机关向一个上级机关行文，必要时应当抄送另一个上级机关。

(7)不符合行文规则的上报公文，上级机关的文秘部门可退回下级呈报机关。

第四，向下级机关行文，应当遵循以下规则：

(1)主送受理机关，根据需要抄送相关机关。重要行文应当同时抄送发文机关的直接上级机关。

(2)党委、政府的办公厅(室)根据本级党委、政府授权，可以向下级党委、政府行文，其他部门和单位不得向下级党委、政府发布指令性公文或者在公文中向下级党委、政府提出指令性要求。需经政府审批的具体事项，经政府同意可由政府职能部门行文，文中需注明已经政府同意。

(3)党委、政府的部门在各自职权范围内可以向下级党委、政府的相关部门行文。

(4)涉及多个部门职权范围内的事务，部门之间未协商一致的，不得向下行文；擅自行文的，上级机关应当责令其纠正或撤销。

(5)上级机关向受双重领导的下级机关行文，必要时抄送该下级机关的另一个上级机关。

第五，同级党政机关、党政机关与其他同级机关必要时可以联合行文。属于党委、政府各自职权范围内的工作，不得联合行文。党委、政府的部门依据职权可以相互行文。部门内设机构除办公厅(室)外不得对外正式行文。

第二节 公文的撰写

一、决议

(一)适用范围

《党政机关公文处理工作条例》规定：决议“适用于会议讨论通过的重大决策事项”。

(二)决议的分类

1. 审批性决议

审批性决议一般是某一机关依照其职权，通过会议决议形式批准某重要报告或其他文件。如《全国人民代表大会常务委员会关于批准 2011 年中央决算的决议》。

2. 指示性决议

指示性决议主要是就某一重要事项阐明原则、提出要求和决策性意见。如《中共中央关于完善社会主义市场经济体制若干问题的决议》。

(三)决议的结构与写法

1. 标题

一般用完全式标题，由发文机关(会议名称)、内容、文种组成。如《中国共产党第十五次全国代表大会关于〈中国共产党章程修正案〉的决议》。

2. 题注

在标题之下注明决议通过的时间和通过决议的会议名称，并加圆括号。如《第十一届全国人民代表大会第五次会议关于政府工作报告的决议》(2012 年 3 月 14 日第十一届全国人民代表大会第五次会议通过)。

3. 正文

撰写决议必须依据党的路线、方针、政策，从实际出发来明确主题、确定内容、回答问题、做出结论、提出任务、做出规定。对某一重大行动或重大问题做出安排和决策的决议，基本内容一般分为两部分：一是对决定事项的背景及其重要性、必要性的阐述；二是提出具体任务、要求和评价，要求有关单位和人员认真学习贯彻执行等。

(1)审批性决议的正文。一是决议引据；二是决议事项；三是决议号召。有的决议只写决议引据。如《第十二届全国人民代表大会第一次会议关于 2012 年中央和地方预算执行情况与 2013 年中央和地方预算的决议》。

(2)指示性决议的正文。通常由会议概况、决议内容、贯彻执行要求三部分组成；结尾发出号召和希望。如《中共××市第九届委员会第十次全体会议决议》。

【例文 1】

第十一届全国人民代表大会第五次会议关于政府工作报告的决议

(2012 年 3 月 14 日第十一届全国人民代表大会第五次会议通过)

第十一届全国人民代表大会第五次会议听取和审议了国务院总理温家宝所作的政府工作报告。会议充分肯定国务院过去一年的工作，同意报告提出的 2012 年工作总体部署和主要任务，决定批准这个报告。

会议号召，全国各族人民紧密团结在以胡锦涛同志为总书记的党中央周围，全面贯彻党的十七大和十七届三中、四中、五中、六中全会精神，高举中国特色社会主义伟大旗帜，以邓小平理论和“三个代表”重要思想为指导，深入贯彻落实科学发展观，坚持稳中求进的工作总基调，万众一心，开拓进取，扎实工作，保持经济平稳较快发展，保持社会和谐稳定，把中国特色社会主义伟大事业继续推向前进，以新的成绩迎接中国共产党第十八次全国代表大会的胜利召开。

(摘自中国人大网，http://www.npc.gov.cn)

【例文 2】

第十二届全国人民代表大会第一次会议关于 2012 年中央和地方预算执行情况与 2013 年中央和地方预算的决议

(2013 年 3 月 17 日第十二届全国人民代表大会第一次会议通过)

第十二届全国人民代表大会第一次会议审查了国务院提出的《关于 2012 年中央和地方预算执行情况与 2013 年中央和地方预算草案的报告》及 2013 年中央和地方预算草案，同意全国人民代表大会财政经济委员会的审查结果报告。会议决定，批准《关于 2012 年中央和地方预算执行情况与 2013 年中央和地方预算草案的报告》，批准 2013 年中央预算。

(摘自中国人大网，http://www.npc.gov.cn)

二、决定

(一)适用范围

《党政机关公文处理工作条例》规定：决定“适用于对重要事项作出决策和部署、奖惩有关单位和人员、变更或者撤销下级机关不适当的决定事项”。

(二)决定的分类

根据决定的内容，可分为决策性决定、奖惩性决定和事务性决定三类。

1. 决策性决定

决策性决定主要用于对某一方面的工作或某一类重要问题做出安排或部署。如《国务院关于清理整顿各类交易场所切实防范金融风险的决定》。

2. 奖惩性决定

奖惩性决定主要用于表彰或惩戒。表彰性质的决定是对在一定时期的工作中或在突发事件中做出重要贡献，事迹突出的单位、群体或个人予以奖励表彰而做出的决定。惩戒性质的决定是对在工作中有严重违纪行为、造成重大恶劣影响或酿成重大责任事故而对其责任者做出的惩戒处理的决定。如《上海市人民政府关于表彰2011年度上海金融创新奖获奖项目的决定》。

3. 事务性决定

事务性决定主要用于某项重要的活动的安排，变更或撤销下级机关不适当的决定事项。如《国务院关于第五批取消和下放管理层级行政审批项目的决定》。

(三)决定的结构与写法

1. 标题

决定大多采用发文机关、事由、文种三要素俱全的标题。如《辽宁省人民政府关于命名省级依法行政示范单位的决定》、《大连市人民政府关于表彰2011年度道路交通安全管理优胜区市县的决定》。

2. 题注

由会议通过做出的决定，则加“题注”，即在标题之下用圆括号标注“什么时间和什么会议通过”。

3. 主送机关

除会议通过且予以公布的决定外，其他的决定应标明主送机关。

4. 正文

正文由缘由、事项、结语三个部分构成。

(1)缘由写明决定的原因、目的和依据，即简要阐明决定的事由，说明决定的重要性和必要性，指出决定的政策、法规依据等。缘由的末尾，常用“现决定如下”、“特作如下决定”等承启语以承上启下。

(2)事项是指决定的具体内容，这是领导机关意志的表现，包括工作的具体措施、要求，或给予奖励、处罚等。这一部分，要求简洁晓畅、条理清楚，便于受文者贯彻执行。

(3)结语一般是对受文者提出希望、发出号召或者对执行决定要求作说明，也可以不写。

【例文1】

辽宁省人民政府关于命名省级依法行政示范单位的决定

辽政发〔2012〕47号

各市人民政府，省政府各厅委、各直属机构：

为深入贯彻落实国务院《全面推进依法行政实施纲要》(国发〔2004〕10号)、《国务院关于加强法治政府建设的意见》(国发〔2010〕33号)，全省各地、各部门广泛开展了依法行政示范单位创建活动，对推进依法行政，加快法治政府建设发挥了积极作用。为充分发挥先进典型的示范带头作用，进一步推进我省依法行政、加快建设法治政府进程，省政府决定，命名沈阳、大连等8个市政府为“依法行政示范市”；沈阳市沈北新区等27个县(市、区)政府为“依法行政示范县(市、区)”；本溪县草河城镇等5个乡(镇)政府为“依法行政示范乡(镇)”；省政府办公厅等20个部门为“依法行政示范单位”。

希望被命名为省依法行政示范单位的市、县(市)、乡(镇)政府和省(中)直部门认真总结经验，充分发挥示范带头作用，为全省依法行政做出示范和表率。全省各级行政机关要认真贯彻落实党的十八大精神，进一步加强领导，加快法治政府建设步伐，为建设富庶文明幸福新辽宁提供坚强的法治保障。

附件：辽宁省省级依法行政示范单位名单

辽宁省人民政府

2012 年 12 月 21 日

附件

辽宁省省级依法行政示范单位名单(略)

(摘自辽宁省人民政府网站，http://www.ln.gov.cn)

【例文 2】

上海市人民政府关于表彰 2011 年度上海金融创新奖获奖项目的决定

沪府发〔2012〕50 号

各区、县人民政府，市政府各委、办、局：

为进一步支持和鼓励金融创新，形成以市场需求为导向、金融要素市场和金融机构为主体的金融创新机制，促进上海国际金融中心建设，根据《上海市推进国际金融中心建设条例》以及上海金融创新奖有关规定，经专家评审、社会公示和评审工作领导小组审定，市政府决定，授予下列项目 2011 年度上海金融创新奖：

一、授予“期货保税交割”等 5 个项目 2011 年度上海金融创新成果奖一等奖，“股指期货投资者适当性制度”等 10 个项目 2011 年度上海金融创新成果奖二等奖，“票据市场利率监测系统”等 23 个项目 2011 年度上海金融创新成果奖三等奖，“金融便利店”等 14 个项目 2011 年度上海金融创新成果奖提名奖。

二、授予“促进与规范上海市第三方支付产业跨越式发展”等 5 个项目 2011 年度上海金融创新推进奖，“开拓多元化解保险纠纷工作新机制”等 2 个项目 2011 年度上海金融创新推进奖提名奖。

希望参与研发和实施获奖项目的单位继续围绕上海国际金融中心建设的发展目标，发扬成绩、再接再厉，积极推进金融改革创新，不断创造新的业绩。

希望全市金融系统各单位和广大金融工作者向参与研发和实施获奖项目的单位学习，围绕“创新驱动、转型发展”的要求，强化创新意识，加大创新力度，提高创新能力，以创新推动金融服务实体经济发展，为把上海建设成为与我国经济实力以及人民币国际地位相适应的国际金融中心做出更大的贡献。

附件：2011 年度上海金融创新奖获奖项目名单

上海市人民政府

二〇一二年五月十三日

附件

2011 年度上海金融创新奖获奖项目名单(略)

(摘自上海市人民政府网站，http://www.shanghai.gov.cn)

三、命令(令)

(一)适用范围

《党政机关公文处理工作条例》规定：命令(令)“适用于公布行政法规和规章、宣布施行重大强制性措施、批准授予和晋升衔级、嘉奖有关单位和人员”。

(二)命令(令)的分类

按命令的用途，可分为发布令、行政令、嘉奖令和任免令。

(1)发布令。主要用于公布行政法规和规章，如办法、规定、条例等。

(2)行政令。主要用于发布重大的强制性的行政措施。

(3)嘉奖令。主要用于嘉奖有关单位及人员。

(4)任免令。主要用于任命或罢免国家主要工作人员，批准授予和晋升衔级。

(三)命令(令)的结构与写法

1. 标题

命令的标题有两种写法：一是发文机关＋事由＋文种，如《国务院　中央军委关于给郑静晨同志记一等功的命令》，三个要素齐全。行政令、嘉奖令的标题通常采用这种写法。二是发文机关(或机关首长)＋文种，如《中华人民共和国主席令》、《中华人民共和国国务院令》等。这种写法多适用于任免令和发布令。

2. 编号

命令的编号有两种方法：一是当标题三个要素齐全时，采用发文字号编写方法。二是标题只有两个要素，用于领导人名义签署的命令，编号用流水号，不受年度限制。

3. 主送机关

如果是在大众媒体上公开发布法律法规的普发性质的命令，一般不需标明主送机关；如果是限定发给某些机关单位的命令，则要标明主送机关。

4. 正文

命令正文的表述方式主要有篇段合一式、二段式、三段式三种形式。

篇段合一式。主要用于发布令。正文通篇只有一个段落，基本内容是说明发布什么法规和施行日期。

二段式。行政令、任免令多采用这种方式。第一段主要说明发布此令的目的或根据；第二段写明命令的具体内容，即命令做什么和怎样做。

三段式。主要用于嘉奖令。第一段写明嘉奖理由，即嘉奖对象的功勋业绩，交代时间、地点、事件、原因、过程、结果等要素，使人们了解有关事迹的基本情况，知道为什么要嘉奖。第二段写嘉奖目的与嘉奖内容，可以授予荣誉称号，也可以记功、晋级或给予奖金等。第三段写明希望和号召，对受嘉奖者给予勉励，同时更注重号召人们向受奖者学习。

写作命令时，要求表意准确、结构严谨、行文简洁、语言精练。

5. 署名和日期

命令要署发文机关名称或机关领导人的职衔、姓名，并具体写明发令的年、月、日。

【例文 1】

中华人民共和国主席令

第五号

《全国人民代表大会常务委员会关于修改〈中华人民共和国文物保护法〉等十二部法律的决定》已由中华人民共和国第十二届全国人民代表大会常务委员会第三次会议于 2013 年 6 月 29 日通过，现予公布，自公布之日起施行。

中华人民共和国主席　习近平

2013 年 6 月 29 日

（摘自中国人大网，http://www.npc.gov.cn）

【例文 2】

广东省人民政府令

第 171 号

《广东省政府参事工作规定》已经 2012 年 8 月 2 日广东省人民政府第十一届 100 次常务会议通过，现予发布，自 2012 年 12 月 1 日起施行。

省长　朱小丹

2012 年 9 月 7 日

广东省政府参事工作规定

第一条　为了规范和加强政府参事工作，根据《政府参事工作条例》（以下简称《条例》）和有关法律、法规，结合本省实际，制定本规定。

第二条　本规定适用于本省行政区域内政府参事的管理和工作开展。

本规定所称的参事，是指省级及地级以上市人民政府依据《条例》和本规定聘任的参事。

……

第二十二条　本规定自 2012 年 12 月 1 日起施行。

（摘自广东省人民政府网站，http://www.zwgk.gd.gov.cn）

【例文 3】

国务院　中央军委关于给郑静晨同志记一等功的命令

国函〔2006〕35 号

公安部、中国人民武装警察部队：

郑静晨，男，汉族，1959 年 9 月出生，陕西省户县人，中共党员，1983 年 8 月入伍，武警部队总医院副院长，专业技术 6 级，武警大校警衔。2001 年 4 月，郑静晨同志被任命为中国国际救援队副总队长兼首席医疗官。5 年多来，他先后率队执行赴新疆伽师和阿尔及利亚等 5 次国内外紧急医疗救援任务，救治伤病员 1500 多人。特别是 2004 年 12 月，他率队赴印度尼西亚执行海啸医疗救援任务期间，带领医护人员克服环境恶劣、条件艰苦等困难，坚持 24 小时为灾民服务，先后为 1.1 万多名伤病员提供各种医疗救助，施行手术 284 例，成功救治危重病人 440 余例，受到印度尼西亚政府和当地人民的称赞，为祖国和军队赢得了荣誉。

为表彰先进，国务院、中央军委决定，给郑静晨同志记一等功。

国务院总理　温家宝

中央军委主席　胡锦涛

二〇〇六年五月十七日

（摘自中央政府门户网站，http://www.gov.cn）

四、公报

（一）适用范围

《党政机关公文处理工作条例》规定：公报“适用于公布重要决定或者重大事项”。

（二）公报的分类

1. 会议公报

报道会议或会谈的决定和情况。凡是有必要告知公众（国内外各界）的重要会议情况，均可以发布公报。如《中国共产党第十八届中央委员会第一次全体会议公报》（2012年11月15日中国共产党第十八届中央委员会第一次全体会议通过）。

2. 事项公报

党和国家高级领导机关或职能部门用以发布重大情况、重要事件。如《2010年第六次全国人口普查主要数据公报(第1号)》、《中华人民共和国和阿拉伯埃及共和国联合新闻公报》。

（三）公报的结构与写法

(1)标题。会议公报的标题一般由会议名称和文种组成，如《中国共产党第十七届中央委员会第一次全体会议公报》。事项性公报多采用完全式标题，由发文机关、内容、文种组成，如《中华人民共和国2011年国民经济和社会发展统计公报》。

(2)时间。会议公报将公报通过的时间在标题之下注明，其他内容的公报时间通常在正文之下注明。

(3)正文。正文一般包括前言、主体和结尾三部分。

会议公报的正文。前言部分主要介绍会议的基本情况，包括会议的名称，会议召开的时间、地点，出席、列席会议的代表情况以及会议前的准备情况。主体部分一般介绍会议的主要精神、主要内容和重要的决定事项，包括会议的全称，召开的时间、地点及出席者、列席者、主持者、参加者、主要议题、对会议的评价、会议号召等。在写作主体部分时，往往把会议的情况概括为几个方面，按层次、分段落逐一展开和表述。在每层次展开或转换之前，通常使用“全会审议并通过了”、“全会指出”、“全会认为”、“全会决定”、“会议强调”等习惯用语作引导语，引出所要表述的内容事项。如果会议内容较多，可加序号或小标题分列表述。结尾部分一般比较简短，主要是提出要求或发出号召等。

事项公报的正文。开头说明公布何种情况或事项，然后分层或分条列项写出具体内容（如人口普查结果、国民经济阶段或专项情况等）。其形式极似专项工作的进度、事实、数据的总结。

【例文1】

2010年第六次全国人口普查主要数据公报(第1号)

中华人民共和国国家统计局

2011年4月28日

根据《全国人口普查条例》和《国务院关于开展第六次全国人口普查的通知》，我国以2010年11月1日零时为标准时点进行了第六次全国人口普查。在国务院和地方各级人民政府的统一领导下，在全体普查对象的支持配合下，通过广大普查工作人员的艰苦努力，目前已圆满完成人口普查任务。现将快速汇总的主要数据公布如下：

一、总人口

全国总人口为1370536875人。其中：

普查登记的大陆31个省、自治区、直辖市和现役军人的人口共1339724852人。

香港特别行政区人口为7097600人。

澳门特别行政区人口为552300人。

台湾地区人口为23162123人。

二、人口增长

大陆31个省、自治区、直辖市和现役军人的人口，同第五次全国人口普查2000年11月1日零时的1265825048人相比，十年共增加73899804人，增长5.84%，年平均增长率为0.57%。

三、家庭户人口

大陆31个省、自治区、直辖市共有家庭户401517330户，家庭户人口为1244608395人，平均每个家庭户的人口为3.10人，比2000年第五次全国人口普查的3.44人减少0.34人。

四、性别构成

大陆31个省、自治区、直辖市和现役军人的人口中，男性人口为686852572人，占51.27%；女性人口为652872280人，占48.73%。总人口性别比(以女性为100，男性对女性的比例)由2000年第五次全国人口普查的106.74下降为105.20。

五、年龄构成

大陆31个省、自治区、直辖市和现役军人的人口中，0—14岁人口为222459737人，占16.60%；15—59岁人口为939616410人，占70.14%；60岁及以上人口为177648705人，占13.26%，其中65岁及以上人口为118831709人，占8.87%。同2000年第五次全国人口普查相比，0—14岁人口的比重下降6.29个百分点，15—59岁人口的比重上升3.36个百分点，60岁及以上人口的比重上升2.93个百分点，65岁及以上人口的比重上升1.91个百分点。

六、民族构成

大陆31个省、自治区、直辖市和现役军人的人口中，汉族人口为1225932641人，占91.51%；各少数民族人口为113792211人，占8.49%。同2000年第五次全国人口普查相比，汉族人口增加66537177人，增长5.74%；各少数民族人口增加7362627人，增长6.92%。

七、各种受教育程度人口

大陆31个省、自治区、直辖市和现役军人的人口中，具有大学(指大专以上)文化程度的人口为119636790人；具有高中(含中专)文化程度的人口为187985979人；具有初中文化程度的人口为519656445人；具有小学文化程度的人口为358764003人(以上各种受教育程度的人包括各类学校的毕业生、肄业生和在校生)。

同2000年第五次全国人口普查相比，每10万人中具有大学文化程度的由3611人上升为8930人；具有高中文化程度的由11146人上升为14032人；具有初中文化程度的由33961人上升为38788人；具有小学文化程度的由35701人下降为26779人。

大陆31个省、自治区、直辖市和现役军人的人口中，文盲人口(15岁及以上不识字的人)为54656573人，同2000年第五次全国人口普查相比，文盲人口减少30413094人，文盲率由6.72%下降为4.08%，下降2.64个百分点。

八、城乡人口

大陆31个省、自治区、直辖市和现役军人的人口中，居住在城镇的人口为665575306人，占49.68%；居住在乡村的人口为674149546人，占50.32%。同2000年第五次全国人口普查相比，城镇人口增加207137093人，乡村人口减少133237289人，城镇人口比重上升13.46个百分点。

九、人口的流动

大陆31个省、自治区、直辖市的人口中，居住地与户口登记地所在的乡镇街道不一致且离开户口登记地半年以上的人口为261386075人，其中市辖区内人户分离的人口为39959423人，不包括市辖区内人户分离的人口为221426652人。同2000年第五次全国人口普查相比，居住地与户口登记地所在的乡镇街道不一致且离开户口登记地半年以上的人口增加116995327人，增长81.03%。

十、登记误差

普查登记结束后，全国统一随机抽取402个普查小区进行了事后质量抽样调查。抽查结果显示，人口漏登率为0.12%。

注释：（略）

（摘自中央政府门户网站，http://www.gov.cn）

【例文2】

中德关于李克强总理访问德国的联合新闻公报

（2013年5月26日，柏林）

1、应德意志联邦共和国总理安格拉·默克尔邀请，中华人民共和国国务院总理李克强于2013年5月25日至27日对德意志联邦共和国进行正式访问。这是中国新总理首次出访。两国领导人就双边关系和共同关心的国际问题广泛、深入、坦诚地交换了意见，就许多重要议题达成共识。

2、双方一致认为，当前国际形势继续深刻复杂变化。世界各国相互联系日益紧密，相互依存日益加深。中德愿同其他国家一道本着同舟共济、互利共赢的精神，深化协调与合作，为世界和平与繁荣作出贡献。

3、双方重申相互尊重对方主权和领土完整，致力于和平解决地区和国际争端和冲突，继续发展和深化欧亚区域一体化以及以公正合理的规则为基础的国际秩序。

4、双方愿增进对各自发展道路的相互理解，加深政治互信，推动中德关系长期稳定发展。双方强调法治国家和保护人权的意义，愿继续开展人权对话和法治国家对话，互学互鉴，共同发展。

5、近年来，中德合作基础良好，两国将继续扩大多种合作机制。新一轮中德政府磋商将于2014年在德国举行。

6、双方认为，中国的工业化、信息化、城镇化和农业现代化同步协调发展，将为中德、中欧关系带来新机遇，为世界经济注入新动力。

7、双方决定落实城镇化伙伴关系，并进一步加强农业、林业、粮食、消费者保护、食品安全和环保标识等领域的双边合作。双方决定在现有中德农业合作联委会基础上增设部长级双边对话机制，加强对中德农业合作的指导并不断夯实这一领域的合作基础。

8、双方高度评价两国在环境、气候和继续支持联合国气候谈判方面结成的紧密伙伴关系，决定在空气净化和可持续消费领域加强合作。此外，双方还将着力提高能效和发展可再生能源。

9、双方将进一步深化电动汽车领域合作，包括共同开展电动汽车示范应用等。

10、双方认为，中德作为重要经济体，在财政金融领域保持密切磋商十分必要，决定继续深化两国财政部关于财经问题的对话。双方认为，两国央行继续开展深入对话同样具有重要意义。

11、为进一步促进投资合作，中德经济顾问委员会主席和副主席就未来工作举行了会谈。

12、中国宣布在德成立中国商会并启动设立投资促进机构。德国政府欢迎中国企业本着互利精神在德投资和创造就业机会。双方支持欧盟和中国谈判投资协定，增加双方的投资机会。

13、双方共同表示，愿按照平等互利原则进一步加强广泛的经济合作。双方将为在对方国家落户的中德企业提供国民待遇，特别是在政府招标方面。双方认为，知识产权保护对经济健康可持续发展以及企业繁荣具有重要意义。

14、双方共同反对保护主义，愿通过对话解决光伏、无线通信产品等贸易争端。双方呼吁严格遵守世贸组织规则，支持公平、公正的多边贸易体制。双方推动尽早完成多哈回合谈判，在国际框架下就出口信贷继续开展对话。

15、双方赞赏两国政府和许多社会组织近年来设立的各种机制，使数千名学生每年赴对方国家访问。两国政府将继续支持这些措施，进一步促进青年和文化交流。

16、两国总理共同启动了中德语言年活动，促进汉语在德国和德语在中国的传播。在与中国开展教育和科研合作方面，学术领域合作同样具有重要意义，包括提供在两国留学和研究访问奖学金、双边科研项目以及共同设立具有双学位的大学课程等。

17、双方认为，中欧都是国际舞台上的重要战略力量，是推动世界和平、繁荣与稳定的重要合作伙伴。中德将继续密切建设性合作，促进中欧关系发展，共同应对能源资源安全、气候和环境、粮食安全等全球性挑战。

18、中方赞赏德方在解决一些欧元区国家主权债务危机中的作用以及欧盟成员国实施的大规模稳定措施。德方赞赏中方在解决主权债务危机上的建设性态度和贡献。

19、双方认为，中德有必要保持并深化在重大国际和地区问题上的协商及合作。双方主要就伊朗核问题和叙利亚局势等一系列问题交换了意见。这种交流有助于中国与欧盟之间的战略对话以及密切协商与合作。双方将在多边合作领域，特别是在联合国框架下继续开展建设性务实合作。

20、双方积极评价两国总理的频繁互访。李克强总理邀请默克尔总理尽早访华。默克尔总理接受了邀请。

（摘自中华人民共和国外交部网站，http://www.mfa.gov.cn/chn/gxh/zlb/声明公报）

五、公告

（一）适用范围

《党政机关公文处理工作条例》规定：公告“适用于向国内外宣布重要事项或者法定事项”。

（二）公告的分类

(1)按内容分，有重要事项公告和法定事项公告。

重要事项公告是宣布有关国家的政治、军事、经济等方面重要事项的公告。

法定事项公告是国家公布有关法律、法令、行政法规和由司法机关依照法律有关规定发布重要事项的公告。

(2)按发布范围分，有国内公告和国外公告。

（三）公告的结构与写法

(1)标题。公告的标题一般由发文机关、事由和文种三部分组成，如《广东省人民政府关于在从化市和增城市开展城市管理综合行政执法工作的公告》。有的标题省去事由，只由发文单位和文种组成，如《中国人民银行公告》、《国务院公告》等。

(2)正文。篇幅简短，内容较少的公告，采用篇段合一式，直陈其事。如果内容相对复杂，可把全文分为两大层次，第一层次写公告的依据或原因，要求言简意赅；第二层次写公告的具体事项，可分项撰写。结尾时可用“现予公告”、“特此公告”等结语。

(3)署名和成文日期。正文之下写发布机关的全称。署名下写发布公告的日期。

【例文 1】

广东省人民政府关于在从化市和增城市开展城市管理综合行政执法工作的公告

粤府函〔2012〕227 号

根据《中华人民共和国行政处罚法》、《国务院关于进一步推进相对集中行政处罚权工作的决定》(国发〔2002〕17 号)的规定，省人民政府同意从化市和增城市开展城市管理综合行政执法工作。现公告如下：

一、从化市和增城市城市管理综合执法局分别为两市政府负责城市管理综合执法工作的行政执法机构，分别在从化市、增城市范围内实施行政执法工作。

二、从化市和增城市城市管理综合执法局的具体职能是：

(一)行使市容环境卫生管理方面法律、法规、规章规定的行政处罚权；

(二)行使城乡规划管理方面法律、法规、规章规定的行政处罚权；

(三)行使环境保护管理方面法律、法规、规章规定的部分行政处罚权；

(四)行使市政管理方面法律、法规、规章规定的行政处罚权；

(五)行使工商行政管理方面法律、法规、规章规定的占用城市道路、广场等公共场所违法经营行为的行政处罚权；

(六)行使燃气管理方面法律、法规、规章规定的行政处罚权；

(七)行使水务管理方面法律、法规、规章规定的部分行政处罚权；

(八)行使建设工程管理方面法律、法规、规章规定的部分行政处罚权；

(九)行使人民防空工程管理方面法律、法规、规章规定的部分行政处罚权；

(十)行使《广州市养犬管理条例》规定的部分行政处罚权；

(十一)履行法律、法规、规章或者省人民政府规定的其他职责。

上述行政处罚权由两市城市管理综合执法局集中行使后，相关的行政主管部门不得再行使；仍然行使的，作出的行政处罚决定一律无效。

三、从化市和增城市城市管理综合执法局的执法人员必须持省人民政府统一制发的《广东省人民政府行政执法证》上岗执法，严格依照法定程序履行职责。公民、法人或者其他组织对两市城市管理综合执法局作出的行政处罚决定不服提出的行政复议申请，分别由两市人民政府依法受理。

特此公告。

广东省人民政府

2012 年 8 月 10 日

(摘自广东省人民政府网站，http://www.gd.gov.cn)

【例文 2】

公安部 商务部 卫生部 海关总署 国家安全监管总局关于管制邻氯苯基环戊酮的公告

经国务院批准，邻氯苯基环戊酮已列入《易制毒化学品管理条例》(以下简称《条例》)附表第一类易制毒化学品，现将有关管理事项公告如下：

一、邻氯苯基环戊酮的生产、经营管理

生产、经营邻氯苯基环戊酮的，须按照《条例》规定向省级安全生产监督管理部门申请生产、经营许可证，取得许可证后方可进行生产、经营活动。各地安全监督管理部门应加强对邻氯苯基环戊酮生产、经营活动的监督检查。

二、邻氯苯基环戊酮的购买、运输管理

购买、运输邻氯苯基环戊酮的，须按照《条例》规定向省级公安机关、设区的市级公安机关申请购买许可证和运输许可证，取得许可证后方可进行购买、运输活动。各地公安机关应加强对该品种购买、运输和使用活动的监督检查。

三、邻氯苯基环戊酮的进口、出口管理

进口、出口邻氯苯基环戊酮的，须按照《条例》规定向国家商务主管部门申请进口、出口许可证，取得许可证后方可进行进口、出口活动。海关验核进出口许可证办理通关手续。

邻氯苯基环戊酮的海关商品编码是2914399014。

本公告自2012年9月15日起施行。

中华人民共和国公安部
中华人民共和国商务部
中华人民共和国卫生部
中华人民共和国海关总署
国家安全生产监督管理总局
2012年8月29日

（摘自中央政府门户网站，http://www.gov.cn）

六、通告

（一）适用范围

《党政机关公文处理工作条例》规定：通告“适用于在一定范围内公布应当遵守或者周知的事项”。

（二）通告的分类

按照公布事项的内容和性质，可将通告分为周知类通告和遵守类通告两种。

周知类通告。主要目的是使受文者了解重要情况、重要消息，侧重于告知性，制约性不强。

遵守类通告。主要向受文者交代需要遵守、执行的政策、措施以及其他行为规范，强制性较强。

（三）通告的结构与写法

(1)标题。通告的标题可以三要素齐备，即由发文单位、事由、文种组成。如《海南省人民政府关于在特定区域禁止燃放孔明灯的通告》；可以由事由和文种组成，如《关于第26届世界大学生夏季运动会期间实施局部无线电管制的通告》；也可以由发文机关和文种组成，如《中华人民共和国公安部通告》。

(2)正文。通告的正文主要是针对某些事项做出限制，要求告知对象予以遵循。因此，正文可分为三部分来写。

第一部分是通告的根据、理由或目的。

第二部分是通告的具体事项。如果内容较多，为使条理清晰，要采用分条列项的方式表达。

第三部分可提出要求，如使用“请遵照执行”或“特此通告”等习惯用语来结尾。

(3)署名和成文日期。在正文之后写明发文机关名称，在发文机关之下标明发文日期。

【例文1】

上海市人民政府关于全市暂时停止活禽交易、暂时关闭所有活禽交易市场的通告

沪府发〔2013〕18号

为进一步做好H7N9禽流感防控工作，根据《中华人民共和国突发事件应对法》、《突发公共卫生事件应急条例》、《重大动物疫情应急条例》、国家和本市相关应急预案、《农业部办公厅关于防控H7N9禽流感病毒传播的紧急通知》等要求，市政府决定，从2013年4月6日起，全市暂时停止活禽交易、暂时关闭所有活禽交易市场，具体如下：

一、落实暂时停止活禽交易、暂时关闭活禽交易市场的相关措施。由市商务委牵头，各区县政府具体负责，对本市3大活禽批发市场和461家活禽零售点以及各类花鸟市场，暂时停止活禽、野生鸟类的交易活动，并对所有活禽交易市场进行清理、消毒和封闭管理。

二、进一步加大市场监督执法力度。由市工商局牵头，会同各区县政府，加强市场监管，坚决取缔各类马路市场活禽交易行为，严格禁止水禽、野生鸟类等交易行为。

三、加强家禽定点屠宰管理工作。由市商务委牵头，会同各区县政府，指定专门屠宰点，对市场上需要屠宰的活禽，进行统一屠宰和集中处置。

四、加强道口交通管理，暂时禁止外来活禽进入本市。由市动物卫生监督部门和市公安局、市建设交通委加强对市境公路道口的执法检查，严格禁止外来活禽进入本市。同时，由市农委向兄弟省市相关部门通报本市暂时停止活禽交易活动的情况。

五、强化面上动物H7N9禽流感监测。由市农委、市林业局牵头，会同相关区县政府，加大检测范围，增加检测的数量和频次，切实做好家禽养殖场、候鸟栖息地、野生鸟类驯养繁殖场所、动物园等禽鸟类疫病的防控工作。

六、加强涉禽人员的安全防护。由市卫生和计划生育委牵头，加强相关防控知识的宣传和教育，搞好对相关人员的监测和观察。

七、停止野生鸟类直接接触活动。由市绿化市容局(市林业局)牵头，暂时封闭公园等的进入式鸟园、鸽场等场所，暂停野生鸟类环志和鸟类表演等活动。

上海市人民政府

2013年4月5日

(摘自上海市人民政府网站，http://www.shanghai.gov.cn)

【例文2】

湖北省人民政府关于加强长江干流河道禁采期禁采管理的通告

鄂政发〔2013〕22号

各市、州、县人民政府，省政府各部门：

为加强我省长江河道采砂管理，维护河势稳定，保障防洪和通航安全，根据国务院《长江河道采砂管理条例》规定，现将我省长江干流河道禁采期禁采管理有关事项通告如下：

一、每年6月1日至9月30日及长江干流河道超警戒水位期间，我省境内长江干流河道内禁止一切采砂活动。

二、按照属地管理原则，禁采期内，所有采砂船舶一律在县级以上地方人民政府指定的地点集中

停靠，接受当地水行政主管部门监管。未在指定地点停放或无正当理由擅自离开指定地点的，由县级以上地方人民政府水行政主管部门处1万元以上3万元以下的罚款。

三、违反禁采管理规定，擅自在长江河道采砂的，由县级以上地方人民政府水行政主管部门没收违法所得和非法采砂机具，并处10万元以上30万元以下的罚款；情节严重的，扣押或者没收非法采砂船舶；触犯刑律的，依法追究刑事责任。运砂船舶在采砂地点装运非法采砂船舶所采砂石的，比照非法采砂行为给予处罚。

四、沿江各地人民政府应严格落实河道采砂管理地方行政首长负责制，进一步加强长江河道禁采期禁采管理工作，组织相关部门依法严厉打击非法采(运)砂行为。水行政主管部门具体负责本行政区域内河道采砂的管理和监督检查工作；航务部门负责长江航道管理工作；海事机构负责长江交通安全的监督管理工作；公安部门负责长江水上治安管理工作，依法打击长江采(运)砂活动中的违法行为；对非法采(运)砂行为涉嫌犯罪的，由各级公安部门、检察院、法院依法查处。

五、因责任不明、管理不严、失职渎职导致禁采管理秩序混乱、引发责任事故的相关责任人，由纪检监察机关启动问责程序，依照省纪委下发的《关于违反长江河道采砂管理法律法规行为的纪律责任追究暂行规定》(鄂纪发〔2005〕22号)严肃处理。

六、本公告由沿江各地人民政府负责组织实施。

湖北省人民政府

2013年5月31日

(摘自湖北省人民政府网站，http://www.hubei.gov.cn)

七、意见

(一)适用范围

《党政机关公文处理工作条例》规定：意见“适用于对重要问题提出见解和处理办法”。

(二)意见的分类

按写作目的和内容，可分为指导性意见、建设性意见、征询性意见三种。

1. 指导性意见

指导性意见主要用于上级机关向下级机关传达指示、布置工作、提出具体要求，是具有规范性和约束力的下行文。但与决议、决定等不同，意见带有指导性，是原则性和灵活性的结合，有发挥和创造的余地。对上级机关明确要求贯彻执行的“意见”，下级机关要遵照执行；无明确要求的，则可参照执行。

2. 建设性意见

建设性意见主要用于下级机关向上级机关提出关于改进、推动工作的设想和建议，为上级决策提供参考，属上行文。此类意见带有评估论证、代行起草和辅助决策的性质。上级机关对上报的意见必须做出处理或给予答复。

3. 征询性意见

主要用于平行机关和不相隶属机关征询意见，起参考作用，属平行文。对于这种“意见”，可视其情况和内容给予答复或不给予答复。

(三)意见的结构与写法

1. 标题

标题有两种构成方式。一种是完全式标题，即由发文机关、事由、文种构成，如《教育部等七部门关于进一步加强职业教育工作的若干意见》；一种是由事由、文种构成的省略式，如《关于加强国家重点企业技术中心建设工作的意见》。

2. 主送机关

主送机关需要视其行文方向、内容和发布范围而确定。

3. 正文

正文一般由意见缘由、意见内容和结语三部分构成。意见一般是针对某一工作，在方向、政策、措施、困难、问题等各个方面提出的意见和建议，其涵盖量较大。所以，正文多采用条款式结构。

(1)意见缘由。扼要说明行文的原因、背景和指导思想，然后由过渡语“特(现)提出以下意见”引出具体内容。

(2)意见内容。要围绕具体内容问题，从不同的层面来分述。一般讲，意见的内容是一个单位中值得重视、带有普遍性、受到广大群众关注的焦点和难点问题。所以，在写作过程中，一定要有很强的针对性，分析要中肯、客观，提出的意见要有政策依据，对现实工作要有指导性和可操作性。这部分一般采用分条列项的形式，一条阐述一条意见。每条内部可采用段首总括提要的方式，即首句用总述的方法提出意见，其余各句围绕首句对意见进行具体的阐述、说明；如果用一个段落尚不能完全把意见表述清楚，还可以在条下分段(款)来写。

在指导性意见中，为体现其庄重、严肃，多用部署性、指挥性词语，如“要严格(按)”、“要坚决(执行)”、“不得……尽快”、“抓紧……”等。

在建设性意见中，为体现参谋和辅助决策的意图，多用评估性、期请性词语，如“应该……”、“可……”。

在征询性意见中，为了体现尊重对方，以获得对方坦诚的评论和回复，则多用询问式、商榷性词语，如“拟请”、“希望”、“如蒙”、“请”。

(3)结语。一般用惯用语作结。可根据行文方向的不同，选择适当的结语，也可不写。

指导性意见的结语。“以上意见。请各地区、各部门结合实际情况贯彻执行”。

建设性意见的结语。“以上意见(仅)供参考”，如需批转的则写为“以上意见如无不妥，请批转各单位、各部门执行”。

征询性意见的结语。“以上意见，请予考虑”。

【例文 1】

国务院关于地方改革完善食品药品
监督管理体制的指导意见

国发〔2013〕18 号

各省、自治区、直辖市人民政府，国务院各部委、各直属机构：

按照党的十八大、十八届二中全会精神和第十二届全国人民代表大会第一次会议审议通过的《国务院机构改革和职能转变方案》，决定组建国家食品药品监督管理总局，对食品药品实行统一监督管理。为确保食品药品监管工作上下联动、协同推进，平稳运行、整体提升，现就地方改革完善食品药品监督管理体制提出如下意见。

一、充分认识改革完善食品药品监督管理体制的重要意义

食品药品安全是重大的基本民生问题，党中央、国务院高度重视，人民群众高度关切。近年来，国家采取了一系列重大政策举措，各地区、各有关部门认真抓好贯彻落实，不断加大监管力度，我国食品药品安全保障水平稳步提高，形势总体稳定趋好。但实践中食品监管职责交叉和监管空白并存，责任难以完全落实，资源分散配置难以形成合力，整体行政效能不高。同时，人民群众对药品的安全性和有效性也提出了更高要求，药品监督管理能力也需要加强。改革完善食品药品监管体制，整合机构和职责，有利于政府职能转变，更好地履行市场监管、社会管理和公共服务职责；有利于理顺部门职责关系，强化和落实监管责任，实现全程无缝监管；有利于形成一体化、广覆盖、专业化、高效率的食品药品监管体系，形成食品药品监管社会共治格局，更好地推动解决关系人民群众切身利益的食品药品安全问题。

各地区要充分认识改革完善食品药品监管体制的重要性和紧迫性，切实履行对本地区食品药品安全负总责的要求，抓紧抓好本地区食品药品监管体制改革和机构调整工作。

二、加快推进地方食品药品监督管理体制改革

地方食品药品监管体制改革，要全面贯彻党的十八大和十八届二中全会精神，以邓小平理论、“三个代表”重要思想、科学发展观为指导，以保障人民群众食品药品安全为目标，以转变政府职能为核心，以整合监管职能和机构为重点，按照精简、统一、效能原则，减少监管环节、明确部门责任、优化资源配置，对生产、流通、消费环节的食品安全和药品的安全性、有效性实施统一监督管理，充实加强基层监管力量，进一步提高食品药品监督管理水平。

(一)整合监管职能和机构。为了减少监管环节，保证上下协调联动，防范系统性食品药品安全风险，省、市、县级政府原则上参照国务院整合食品药品监督管理职能和机构的模式，结合本地实际，将原食品安全办、原食品药品监管部门、工商行政管理部门、质量技术监督部门的食品安全监管和药品管理职能进行整合，组建食品药品监督管理机构，对食品药品实行集中统一监管，同时承担本级政府食品安全委员会的具体工作。地方各级食品药品监督管理机构领导班子由同级地方党委管理，主要负责人的任免须事先征求上级业务主管部门的意见，业务上接受上级主管部门的指导。

(二)整合监管队伍和技术资源。参照《国务院机构改革和职能转变方案》关于“将工商行政管理、质量技术监督部门相应的食品安全监督管理队伍和检验检测机构划转食品药品监督管理部门”的要求，省、市、县各级工商部门及其基层派出机构要划转相应的监管执法人员、编制和相关经费，省、市、县各级质监部门要划转相应的监管执法人员、编制和涉及食品安全的检验检测机构、人员、装备及相关经费，具体数量由地方政府确定，确保新机构有足够力量和资源有效履行职责。同时，整合县级食品安全检验检测资源，建立区域性的检验检测中心。

(三)加强监管能力建设。在整合原食品药品监管、工商、质监部门现有食品药品监管力量基础上，建立食品药品监管执法机构。要吸纳更多的专业技术人员从事食品药品安全监管工作，根据食品药品监管执法工作需要，加强监管执法人员培训，提高执法人员素质，规范执法行为，提高监管水平。地方各级政府要增加食品药品监管投入，改善监管执法条件，健全风险监测、检验检测和产品追溯等技术支撑体系，提升科学监管水平。食品药品监管所需经费纳入各级财政预算。

(四)健全基层管理体系。县级食品药品监督管理机构可在乡镇或区域设立食品药品监管派出机构。要充实基层监管力量，配备必要的技术装备，填补基层监管执法空白，确保食品和药品监管能力在监管资源整合中都得到加强。在农村行政村和城镇社区要设立食品药品监管协管员，承担协助执

法、隐患排查、信息报告、宣传引导等职责。要进一步加强基层农产品质量安全监管机构和队伍建设。推进食品药品监管工作关口前移、重心下移，加快形成食品药品监管横向到边、纵向到底的工作体系。

三、认真落实食品药品监督管理责任

（一）地方政府要负总责。地方各级政府要切实履行对本地区食品药品安全负总责的要求，在省级政府的统一组织领导下，切实抓好本地区的食品药品监管体制改革，统筹做好生猪定点屠宰监督管理职责调整工作，确保职能、机构、队伍、装备等及时划转到位，配套政策措施落实到位，各项工作有序衔接。要加强组织协调，强化保障措施，落实经费保障，实现社会共治，提升食品药品安全监管整体水平。

（二）监管部门要履职尽责。要转变管理理念，创新管理方式，建立和完善食品药品安全监管制度，建立生产经营者主体责任制，强化监管执法检查，加强食品药品安全风险预警，严密防范区域性、系统性食品药品安全风险。农业部门要落实农产品质量安全监管责任，加强畜禽屠宰环节、生鲜乳收购环节质量安全和有关农业投入品的监督管理，强化源头治理。各地可参照国家有关部门对食用农产品监管职责分工方式，按照无缝衔接的原则，合理划分食品药品监管部门和农业部门的监管边界，切实做好食用农产品产地准出管理与批发市场准入管理的衔接。卫生部门要加强食品安全标准、风险评估等相关工作。各级政府食品安全委员会要切实履行监督、指导、协调职能，加强监督检查和考核评价，完善政府、企业、社会齐抓共管的综合监管措施。

（三）相关部门要各负其责。各级与食品安全工作有关的部门要各司其职，各负其责，积极做好相关工作，形成与监管部门的密切协作联动机制。质监部门要加强食品包装材料、容器、食品生产经营工具等食品相关产品生产加工的监督管理。城管部门要做好食品摊贩等监管执法工作。公安机关要加大对食品药品犯罪案件的侦办力度，加强行政执法和刑事司法的衔接，严厉打击食品药品违法犯罪活动。要充分发挥市场机制、社会监督和行业自律作用，建立健全督促生产经营者履行主体责任的长效机制。

四、确保食品药品监督管理体制改革有序推进

食品药品安全工作社会关注度高，各方面对体制改革的期待高，各地区、各有关部门务必精心组织、周密部署，加快推进步伐，取得让人民群众满意的实效。

（一）加强领导，扎实推进。省级政府负责制定出台体制改革工作方案和配套措施，统筹本地区食品药品监管机构改革工作。地方各级政府要成立食品药品监管机构改革领导小组，主要领导亲自负责。食品药品日常监管任务繁重，要尽可能缩短改革过渡期。省、市、县三级食品药品监督管理机构改革工作，原则上分别于2013年上半年、9月底和年底前完成。国务院各有关部门要支持地方政府的工作，不干预地方政府的改革措施。

（二）协调配合，平稳过渡。改革过渡期间，食品安全各环节的监管责任和药品监管责任仍由原系统承担，并按既定部署做好相关工作。各有关部门要顾全大局，相互支持，密切配合，做好人、财、物的划转工作。要有针对性地做好干部职工的思想政治工作，确保思想不乱、队伍不散、工作不断，确保各项工作上下贯通、运转顺畅，及时处理食品药品安全突发事件，实现与新建机构食品药品安全监管工作的平稳过渡。

（三）严肃纪律，强化指导。地方各级政府、各有关部门要严格执行有关编制、人事、财经纪律，严禁在体制改革过程中超编进人、超职数配备领导干部、突击提拔干部，严防国有资产流失。对违反规定的，要追究有关人员的责任。中央编办、国家食品药品监督管理总局要及时掌握和研究解决地方机构改革过程中出现的新情况、新问题，加强协调指导、督促检查，加大支持力度，为地方改革创造良好条件。

（四）加强宣传，营造氛围。地方各级政府、各有关部门和新闻单位，要开展多种形式的宣传教育

活动，大力宣传食品药品安全形势和政策，让广大干部群众充分了解改革的目的意义、目标任务、重大措施，进一步统一思想、凝聚共识，形成全社会支持改革、参与改革的良好舆论环境。

做好食品药品安全工作事关重大，影响深远。实现食品药品安全的长治久安，必须形成社会共治的格局。地方各级政府要以此次体制改革和机构调整为契机，在明确监管部门职责、加强监管能力建设、充实基层监管力量、落实好属地管理责任的同时，推动制定地方性法规，强化食品药品生产经营者的法律责任，夯实食品药品安全基础，确保本地区食品药品安全。要深刻认识食品药品安全监管工作的艰巨性和长期性，多措并举、标本兼治、统筹推进，着力提高食品药品产业整体素质，创造公平法治诚信市场环境，加快构建符合国情、科学合理的食品药品安全体系，全面提升食品药品安全水平。

国务院

2013年4月10日

（此件公开发布）

（摘自中央政府门户网站，http://www.gov.cn）

八、通知

（一）适用范围

《党政机关公文处理工作条例》规定：通知“适用于发布、传达要求下级机关执行和有关单位周知或者执行的事项，批转、转发公文”。

（二）通知的分类

按适用范围，通知可分为批转性通知、发布性通知、部署性通知、事务性通知和任免性通知五种。

1. 批转性通知

批转性通知又称发文通知，主要用于批转或转发公文。通知的本身只起按语作用，其主体在于被批转或转发的公文。批转性通知又分为照批照转通知、强调补充批转通知两种。其标题由发文机关及被批转、转发的公文标题和文种组成，如《国务院批转发展改革委关于2013年深化经济体制改革重点工作意见的通知》、《国务院办公厅关于转发发展改革委住房城乡建设部绿色建筑行动方案的通知》。正文须把握三点：对批转、转发的文件提出意见，表明态度，如“同意”、“原则同意”、“要认真贯彻执行”、“望遵照执行”、“参照执行”等；写明所批转、转发文件的目的和意义；提出希望和要求。

2. 发布性通知

发布性通知主要用于颁布各种行政规章或印发有关文件、资料。其写作应把握以下几点：一是标题应用完全式，依发布内容的重要程度分别选用“颁发”、“发布”、“印发”字样，如《广东省人民政府关于印发〈广东省档案馆收集档案范围实施细则〉的通知》、《国务院办公厅关于印发国民旅游休闲纲要（2013—2020年）的通知》。二是正文应开门见山，写明所发规章文件名称，然后提出执行要求，如有施行时间的，应一并说明。

3. 部署性通知

部署性通知主要用于传达领导机关意图，部署有关工作，告知需要共同执行事项的发文，如《国务院关于开展第一次全国地理国情普查的通知》。

4. 事务性通知

事务性通知主要用于党政机关、企事业单位和人民团体处理日常事务或将有关事项告知相关单位的发文。它起传递信息、沟通情况、知照办理的作用，包括机构的设立或变动、印章的启用、召开会议、安排活动等，如《国务院关于部委管理的国家局设置的通知》。

5. 任免性通知

任免性通知主要用于宣布人事上任免事项的发文。它包括任命、免职、聘用与解聘四种情况，其中任免事项可合并通知，如《上海市人民政府关于×××等同志职务任免的通知》。

(三)通知的结构与写法

1. 通知的结构

通知一般由标题、主送机关、正文、结语等部分构成。

1)标题

标题有完全式和文种式两种。这里着重谈谈批转性通知和发布性通知标题拟制时应注意的几个问题。

(1)要注意标题中对“颁发”、“公布”、“发布”、“印发”等词的选用。通常对重要的法规、规章选用“颁布”或“发布”；对一般性、试行或暂行规章或有关资料选用“印发”或“公布”。

(2)在转发或发布性通知的标题中，被转发或发布的文件系法规、规章时，应加上书名号；“转发”或“批转”公文的标题中，只要一个“关于”，一般保留“转发”或“批转”公文标题中的“关于”，而省略“转发”或“批转”前的“关于”。

(3)多层批转、转发，会出现长标题的情况，应省掉“中转”单位，可使标题更简明。

(4)转发、批转若干机关的联合发文，不宜将原文件标题中的若干发文机关全部照写，而应只标明其中主要机关，其他机关可用“等”表示。

此外，下面三种情况下的通知均可在标题的文种名称前加上一定的说明性文字：一是通知的事项十分紧急，可加“紧急”二字；二是通知由多个机关单位联合发出，可加“联合”二字；三是继前一公文发出后因故须再发一个补充通知时，通常将“补充”二字写入标题之中。

2)主送机关

主送机关视通知内容而定，应具体写明受文单位名称。有些属普发性的通知应写上规范化的统称；有些虽不属普发公文，但主送机关较多时，也可用相应的规范化统称。

3)正文

由缘由、事项、执行要求三部分构成。缘由部分主要写明发文的原因、根据和目的；事项部分主要写明事项的具体任务、具体措施，其结构应按层次需要分条列款来写；执行部分要求主要写明受文单位如何执行和办理。

4)结语

一般采用惯用结尾用语作结，如“特此通知”、“专此通知”；也可以不写结语。

2. 通知的写法

通知写作形式多样、方法灵活，不同类别的通知由于其侧重点不同，写法上也各有差异。

1)批转性通知的写法

批转性通知主要用于各级机关以通知的形式批转下级机关的公文和转发上级机关或不相隶属机关的公文。批转性通知一般只下行，还必须有所批转的原文、原件。这类通知又分为照批照转通知、强调补充批转通知。

(1)照批转通知。其正文内容往往只用一句话来表述，交代什么材料或公文，经什么机关或单位同意获批准，转发给哪些单位、部门执行，然后将批转的文件装订于文后。

(2)强调补充批转通知。其正文通常由2～3个自然段构成。第一自然段与照批转通知的正文相仿。第二自然段对批转文件内容作适当介绍、评价或强调有关问题的重要性或意义。第三自然段写贯彻执行的办法或对有关问题作补充、完善。

2)发布性通知的写法

发布性通知侧重于就某个方面的问题做出具体规定，强制执行，或指明方向，或阐明原则，或交代有关政策。通知的本身只起按语作用，即有关法规、规定或某方面的管理办法经什么机关研究决定、批准或同意，现予印发。

3)部署性通知的写法

部署性通知侧重于交代任务、提出要求、制定措施和方法。其缘由部分要理由充分、依据明确，以通知内容的重要性、必要性和意义所在。其事项部分要明确具体，要有具体的要求和做法。它常常分条列项来表述，用序号及小标题的方法将丰富的内容分成几大部分来写。这类通知在写作时，要有明确的针对性，通知的事项要清楚完整，使受文者清楚地知道通知要求做什么、为什么做、如何做、做到什么程度等。

4)事务性通知的写法

事务性通知主要用于告知各有关方面周知的事项等，主要交代清楚所通知的事项如何办理、有什么要求。它起传递信息、沟通情况、知照办理的作用，如机构的设立或变动、印章的启用、召开会议、活动安排等。

会议通知与其他事务性通知有所不同，下面着重谈谈会议通知的写法。会议通知的内容一般包括会议名称、会议时间、地点、内容、参加人员、需带材料、文件等。会议通知的格式比较固定，只要把以上内容写清楚就可以。

一个较完整的会议通知首先要交代开会的原因、依据、目的以及会议的名称等，接着要交代与会议有关的五项事宜。

(1)会议的时间和地点。其中时间往往要写清楚报到时间、开会时间和会议期限；地点不仅要写明大地名，最好写明哪栋楼、哪个会议室。

(2)会议的内容或议题。着重交代会议的性质，是工作会、总结表彰会、学术研讨会还是商品贸易会，以及会议的议程和任务等。

(3)参会人员及条件。应写明出席人的范围、资格、数量及有无特殊要求。

(4)会前准备工作。会前准备工作如是否要准备书面发言资料、一式几份、什么时间交给谁，以及是否需要准备有关文件及学习材料。

(5)其他事项。主要包括会议经费、食宿、活动项目、往返交通线路、联系电话和联系人，有的还要设计一张《××会议回执表》附后。

5)任免性通知的写法

任免性通知包括干部的任命、免职。只有任命事项没有免职事项的通知，叫任命通知；只有免职事项没有任命事项的通知，叫免职通知。任、免内容俱有的通知可合二为一，但必须做到任职在前，免职在后。

【例文 1】

中共湖南省委办公厅
湖南省人民政府办公厅
湖南省军区司令部
关于加强军车号牌使用管理的通知

湘办〔2013〕19 号

各市州、县市区委，各市州、县市区人民政府，各军分区(警备区)、人民武装部，预备役师(旅)，省直机关各单位：

为深入贯彻落实党的十八大精神，进一步加强和改进作风建设，加大依法从严治军力度，严格规范军车号牌的配备和使用管理，切实维护军队良好形象，经省委、省人民政府、省军区同意，现就加强军车号牌使用管理有关事项通知如下：

一、严格控制军车号牌的使用范围。中国人民解放军总参谋部、总政治部、总后勤部、总装备部《关于更换军车号牌和加强军车号牌管理的通知》(后交〔2013〕17 号，以下简称《通知》)决定，全军自 2013 年 5 月 1 日起统一更换军车号牌。省军区系统要严格按照《通知》明确的使用范围发放军车号牌，不得扩大发放范围。各级党政机关除担负军事保障任务的省级交通战备办公室、人民防空办公室、军队转业干部(复原退伍军人)安置办公室，以及交通沿线军用饮食供应站限额使用军车号牌外，一律不准使用军车号牌。省军区系统使用军车号牌的车辆，必须符合中央军委制定的《军队领导干部和机关公务用车配备使用管理规定》相关要求；军地联合办事机构使用军车号牌的车辆，除限于军队已装备的主要车型外，还必须符合中共中央办公厅、国务院办公厅发布的《省部级干部公务用车配备使用管理办法》(厅字〔2011〕1 号)和《党政机关公务用车配备使用管理办法》(中办发〔2011〕2 号)明确的公务用车配备标准，并已办理地方机动车号牌。

二、严格军车号牌的审批核发。省军区系统使用军车号牌，由车属单位填写《军车号牌审批表》，团、师(旅)单位和省军区首长逐级签署意见，报广州军区审批。更换军车号牌以后增补车辆申请或者变更车辆号牌，属装备补充、调整或者编制内的车辆，报广州军区军事交通运输部依据装备补充调整计划或者编制审批。军地联合办事机构限额使用的军车号牌，由军地联合办事机构向广州军区军事交通运输部申请。

三、严格军车号牌的管理使用。严格按照规定使用军车号牌，一车一副正式号牌，不得悬挂单只号牌，不得故意遮挡号牌，大车号牌、小车号牌不得混用。军车号牌丢失、被盗的，必须在丢失或者被盗后 15 日内逐级上报，并通告公安及军队警备部门协查。严禁私自挪用、擅自变更使用军车号牌；严禁套挂军车号牌和使用假冒军车号牌；严禁私人车辆使用军车号牌；严禁来源不明、手续不全的车辆使用军车号牌；严禁高档豪华车辆(奔驰、宝马、林肯、凯迪拉克、大众辉腾、宾利、捷豹、保时捷等轿车或者排气量超过 3.0 升、价格超过 45 万元人民币的轿车，以及陆虎、保时捷卡宴等越野车)使用军车号牌；严禁将军车号牌借(租)给私人车辆、地方单位车辆使用；严禁使用作废军车号牌及伪造、变造、买卖军车号牌；严禁单位和个人使用自制车辆标志标牌替代军车号牌上路行驶；严禁军地联合办事机构领导干部将挂有军车号牌的公务用车作为相对固定用车。

四、严厉查处违规使用军车号牌的行为。军车号牌由省军区军事交通运输部门会同军务、纪检、装备部门负责管理，每半年对军车号牌的审批、核发、使用管理进行检查，军队警备部门和军车监理部门不定期检查、纠察。省军区系统车辆违规使用军车号牌的，严格按照《警备条令》和《广州军区警备工作规定》实施处罚。地方车辆违规使用军车号牌的，视情节轻重，给予批评教育或者纪律处分；触犯法律的，移交有关部门处理。军地联合办事机构使用军车号牌必须按有关规定备案，且只能用于军事保障任务的特殊业务。凡违反规定使用军车号牌，或者军地联合办事机构领导干部将挂有军车号牌的公务用车作为相对固定用车的，一律按违纪处理，车辆一律予以收缴，有关主管部门5年内不得为违纪单位安排车辆更新经费。对违纪单位主要领导和违纪者本人，纪检监察机关要视情节轻重给予诫勉谈话、责令作出检查、通报批评等处理；情节严重、造成恶劣影响的，要依法立案查处。

中共湖南省委办公厅
湖南省人民政府办公厅
湖南省军区司令部
2013年5月11日

（摘自湖南省人民政府门户网站，http://www.hunan.gov.cn）

【例文2】

国务院办公厅关于成立国务院教育督导委员会的通知

各省、自治区、直辖市人民政府，国务院各部委、各直属机构：

为贯彻落实《国家中长期教育改革和发展规划纲要(2010—2020年)》，进一步健全我国教育督导体制，国务院决定成立国务院教育督导委员会。现将有关事项通知如下：

一、主要职责

研究制定国家教育督导的重大方针、政策；审议国家教育督导总体规划和重大事项；统筹指导全国教育督导工作；聘任国家督学；发布国家教育督导报告。

二、组成人员

主　任：刘延东　国务委员
副主任：袁贵仁　教育部部长
　　　　江小涓　国务院副秘书长
委　员：朱之鑫　发展改革委副主任
　　　　刘利民　教育部副部长
　　　　陈小娅　科技部副部长
　　　　黄　明　公安部副部长
　　　　王　伟　监察部副部长
　　　　张少春　财政部副部长
　　　　王晓初　人力资源社会保障部副部长
　　　　郭允冲　住房城乡建设部副部长
　　　　刘　谦　卫生部副部长
　　　　侯　凯　审计署副审计长

国务院教育督导委员会办公室设在教育部，承担委员会日常工作。

委员会成员因工作变动等需要调整的，由所在单位向办公室提出，报委员会主任批准。

国务院办公厅
2012年8月26日

（摘自中央政府门户网站，http://www.gov.cn）

【例文 3】

上海市人民政府关于蒋卓庆等同志职务任免的通知

沪府发〔2013〕7 号

各区、县人民政府，市政府各委、办、局：

市人民政府决定：

任命蒋卓庆为上海市人民政府办公厅主任；

免去洪浩的上海市人民政府办公厅主任职务。

特此通知。

上海市人民政府

2013 年 2 月 4 日

（摘自上海市人民政府网站，http://www.shanghai.gov.cn）

【例文 4】

国务院办公厅关于印发

当前政府信息公开重点工作安排的通知

国办发〔2013〕73 号

各省、自治区、直辖市人民政府，国务院各部委、各直属机构：

《当前政府信息公开重点工作安排》已经国务院同意，现印发给你们，请认真贯彻落实。

国务院办公厅

2013 年 7 月 1 日

（此件公开发布）

当前政府信息公开重点工作安排(略)

（摘自中央政府门户网站，http://www.gov.cn）

【例文 5】

国务院办公厅关于做好

当前高温干旱防御应对工作的通知

国办发明电〔2013〕21 号

上海、江苏、浙江、安徽、福建、江西、河南、湖北、湖南、广东、广西、重庆、四川、贵州等省(自治区、直辖市)人民政府，国务院有关部门：

7 月以来，南方地区出现大范围持续性高温晴热天气，多地气温突破当地历史记录，长江中下游和西南东部部分地区旱情迅速发展。高温干旱给部分地区农业生产和群众生活带来严重影响，造成局部地块粮食减产甚至绝收，特别是旱区部分群众出现饮水困难。据气象部门预测，江南地区和西南地区东部的高温少雨天气将持续到 8 月中旬，局地最高气温仍将达到 40～41℃，高温热害及干旱的影响将进一步加剧。

对此，党中央、国务院高度重视，习近平总书记、李克强总理、张高丽副总理、汪洋副总理和杨晶、王勇国务委员等中央领导同志多次作出重要批示，对南方地区高温防护和抗旱工作提出明确要求。为进一步做好当前高温干旱防御应对工作，最大限度地减轻影响和损失，保障受灾地区正常生产生活秩序，根据国务院领导同志指示精神，现就有关事项通知如下：

一、高度重视当前高温干旱防御应对工作。各有关地区和部门要充分认识当前高温防护和抗旱救灾工作的重要性，准确把握旱情发展形势，进一步强化组织领导，及时采取有针对性的应对措施，将各项工作部署落到实处。要进一步强化地方抗旱责任制落实，充分依靠村级基层组织，克服麻痹侥幸、靠天等雨思想和畏难情绪，立足于抗大旱、抗长旱，及早动手、发动群众、综合施策，切实做到领导到位、责任到位、措施到位。

二、全力保障正常生产生活秩序和饮水安全。要全力做好水电供应和调度、高温中暑防御、卫生防疫以及交通安全管理、城市和林区防火等工作，减少或尽量避免高温时段的户外作业，保障受旱地区正常生产生活秩序和群众身体健康。要把确保城乡居民饮水安全放在抗旱工作的首位，对旱区缺水状况进行全面摸底排查，针对不同缺水类型，细化人饮解困方案，采取打井取水、应急调水、拉水送水、对口帮扶等措施，保障群众基本生活用水。

三、切实强化旱情监测和水源科学调度。要加强雨情、水情、墒情的监测预报，科学研判旱情发展趋势，为抗旱指挥决策提供支持。要充分利用手机短信、广播电视、网络等多种途径，及时发布灾害预警信息，提醒农民群众采取各种措施，减少农业生产因旱损失。要充分考虑当前和后期抗旱用水需求，合理使用和调配好现有抗旱水源，加强计划用水和节约用水，统筹安排好城乡居民生活、工农业生产和生态用水，使有限的水源发挥最大的效益。要抓住降雨的有利时机，充分利用水利工程拦蓄雨洪资源，努力增加库塘蓄水。有降雨条件的地区，要适时开展人工增雨作业，改善旱区土壤墒情。

四、全面加强技术指导和物资资金支持。各地区要强化抗旱技术指导和服务，组织水利、农业技术人员深入抗旱一线，帮助群众落实抗旱田管措施，及时改种补种，积极开展生产自救。要充分发挥抗旱服务队的作用，开展应急打井、拉水送水和流动扩浇等服务。要多渠道筹措资金，加大抗旱投入。要多方调集抗旱机具设备，努力满足抗旱需求。

五、切实提高抗旱减灾基础能力。针对抗旱中暴露的问题和薄弱环节，各地区特别是出现干旱常态化的地区，要把增强抗旱供水保障能力摆在更加突出的位置，统筹规划，因地制宜，以建设抗旱应急备用水源工程、提高旱情监测能力和管理服务水平为重点，完善抗旱减灾体系，加强基础设施和基本农田水利建设，从根本上增强抗御严重和特大干旱灾害的能力。要引导农民积极参加农业保险，督促保险公司加强理赔服务，多途径提高农业灾害防范水平。

六、进一步强化统一指挥和协调配合。各级人民政府要强化抗旱工作的统一指挥，组织有关部门解决抗旱中的突出问题和困难。国家防总要加强综合协调，组织指导各地各部门做好抗旱工作，及时调拨抗旱物资。发改、财政等部门要多渠道筹集抗旱资金；水利部门要加强水利工程的调度管理，努力增加抗旱水源；农业部门要保障农资供应，指导农民做好田间管理和绝收地块的补种；民政部门要及时救助生活困难群众，组织发放救灾款物，落实各项救灾应急措施；气象部门要加强旱区天气监测和预报，及时开展人工增雨；新闻媒体要把握宣传导向，客观报道灾情，正确引导社会舆情，努力营造良好的舆论氛围。要密切与解放军和武警部队的联系，充分发挥其抗旱突击队作用。

七、防止旱涝急转，切实抓好防汛抗洪工作。当前全国正处在“七下八上”防汛主汛期，要在抓好抗旱工作的同时，继续统筹抓好局地强降雨和台风等灾害防御。要早作打算，提前安排，做好防汛组织动员和检查准备工作，加强雨水情监测预报和预警，备足抢险物料，强化山洪灾害防御，保障大江大河、大中型水库、重点防洪地区以及中小河流、小水库等防洪薄弱环节的度汛安全。

请各有关地区将高温干旱防御应对工作落实情况于8月7日前报国家防总办公室。

国务院办公厅

2013年8月4日

（摘自中央政府门户网站，http://www.gov.cn）

九、通报

（一）适用范围

《党政机关公文处理工作条例》规定：通报“适用于表彰先进、批评错误、传达重要精神和告知重要情况”。

（二）通报的分类

通报按其作用和内容，可分为表彰性通报、批评性通报、情况类通报三类。

1. 表彰性通报

表彰性通报主要用于对先进单位、先进人物的典型事迹进行表彰，并总结经验，以点带面，树立榜样，引导相关单位和人员向先进单位和先进人物学习。它是对在一定时期的工作或突发事件中做出重要贡献、事迹突出的单位、群体或个人做出的奖励表彰。

2. 批评性通报

批评性通报主要用于对有典型或普遍反面教育意义的错误、不良倾向或错误事件，进行严肃批评，并分析原因和应吸取的教训，达到教育和警示的作用。

3. 情况类通报

情况类通报主要用于传达上级机关关于当前的政治、经济、军事和社会治安等的重大情况或问题，使下级机关了解新的信息，对所通报的重要情况引起重视，促进工作的开展。情况通报有两种形式：一种只对有关事实做客观叙述；另一种还对有关情况加以分析说明，有时还针对具体问题提出应采取何种对策的指导性意见。

（三）通报的结构与写法

通报一般由标题、主送机关、正文几部分构成。

(1)标题。标题有两种构成方式：一是由发文机关、事由、文种构成；二是由事由、文种构成。

(2)主送机关。根据通报的内容的重要性和需要周知的面而指明通报的范围。

(3)正文。通报由通报事实、事实分析、提出要求等三部分构成。通报的事实必须真实，要有典型意义，对工作有推动作用。在写作时要简明扼要，概括出主要情节或事实。对事实的分析要抓住要害，直截了当地分析事实产生的原因、性质和影响，注意好分寸的把握，不拔高也不贬低。所提要求要针对事实的当事者和有关单位分别提出，要求要具体明确、切合实际。

通报正文的写法可分为直述式和传达式两种。

(1)直述式。直接叙述表彰或批评的内容，包括四个部分。

一是简述基本事实。根据介绍先进事迹或错误事实的来龙去脉，让人们有一个大致的了解和认识。陈述基本事实时，要包括人物、时间、地点、经过、环境、结果等要素，充分体现事实的透明度和真实性。如是情况类通报，则可按时间先后或问题性质，逐一叙述已经发生的情况。

二是分析性质意义。综合分析通报情况的性质、意义。要么指明先进事迹体现了一种什么样的精神，以及学习这种精神的现实意义，要么说明错误的性质以及产生错误的原因及其危害。

三是说明有关决定。如是表彰，则明确是嘉奖、记功、提级，还是给予物质奖励。如是批评，则表明处理的态度和具体处理的决定，明确是通报批评、记过、降级，还是扣工资等。

四是提出要求和希望。对受文者提出希望或要求，表扬性通报则发出号召，批评性通报则发出警戒，提出具体要求和防范措施。

(2)传达式。主要用于传达重要精神和情况。一般包括情况和意见两部分。情况陈述时，可夹叙夹议带点评，帮助受众认识通报重要情况的性质；提出意见应比较简短，点明即可。

【例文 1】

广东省人民政府关于表彰第三届

南粤技术能手奖获得者的通报

粤府〔2012〕155 号

各地级以上市人民政府，各县(市、区)人民政府，省政府各部门、各直属机构：

近几年来，我省深入贯彻落实党中央、国务院的人才工作方针政策，大力实施人才强省战略，不断创新和完善人才培养、使用和激励机制，在推动高技能人才队伍建设工作方面成效显著。全省各地、各行业涌现出一大批技能高超、在实现科技成果转化方面有突出贡献并取得重大经济社会效益的高技能人才，为推动我省经济社会发展作出了积极贡献。为进一步推动我省高技能人才队伍建设，省人民政府决定，授予黄仲贤等 75 位同志“第三届南粤技术能手奖”荣誉称号，并在全省通报表彰。

受表彰的人员要珍惜荣誉，戒骄戒躁，认真总结经验，发挥表率作用，做好“传、帮、带”工作，继续积极参与技术革新，努力再创新佳绩。全省广大技能工作者要认真学习南粤技术能手获得者刻苦钻研、开拓创新、精益求精的精神，扎实工作，勇于进取，不断提高职业技能和职业素养。全省各地、各部门要进一步大胆探索、不断创新和完善人才工作机制，切实加强我省高技能人才队伍建设，为深入推进我省人才强省战略的实施和加快转型升级、建设幸福广东作出新的更大贡献。

附件：“第三届南粤技术能手奖”荣誉称号获得者名单

广东省人民政府

2012 年 12 月 26 日

(摘自广东省政府门户网站，http://www.gd.gov.cn)

【例文 2】

广电总局关于给予甘肃人民广播电台都市广播

暂停播放商业广告处理的通报

1 月 25 日，广电总局向各省、自治区、直辖市广播影视局，新疆生产建设兵团广播电视局，中央三台，电影频道节目中心，中国教育电视台发出《关于给予甘肃人民广播电台都市广播暂停播放商业广告处理的通报》(广发〔2013〕8 号)，通报说，在总局三令五申，严禁播出各类涉性节目和违法不良广告的情况下，甘肃人民广播电台都市广播仍播放内容低俗的医疗资讯服务广告，性质十分恶劣，社会影响极坏。现通报如下：

经查，甘肃人民广播电台都市广播 1 月 8 日深夜零点至凌晨两点，播出的医疗资讯服务广告“同仁根黄金男性健康讲座”，以“北京同仁根首席医学专家齐教授”名义，宣传“同仁根黄金”和“藏密虫草双参”两个产品，声称只要服用四个疗程，就能彻底治疗阳痿早泄、性器官发育不良、肾虚肾亏、前列腺疾病等男性疾病，还以患者名义拨打热线电话称使用该产品后，性功能迅速提高，内容低俗。甘肃人民广播电台置社会责任于不顾，为片面追求经济利益，播出内容低俗的涉性广告，造成了不良社会影响，严重损害了广播电视媒体的社会形象，必须予以严肃处理。

为严肃纪律，根据《广播电视广告播出管理办法》（广电总局令第61号）及《广播电视播出机构违规处理办法》（试行）等有关规定，总局决定：

一、责令甘肃人民广播电台都市广播自1月28日零时至2月27日零时，暂停所有商业广告（含医疗资讯服务类广告）播出30日，并进行全面清理整顿。

二、责成甘肃省广播影视局对甘肃人民广播电台都市广播的整改情况进行核查验收，验收结束后，向总局提出书面报告，经总局同意后方可恢复商业广告播放。

三、责成甘肃省广播影视局对全省广播电视播出机构进行全面清查，发现问题及时严肃处理，杜绝此类问题再次发生。

四、请甘肃省广播影视局将"同仁根黄金"和"藏密虫草双参"两个产品广告的违规情况通报当地工商、药监部门，请其依法对上述产品的生产企业、广告主等相关违规主体进行严肃处理。

请各省级广播影视行政部门将此通报及时转发辖区内播出机构，组织开展自查自纠行动，立即停播存在同类违规问题的医疗资讯服务广告，坚决杜绝类似问题再次发生，并举一反三，主动清理其他各类违法违规广告，切实维护广播电视广告良好播放秩序。

（摘自中央政府门户网站，http://www.gov.cn）

十、报告

（一）适用范围

《党政机关公文处理工作条例》规定：报告"适用于向上级机关汇报工作，反映情况，回复上级机关的询问"。

（二）报告的分类

按不同的划分标准，可以将报告分作不同的种类。

（1）按其内容，可分为工作报告、情况报告、答复报告三种。工作报告主要用于汇报工作进展情况，取得的成绩和存在的问题，得出的经验和教训，今后工作的安排和措施；情况报告主要用于汇报对某些实际问题处理或上级交办工作的办理情况；答复报告主要用于回复上级机关的询问和情况核实。

（2）按其性质，可分为综合报告和专题报告两种。综合报告用于汇报一个时期的全面工作或几方面工作的情况；专题报告主要用于汇报或反映某一工作、某一事件、某一方面的情况。

（3）按其行文目的，可分为呈报性报告和呈转性报告两种。呈报性报告是报送上级机关知晓，而不需要上级做出处置的报告；呈转性报告是报送上级机关，要求其批准并转发有关单位执行的报告。

（三）报告的结构与写法

1. 标题

标题有三种构成方式：一是完全式，即由发文机关＋事由＋文种构成，如《国务院关于农村金融改革发展工作情况的报告》。有时，由于事件、时间紧急，可加上"紧急"二字，以引起重视。二是由事由＋文种构成，如《关于全市企业用工情况的报告》。三是由机关名称＋文种构成，如《××省人民政府工作报告》，如需突出时间，可在工作报告前加上时间，如《××局2012年度工作报告》。

2. 主送机关

主送机关即发文机关的上级机关，如报告的事项需要相关部门知晓，则可抄送相关部门。

3. 正文

正文包括报告缘由和报告内容。

报告缘由。用概括性语言简明扼要地陈述报告事项的总体情况，说明报告的原因、目的和依据。常以“现将××工作情况报告如下”、“现将有关情况报告如下”、“现报告如下”等过渡语引出报告主体。有的报告需要对受文对象提出要求，如年度工作报告、政府工作报告，则用“请各位代表审议”或“请予审议”引出报告主体。

报告内容。就是需要汇报、反映的工作事项或情况。这是正文的重点，一般包括基本情况陈述、成绩问题反映、经验教训总结、今后的安排或措施。在基本情况陈述部分，主要以叙述为主，要按事物的本来面目对事实如实陈述，不能空谈，也不能议论。在反映成绩和问题部分，要实事求是地加以评价，把握好分寸。讲成绩，不能任意夸大，居功自傲，非我莫属；谈问题，不能避重就轻，遮遮掩掩，含糊其辞。在经验教训总结部分，要深入分析，由表及里，由此及彼，理性认识，找出规律。在今后的安排或措施部分，要切中时弊，把握关键，针对性强地提出富有预见性和可操作性的安排意见和切实可行的措施。

工作报告、综合报告的最大特点就是具有综合性，要全面汇报所做工作的过程、做法、成绩、经验、缺点和体会等。由于其涉及面广、内容丰富，因而多被采用。也可采用分条列项或小标题形式来表达。

情况报告、专题报告的内容相对单一、集中，主要是就某一具体工作或某一方面工作的情况向上级机关汇报，或按照上级的要求就有关工作和情况进行汇报，针对性较强，在写法上不尽相同，应视其情况和要求而定。

4. 结语

报告多用惯用语作结。属呈报性报告，用“特此报告”、“专此报告，请审阅”作结；属呈转性报告，则用“以上报告，如无不妥，请批转(各地区、各部门、各有关单位)执行”。

【例文1】

关于湖南省与广东省行政区域界线
联合检查工作情况的报告

粤府〔2012〕12号

国务院：

根据《行政区域界线管理条例》(国务院令第353号)和《民政部全国勘界工作办公室关于做好2011年行政区域界线联检工作的通知》(民勘办发〔2010〕7号)要求，2011年3月至10月，广东、湖南对两省之间行政区域界线(以下称湘粤线)进行了联合检查(以下简称联检)。现将有关情况报告如下：

一、湘粤线基本情况

湘粤线西起湘粤桂三省(区)交会点，东至赣湘粤三省交会点，全长558.13公里，实地埋设界桩15颗(含赣湘粤、湘粤桂三省(区)交会点界桩，均为单立界桩)。该线涉及广东、湖南两省4个地级市、12个县(市)。其中，广东省涉及：韶关乐昌市、仁化县、乳源瑶族自治县，清远连州市、连山壮族瑶族自治县、连南瑶族自治县、阳山县；湖南省涉及：郴州市汝城县、宜章县、临武县，永州市蓝山县、江华瑶族自治县。全线共分11条县级界线段：江华—连山、江华—连南、连州—江华、连州—蓝山、临武—连州、连州—宜章、宜章—阳山、乳源—宜章、宜章—乐昌、乐昌—汝城、汝城—仁化。2007年，两省进行了第一轮联检。

二、联检工作情况

广东、湖南两省高度重视联检工作。2011年3月，两省联合成立联检工作领导小组，制定并组织实施第二轮《湖南省与广东省行政区域界线联合检查工作实施方案》。2011年5月，两省在广州市召开了联检工作第一次联席会议，进行全面动员部署。会后，两省民政厅及各牵头地级市、县(区、市)迅速行动，按先内业后外业再汇总的步骤实施联检。2011年10月，两省在长沙市召开湘粤线联检工作第二次联席会议，对联检工作进行验收总结，对加强湘粤线管理，深入开展湘粤线平安边界建设工作进行部署。至此，湘粤线联检工作全面完成。

三、联检工作成果

联检结果表明，自第一轮联检以来，两省行政区域界线协议书的各项条款和国家边界管理的政策法规在边界地区得到了认真贯彻执行。边界地区群众能自觉遵守边界纪律，维护勘界成果和法定界线权威，未发生非法越界侵权现象和边界争议，无擅自改变已勘定的行政区域界线或单方设定新的界线标志物的行为，边界地区和谐稳定。界线两侧地貌地物无明显变化，界线实地走向清晰可辨。全线15颗界桩中，除湘粤桂、赣湘粤三省(区)交会点、1号、12号界桩出现变化外，其余界桩完好无损、无移位。对变化的界桩已作处理，具体情况说明如下：

(一)湘粤桂三省(区)交会点界桩边、角破损，但无移位、桩面注记清晰，暂不作处理。

(二)赣湘粤三省交会点界桩在2007年第一轮联检时发现被毁，当年三省已重新制作并在原地埋设，但桩面时间注记仍沿用原制作埋设界桩的年份“1999”。2010年，三省商定重新制作该界桩并在原地埋设，重新制作的界桩规格大于《省级行政区域界线勘界测绘技术规定》所定标准，桩面时间注记为重新制作埋设界桩的年份“2010”。

(三)1号界桩表面局部轻度破损，但无移位、桩面注记清晰，暂不作处理。

(四)12号桩因山体滑坡被掩埋，已对其进行了清理和加固。

通过联检，进一步巩固了湘粤线的勘界成果，增强了边界地区各级干部和群众守法护界的自觉性，加强了两省行政区域界线的管理，促进了边界地区的稳定。今后，湘粤两省各级政府和有关部门将以深入开展创建平安边界为目标，进一步提升界线管理工作规范化、法制化、科学化水平，巩固联检成果，完善界线管理长效机制，为推动科学发展、促进社会和谐稳定作出新的贡献。

专此报告。

广东省人民政府
二〇一二年一月五日
(摘自广东省政府门户网站，http://www.gd.gov.cn)

十一、请示

(一)适用范围

《党政机关公文处理工作条例》规定：请示“适用于向上级机关请求指示、批准事项”。

一般来讲，对请示的事项没有严格规定的限制。这主要是根据机关的职权范围、事项性质而确定。以下情况须向上级请示。

(1)属于上级明确规定必须请示批准才能办理的事项；

(2)对现行方针、政策、法令、规章、制度不甚了解，有待上级明确答复才能办理的事项；

(3)工作中发生了新情况、新事件、新问题，而又无章可循，有待上级明确指示才能办理的情况；

(4)因情况特殊难以执行现行规定，有待上级重新指示才能办理的事项；

(5)因意见分歧，无法统一，难于工作，有待上级裁决才能办理的事项；

(6)有章可循，有法可依，可以开展工作，但因事关重大，为防止工作中失误，需请示上级审核的事项；

(7)超出本级权限，需要上级机关明确指示的事项。

由上述可以看出，用请示行文，并不是事无巨细、不负责任地滥用，而是要到本机关确实无法决定和解决，非上级机关明确批准时才使用。为此，必须坚持两条原则：一是要"一文一事"。便于上级机关能够及时进行研究和批复；二是事前行文。如果事后行文，形成"先斩后奏"，则为越权，既不利于上下级之间关系的处理，也不利于今后工作的开展。

(二)请示的分类

按其内容和目的，请示可分为请求指示的请示、请求审批的请示和请求解决问题的请示。

1. 请求指示的请示

请求指示的请示主要用于下级机关对某一方针、政策不太理解，对重大原则问题无法自行处理，请求上级答复、指导的事项。如《关于进一步加强对历史文化名城的保护与管理工作的请示》。

2. 请求审批的请示

请求审批的请示主要用于本机关无权决定的人员编制、机构、外事活动、换届选举、土地转让等重大问题需提请上级审核、批准的事项。如《××市房屋土地管理局关于建立住房公积金有关问题的请示》。

3. 请求解决问题的请示

请求解决问题的请示主要用于下级机关遇到具体问题、具体困难，请求上级机关在人、财、物等方面给予具体帮助的事项，如争取上级拨款、维修危旧房屋、线路等。如《××市人民政府信息化办公室关于市政府直属部门使用正版软件的资金问题的请示》。

(三)请示的结构与写法

1. 标题

标题有两种构成方式：一种是由发文机关、事由、文种构成；另一种是省略发文机关，由事由、文种构成。

2. 主送机关

主送机关一般是发文机关的直属上级机关，且只能主送一个上级机关，不得多头请示。如是受双重领导的机关向上级机关请示，应写明主送机关和抄送机关，由主送机关负责答复。应根据隶属关系逐级请示，不得越级请示，因特殊情况必须越级行文时，应同时抄送被越过的上级机关。请示不能直接送领导个人。

3. 正文

请示正文一般由请示缘由、请示事项和结语三部分构成。

(1)请示缘由。概述事项的背景、原因和根据，阐明理由，引出请示事项具体内容，这一部分要做到事实清楚、理由充足，既要有事实依据，又要有理论和政策依据，这样才便于让上级了解情况，引起重视，及早答复。

(2)请示事项。这是请示的核心内容。要求明确、具体地指出请示事项，并做到既符合政策、法规，又具有建设性、可行性；它是上级机关了解请示事由、给予答复和审批的依据。要求上级明确什么政策、批准什么项目、帮助解决什么困难，不管有几种解决问题的方法和途径，请示者必须确定一种倾向性的意见，不能模棱两可，否则上级就难以答复。

(3)结语。常用惯用语结尾。用“以上(请示)当否，请批示”、“妥否，请批示”、“专此(特此)请示，请批复”。但不能用“以上请示，请尽快批复!”、“请速批复、审批”作结。

(四)请示与报告的异同

请示与报告都是上行文。但是从写作角度来说，二者有着显著的区别。

(1)行文时间不同。请示必须在事前行文，不能“先斩后奏”或擅自处理；报告则在事中和事后行文。

(2)行文目的不同。请示旨在请求上级机关给予指示和批准，是为了解决具体问题；报告是为了向上级机关汇报工作、反映情况，是一种陈述性的文件，旨在单向反馈信息，让上级机关了解有关情况。

(3)内容要求不同。请示的内容单一，必须执行一文一事的规则；报告的内容可以具有综合性的特点，同时反映多方面的情况和问题。

(4)处理结果不同。请示要求上级机关给予答复，报告则不需要上级机关行文批复。

【例文 1】

关于局部调整茂南区土地利用总体规划的请示

茂府〔2009〕25 号

广东省人民政府：

茂南区政府为解决民兵军事训练用地，拟在镇盛镇茂山、那梭村委会选址建设民兵军事训练基地，总面积 500 亩。该项目经省军区批准，符合国家供地政策，但该用地不在该区土地利用总体规划确定的建设用地范围内，为此，茂南区政府拟订了局部调整茂南区土地利用总体规划方案，于 2008 年 7 月 8 日报省政府审批。根据省政府组织相关部门审查提出的修改意见，茂南区政府将原 1500 亩用地调整为 500 亩。茂名市政府重新组织发改、农业、林业、建设、环保、国土等部门审核认为，规划调整方案符合省土地利用总体规划修改的条件和有关要求，方案可行，原则同意上报省政府审批。

现将局部调整茂南区土地利用总体规划的相关材料呈上，请予审批。

附件：局部调整茂南区土地利用总体规划的相关材料

茂名市人民政府

二〇〇九年四月二十九日

(摘自广东省人民政府网站，http://www.gd.gov.cn)

十二、批复

（一）适用范围

《党政机关公文处理工作条例》规定：批复“适用于答复下级机关请示事项”。

（二）批复的分类

按行文的目的，批复可分为指导性批复、批准性批复和答复性批复三种。

1. 指导性批复

指导性批复是指对下级机关在开展工作中所遇到的不明确事项，如某一方针、政策或某些无把握处理的请示事项做出的解答。

2. 批准性批复

批准性批复是指对下级机关开展某项工作时，其无权决定或按职权范围应由上级机关决定的事项做出批准的答复，如《国务院关于同意设立“全国交通安全日”的批复》。

3. 答复性批复

答复性批复是指对下级机关提出疑难问题，如人、财、物等方面的困难和问题，要求给予支持和帮助做出的答复。

（三）批复的结构与写法

1. 标题

批复的标题有两种构成形式：一种是由发文机关、事由、收文机关和文种构成，如《××市物价局关于物业管理收费标准给××花园的批复》；二是由发文机关、事由和文种构成，如《国务院关于支持深圳前海深港现代服务业合作区开发开放有关政策的批复》。批复标题中的事由大致有两种写法：一种是用表示关联范围的介词“关于”加上请示或批复的事项来表述，如《国务院关于组建中国铁路总公司有关问题的批复》；另一种是用动词“同意”来表明态度，如《国务院关于同意将新疆维吾尔自治区伊宁市列为国家历史文化名城的批复》。

2. 主送机关

主送机关即请示的发文机关。除带有普遍性的问题需下级机关周知而抄送各地各部门外，一般只能向发出请示的下级机关行文。

3. 正文

批复的正文写法比较灵活，一般由批复引据、批复内容和结语三部分组成。

(1)批复引据。这是批复的根据和缘由。第一要引述来文，2012 年《党政机关公文处理工作条例》规定，“引用公文应当先引标题，后引发文字号”，通常表述为“你局《关于……的请示》（×局〔2011〕9 号）收悉”；第二要说明批复的依据，如“经××办公会研究”、“经研究”或者“根据××有关规定”；第三用承启语“现批复如下”引出下文。

批复的开头通常要引述来文作为批复的依据，引述的方法有三种：第一种是引来文名称和发文字号，如“《×××关于××××的请示》（××办〔2012〕6 号）收悉”；第二种是结合请示的日期引述，如“你单位×年×月×日的请示收悉”；第三种是引述来文日期和请示事项，如“你单位×年×月×日关于……问题的请示收悉”。第二种和第三种不加书名号。

(2)批复内容。这是批复的主体，是上级机关对下级机关的请示事项做出的明确答复意见，批复机关根据国家法律、法规和有关政策，或者在其职权范围内经研究而做出或批准、或同意、或解答的意见。批复的意见不能含糊其辞、模棱两可，否则就会有损批复的可靠性和权威性。这部分应针对下级机关请示的事项，表示同意与否的态度，有时还要阐述同意或不同意的理由。答复请示事项针对性要强，答复要明确具体、简明扼要，表达要准确无误。同意、不同意、部分同意要写明。凡批准或完全同意的，就只写肯定性意见，对请示原文内容不再复述，写“经研究，同意(批准)你们的意见(请示)”即可。如部分同意，则将同意哪些意见写明，对不同意的部分也要写明。对不同意的部分，则一般要写明不同意的理由、原因或根据。不同意就是完全否定，否定性意见可说明理由、原因或根据。有的批复，为了引起下级机关注意，或者让下级机关更好地贯彻执行批复的精神，可点明意义，提出希望和执行要求。

(3)结语。一般以“此复”或“特此批复”作结，也可以省略不写。

【例文 1】

国务院关于无锡国家传感网创新示范区发展
规划纲要(2012—2020 年)的批复

国函〔2012〕96 号

工业和信息化部：

你部关于无锡国家传感网创新示范区发展规划纲要(2012—2020 年)的请示收悉。现批复如下：

一、原则同意《无锡国家传感网创新示范区发展规划纲要(2012—2020 年)》(以下简称《规划纲要》)，请认真组织实施。

二、无锡国家传感网创新示范区的建设和发展要坚持“创新驱动、应用牵引、重点突破、协同发展”原则，把技术创新作为物联网发展的核心驱动力，以应用带动产业发展，积极创新商业模式，重点突破关键核心技术，先行先试，探索经验，打造具有全球影响力的传感网创新示范区，充分发挥促进我国物联网健康、持续发展的示范作用。

三、无锡国家传感网创新示范区建设协调领导小组要加大统筹协调力度，研究解决示范区建设和发展中的重大问题，做好《规划纲要》实施的组织协调和督促检查。国务院各有关部门结合各自工作职能，加强对无锡国家传感网创新示范区建设和发展的指导，按照《规划纲要》要求制定出台具体政策措施，在规划实施、项目安排、财税优惠、金融服务、人才建设等方面给予积极支持。江苏省人民政府要认真做好《规划纲要》的具体实施工作，抓紧落实工作责任，完善工作机制，统筹资源，加快推进，确保完成各项目标任务。

国务院

2012 年 8 月 5 日

(摘自中央政府门户网站，http://www.gov.cn)

【例文 2】

教育部关于浙江大学毕(结)业
证书、学位证书使用名章的批复

教学函〔2013〕3 号

浙江大学：

《浙江大学关于法人代表用印等事宜的请示》(浙大发〔2013〕4号)收悉。经研究，现批复如下：鉴于你校校长职位暂时空缺，根据工作需要，你校2013届毕业生毕(结)业证书、学位证书所用校长名章，由你校暂行负责学校行政工作的金德水同志名章代替，至任命新校长为止。

教育部

2013年3月18日

(摘自中央政府门户网站，http://www.gov.cn)

十三、议案

(一)适用范围

《党政机关公文处理工作条例》规定：议案“适用于各级人民政府按照法律程序向同级人民代表大会或者人民代表大会常务委员会提请审议事项”。

(二)议案的分类

(1)按内容划分。议案按照内容可分为立法议案和事项议案。

立法议案是指用于提请审议法律和法规草案的议案。人民代表大会是我国的立法机关，只有它才可以经会议表决通过建立法律。其他机关单位都只能在会议上提交自己拟就的法律草案，这样的议案称立法议案，简称法案。立法议案主要在两种情况下使用：一是政府机构制定了某项法律或法规之后提请人大审议通过；二是建议、请求某行政机构制定某项法规。

事项议案是指用于提请审议办理重大事项和重大问题、方案或意见的议案，如外交方面的重大原则问题、民族问题、国家主权问题、民主与法制问题、行政区划问题及财经问题等。

(2)按时间划分。议案按照时间可分为平日议案和会期议案。平日议案是指平常时间对各种重大问题或事项提出的议案。会期议案是指在会议召开期间会议代表或法定机关提出的有关重要工作、重大问题的议案。

(三)议案的结构与写法

议案通常由标题、编号、主送机关、正文、落款几部分组成。各级人大代表议案更多采用表格式，只需按表填写即可。

1. 标题

议案的标题主要有以下有两种形式。

(1)完全式标题。由“发文机关＋事由＋文种”构成，不能省略其中任何一项，如《××省人民政府关于提请审议2013年度省级预算执行和其他财政收支审计工作报告的议案》。提请国家权力机关审议的事项，都是重大的涉及法律法规和大政方针的事项，因此，标题必须写明发文机关，事由也要概括得清楚明确。这种标题主要是法定机关(人民政府)制发公文时使用。

(2)省略式标题。由“案由(事由)＋文种”构成，如《关于提请审议修改后的国务院机构改革方案的议案》。这种标题主要是人民代表撰写议案时使用。

2. 编号

编号即议案的顺序编号，相当于公文的发文字号，一般由人大工作人员编写。

3. 主送机关

主送机关即议案的审议机关。平日一般是相应的人民代表大会常务委员会，会期则是相应的人民代表大会。

4. 正文

正文即议案的主体部分，包括案由、方案和结语三部分。

(1)案由(案据、事由)。议案的案由是提请审议批准事项的理由和依据，即为什么提出议案。一般要求写得概括准确，说明提请审议事项的意义、作用以及有关背景。

(2)方案。方案是提请审议的实际对象，包括议案所提问题的解决途径和办法。在具体写作上，由于议案种类不同，制作和提出的目的不同，内容的详略和结构的安排也就不同。

(3)结语。议案结语一般用程式化的祈使语句表明审议请求，结束全文，如“请审议”、“现提请审议”等。

5. 落款

落款包括签署、成文日期和加盖印章。签署，即提议案者签名，政府提出的议案必须由政府机关首脑签署，如国务院提交的议案，署总理的职务和姓名；市政府提交的议案，署市长的职务和姓名。如果是人民代表按法定人数联名提出的议案，则应将领衔提出议案的代表姓名写出，并在其后注明人数以及联系人电话。成文日期的年、月、日要俱全。

【例文 1】

国务院关于提请审议国务院机构改革方案的议案

全国人民代表大会：

中国共产党第十七次全国代表大会明确提出，要加快行政管理体制改革，抓紧制定行政管理体制改革总体方案。根据党中央的部署，经过认真调研，广泛听取意见，反复研究论证，形成了《关于深化行政管理体制改革的意见》和《国务院机构改革方案(草案)》，并先后经国务院常务会议、中央政治局常务委员会会议、中央政治局会议讨论和修改。党的十七届二中全会审议通过了这两个文件。现将《国务院机构改革方案》提请第十一届全国人民代表大会第一次会议审议。

国务院总理　温家宝

2008 年 3 月 4 日

(摘自财经网，http://www.caijing.com.cn)

十四、函

(一)适用范围

《党政机关公文处理工作条例》规定：函“适用于不相隶属机关之间商洽工作、询问和答复问题、请求批准和答复审批事项”。

（二）函的分类

按行文方向，函可分为发函和复函两种。主动发出的函是发函，回答对方发函提出的问题或事项的函是复函。

按写作目的和内容，函可分为请批函、商洽函、告知函、询问函、答复函五种。

(1)请批函。向有关业务主管部门请求批准某些事项的函。写作时要详细陈述请求批准事项、缘由和依据。如建筑用地需报国土部门批准，建筑选址要报城建规划批准，建筑消防设施要报消防部门等，各单位都应用请批函行文。

(2)商洽函。主要用于平行机关和不相隶属机关之间商洽业务、协调工作、联系事项、互相支援等。应写明商洽事项的缘由、商洽的事项和己方的态度或意见，提供给对方参考。

(3)告知函。直接写明告知的事项，将本机关的某一决定或某项意图、活动告知需要了解的单位，使受文者知晓。

(4)询问函。向有关部门征询、了解一些本单位不清楚的问题时使用的函。写明询问事项和疑点，征询对方意见。

(5)答复函。就是对来函单位回复的函件。应针对来函所题、意见或请求批准的事项，做出解答、说明或批准的回复。

（三）函的结构与写法

1. 标题

函的标题有三种构成方式：一是由发文机关、事由、文种构成的三要素式，多用于"文件式"公函，如《广东省环境保护厅关于河源监狱增容扩建项目食堂使用燃料的函》；二是由事由、文种构成的二要素式，如《关于进一步贯彻落实火电厂烟气脱硝工程技术规范的函》；三是由发文机关、事由、收文机关和文种构成的四要素式，如是对来函的回复，则可在"函"前加"复"字，即"复函"，如《国务院办公厅关于悬挂国徽问题给湖北省人民政府的复函》。

2. 主送机关

函属于专发性的行政公文，其主送机关只有一个，一般不抄送。

3. 正文

正文由函告缘由、函告事项和结语构成。函一般是一文一事，正文力求简短，其行文要求简洁明快、开门见山、直陈其事、落笔入题。

(1)函告缘由。主动去函要写明函告的缘由和目的，即表明商洽工作、询问问题或请求批准的理由；被动复函则扼要写明复函的依据，其写法同批复的开头。

(2)函告事项。这是函的核心。这部分要具体写明所商洽、询问或请求批准的事项。如果内容较多，则应分条列项地表达，使受文者一目了然。如是复函，则针对来函所提出的问题、要求写出明确的回复意见。如是对请求批准的函的回复，则一般要写明同意、批准或者不同意、不批准的有关政策、法规依据，使受文者信服。

(3)结语。根据函告内容的不同，可选择适当的结语，包括：①请批函。"请予批准”、“望予审批”、“请批复”；②商洽函。“请予考虑”、“望予支持”；③告知函。“特此函告”、“专此函达”；④询问函。“请予函复”、“盼复”、“敬请函复”；⑤答复函。“此复”、“特此复函”。

函是写给平行机关和不相隶属机关或有关主管部门的公文，在行文上要注意措辞得体，表明谦恭之态，文字力求简短。要多使用诚恳、谦和词语，不要恭维奉承，更不宜生硬或傲慢，做到以礼待人、不卑不亢。

【例文 1】

关于切实加强汛期地质灾害防治工作的函

国土资应急办函〔2013〕7 号

各省、自治区、直辖市国土资源主管部门，新疆生产建设兵团国土资源局：

2013 年 4 月 18 日，国土资源部召开了全国汛期地质灾害防治工作视频会，对今年地质灾害防治工作进行了部署并提出了新的要求。四川省雅安市芦山县“4·20”地震发生后，地震灾区引发崩塌滑坡等次生地质灾害的可能性增大，地质灾害防治形势更加严峻。地震灾区各级国土资源部门务必加强地质灾害隐患点的排查、复查，健全群测群防体系，做好避灾临时安置点、灾后重建选址评估工作，为抢险救灾和灾后重建提供安全保障。

各省(区、市)在高度重视地震灾区地质灾害防范工作的同时，务必保持清醒认识，加强监测预警，强化应急值守，切实做好本地区的地质灾害防治工作，现就有关事项通知如下：

一、强化认识，确保工作主动。各地要分析形势，严判趋势，务必保持清醒认识，将防治地质灾害这一生命任务作为当前工作的重点来抓，把问题估计得更充分一些，把措施制定得更周全一些，坚持把工作做得更扎实一些，确保更加积极主动应对地质灾害防治的各项任务。

二、强化措施，确保工作落地。各地要认真贯彻落实《国务院关于加强地质灾害防治工作的决定》，尽快制订实施方案，向有关部门分解细化目标任务，力争建立长效机制，加快调查评价体系、监测预警体系、防治体系和应急体系的建立，确保各项工作责任到人，任务到人，措施到人。

三、强化合作，确保工作到位。各地要加强与气象、水利部门的合作，根据雨情、水情做好地质灾害的监测预警和信息发布，加强与交通运输、铁道、住房和城乡建设、教育等部门的信息共享，确实做好交通沿线、人口聚集区和学校、在建工程施工现场等周边的地质灾害防治工作。

四、强化避险，确保群众安全。各地要加强应急值守，保持通讯畅通，在汶川地震灾区、三峡库区等地质灾害易发多发地区派专家和专业队伍驻守，及时指导地方开展工作，立足防大灾、抢大险、应大急，依靠群测群防、监测预警，强化预防避让，尽力避免群死群伤，最大限度地避免和减轻地质灾害给人民生命财产造成的损失。

如有重要情况，请及时上报。

国土资源部地质灾害应急管理办公室

2013 年 4 月 20 日

(摘自中央政府门户网站，http://www.gov.cn)

【例文 2】

山东省物价局　山东省财政厅

关于医师资格考试收费标准的复函

鲁价费函〔2013〕61 号

省卫生厅：

你厅《关于申请调整医师资格考试考务收费标准的函》(鲁卫规财字〔2013〕27 号)收悉。现函复如下：

一、医师资格考试包括实践技能考试和医学综合笔试两个部分。

(一)实践技能考试费标准：临床类、公卫类、中医类分别为260元/人(含上缴中央考试考务费临床类、公卫类10元/人、中医类12元/人)；口腔类为290元/人(含上缴中央考试考务费10元/人)。

(二)医学综合笔试费标准：每人每单元60元。其中执业医师240元/人(共4个单元，含上缴中央考试考务费40元)；执业助理医师120元/人(共2个单元，含上缴中央考试考务费30元)。

二、收费单位要及时到同级价格主管部门办理《收费许可证》变更手续，使用省财政厅统一印制的山东省财政票据，通过"山东省非税收入征收管理系统"征收，全额缴入财政，实行"收支两条线"管理，并按规定进行收费公示，自觉接受物价、财政部门和社会的监督。

三、本规定自2013年6月20日起执行，有效期至2015年6月19日。省物价局、财政厅鲁费发〔2005〕112号同时废止。

山东省物价局　山东省财政厅

2013年6月13日

(摘自山东省物价局网站，http://www.sdwj.gov.cn)

【例文3】

广东省人民政府办公厅关于龙大高速公路
增设石岩东匝道收费站的复函

粤办函〔2012〕563号

省交通运输厅：

粤交费〔2012〕899号请示收悉。省人民政府同意深圳市石岩外环路互通立交建成通车后，在龙大高速公路增设石岩东匝道收费站，对过往车辆实行封闭式收费，并纳入全省高速公路联网收费系统，按联网收费要求建设相应的收费设施。收费标准按程序另行报批。石岩东匝道收费站建成通车后撤销石龙仔收费站。

省府办公厅

2012年8月23日

(摘自广东省人民政府网站，http://www.gd.gov.cn)

十五、纪要

(一)适用范围

《党政机关公文处理工作条例》规定：纪要"适用于记载会议主要情况和议定事项"。

(二)纪要的分类

1．按会议的性质

(1)日常例会纪要。即日常行政工作会议纪要或办公会议纪要。机关单位内部为研究工作或解决实际问题而召开的常规性会议，如行政办公会议(局长、主任办公会议)、党委办公会议(党组会议)等，反映这类会议情况的纪要就称为日常例会纪要。

(2)专题会议纪要。常见的工作会议、座谈会、研讨会以及为处理某一重大问题、贯彻领导重要指示而专门召开的会议多属于这一类。

2．按会议内容与作用

(1)决策性会议纪要。这种纪要以会议讨论、研究决定的事项为主要内容。日常例会纪要多属于此类。

(2)讨论性会议纪要。学术会议纪要主要属于此类，是学术团体召开学术研究、讨论、座谈会等所形成的纪要。这种纪要除反映得出的结论性意见外，还反映会议讨论、交流情况，把不同的意见归纳其中。

(3)指示性会议纪要。这种会议主要是为贯彻重要的方针政策、安排部署工作而召开的，既有贯彻意见，又有工作的部署和要求，还要明确工作任务、工作责任与方法措施，交代有关政策原则等。

(三)纪要的结构与写法

1. 标题

会议纪要的标题通常有三种形式：一是公文式标题，由会议名称、事由和文种构成，如《××市人民政府办公厅关于平抑粮油价格工作的会议纪要》；二是由机关名称、会议名称和文种构成，有的还在会议名称前标明会议的届次，如《××市人民政府第×次市长办公会议纪要》；三是用正副式标题(又称复式标题)，正标题揭示会议主要内容或精神，副标题由会议名称和文种组成，如《以××精神为指导，开创××新局面——××会议纪要》。这类标题多见诸媒体。

2. 正文

正文一般由开头、主体、结尾三部分组成。

(1)开头，又称导言。这部分是概括会议的情况，包括会议的指导思想、目的、时间、地点、会议名称、召开单位、主持人、主要议题和成果等；有的还要交代召开会议的依据(谁批准或决定开会)或召开会议的背景。但不是所有的会议纪要都要把以上内容写上，这些内容在实际工作中可以灵活掌握，有的可以省略不写，有的可以放在正文部分去写。

机关单位经常使用的会议纪要，开头部分可写得较为简要，只需写清会议的时间、地点、主持人、出席人、列席人、会议议题等就行了。通常有两种写法：一是叙述式，即将各项内容一气呵成、一以贯之，用一段或最多两段文字即可。二是条款式，即将各项内容分条列项，一段写一条，一条写一个内容，如“时间”写一条，“地点”写一条。

(2)主体。主体部分分别详细具体地写明会议的主要精神和议定事项、工作要求等。常见的有三种写法。

一是综合式写法。即把会议议定事项综合成几个方面，分层次分段逐一写出。一般可用序数标记各部分内容，还可拟小标题。如前所述，在各段之首，可冠以“会议认为”、“会议提出”、“与会代表一致同意”、“会议要求”、“会议号召”等作为领语，也可使用中心句作为领语。大型、重要会议纪要多用综合式。

二是条款式写法。即把会议研究的问题和决定的事项分条列项进行表述。日常例会纪要多用此写法。

三是摘要式写法。即直接摘录会上发言要点，按内容性质归类或发言顺序编排。这种写法要先写出发言人姓名并注明单位、职务，然后记录其发言要点。座谈会、学术会纪要常用此写法。

(3)结尾。一般是对与会单位和个人提出要求、希望或发出号召；有的还对会议作简要评价；也可以无专门结尾。

日常例会会议纪要一般无落款，采用会议纪要的特定格式表达，会议纪要的期号、发文机关和纪要形成日期一般在文头处写明。其他会议纪要如需落款，一般可由主办机关名称或会议名称和纪要形成日期组成。

【例文】

关于加强我市危险化学品道路运输安全监管的工作会议纪要

7月12日下午，市委常委、常务副市长刘小涛在市政府办公楼五楼会议室召开会议，研究我市危险化学品道路运输安全监管问题。副市长陈克、杨润贵出席了会议。纪要如下：

会议听取了市公安、交通运输等部门对加强我市危险化学品道路运输安全监管的意见和建议，并就此进行了研究。会议指出，我市是广东省重要的石化基地，危险化学品运输量大，危运车辆众多，安全监管责任重大，但目前我市危险化学品道路运输安全形势比较严峻，存在运输车辆非法改装、超载现象较普遍；挂靠外省籍车辆众多，管理困难；司乘人员偷窃危险化学品；充装单位源头把关不严；职能部门各自为政，没有形成监管合力等突出问题。各级政府和有关部门要高度重视，加强对危险化学品运输安全监管。会议决定：

一、建立健全机构

(一)成立由潘吼副秘书长任组长，市公安局、安监局、环保局、交通局、法制局、质监局、工商局、公安交警支队等有关部门为成员的危险化学品道路运输安全管理协调小组，建立联动机制，制定有关管理制度，推动有关工作深入开展。

(二)尽快调整危险化学品运输专项整治领导小组，并细化领导小组各成员单位工作职责。

(三)尽快成立危险化学品运输企业协会，实现行业自律和管理。

(四)由市交通运输管理局牵头，成立危险化学品道路运输服务中心，并尽快投入运作。

二、加强监督管理

(一)尽快制定颁发《茂名市危险化学品道路运输安全管理规定》。市公安交警支队要广泛征求各相关部门包括企业在内的意见，各有关部门要根据各自职能进一步细化管理细则。

(二)各有关部门要通过强化危运车辆IC卡管理制度，尽快将外籍车辆纳入IC卡管理，堵塞管理漏洞并实现信息共享。市经信局提供信息保障支持。

(三)狠抓危运车辆“车、罐、运”三个环节，强化危运车辆入户、年检和报废的管理。市公安交警支队、市质监局、市交通运输局要成立联合机制，信息共享，杜绝非法、不符合条件的危运车辆进入运输市场。质监部门不能为非法生产的槽罐检验检测，杜绝非法槽罐进入运输市场。公安车管部门要加强对到达报废期的危运车辆管理。工商部门要加大对汽车维修企业超经营范围生产车用槽罐的查处力度，必要时可与公安部门开展联合执法。

(四)各职能部门要按照危险化学品安全整治行动方案立即开展整治，全面排查事故隐患，加大对事故隐患的监督执法力度，并做好调查摸底登记工作。检查前可以先组织企业开展自查，并组织危运车辆押运员、驾驶员、充装人员分批次进行安全知识培训教育。市交通运输、质监、公安交警等部门要开展联合执法，严厉查处危运车超载等违法违规行为，加强危运车辆运输安全管理。

三、加强规划调研

(一)滨海新区要考虑预留危运车辆停车场地，由市公安局交警支队牵头会同规划等有关部门研究制定危运车辆临时停车场的规划建设方案。

(二)由潘吼副秘书长组织相关部门到外地学习调研危险化学品道路运输安全管理的先进经验，所需经费另文申请。

（三）由市公安交警支队会同市交通运输局开展调研，尽快对危运车辆安装防撞和防漏装置工作提出实施方案。

参加会议人员：刘小涛、陈克、杨润贵、潘吼（市政府），梁志（市经信局），刘玲平、谢平凡（市安监局），陈亚聪（市交通运输局），陈有华（市环保局），李辉林（市法制局），李社辉（市公安消防局），杨波、王建国（市公安交警支队），卢忱伟（市工商局），谭小娜（市质监局）。

发：与会各人员单位，市公安局，市国土资源局，市城乡规划局。

（摘自广东省人民政府网站，http://www.gd.gov.cn）

第六章

公务文书的处理

公文的管理是文秘部门最基本的日常工作。文秘人员通过一系列紧密衔接的程序，完成公文的拟制、处理和管理业务，实现机关内外的信息沟通，其根本目的在于推动机关工作的运转，辅助领导机关进行科学管理和正确决策。

第一节　公文的收文处理

收文处理是指机构伴随公务活动收受外单位发来的文件并对其进行运转和办理的过程，包括接收、登记、审核、拟办、批办、承办、催办等程序。

1. 接收

接收是指收到公文后，收件人在送件人的公文投递单、送文通知单或回执单上签字，以明确交接双方的责任，保证公文运行的安全可靠。首先，由本机关的收发室人员(又称外收发)负责接收外来公文，审核信封或包封外标记，确认收文机关、清点数量，核对无误之后，在对方的发文簿或回执单上签字。其次，收发室人员与机关的综合办公部门或职能部门的文件工作人员(又称内收发)之间针对已收入的公文进行清点、核对与检查，履行签收手续。

2. 登记

登记是指文件工作人员对收到的文件进行登记，填写文件标题、发文字号、发文机关等内容信息。通过收文登记，方便平时核对、统计、催办、查找、利用公文，同时还有助于文件工作人员掌握公文运转过程中的有关情况，明确参与公文办理的各类人员的责任。

登记时应注意把密件和平件分开，并分清缓急，急件随到随登、优先分送，除登日期外，还应登交接时间。

3. 审核

审核是指按照有关规定和规范对收文进行检查核实。经审核，符合要求的文件进入下一个收文处理环节；不符合有关规定和规范的，经收文单位办公厅(室)负责人同意后，可以退回呈报单位，但应明确说明退文的原因和理由，以便来文机关知晓问题所在。

4. 拟办

拟办是指由综合办公部门或业务部门的负责人及有关人员对需要办理的公文提出建议性处理意见。

拟办意见应当明确具体、简明扼要、具有可操作性，针对不同情况提出相应的拟办意见。如对上级来文的拟办，应指明办理的部门或具体人员，并提出具体要求，使相关部门或人员能够明了自己的任务和责任；对下级机关或平行、不相隶属机关来文的拟办，需要明确指定负责承办文件的业务部门或业务人员以及注明办文时限；对需要联合办理的公文的拟办，应明确指定牵头单位，以免机构之间互相争办或相互推诿；对难以提出具体办理意见的文件，在拟办前可先与文件内容涉及的相关部门联系沟通，听取意见后再提出拟办方案。

5. 批办

批办是指由机构或部门领导人对文件办理提出最终的处理意见。对拟办完毕的文件，应由文秘部门送领导予以批办，最终确认文件办理的意见或方案。

批办是文件办理的核心环节之一，直接决定了一份文件的处理方法和途径。其作用具体体现在：首先，领导人通过对文件的批示，指出其采取行动的原则和方向，提出解决问题的方法和措施，来行使职权、履行职责。其次，批办有助于领导人及时阅读重要收文，掌握上级指示精神、工作发展情况及有关信息。最后，批办有利于加强对文件办理的领导，防止失误，提高办文质量。

6. 承办

承办是指通过对公文的阅读、贯彻执行与办理(或回复)，而使公文内容所针对的事务与问题得以处理和解决。

承办是收文办理工作的重要环节。收文办理程序中，接收登记是否完整，审核是否合格，拟办方案是否可行，批办意见是否科学，只有通过承办才能得到充分体现。承办还是检验批办意见是否正确的唯一途径，只有在承办过程中，才能够验证批办意见是否正确，发现批办决策的偏差或错误。

7. 催办

催办是指适时对公文承办情况进行督促检查，有助于提高办文效率。通过催办，一方面可以避免延误办文时间，防止拖拉积压；另一方面可以帮助领导了解办理的情况。催办工作包括两个方面：一是对内催办，即对本机关收文承办情况的督促检查；二是对外催办，即对本机关发往其他机关并需要回复的公文的办理情况进行督促。

催办的方法多种多样，例如，可以使用“催办单”，单上写明承办公文号及承办期限，发给承办单位；对紧急重要公文，可随时通过电话督促或登门询问承办情况。另外，还可以建立“公文催办登记簿”，按簿催办，事毕登记办理结果，加盖“办理完毕”之类的印戳；可以使用催办卡片，事毕登记，抽出另存；可以使用催办笔记，将应催办的公文记载下来，办毕勾销。

第二节　公文的发文处理

发文处理是指机构为履行职能制发公文的过程，包括草拟、审核、签发、复核、缮印、用印、登记、发出等程序。

1. 草拟

草拟，是指按照构思或者写作提纲撰写公文草稿的活动，是公文写作的第一个具体行动环节。

草拟的注意事项：①体现领导意图，依法制文。②反映现实工作需要和实际情况。③符合文件写作规范。

2. 审核

审核，又称核稿，是指文稿送交领导人签发之前，对文稿从内容到形式所做的全面检查和修正工作。通常由机构综合办公部门的负责人或专职核稿人统筹组织或负责公文的审核工作。审核的重点如下。

(1)行文理由是否充分，行文依据是否准确。

(2)内容是否符合国家法律法规和党的路线方针政策；是否完整准确体现发文机关意图；是否同现行有关公文相衔接；所提政策措施和办法是否切实可行。

(3)涉及有关地区或者部门职权范围的事项是否经过充分协商并达成一致意见。

(4)文种是否正确，格式是否规范；人名、地名、时间、数字、段落顺序、引文等是否准确；文字、数字、计量单位和标点符号等用法是否符合规定。

(5)其他内容是否符合公文起草的有关要求。

3. 签发

签发，是指领导人审定文稿后，在发文稿纸的有关栏目内签注同意发出的意见，如“发”、“急发”、“同意”等，并签署姓名和日期。经领导人签发后，文稿开始生效，并据此缮印正本。文稿的签发必须注意以下几点。

(1)以机关名义制发的文件，由机关领导人签发，其中内容重要或涉及面广的文件由正职领导人或主持日常工作的副职领导人签发，部分文件也可由机关办公厅(室)秘书长或主任根据机关领导人的授权代签。

(2)以机关内设部门名义发文时，由部门领导人签发，重要文件也可由本机关领导人核签。

(3)会议讨论通过的决议、会议纪要等，由会议主持人签发。

(4)联合行文时应先由主办单位签发，后由各协办单位签发，并实行“对等”签发，即主办单位由哪一级领导签发，其他协办单位也由相应级别的领导会签。

4. 复核

复核是指由文秘部门在公文正式印制之前对公文定稿及其生成过程再次进行核查，是对文件质量全程控制的重要环节。复核工作的重点主要包括以下几个方面。

(1)检查审核签发手续是否完备。即核查文稿的审核人、签发人是否合法、有无越权或侵权情况；是否规范地签注了发文意见、姓名和日期。

(2)检查文件管理信息是否准确。即文件具体的发授范围是否必要、是否明确；主送和抄送范围的选择是否恰当清楚；紧急程度、保密等级是否合理；印制份数、发文字号是否有误等。

(3)检查附件材料是否齐全。即附件材料的件数、页数是否与附件说明一致、是否有遗漏，其内容是否完整无缺。

(4)检查格式是否统一、规范。即文件书写格式是否统一，字体字号、标点符号、数字、公式、层次序数、页码、表格、注释的表达格式是否符合国家有关规定，表达文件内容的各数据项目的结构格式是否规范等。

5. 缮印

缮印，是指对公文进行缮写誊清和印制，缮印的公文是最后的成品，代表本机关对外发生效力。缮印公文时应注意以下几点。

(1)缮印公文须以签发的定稿为依据，不得擅自改动，同时要注意妥善保护定稿。

(2)缮印机密公文时，应有专人负责。文稿与印制的公文和未装订的单页，均应注意安全保管，并须对底纸、蜡纸、废页、清样等严格管理、及时监销、防止泄密。

(3)公文的装订必须注意检查有无缺页、倒置页等，并宜尽量采用胶贴法，避免使用订书机，以方便日后立卷归档。

(4)缮印公文要建立登记制度。登记的内容包括名称、送文单位、送文时间、印文数量、印完时间、取件人姓名、缮印人姓名等。

6. 用印

用印，是指为了表明对文件承担法律责任和对文件法律效力的认可，由发文机关在文件上加盖机关印章的活动，是发文处理程序的一个重要环节。用印时要求做到如下几个方面。

(1)指定专人保管。机关公章应保管在综合办公部门指定的专人手中，使用时须由其监印，用毕迅速收回。

(2)监管用印过程。用印前，应当履行批准手续，未经相关负责人同意一律不予用印。用印中，纸质文件的用印份数，以领导者批准印发的份数或常规规定的份数为准，不得随意增加。

(3)印迹必须端正、清晰、完整，以维护文件的严肃性、庄重性和有效性。

7. 登记

发文登记，是指将拟发出的公文中的信息和发送对象、发送范围等情况记录在案。发文登记的目的在于为发文信息的统计、催办以及日常工作的查询等管理活动提供依据，同时也有助于分清收发双方各自的责任。

8. 发出

发出就是把公文发往各指定机关、单位。发出的方式主要有三种：一是印制发送，可分为普通邮递、机要交通、专人专送等；二是传真发送；三是电报发送。具体采用哪种发出方式，要根据其分发范围、紧急程度和保密要求而定。

第三节　办毕公文的处置

办毕公文是指已经完成了公文处理程序的公文。“完成公文处理程序”通常包括两层含义：一是发文部门制作文件过程的结束；二是收文机关对文件信息所传递的指令、任务已经处理完毕或者处理程序运转完毕。

办毕公文处置则是指根据办毕公文的不同内容或价值，对其分门别类，剔除无用文件，对具有保存价值的文件进行有序化整理。

在一个特定的机构中，判断一份公文去留主要取决于公文的保存价值。而公文是否具有保存价值是由公文的内容、形式、形成者、公文对本机关的凭证价值和对社会长远的参考价值等多方面因素决定的。

按照公文处置的有关要求以及公文自身的保存价值，对一个机构的公文来说，通常可以采取四种不同的处置方法，即整理归档、文件销毁、文件清退和文件暂存。

(一)整理归档

文件整理，是指文件人员将已经办理完毕、具有查考利用价值的公文材料，按照一定的原则和方法组成有机联系的组合体的过程。

文件归档，是指根据国家有关规定，将属于归档范围的文件整理完毕，定期向本单位档案机构或者档案人员移交。

文件整理是归档的前提，对有保存价值的公文进行系统整理，可以保持公文之间的联系，防止公文的散失，维护公文的安全、完整，方便管理，利于检索、查阅与利用。只有经过系统整理的公文，才可以向档案部门归档。

1. 归档范围

归档范围即需要转化为档案的公文的范围，包括：①反映本机关主要职能活动和基本历史面貌的，对本机关工作、国家建设和历史研究具有利用价值的文件材料；②机关工作活动中形成的在维护国家、集体和公民权益等方面具有凭证价值的文件材料；③本机关需要贯彻执行的上级机关、同级机关的文件材料，下级机关报送的重要文件材料；④其他对本机关工作具有查考价值的文件材料。

2. 归档时间

归档时间即转化为档案的公文的案卷交付档案机构的时限。对纸质文件，文件部门通常应在次年 6 月底以前向档案室移交归档文件；而对电子文件，一般应在办理完毕后及时向机关档案部门归档。对不同载体文件或者不同门类的归档文件，可根据实际情况来决定归档时间。

3. 归档要求

归档要求即公文归档的质量要求，包括：①应归档的公文材料齐全完整；②公文和电报按其内容的联系，合并整理立卷；③保持归档的公文材料之间的历史联系，区分保存价值，分类整理立卷，案卷标题简明确切，便于保管和利用。

（二）文件销毁

文件的销毁，是指经鉴定确认已不具备留存价值的公文材料，采取妥善的办法予以删除信息或毁灭记载公文信息的载体。由于销毁文件是毁灭性的处置方法，因此必须慎重鉴定公文是否属于销毁范围。通常，凡无保存价值的公文材料均属销毁范围之内。

1. 销毁的范围

文件销毁的范围，具体来说包括：重份文件、多余副本；外机关抄送本机关参考的文件；临时性、事务性文件；外出参加会议带回的无留存价值的文件；一般文件的草稿、校样与其他已使用过的会议讨论稿、征求意见稿等；一般性的人民来信来访记录；不销毁即会失密或泄密造成严重损失的各种文件材料；等等。

2. 销毁的方式

(1)纸质文件销毁方式：可以采用销毁机具销毁、送造纸厂制作纸浆、用火焚毁等方式处理。

(2)电子文件销毁方式：永久删除。

未经审查批准，任何部门和个人均不得私自销毁公文。销毁文件时应至少有两人监销。

（三）文件清退

文件清退，是指按照有关规定或要求，将办结文件退还原发文机关或指定机关。文件清退工作的目的在于保证重要文件或机密文件信息内容的安全，避免文件丢失或失密、泄密现象的发生。

文件清退的范围包括：绝密级文件；指定限期清退的文件；限定在一定范围内讨论修改或征求意见使用的文稿；需清退的会议文件；调离岗位的工作人员在原职位中保存的文件；供本机关内部领导传阅的文件；发文机关明确要求退还的文件材料；有重大错漏情况或被明令撤销的文件；等等。

（四）文件暂存

文件暂存是指对既不应立卷归档或清退，又暂时不宜销毁的文件留存一定时间以备查用、再作处置。部分文件暂时留存保管，便于机关日常工作中的查阅参考，可以减轻业务部门频繁查找归档文件带给档案部门的压力，还可以节约大量的人力和时间。

凡不需立卷归档或清退，对本机关工作仍具有一定参考利用价值的文件材料，均可列入暂存文件范围，具体范围包括：频繁查阅的已立卷归档文件的副本；现行机关需要反复利用的简报、报表等；一时难以准确判定是否留存或销毁的文件；等等。

第四节　文书的立卷

文书立卷是指文秘部门将处理完毕的，具有保存价值的公文，按照它们在形成过程中的联系和规律进行系统的整理编目、组成案卷的工作，是整理与保管档案文件的一种重要手段和方法。

(一)文书立卷的范围

一个机构在工作中会形成许多公文材料，但并非都要立卷归档。具体来说，凡是反映本机关主要职能活动和具有查考保存价值的本机关的收发公文、电报、会议公文、机关内部使用的公文、电话记录、会议记录、本机关编印的出版物的底稿和样本、图表和登记簿册，以及反映本机关工作的照片、录音、录像、影片等，均须整理立卷、归档保存。

(二)文书立卷的要求

1. 保持公文之间的内在联系和完整性

各机关工作活动中形成的公文材料，都是根据机关工作的实际需要产生的。机关工作活动的规律，直接决定了公文的形成规律。机关工作各环节之间具有一定的联系，公文也就有先后次序。一般是请示在先，批复在后；报告在前，转发在后；先有工作决定，次有工作计划，再有工作指示，后有工作报告总结。立卷时必须遵循公文之间的联系和形成规律，不能随心所欲，打乱这种联系和形成规律。

2. 正确反映机关工作的历史面貌

公文立卷旨在保留机关工作活动形成的历史资料，以便查考。无论是为本机关处理公务提供根据，还是为国家积累档案财富，都要求案卷能够准确真实地反映一个机关、一项工作的历史面貌。文秘人员必须实事求是，把能反映机关历史面貌和具有保存价值的公文材料齐全、完整地收集整理起来，把每项重要工作中产生的能说明问题本质的所有公文材料都归入卷内。

3. 要区分文件材料的保存价值

由于公文的内容不同，其保存价值有大有小。立卷工作不仅是将有价值的文件通过立卷保存起来，而且必须便于保管和利用。为此，应当区分文件的不同保存价值，将保存价值相同或相近的文件组合在一起立卷。这样立卷的结果，重点明确，便于实行科学管理，特别是遇到突发性事故时，便于抢救重点档案，减少损失。

4. 要便于保管、查找和利用

立卷的结果是将单份零散文件组成有联系的文件材料集合体——案卷。案卷作为档案管理的基本单位，必须便于保管和提供利用。案卷厚度要适中；卷内文件数量要适中；一次大的会议，一项大的工程，形成的公文过多，可酌情分成若干相互联系的案卷；比较简单的工作，形成的公文较少，若单独组卷显得零散，则可与相近问题的文件合并组卷。

(三)文书立卷的方法

1. 按照公文特征立卷的方法

按照公文特征立卷的方法，包括两层含义：一是将具有共同特征和密切联系的公文组合在一起立卷；二是将具有不同特征的公文分别立卷。一般地说，按公文的特征立卷的常用方法有按问题、作者(题名)、名称(文种)、地区、时间、收发机关六种。这些立卷方法，也称为立卷特征。

2. 要灵活运用立卷特征组卷

从组卷的六个特征可以看出，公文之间的联系是多方面的。在具体组卷时必须灵活运用组卷方法。所谓灵活，一是每个案卷到底采用哪一特征作为组合的主要依据，必须从实际出发，认真分析公文的情况。二是六个特征的立卷方法，不过是人们在实践中概括出来的具有一般规律性的方法，不能说其概括了所有的立卷方法。不能只局限于六个特征组卷，要根据社会事物及认识的发展而不断丰富、发展和创新，提出更加符合规律和具有更强可行性的立卷方法。另外，在具体立卷时，单独运用一个特征的情况很少，一般都是几个特征组合使用，这样案卷内文件之间的联系会更加密切。

3. 适当照顾公文的不同保存价值分别组卷

由于公文内容的重要程度不同，以及在机关工作中所起的作用不同，因而其保存价值，即保管期限的长短也有所不同。在立卷工作中应适当照顾公文的“价值”，在可能条件下，把保管期限不同的公文分开立卷。这样做有利于公文的管理和鉴定工作，也便于公文的提供利用工作。根据《机关文件材料归档范围和文书档案保管期限规定》，机关文书档案的保管期限分为永久、定期两种，而定期一般分为 30 年、10 年。

（四）文书立卷的基本步骤

1. 编制立卷类目

立卷类目是文书部门的立卷计划。通常编制立卷类目由机关文秘部门和机关档案室共同负责，并经文秘部门负责人最后审阅定稿。

立卷类目，包括立卷类别和立卷条目。类别指公文材料的类属；条目指类别之下具体概括一组公文材料的题目。类别与条目都编代号，主要是方便归卷和随时查找。

一般来说，编制立卷类目的方法有两种：一种是按组织机构分类编目，即直接以机构名称作为立卷类目名称。在一个机关内部，有几个业务部门就设几个类目。另一种是按问题分类编目，即按公文反映的主要问题编制立卷类目。按问题分类不受机构限制，可根据本机关所形成公文的具体情况来定。这两种方法无论采用哪一种，都应做到适宜、恰当，不要太笼统或太烦琐，以免给以后查找利用带来诸多不便。

2. 平时归卷

平时归卷，就是指将办理完毕的公文，按照编定的立卷类目所列的条款，随时归入卷内。这一方法运用得当，可以有效地加强公文管理，防止公文散失或堆积，方便公文处理工作，充分发挥文书处理部门立卷的优越性。平时归卷的步骤主要有收集、鉴别和归卷。

收集，就是指及时收集机关办毕的公文。收集要及时，要根据本单位公文数量情况定为一周、两个月或一季收集一次，要收全每份公文的正本、签发稿等按规定应归档的稿本。

鉴别，主要是指检查公文的办毕情况，鉴别公文的性质、特征及保存价值，以正确判断应当归入的类目。对每份准备归档的公文，都要认真检查一下“公文处理单”的处理情况，如没有签署或没有办毕，应补签或退回。同时，要检查公文材料是否齐全，是否能反映工作面貌，是否有保存价值，是否有错落页码等。

归卷，就是要把随时收集、鉴别的公文随时归卷，不要积压、错归；要填写“归卷公文登记簿”。

3. 年终调整定卷

年终调整定卷，是指在平时归卷的基础上，年终时再按立卷的原则和方法，经过必要的调整，把有关的公文组合在一起，形成一个符合要求的案卷。之所以要进行年终调整定卷，是因为平时陆续归卷的公文毕竟不完全，存放的条理性和系统化不足，需到年终时才能收齐整理定卷。

要进行年终调整定卷，首先，要检查各条款归入的公文是否齐全完整，可根据收发文登记逐一核对，并动员各承办人进行清理，力求该归卷的公文不遗漏短缺。其次，要检查各条款中的公文是否正确地运用了立卷特征，是否合理地保持了公文之间的历史联系，卷内公文的保存价值是否大体一致等。最后，在年终检查调整定卷时，还应当通知机关档案工作人员参与，并及时检查指导。

4. 案卷的编目

(1)对卷内公文的排列和编目。每个案卷里的公文都需根据进程系统化排列，体现出一定的条理，以便于阅读。排列的方法主要是按时间顺序排列或按重要程度排列。

(2)填写“卷内文件目录”和“卷内备考表”。“卷内文件目录”置于案卷首页，用于检索卷内公文，既方便查阅，也利于保护卷内公文的完整。

“卷内文件目录”，除一份放在卷内，还可以复制一两份，填写卷号，按案卷排列的顺序汇集装订成册，作为一种查找公文的工具。

“卷内备考表”，用来注明立卷状况，便于管理人员和利用者查考，并有利于保护公文。

(3)填写案卷封皮与装订案卷。案卷封皮的作用主要是保护卷内公文的清洁并不受磨损，分为硬卷皮、软卷皮两种。硬卷皮用坚固的厚纸制作，便于案卷立式存放；案卷外再加卷盒封套的，可用软卷皮装订，便于翻阅。填写案卷封皮上的各个项目，最好用毛笔正楷书写，既醒目又能耐久保存。

第七章

档案工作

文书工作与档案工作是秘书文档管理的两个环节，二者具有前后承接的关系，因为文书是档案的前身，而档案是文书的归宿。文档管理作为秘书和秘书机构的一项基础性工作，是秘书履行综合服务、辅助管理职能的重要内容，档案工作则是其中不可分割的一部分。

第一节　档案及档案管理工作

一、档案的含义

《中华人民共和国档案法》(简称《档案法》)第2条明确规定，档案“是指过去和现在的国家机构、社会组织以及个人从事政治、军事、经济、科学、技术、文化、宗教等活动直接形成的对国家和社会有保存价值的各种文字、图表、声像等不同形式的历史记录”。

档案独有的特性，就是原始记录性，这是档案所具有的最本质特性。了解档案的原始记录性的特点，对于管理档案以及处理与档案工作相关方面的关系有实际的指导意义。

二、档案的种类

根据档案的不同属性和科学管理的需要，可采用不同的标准、从各种角度划分档案的种类。

(1)按照档案的来源标准，即按其形成者的性质可分为国家机关档案、党派团体档案、企业档案、事业单位档案、名人档案等。

(2)按照档案的内容标准有两种划分方法：一是直接分为党务档案、行政档案、诉讼档案、军事档案、外交档案、科学技术档案、会计档案等多种门类；二是先分为普通档案和专门档案两大类，然后再具体划分。

(3)按照档案的载体形式标准，可分为金石档案、甲骨档案、泥板档案、简牍档案、缣帛档案、羊皮档案、纸质档案、胶片档案、磁带档案等。

(4)按照档案的时间标准划分，一般可分为古代档案、近代档案和现代档案。古代档案和近代档案常被统称为历史档案。在中国通常分为中华人民共和国时期档案和中华人民共和国以前的档案两大类。

(5)按照档案所有权标准，可分为国家所有档案、集体所有档案和个人所有档案。国外通常分为公共档案和私人档案。

三、档案管理工作的内容

1. 档案的收集

收集是档案工作的起点，也是搞好档案服务工作的基础。收集的对象主要是机关各文书处理部门办理完毕、立卷归档的文件。收集工作搞不好，文件归档不齐全、不完整，不便于对其有效利用。

2. 档案的整理

收集起来的档案通常量大且内容繁杂，分类标志也不尽一致，所以如果不按一定的规则和原则对其加以整理，零乱的档案就不便于查考利用。为了满足各有关人员对收集来的档案的利用，档案室需要对所收集的档案按一定的标准加以科学整理，使其分门别类、更加系统化。

3. 档案的鉴定

鉴定就是审定档案的保存价值，是档案管理工作中的一项重要工作。经过对档案价值的鉴定，可以区分其不同价值，便于按价值大小分别保管。通常的办法是按期限分别保管档案，分成永久、定期两种保管期限，使保管工作更加条理化。

4. 档案的保管

保管是指对档案的保护和管理。由于自然的和社会的种种原因，档案始终是处于渐变性的损毁过程之中，甚至还会遭到突变性的破坏。为使档案能够较为长久而又完好地保存下去，需要采用科学技术，对档案加以有效的保护。

管理工作包括档案的分类和科学放置。档案的放置要门类清晰、井井有条，并要保障安全。只有这样，才便于查考利用，否则便会使整理、鉴定和检索等诸环节的工作前功尽弃。

5. 档案的利用

档案利用工作是机关档案管理的一项重要工作。办公室文秘应从本机关的实际出发，开展多种形式的服务活动，如编制一些专题汇编和查考工具等，积极为机关工作服务。若不能或不善于利用，档案也就失去了保存的价值和必要。

四、档案机构

按照《档案法》等法律法规的规定，根据统一领导、分级管理的原则，对国家的全部档案和全国档案工作，必须设置全国规模的档案机构进行管理。这些保管档案和管理档案工作的机构，在全国范围内构成了一个严密的、完整的组织体系。

(一)档案室

档案室是各组织(包括机关、团体、学校、工厂、企业、事业单位等)统一保存和管理本单位档案的内部机构。从全国档案工作来说，档案室又是国家档案工作组织体系中最普遍、最大量、最基层的业务机构。

1. 档案室的基本任务

(1)对本单位文书部门或业务部门文件的归档工作进行指导和监督。

(2)接收和保管本单位各部门应归档的文件，进行必要的整理、鉴定、统计、编目和研究，积极开展利用工作，同时收藏和管理一些有关的内部书刊等资料，配合档案提供利用。

(3)定期把具有长远保存价值的档案向档案馆移交。

2. 档案室的基本类型

(1)普通档案室。通常也称做机关档案室、单位档案室、文书档案室，它主要负责管理普通档案。这种档案室在全国最普遍、数量最多。党政机关、团体、学校、企业等单位的档案室都属于这一类，它负责统一管理本单位党、政、工、团组织的档案。

(2)科技档案室。它是管理科学技术档案的专门档案室。在工厂、矿山、设计院、科学技术研究院(所)等科学技术部门一般都设有这种档案室。

(3)音像档案室。即影片、照片、录音带等特种档案室。电影公司或制片厂、新闻摄影部门(如报社、通讯社)、广播事业部门和唱片厂等单位，通常设有这种档案室。

(4)人事档案室。这种档案室也比较普遍，它是机关在人事部门设立的专门管理人事档案的机构，有的称干部档案室(科)。

(5)综合档案室。是指统一管理本单位全部档案的档案室，负责对普通档案、各种专门档案和特殊载体的档案进行统一的综合管理。随着档案综合管理的发展，近年来综合档案室迅速增加，并在不断地普及和发展。

(二)文件中心和档案寄存中心

文件中心是一种社会化、集约化和专业化的档案管理机构。文件中心并不是一个单位内部的档案管理机构，而是介于单位和档案馆之间的一种过渡性的档案管理机构。

1. 文件中心的主要职能

(1)将文件从其形成单位接收并进行存储。

(2)提供准确、快捷的文件借阅服务，满足文件形成者的需要。

(3)保证所接收和管理的文件的安全，进行科学管理。

(4)根据由文件形成单位制定、档案馆批准的档案保管期限表对文件进行挑选和鉴别，销毁不需要继续保存的文件，并向档案馆移交具有永久保存价值的档案。

2. 文件中心的类型

(1)政府文件中心。由县级以上人民政府建立的、为政府机关单位和社会服务的非营利性的文件与档案管理机构。

(2)商业性文件中心。由有关单位或个人创办的一种营利性的文件与档案管理机构。

3. 档案寄存中心

档案寄存中心是由国家综合档案馆设立的，为各类企业、社会组织以及个人提供文件与档案寄存服务的机构。目前设立的档案寄存中心基本上都属于有偿服务性的机构，它主要为不具备充分保管条件的企业单位、破产单位、社会团体、公民个人等提供文件与档案的寄存服务。档案在寄存中心保存期间，所有权形式不变，档案寄存中心一般只提供安全保管服务。

（三）档案馆

根据《档案法》和有关文件的规定，档案馆属于党和国家的科学文件事业机构，是永久保管档案的基地，是科学研究和各方面工作利用档案史料的中心。

1. 档案馆的任务

(1)接收与征集本级各机关、团体及其所属单位具有长期和永久保存价值的档案以及有关资料，科学地进行管理；

(2)通过多种方式，积极开展档案资料的利用工作；

(3)参与编修史志的工作。

2. 档案馆的类型

在我国，档案馆基本上是按地区并结合专业、时期等其他特点来设置的，分为中央级档案馆、地方档案馆和单位档案馆。

(1)中央级档案馆，负责集中统一保管具有全国意义的，历史上各个时期和中华人民共和国成立以后的中央机关、著名人物及其他单位的档案。目前已建立的中央级档案馆有中央档案馆、中国第一历史档案馆(主要保管明、清档案)、中国第二历史档案馆(主要保管民国档案)等。属于中央主管部门的专业档案馆，有中国人民解放军档案馆、中国电影资料馆、中国照片档案馆、外交部档案馆等。

(2)地方档案馆，又有省(自治区、直辖市)、地区(地级市、自治州)、县(县级市)档案馆，分别负责集中统一管理具有全省、地区、县意义的，新中国成立前各个时期和新中国成立后的地方机关、著名人物和其他单位的档案。属于地方性的专业档案馆，有各地的城市建设档案馆、公安档案馆、邮电档案馆等。

(3)单位档案馆，又称企业、事业单位档案馆，它是企业或事业单位统一管理本单位档案及相关信息资源的信息服务机构，主要为本单位各个部门提供档案保管和信息服务。

第二节　档案的收集

所谓档案的收集，就是按照有关法律、法规的规定，通过例行的接收制度和专门征集的办法，把分散在各组织、个人手中和散失在其他地方的档案，分别集中到各级各类档案保管机构。

（一）档案收集工作的内容

(1)对本单位需要归档文件的接收工作。

(2)对各现行机关和撤销机关具有长久保存价值的档案的集中和接收工作。

(3)对历史档案的接收和征集工作。

(二)档案收集工作的要求

1. 所收集的档案应是真实的、有价值的

真实是指档案确系机关和各部门在实践活动中自然形成的，而不是杜撰的或被歪曲了的；有价值的是指确系具有现实价值和历史价值的，特别重视其历史价值。

2. 所收集的档案应是符合规范化要求的

如文书材料所用纸张的质量、大小，案卷的厚薄、大小，卷内目录、案卷目录和卷皮封面的格式，著录卡片的大小和格式等，都要符合档案的规范化要求。

3. 所收集的档案应是完整的

一是一个机关各个部门和各项活动的文书材料要齐全；二是每项活动中所形成的文书材料也要齐全。也就是说，无论是针对每项活动，还是针对所有活动，其文书材料都没有残缺遗漏。因为只有完整的档案，才能反映一个机关真实的历史面貌。

(三)档案馆档案收集的范围

(1)中央一级档案馆主要收集需要永久保管的中央一级党和国家现行机关和撤销机关的档案；具有全国意义的、需要由中央保管的革命历史档案和旧政权档案、有关历史资料；党中央和国务院决定接收的档案。

(2)省自治区、直辖市档案馆收集档案的主要范围：省级各机关、团体及其所属单位具有永久保存价值的现行机关和撤销机关的档案；省级机关的、具有全省意义的、需要由省保管的革命历史档案和旧政权档案以及有关的历史资料；省委和省人民政府决定接收的档案。

(3)省辖市(州、盟)和县级档案馆收集档案的主要范围：省辖市(州、盟)和县级各机关、团体及其所属单位具有永久和长期保存价值的现行机关和撤销机关的档案；本县的革命历史档案和旧政权档案以及有关的历史资料；县委和县人民政府决定接收的档案。

(4)各类专门的、专业性的档案馆，根据党政领导机关、专业主管机关和档案行政管理机关的有关规定，收集属于本馆专藏的档案和有关资料。

第三节 档案的整理

档案的整理，是指将处于零乱状态的和需要进一步条理化的档案进行基本的分类、组合、排列和编目，使其组成有序体系的工作。档案的系统整理，是档案利用、开放以及发挥档案作用的一项前提条件，是整个档案工作中重要的基本建设。

档案整理工作的主要内容包括区分全宗、全宗内档案的分类、案卷组合方法、卷内文件整理、案卷封面编目和案卷装封、案卷排列和案卷目录编制。

(一)区分全宗

全宗是一个独立的机关、组织或著名的人物在社会活动中形成的档案有机整体。一般情况下，一个独立从事活动的机关或组织就是一个立档单位，一个立档单位形成的全部档案就构成一个全宗。确定一个单位的档案能否构成全宗，主要应研究它在行政上、财务上和组织人事上是否具有一定的独立性，即具备以下条件：①可以独立行使职权，并能主要以自己的名义单独对外行文。②设立会计单位或经济核算单位，自己可以编制预算或财务计划。③设有管理人事的机构或人员，并有一定的人事任免权。其中最基本的是第一个条件，即以独立行使职权并主要以自己的名义对外行文为主要条件。具体区分档案全宗，应以此为核心。

根据构成立档单位、划分全宗的基本条件和有关规定的精神，我国对在全国档案馆网中占有重要地位和较大数量的省和地、市、县级机关的档案，其全宗一般做如下划分。

1. 省级机关

(1)中共省委(包括各部、委)的档案，通常应划为一个全宗。其中纪律检查委员会的档案应单独构成全宗。

(2)省直属机关党委(包括团委)的档案应单独构成全宗。

(3)省级政协、工会、共青团、妇联、各民主党派和工商联等的档案各为一个全宗。

(4)省人大常委会、省人民政府(包括办公厅及省人民政府各办公室)的档案各为一个全宗。

(5)省级各委、厅、局、院、行、社等的档案各为一个全宗。

(6)省级各厅、局所属院、校、所、工厂、公司等下属机构的档案，亦可单独构成全宗。

(7)省级各厅、局派驻省内外各地的临时工作机构，如办事处、供销处、转运站等的档案一般不单独构成全宗，归入各有关厅、局的档案全宗。如系固定常设机构，机构较大、文件较多、驻地较远，其档案亦可单独构成全宗。

2. 地、市、县级机关

(1)中共地、市、县委(包括办公室、各部)的档案各为一个全宗。

(2)中共地、市、县纪律检查委员会的档案各为一个全宗。

(3)地、市、县直属机关党委(包括直属机关团委)的档案各为一个全宗。

(4)地、市、县工会、共青团、妇联、政协的档案分别各为一个全宗。

(5)市、县人大常委会的档案各为一个全宗。

(6)行政公署以及市、县人民政府(包括各办公室)的档案各为一个全宗。

(7)地、市、县级各局、行、院的档案分别各为一个全宗。

(8)地、市、县各级企事业单位的档案分别构成全宗。

(二)全宗内档案的分类

1. 分类的要求

(1)档案类目和档案材料的划分要有客观性。即要按照不同机关、不同档案的情况，科学地选择分类方法、合理地设置类目、准确地归类，使全宗内档案的分类能够较为系统地反映立档单位活动的面貌。

(2)档案分类体系要有逻辑性。全宗内档案的分类常常会采用几种方法，但每次分类时应该遵守按照同一标准进行、子类外延之和等于母类外延、子类相互排斥等逻辑规则，否则就会造成混乱。

(3)全宗内档案的分类要注重实用性。在全宗内档案的分类过程中，应该考虑分类的档案是否便于保管、便于检索和便于利用，切忌无视全宗的特点而生搬硬套一般的分类方法。

(4)全宗内档案的分类要有思想性。既然全宗是立档单位在其社会活动中形成的历史记录，体现着一定的政治内容，反映了各种社会关系。对于这些档案在其全宗内分门别类，应根据档案的实际内容和相关因素合理分类，以真实地反映立档单位的性质及活动状况。

2. 分类的一般方法

档案分类的质量，在很大程度上取决于采用的分类方法是否合理。档案分类方法的种类很多，归纳起来主要有以下几个方面。

1)按时间分类

按文件的产生时间分类，其具体形式主要有两种：①年度分类法。②时期分类法。把文件按照立档单位存在和发展过程中所处的不同时期(或不同的历史阶段)来分类。按时期(或阶段)分类后，如果需要，还可在较长的阶段内再按年度来分类。

2)按来源分类

按文件的来源分类，其具体形式主要有三种：①组织机构分类法。②作者分类法。就是按文件的作者(机关或个人)来分类。③通讯者分类法。就是按与立档单位有来往通讯关系的机关或个人分类，其中收文按作者分类，发文存本和原稿按收件者分类。

3)按内容分类

按文件的内容分类，其具体形式主要有三种：①问题(主题、职能)分类法。②实物分类法。按文件内容所涉及的实物分类。③地理分类法。按文件内容所涉及的区域分类。

4)按形式分类

按文件的形式分类，其具体形式主要有三种：①按文件种类(名称)分类，如账册、凭证、报表等。②按文件的载体材料分类，如影片、照片、录音带、录像带等。③按文件的形状规格分类，如成卷儿的、成张的，不同尺码和不同开本等。

3. 档案常用的分类方法

全宗内档案的分类，单纯采用一种分类方法是比较少的，多是两种方法结合使用，即采用复式分类法。通常由年度同组织机构或问题联合，构成下列四种分类法。

(1)年度—组织机构分类法。就是首先把全宗内档案按年度分开，然后在每个年度下面再分组织机构。

(2)组织机构—年度分类法。就是首先把全宗内档案按组织机构分开，然后在组织机构下面再分年度。

(3)年度—问题分类法。就是先把全宗内档案按年度分开后，在年度下面再分问题。

(4)问题—年度分类法。就是先把全宗内档案按问题分开后，在每个问题下面再分年度。

为了便于对全宗内档案具体地进行分类，在选定某种分类方法之后，应编制一份“分类方案”。

（三）案卷组合方法

立卷的具体方法，主要是依据文件构成的特点，将具有某方面共同点和联系密切的文件综合在一起组成一个案卷；一些具有不同特点、联系不紧密的文件，可以分别组成案卷。常用的立卷方法有按问题、作者（题名）、名称（文种）、地区、时间、收发文机关组卷。

（1）按问题特征立卷法。“问题”是指文件内容记述和反映的某方面的工作问题或涉及的人物、事件、事物等。同一问题的文件，可以组成案卷；不同问题的文件，可以分别组成不同的案卷。按问题立卷是运用得最广泛的一种方法。

（2）按作者特征立卷法。作者是指撰写和制发文件的机关、机关内的组织机构或者个人。按作者立卷，也是实际工作中采用较多的一种方法。由于作者的职能和地位不同，按作者立卷也就适当地区分了文件的重要程度和保存价值。

（3）按文件名称或文种特征立卷法。就是把文件种类名称相同的文件组合在一起。按文种立卷，能较好地反映机关的工作活动。也可以适当地区分文件的重要程度和保存价值立卷。这也是一种不可缺少的立卷方法。

（4）按地区特征立卷法。就是把内容涉及同一地区（如同一省、市、县、区、乡等）的文件组合在一起。按地区立卷的方法，一般多用于下属机关的某些行文、调查材料或下属机关的来文。

（5）按时间特征立卷法。就是按文件形成的时间或文件内容针对的时间，将属于同一时期的文件组合为案卷。

（6）按收发文机关特征立卷法。就是将本机关与某一机关就某个问题或几个问题的来往文件组成案卷。

（四）卷内文件整理

全宗内文件组成案卷单位后，还需要进一步对卷内文件进行整理。它的具体工作内容主要包括卷内文件的排列和编号、编写卷内文件目录和卷内备考表。

（1）卷内文件的排列和编号。要求排列次序有条理，保持文件之间的联系，给每份文件以固定的位置。卷内文件可按时间、问题、地区、作者、收发文机关、文种，以及文件的重要程度、涉及人物的姓氏笔画等方法排列。无论采用哪种方法排列，必须注意保持复文、正文与附件、同一文件的各种不同稿本（正本、原稿、草案等）之间不可分离的联系。卷内文件排好之后，应按统一方法编上页码、固定次序，以便于查找利用和保护文件。

（2）编写卷内文件目录和卷内备考表。每一案卷都应编写卷内文件目录，为了便于查找、利用卷内文件，保护文件，卷内文件目录一般包括顺序号、文件作者、文件题名（标题）、文件日期、文件页号、备注等。

卷内备考表放在案卷最后，所以也叫“卷末备考表”，用以登记卷内文件的基本状况，监督和保护文件，并便于管理人员和利用者了解案卷的有关情况。

（五）案卷封面编目和案卷装封

(1)案卷封面编目。卷内文件整理完结之后，要以案卷为单位在封面上编目。其主要项目包括立档单位名称、组织机构名称、案卷标题、卷内文件的起止日期、总页数、保管期限以及全宗号、案卷目录号、案卷号等。现行机关移交的案卷，往往还有文书处理工作中的案卷号。立档单位名称，也就是该案卷所属的机关。组织机构名称一栏，如全宗内是按问题分类的，则填写类的名称。起止日期栏，要指出卷内最早和最晚两份文件的制成日期。案卷标题是封面中最主要的项目，用以概括揭示卷内文件的内容与成分。标题是一个案卷的具体名字，它为查找利用提供线索，也是编制各种检索工具的基础。

(2)案卷装封。定期和永久保存的案卷，一般均应装订成册，或采用适合的卷夹、袋、筒等形式将全卷文件装封为保管单位，以固定和保护卷内文件，避免散失或损坏。在案卷装封之前，须除去件上的金属物，做必要的修补等技术处理。

（六）案卷排列和案卷目录编制

1. 案卷排列方法

全宗内档案(或档案馆、档案室接收的案卷)，经分类、立卷以后，还必须进行系统的排列。

(1)按照案卷所反映的工作上的联系来排列。

(2)按照案卷内容所反映的一定问题排列。

(3)按照案卷所属的起止日期(时间)来排列。按这种方法排列案卷时，必须注意案卷的准确日期。

(4)按文件的作者、收发文机关以及文件内容所涉及的地区来排列。

(5)人事档案或监察、信访等按人头立成的案卷，还可以按姓名笔画、汉语拼音字母顺序、四角号码等方法排列。

2. 案卷目录类型

一个全宗内的全部档案，经过分类、立卷并进行了系统的排列以后，应将案卷逐个登记到案卷目录上。案卷目录就是案卷的名册，是著录案卷内容成分并按一定次序编排的一览表。案卷目录具有重要的作用。

(1)以全宗内档案分类的类别为单位编制的案卷目录。常见的有以下几种形式：①一年内所有的组织机构编一本案卷目录。②每年每个组织机构编制一本案卷目录。③每个组织机构所有年度编制一本案卷目录。④一年内所有问题的案卷编制一本案卷目录。

(2)按保管期限编制的案卷目录。全宗内案卷，按永久、定期分别编制案卷目录。

(3)按保管期限结合分类方案编制的案卷目录。一般包括：①按全宗内案卷的不同保管期限，各编制一本或几本案卷目录。②按全宗内档案分类的类别，各编制一本或几本案卷目录。

(4)按机密程度分别编制的案卷目录。如将一个全宗内档案分为机密和非密等单独编制案卷目录。

3. 案卷目录结构

案卷目录一般包括以下组成部分。

(1)封面和扉页(里封)。其项目包括：档案馆(室)名称；全宗号及案卷目录号；全宗名称及类别名称；目录中档案的起止日期。

(2)目次。即案卷所属类目的索引，它是介绍案卷目录内容和结构的纲要。目次中应写明案卷分类类目的名称及其起止页码，也可包括案卷的起止号。

(3)序言或说明。序言中应叙述使用案卷目录和利用档案时需要了解的情况，如目录的结构、编制方法、立档单位和全宗简史，特别要说明全宗内档案的完整程度。

(4)简称表。根据需要将案卷目录中使用的名词简称与其全称列为对照表，以便查对。

(5)案卷目录表。这是案卷目录的主体，它以表格形式直接登记案卷封面上的各项内容。

(6)备考表。附在全部案卷目录之后，记载案卷目录的基本情况，包括本目录所登记的案卷数量和案卷排列长度、案卷目录的页数、编制日期以及其他情况的说明、编制者签名或盖章。

第四节 档案的鉴定

档案的鉴定一般是指按照一定的标准和方法对档案的真伪和档案的价值进行鉴定。而在档案界，通常所说的档案鉴定，是指对档案价值的鉴定。

(一)档案鉴定工作的内容

档案的鉴定工作，就是鉴别和判定档案的价值，挑选有价值的档案妥善保存，剔除无需保存的档案予以处理。因此，档案鉴定工作的基本内容，具体包括以下三个方面。

(1)制定鉴定档案价值的有关标准，包括单行规定和档案保管期限表等。

(2)具体判定档案材料的价值，确定其保管期限。

(3)剔除本无保存价值或保管期满的档案，按规定进行销毁或做相应的处理。

(二)档案鉴定工作的任务

(1)通过鉴定档案的保存价值，划分保管期，确定库藏成分，优化库藏档案的质量。

(2)通过确定档案的保存价值，为档案馆的收集与保管工作奠定基础。

(三)鉴定档案价值的标准

档案价值鉴定标准主要有档案来源标准、档案内容标准、档案形式特征标准和相对价值标准。

1. 档案来源标准

档案来源是指档案的形成者，即文件的责任者和立档单位。档案形成者在社会上以及机关内的地位、作用和职能可影响甚至决定档案的价值。

(1)机关在鉴定档案时，应注意区分不同的作者。一般说来，各机关应该主要保存本机关制成的文件，对于外来文件，则应在分析来文机关与本机关的关系以及来文内容与本机关职能活动的关系后再做评价。通常情况下，有隶属关系机关的来文比非隶属机关的来文更值得引起重视，针对本机关主管业务的、需要贯彻执行的文件比非本机关主管业务、参考性的文件的价值要高。

(2)在本机关制成的文件中，具体的撰写者、制发机构也对档案价值产生影响。机关领导人、决策机关、综合性办公机构、主要业务职能机构、人事机构、外事机构制发的文件大多比较直接地反映本机关主要职能活动和基本情况，因而具有长久保存价值的文件比例较高，而一般行政事务机构、后勤机构及某些辅助性机构则主要形成事务性文件，具有长久保存价值的文件比例较低。

2. 档案内容标准

档案内容是决定档案价值最重要、最本质的因素。对档案内容的分析可从以下四个方面进行。

(1)档案内容的重要性。一般来说，反映党和国家的方针政策、重大事件、主要业务活动的内容比反映一般性事务活动的内容重要；反映本机关主要职能活动、中心工作和基本情况的内容比反映非主要职能活动、日常工作和一般情况的内容重要；反映全面性问题的内容比反映局部问题的内容重要；反映典型性问题的内容比反映一般性问题的内容重要；有效时限长的内容比有效时限短的内容重要。

(2)档案内容的独特性。档案形成者特定活动的原始记录，以孤本而稀有、其内容的独一无二性等特点，决定了档案特有的价值。实践也表明，内容独特的档案具有更大的利用价值。因此，在鉴定某全宗档案价值时，应对具有本机关特色的档案给予特别重视。

(3)档案内容的时效性。文件作为处理事务、记录事实、传递信息的手段，在行政上、业务上、法律上具有一定的时效性。文件的时效性也对档案的价值产生直接影响。因此在鉴定档案时要具体分析每份文件的时效性对其价值的影响。

(4)档案内容的综合性。主要是看文件在记载某一事件、某一活动或某一主题时，是详细还是简略、是深入具体还是简要概括。如综合性的总结、年度总结的价值往往高于季度总结、月份总结的价值。

3. 档案形式特征标准

档案的形式特征是指文件的名称、形成时间、稿本、外形特点等。在某种情况下，这些形式特征也可能对档案的价值产生影响。

(1)文件的名称。文件的不同名称具有特定的性能和用途，因而可以在一定程度上反映出文件的价值。一般说来，决定、决议、命令、条例、纪要、报告等往往用于反映方针政策、重大事件和主要业务活动，具有权威性和重要性，价值较高；而通知、简报、来往函件等往往用于处理一般事务，价值较低。但是，由于有些文种的使用范围比较宽泛，同时有的机关行文时使用文种不一定准确，因此使用文件名称作为判定价值的主要依据时，不能一概而论，需要结合文件内容加以评价。

(2)文件的形成时间。文件的形成时间是历史的标志，一般产生时间越早的文件越要多保存。因为古代的档案比现代的档案少，而能保存到今天的就更为稀有，在这种情况下，有些本来不太重要的档案也可能具有了特殊意义。同时，由于文件的产生与其所处历史环境有着密切联系，在某些重要历史时期产生的文件，往往具有重大价值。因此，我国目前保存的“明清档案”和革命历史档案，一般是不销毁的，对中华人民共和国以前时期档案的处置都是非常慎重的。新中国成立初期、“文化大革命”时期、机关初建和进行重大调整时期形成的文件，特别是与重大事件、发展变化直接相关的文件，因其记载了那永不复返的年代的不平凡的历史而颇具历史价值，这些时期及其事件将成为后人研究历史时关注的焦点。

(3)文件的稿本。同一文件在撰稿、印制过程中会形成各种稿本，如正本、副本、草稿、定稿等。不同稿本的文件，在行政效能、凭证作用等方面是有区别的，因此价值亦不相同。正本具有标准的格式，有机关的印章或负责人的签署，是机关进行工作的依据，具有法定的效能和凭证作用，可靠性大，其价值也高一些。副本、草稿、草案的可靠性差一些，价值也低一些。某些重要文件的草稿、草案可以反映文件的形成过程，也具有较高的保存价值。

(4)文件的外形特点。有些文件的内容并不重要，但文件的制成材料、记录方式、笔迹、图案等外形特点可能影响其价值。例如，有些文件可因其载体古老、珍稀而具有文物价值；有些文件可因书法或装帧而具有艺术价值；也有些文件可因有著名人物的题词、批注、签字而具有纪念价值等。

4. 相对价值标准

从理论上讲，每一份文件的价值取决于档案自身属性及其满足利用者需要的程度，但在我国的档案鉴定工作中，实际上还有一种被鉴定档案与其他档案相比较而存在的价值——相对价值，即在一定的情况下，某些文件的保存价值和保管期限可以相对地提升或降低。

(1)所存档案的完整程度。正常情况下，一个全宗、全宗群的档案数量大、保存比较完整，在鉴定档案价值时就要更严格挑选。特殊情况下，如由于某种原因，在某一个历史时期，某一全宗、全宗群保存下来的档案不完整，在鉴定档案价值时就可以稍微放宽标准。

(2)档案内容的可替代程度。如果一份文件的内容被其他更重要的文件包含，那么这份文件的价值就可以从严判定；如果一份文件独立地反映了某个方面的问题，并没有其他更多的材料，那么这份文件的价值就相对提高。

(3)所存档案是否重复。如果重份文件保存过多，会给档案保管增加难度，并造成人力、物力的浪费。因此，在鉴定档案价值时，应当注意剔除全宗内重复的文件和各全宗之间交叉重复的文件，力求一个全宗内不出现重份文件，档案馆内各全宗之间少出现重份文件。

(四)档案保管期限表的类型

档案保管期限表，是用表册的形式列举档案的来源、内容和形式并指明其保管期限的一种指导性文件，是档案室(馆)鉴定档案价值和确定保管期限的依据和标准。

档案保管期限表，大致分为如下几种类型。

1. 通用档案保管期限表

通用档案保管期限表是由国家档案行政机关编制的，供全国各机关、团体、企业、事业单位鉴定档案时使用，也称做标准的档案保管期限表。如 2006 年 12 月国家档案局颁发的《文书档案保管期限表》，就属于这种类型。

2. 专门档案保管期限表

专门档案保管期限表是由国家档案行政机关会同有关专业主管部门编制的，是各机关、团体、企业、事业单位鉴定专门性档案时通用的依据和标准。如 1998 年财政部和国家档案局共同颁发的《财政总预算、行政单位、事业单位和税收会计档案保管期限表》，就是作为国家财政税收机关和使用国家预算的各种机关、团体、事业单位鉴定预算会计档案的统一标准。

3. 同系统档案保管期限表

同系统档案保管期限表是由主管领导机关编制的，供同一系统内务单位鉴定档案时通用的依据和标准。如《中国人民解放军文书档案保管期限参考表》，就是这种类型的保管期限表。

4. 同类型单位档案保管期限表

同类型单位档案保管期限表是由档案行政机关或主管领导机关编制的，是同一类型(如学校、医院、工厂等)各单位鉴定档案时通用的依据和标准。如《××省县级机关文书档案保管期限表》，就是属于这种类型的档案保管期限表。

5. 单位档案保管期限表

单位档案保管期限表是各机关根据本单位档案的具体情况编制的，专供本单位鉴定档案时使用。它几乎包括了一个单位在工作活动中可能形成的所有文件及其保管期限。如《国家教育部机关文书档案保管期限表》，就是专为一个机关鉴定档案编制的档案保管期限表。

(五)档案保管期限表的结构

档案保管期限表通常由顺序号、条款、保管期限、附注以及说明等部分组成，其中条款和保管期限是最基本的项目。可以根据各种档案保管期限表的特点，增加或减少某些项目。

1. 顺序号

经过系统排列后，在档案保管期限表各条款的前面编上统一的顺序号，用来固定条款的排列位置，作为鉴定工作人员使用档案保管期限表时引用条款的代号。所以，条款必须从头到尾统一编流水号，不宜有重号。

2. 条款

条款是一组类型相同的文件的名称或标题。一般要求条款能反映出一组文件的来源、内容和形式，文字要简明确切、合乎语法逻辑。在列举一组文件的来源、内容和形式时，可以指出具体的作者、问题和种类，也可以概括地指出其类型。来源、内容和形式三者并非要求一应俱全，应视档案保管期限表的适用范围、各种文件的特点及其价值而定。每一条款应代表一组有内在联系的、价值相同的文件。

3. 保管期限

保管期限是指在每一条款之后，根据鉴定档案价值的原则，指出该组文件应该保存的年限。根据 2006 年 12 月国家档案局颁发的《机关文件材料归档范围和文书档案保管期限规定》，保管期限分为永久、定期两种，定期一般分为 30 年、10 年。

4. 附注

附注是指在条款之下对条款及其保管期限所作的必要的注解或说明。例如，一些合同、协议书、借据的保管期限，往往需要从有效期满后算起，就可在保管期限后面注明“失效后”字样。

5. 说明

对档案保管期限表所作总的“说明”，一般应指出保管期限表的适用范围、制定保管期限表的根据、保管期限表的结构、保管期限的计算方法，以及其他有关事项。

第五节 档案的保管

档案的保管，是指根据档案的成分和状况所采取的存放和安全防护措施。

(一)档案保管工作的内容

档案保管工作的内容主要包括三个方面。

(1)档案的库房管理，即库房内档案科学管理的日常工作。

(2)档案流动过程中的保护，即档案在各个管理环节中一般的安全防护。

(3)保护档案的专门措施，即为延长档案的寿命而采取的诸如复制和修补等各种专门的技术处理。

(二)档案保管工作的任务

1. 建立和维护档案的存放秩序

档案馆(室)收集来的大量档案，需要按照一定次序排列并存放于库房之中，使之在库房内形成一定的秩序。档案入库后，由于利用者查阅、档案编研、库房调整等原因，也常常需要抽调、移动一部分档案的位置，从而使档案原有的存放秩序发生变化。为此必须建立科学合理的存放秩序，并使这一秩序得到维护。

2. 防止档案的损坏

要了解和掌握档案损坏的原因和规律，需要通过经常性的具体工作采取专门的、有的放矢的技术措施和方法，最大限度地消除各种可能损坏档案的不利因素的影响，从而把档案的自然损坏率降低和控制在最小的范围之内。

3. 延长档案的寿命

档案保管工作不仅仅在于一味地防止档案的自然损坏，而且还要从根本上采取更积极的措施，尽可能最大限度地延长档案的寿命。

4. 维护档案的安全

维护档案的安全，一方面是指档案作为一种物质存在的形态必须最大限度地使其安全存在下去；另一方面是指档案作为一种社会现象，要保证其不致因为保管不当或条件的低劣使档案丢失而发生泄密，造成政治上的不安全。

（三）档案库房的管理

库房管理工作是档案保管工作的主要内容，是档案保管工作的基础，做好库房管理工作，能够为整个档案工作顺利进行创造必要的条件。

1. 档案库房的编号

库房的编号有两种方法：一种是为所有的库房编一个总的顺序号，编顺序号适合于库房较少的档案馆(室)；另一种是根据库房所在地的方位及库房建筑的特征进行分区编号。每幢房子的内部，应根据建筑及房间的划分情况进行编号。如果是楼房，就自下而上编层号；每层房间，则从入口开始，从左向右编房间号。

2. 档案架的排放和编号

库房中档案架的排放要求如下。

(1)整齐一致。排列一致、横竖成行，如有大小、式样不同的架子，则应适当分类，尽可能做到整齐一致。

(2)避光通风。有窗库房的架子排列，应与窗户垂直，以避免强烈光线直射；无窗库房架子的排列，可纵可横，但要注意便于空气流通。

(3)空间利用。架子排列应注意最大限度地利用库房的地面与空间，同时也要便于档案的搬运和取放。架子间主要过道的宽度应便于档案小型搬运工具(如手推车)的通行，一般可在1～1.2米。所有架子均不应紧靠墙壁。

(4)统一编号。为了便于对库房内档案的管理和能够迅速地存取，所有档案架应进行统一编号。编号方法是：自门口起从左至右编架号，每个架子的栏也从左向右编号，每栏的格自上而下编号(如果没有栏，则是从上而下的编格号)。

3. 全宗排列和档案的存放

1)全宗排列

在我国一般的档案馆和档案室所保存的档案，都是按照全宗进行整理和保管的，因此档案存放时，首先应按全宗来进行，一个全宗内的档案应集中在一起。但遇到特殊情况应灵活、妥善处理，如有的全宗内可能还包括一部分影片、照片、录音带、录像带、技术图纸或会计报表等档案，这些不同类型的档案可以分别保管。

2)档案的存放

档案的存放方式一般包括竖方和平放两种。竖放是目前采用比较广泛的一种方式，好处是检取和存放案卷比较方便。

3)档案存放位置索引

为了便于保管工作人员切实掌握档案馆(室)档案的存放情况和迅速地取放档案，还必须把所排放好的档案，做出存放位置的索引。这种做法一是可指明档案的存放位置；二是可指明各档案库房保存档案情况。

4)档案代理卡

由于提供利用或档案馆(室)内部工作需要(如重新整理、修补、复制、编检索工具等)，经常需要将库房中已上架安放好的档案暂时移出库外，为了便于库房管理人员掌握档案流动情况和安全检查，可以填制一种卡片放在档案原来存放的位置上，这就是通常所谓的“代理卡”。

(四)档案保管的“八防”措施

档案保管工作中的“八防”措施，一般是指防火、防水，防潮、防霉、防虫、防光、防尘、防盗。这“八防”基本上包括了对档案可能造成损害的所有自然的和人为的因素，是库房管理工作的重要内容。

(1)防火。要求在装具及照明灯具的选用、其他电器及其线路的安装等方面消除隐患，必须按消防规定在库房中配备性能良好、数量足够的灭火器材，在条件允许的情况下应安装防火(烟雾)报警器和自动灭火装置。

(2)防水。要求库房所处地势不能过低，库房内及附近不能有水源，库房选址应远离易发洪水的地点，位于较有利的防洪地段。

(3)防潮。这与库房温湿度尤其是湿度控制密切相关，保存文书档案最为适宜的相对湿度为50％～65％。为了及时、准确掌握档案室的湿度，应在室内装有湿度计。如果发现室内湿度过高或过低时，则应迅速采取吸水剂、通风和防漏等相应措施，及时进行调整。

(4)防霉。与防虫以及防潮有密切关系，要求对档案文件进行定期检查并放置防霉、防虫药品。

(5)防虫。防虫主要是在档案入库前做严格检查，库内外要保持清洁，装具的木料要干燥、无虫蛀现象，并用樟脑精块防虫。灭虫则可采用化学方法或物理方法。

(6)防光。要求库房尽可能全封闭(即无窗)，如果有窗户也应尽可能小一些，并安装磨砂玻璃、花纹玻璃或带颜色的玻璃并配置窗帘，尽量遮蔽户外日光中的紫外线照射，照明灯具应使用白炽灯并加乳白色灯罩，灯泡最好是磨砂灯泡，不允许使用日光灯(荧光灯)作为库房照明灯具。如有大量文书档案受潮湿或水浸害时，不要将其放在阳光下晾晒，要在阴凉通风处晾干，或采取烧暖气的方法烘干。

(7)防尘。要求装具的封闭性良好并需对库房及装具等定期进行清扫擦拭，保持其清洁。

(8)防盗。要求库房门窗坚固，进出库房时随时锁门，并尽量安装防盗报警装置。

(五)修复已被损坏的档案

对已经损坏或存在不利于永久保存因素的档案进行处理，尽力恢复其历史真实面貌，提高其耐久性。具体包括如下几个方面。

(1)去污。针对水斑、泥斑、油斑、蜡斑、脂肪斑、霉斑等污垢，分别采用不同的方法去污。

(2)去酸。用试剂或试纸测出纸张的 pH 值在 5 或 5 以下时，就应对档案进行去酸处理。去酸处理方法分湿法去酸和干法去酸两种。

(3)档案字迹的显示和恢复。具体方法包括：①恢复被污斑遮盖的字迹，可用滤色镜摄影和红外线摄影法。②恢复因褪色而模糊不清的字迹，可用硫化铵显色法、亚铁氰化钾显色法、单宁显色法。

(4)纸张和字迹的加固。具体可用明胶——甘油溶液、乙基纤维素溶液、有机玻璃溶液、聚丙烯酸甲酯溶液等。

(5)修裱。具体方法有修补(包括补缺或托衬)、托裱(包括单面托裱、双面托裱)、干燥、修整和装订等方法。

第六节 档案的利用

档案利用工作的基本内容，就是介绍和报道馆(室)藏档案的内容和成分，通过各种方式为利用者实际提供文献材料和情报信息，进行咨询服务。

(一)档案利用在档案工作中的地位

档案的提供利用是档案工作为社会主义事业服务的直接手段，它是兼承档案工作内外关系的一个重要环节，在档案工作中占有突出地位。

1. 档案提供利用工作是档案工作的中心任务

我们不是为档案工作而做档案工作，档案工作的最终目的是为党和国家各项工作提供档案服务，充分发挥档案的作用。所以，档案提供利用工作是实现档案工作目的的主要手段，这就决定了档案提供利用工作是档案工作的中心任务。

2. 档案提供利用工作是档案工作为社会事业服务的直接体现

档案提供利用工作是运用各种方式把档案信息提供给各行各业使用，代表整个档案工作的成果为社会建设事业服务，直接与利用者发生关系，体现档案工作的服务性和政治性。在实际工作中，人们总是把档案提供利用工作做得如何，作为衡量档案馆(室)业务开展的尺度以及工作好坏的标志。

3. 档案提供利用工作对整个档案工作有检验和促进作用

在档案提供利用工作中，能够比较客观地发现和了解档案工作的其他业务环节的优缺点，如收集的档案是否齐全、整理是否科学、鉴定是否准确、保管是否安全等，从而促使档案管理部门采取有效措施改进档案管理工作。

4. 档案提供利用工作是档案工作诸环节中最富活力的一个环节

档案提供利用工作与广大利用者发生密切的联系，是档案工作联系群众、服务群众的纽带。一方面，通过提供利用工作把收藏的大量档案信息提供给利用者，满足其多方面的需要，充分发挥档案的作用；另一方面，这又是对档案工作最实际、最有效的宣传，可以扩大档案工作对社会的影响，使档案工作得到社会更多的重视和支持。

(二)档案利用的服务方式

(1)以档案原件提供利用。例如，档案馆(室)内开辟阅览室，利用者在馆内阅览一般文件原件；在某些情况下将档案原件暂时借出馆(室)外使用等。

(2)以档案复制品提供利用。例如，制作各种形式的档案原件复本，代替原件在馆内阅览(如珍本)或提供馆外使用；编辑出版文件汇编和在报刊上公布档案；举办档案展览等。

(3)综合档案内容编写书面资料提供利用。例如，编写各种参考资料，制发档案证明，函复查询外调，依据档案材料撰写专门文章和著作，向社会提供加工的档案信息。

(三)开放档案

开放档案，就是将已满一定保密期限的和未列入保密范围的档案向社会开放，允许经过一定的手续就可以通过各种方式提供给社会组织及个人利用。

1. 开放档案的必要条件

各级各类档案馆开放的档案及其管理、设施，起码应该达到下列要求。

(1)开放利用的档案必须经过系统的整理。

(2)编有提供利用者自行检索的案卷或文件级开放目录。

(3)破损或字迹褪变、扩散的档案，经过修复保护。

(4)古老、珍贵和重要的档案，以复制件代替原件提供利用。

(5)设有开放档案阅览室，并配备必要的阅览和复制设备，以及其他必要的利用服务设施。

2. 开放档案的渠道

(1)建立和完善档案信息服务网站。

(2)开辟便民阅览场所。

(3)设立信息展厅。

(4)利用大众传播媒介。

(5)利用大学讲坛和中小学课堂。

(四)信息化环境下档案利用服务方式的变化

1. 计算机成为主要利用工具

档案馆的档案阅览室除了保留少量的用于查阅档案(文件)原件的阅览桌等设备外，其余绝大部分场地都将安装与馆内局域网相连的计算机。根据需要，这些计算机被集中划分为“公开现行文件”和“开放档案”利用工作站，供利用者查找自己所需的档案信息。

2. 网络服务成为查阅档案信息的主要方式

网络查阅档案信息可采取以下方式。

(1)文件下载。将档案材料下载到用户的计算机，利用者就可浏览获取自己所需要的档案信息。

(2)网上数据库查询。档案馆将专题数据库置于网上，让数据库与网页链接，用户在档案网页上自由地检索相关档案信息。

(3)网页浏览。用超文本信息组织方式，将档案信息编辑成网页，用户通过浏览网页来接受和获取档案信息。

(4)定向网络传递。即定期将档案信息和编研成果传递给特定用户。

3. 下载、打印逐步取代复印档案

使用复印机复制档案的情况将大大减少，取而代之的是数字档案的下载和打印。这种改变对保护档案原件和提高编研工作效率十分有利。

4. 利用服务实现自动化

利用工作的全过程均可实现计算机管理。利用者登记、档案检索、阅览、下载、打印、查询、外借、催还等记录与统计，馆藏档案利用情况的综合统计分析等一系列工作都由计算机自动完成，既可以提高利用工作的准确性和效率，又可以将档案人员从手工劳动中解放出来。

第三编

秘书『办会』

第八章

会议及会务工作

会议是社会组织和领导管理活动的重要手段和方法。会前的准备、会中的服务和会后的善后统称为会务工作，是秘书人员一项经常性、综合性的业务。会务工作的质量，直接影响到会议的质量和效率，进而影响到单位的整体形象和管理效率。

第一节　会议及会务工作概述

一、会议的概念及分类

会议起源于原始社会晚期的部落民主议事制度。之后随着国家的形成，社会事务日益复杂，会议作为一种工作手段、方法和形式，已经成为各级机关的一项公务管理活动，是制定与实施决策的一项领导活动。是否善于运用会议的形式推动各项工作，是衡量一个机关、一个部门工作水平高低的重要标志之一。

会议一词有两种含义，一是指有组织有领导地商议事情的集会；二是指一种组织形式，指经常商议并处理重要事务的常设机构或组织，如全国人民代表大会、中国人民政治协商会议等。一般意义上的会议，主要是指前者。

根据不同的划分标准，会议有多种类型，如按规模分，有大型会议、中型会议、小型会议；按机密程度分，有公开会议、内部会议、机密会议；等等。我们按照会议的性质，将其分为以下几种。

(1)立法性会议。即代表会议，这是机关、企事业单位召开的权力性会议，如各级人大会议、各类职代会、学代会、团代会等。一般用于决定政策、选举领导机构等，其目的是发扬民主、行使权力。

(2)党务性会议。这是政党内部召集的会议，如党的各级组织召开的各类会议。

(3)行政性会议。包括从国务院到地方各级人民政府、各级机关、团体、企业、事业单位的各种执行性、工作性会议。这类会议多是领导班子定期、例行地研究和处理本单位的工作和问题，因此也称为常务会议。

(4)业务性会议。这是各经济部门、科技、文化、教育、卫生等各领域召开的专题性会议，如供货会、新产品展示会、人才招聘会、学术研讨会等。

(5)宣教性会议。包括官方或非官方的表达群众意愿、起社会教化作用的会议，如各种庆祝会、纪念会、表彰会、公审会、抗议集会等。

(6)交际性会议。旨在表达、交流感情，增进了解、发展友谊的会议，如欢送会、联欢会、茶话会、追悼会等。

二、会议的作用

会议是领导机关推行工作的方式之一，也是传达命令、沟通信息、交流感情的一种方法，其作用因会议的类型而异，但总的来说，会议具有以下作用。

1. 民主决策作用

民主集中制是各级组织的根本。一个重要的决策在广泛征求群众意见的基础上，经过反复论证，达到集中统一，才能形成。也就是说，决策必须要经过民主的、科学的论证过程，会议就是这种过程的主要工作形式。通过会议，集体领导与个人分工相结合、民主与集中相结合、领导与群众相结合，把决策建立在科学、坚实的基础之上。

2. 沟通交流作用

为推动各项工作开展，为保证决策正确并顺利实施，为适应新形势、解决新问题，一个至关重要的方面就是人们需要不断深化认识、更新观念、拓宽视野、交流情况、通报信息、加强联系。而要达到上述目的，领导与领导之间、领导与下属之间、单位与部门之间、部门与部门之间、单位与所属单位之间以及单位与外界之间必须加强沟通、对话和交流。会议正是进行这种沟通和交流的主要方式之一。

3. 组织协调作用

为了实现某项决策或任务，要涉及若干单位和部门的工作安排、力量投入及各自的经济利益。通过会议讨论，可以使方方面面明确认识某项决策或任务的意义、要求、重点和本单位、本部门应承担的责任、义务，享有的权利，以及同其他单位或部门之间的相互关系，从而沟通思想、统一认识、协调动作、紧密配合，组织动员好各种力量，把某项决策或任务变为现实。

4. 号召动员作用

群众路线是我们一切工作的基本路线，会议是把领导意图变为广大群众自觉行动的一种有效方式。通过会议，广大群众能够明白干什么、为什么干、怎样干，起到鼓舞、激励的作用，形成氛围和声势，为推进工作奠定良好的基础。

三、会务工作

会务工作是指为保证会议如期召开、顺利进行和达到预期效果所进行的各项策划、组织、宣传和服务工作的总称。以单位名义举办的会议，其会务工作一般由单位的秘书部门承担，大型的综合性会议，常常抽调各方面人员组成大会筹备组或大会秘书处来负责。因此，对秘书人员和秘书部门来说，会务工作是一项常规业务。

会务工作具有以下几个方面的特点。

(1)政治性。在阶级社会，阶级、政党的性质决定着会议的性质和内容，会务工作从来都是秉承一定阶级、政党的意旨，按他们的要求提供各种服务，秘书从事会务工作必须考虑政治的需要，具有很强的政治性。会务工作还涉及保密，这也是政治性的一个体现。特别是大型会议，防止失密事件的发生是会务工作的重要内容。

(2)事务性。会务工作的突出特点是繁杂而琐碎，容不得半点疏忽和失误。比如在会前，秘书要充分理解领导的意图，明确会议开到哪一级，哪些部门应参加，各部门与会的人数及名额分配，是否要安排列席人员等。会中，秘书要考虑会议的签到如何安排，人员的入场、退场需要多少时间，领导讲话的顺序及时间安排等。其他事务还包括会议的文字工作、会场布置、会议善后等，杂乱繁多，任何一个环节都不可马虎从事，否则就会造成不良影响，甚至犯政治错误。

(3)服务性。会务工作要为会议提供一切方便条件，其一切工作都要围绕如何保证会议完成既定目标。会议的服务工作是会议组织工作的重要内容之一，虽然很多工作琐碎繁杂，却都与会议目标的达成密切相关，秘书人员要深切地认识到会务工作的服务性。

(4)时间性。会务工作有会前、会中、会后三个部分，每个环节都对应着会议的相应环节，有确定的时间要求。

四、会议的构成要素

(一)会议议题

议题是指会议要讨论的问题或议定的事项，是会议的总体目标的具体展示，决定着会议的性质和方向。召开会议之前首先要收集、筛选、审核和安排议题。

议题一般在领导提出的会议目标和要求的基础上，由会议承办部门的秘书出面向各方征集。凡以下问题应列为有关会议的议题：上级批示的、交办的或指定要求汇报的问题；上级下达指示，要求本机关贯彻执行的事项；下级提请要求讨论的问题。这样有可能会收集到若干议题，这些议题不可能在一次会议中解决，因此还要对议题进行挑选。一般根据以下标准进行筛选排列。

(1)同一次会议应讨论同性质的问题，不能把不同体系、互不联系的问题放在一次会上讨论。

(2)议题的重要性应和会议的重要程度一致。

(3)一次会议以一个主议题和二至三个小议题为宜，并应准备一些后备议题以便见机插入讨论。

(4)重要的、紧急的议题排在前面，次要的、机密的议题排在后面。

议题基本确定后由秘书部门负责人审核，并送单位负责人或会议领导审定。

(二)会议名称

大型的、正式的、比较隆重的会议一般都有会议名称。会前，会议名称出现在会议通知上，使收到通知者心中有数，做好会议准备；会中，会议名称用于制作会标，使与会者产生凝聚力和尊严感；会后，会议名称出现在宣传、传达渠道，扩大了会议的效果。会议名称是在议题的基础上提出来的，即议什么事，就叫什么会议。如果会议议题有多个，应以主要议题命名会议名称。

会议名称必须用确切、规范的文字表达。要求能概括并能显示会议的主办单位或组织，以及会议的内容、性质、参加对象、范围、规模、时间、届次等。例如，“×××集团公司企业文化建设研讨会”、“环渤海城市带市长论坛”、“优秀企业家座谈会”、“中国共产党第十二次全国人民代表大会”等。

(三)与会人员

1. 会议主持人

主持人是作为会议主体的代表对会议过程实施全面组织、努力使会议达到预期目的的负责人。

主持人的职权：第一，宣布每次会议的开会和散会，主持会议讨论，确保会议遵守议事规则，准许临时发言，把问题付诸表决并宣布决定。第二，在会议进行中，主持人可就程序问题做出裁决，并在遵守议事规则的前提下全面掌握每次会议的进程，维持会场秩序。第三，在具体讨论中，主持人可向大会提议限制发言时间、每一代表的发言次数、截止发言报名或结束讨论。也可提议暂停会议或休会，或临时中止正在讨论的事项。第五，主持人可行使议事规则所规定的其他职权。

主持人控制会议进程，对会议的成功举办具有重要的作用，因此，主持人的人选应符合以下条件：对会议的情况及相关知识有全面的了解；具有一定的行政影响力；具有较强的口头表达能力和出色的综合概括能力；能熟练运用主持技巧，能够随机应变。因此，在会议进程中，主持人一要善于听取与会者意见，切忌一言堂；对不能完全采纳的意见，应尽量表示肯定或表示在其他场合予以参考。二要多角度考虑问题，充分尊重与会者，避免自我炫耀、语调夸张、举止不得体，引起与会者反感。三是切忌会议主持中带语病或夹带口头禅、小动作，分散与会者注意力。

2. 会议出席人员

会议的出席人员包括正式与会人员和受邀请参加或列席人员。会议正式与会人员是会议出席人员的主体。确定会议出席人员应坚持必要性、重要性和合法性原则。

必要性是指出席人员必须是与会议直接相关的人员，即符合会议确定的范围，有权了解会情、提出意见、表示态度、在会议上做出决定的人。

重要性是指某些出席人员虽然与会议没有直接的、必然的联系，但有利于会议的进展与扩大影响。这些人员通常是作为临时邀请的列席人员，由会议主办单位根据需要而定。

合法性主要是指立法性会议，其正式与会人员必须按法定程序产生、具有合法的身份和法定的资格，如人大会议、公司董事会、股东大会等。

3. 会议辅助人员

会议辅助人员包括秘书和其他服务人员。其职责主要是负责会议的文字工作和其他事务性工作。他们虽然不是会议的正式参加者，没有发言权和表决权，但他们对保证会议质量和提高会议效率有着重要的作用。

（四）会议时间

会议时间包括会议召开时间和会议结束时间。召开会议之前，必须将会议召开和结束时间同时确定下来，并告知与会人员。否则会使与会人员的其他工作无法安排，而且可能出现会上任意“拖会”的现象。

确定会议召开时间的方法是：一要考虑会议筹备工作是否来得及；二要考虑参加会议的人员能否准时出席，避免会议时间与单位或个人原定的工作计划相冲突；三要考虑选择最佳的召开时机，有些会议只有在特定时间(即最佳时机)召开才能取得预期效果。

确定会期的长短也很重要。一次会议开多长时间，既要考虑会议内容和实际需要，又要考虑会议的实际效果。会议的实际效果与到会人员在一定时间内的注意规律相关，根据注意规律安排会议时间有利于提高会议效率。

（五）会议地点

会议地点，包括会议召开的所在地和会议召开的具体会场。

为了使会议取得预期效果，选择会议地点时需要考虑会议的规模、性质和类型等多种因素。具有重大政治意义的会议，对地点的选择无疑要作政治上的考虑。如每年我国举行的“两会”，在首都北京召开是不二选择；外国的议会也是在议会(院)所在地举行；其他规模较大的全国性会议或跨地区的会议，则主要根据自然条件、环境和交通对会议的影响等因素，选择适当的地点。

会场诸方面条件的好坏、舒适程度的高低，对与会人员的心理起着不可忽视的影响。而与会者的心理状态如何，则直接影响到会议的效果。因此，会场的选择要结合开会人数、会议内容等综合进行考虑。在有条件的情况下，主要考虑下列因素：第一，会场大小适中。太大显得松散，过小则显得拥挤。第二，会场地点适当。要服从会议内容和降低会议成本的需要，同时要考虑接待能力、安全保障等，涉密会议还要考虑选择相对封闭的会场。第三，会场附属设施齐全适用，包括照明、通信、卫生、服务、扩音、录音设施等。具体来说，单位内部的会议，人少时可选择单位的小型会议室，人较多时可选择中型会议室，超过百人的会议可选择单位最大的会议室甚至礼堂。

（六）会议组织形式

会议的组织形式就是用以达到会议效果而采取的会议组织方式和手段等。例如，是集中开全体大会，还是分组讨论？是以口头发言为主，还是以书面发言为主？是开与会者到场的常规会议，还是借助现代化通信手段开电视电话会议、网络会议？另外还包括会议的工作机构的设立与运转模式等。会议组织形式的确定必须服从会议内容的需要，在不影响会议效果的情况下适当考虑减少会议的开支。

（七）会议成本预算

会议成本是指召开一次会议所需的全部费用，包括显性成本和隐性成本两部分。作为秘书，会前进行会议成本预算时要考虑的主要是会议的显性成本。

显性成本是指通过账面反映出来的会议实际费用支出，由三部分构成：一是固定支出，包括申办费用、宣传费用、考察费用、会议费用(场地租金、办公用品、设备设施等)、人工费用等；二是可变支出，包括资料费、住宿费、餐饮费、交通费、纪念品等；三是其他不可预见费。召开会议只能是在预算许可的限度内实现最佳的性价配比，因此，秘书要进行实地考察与计算，对会议的不同方案的开支情况进行估算，帮助领导做出决策。

第二节 会前准备工作

做好会前准备是确保会议成功举办的前提条件，秘书人员一定要本着认真负责的精神，缜密考虑会议的各个关键环节，细致地做好各项准备工作。会前准备工作主要有如下十项。

(一)安排议题，确定议程

会议通常有一个或几个相关的议题，议题的安排通过议程、日程和程序来实现。

1. 议程

议程是按事理逻辑分项排列的关于会议议题的顺序性安排，议程打印成文就是议程表。一般会期较长、议题较多、内容重要的会议才需拟制议程。议程拟定后要经过大会的预备会议或主席团会议通过才能生效，视情况决定公布与否。

2. 程序

会议内容除了议题之外，还有一些礼仪性、结构性或将议程具体化的内容与项目，如宣布会议开始、奏乐、致开幕词、小组讨论、发言、致闭幕词、宣布会议结束等。把每一次会议的这些项目和内容有序地排列，使之程式化，便是程序，制成文书，就是程序表。程序表最好能列上时间安排，具体到几点几分。

3. 日程表与作息时间表

会期超过一天的会议，还应订出日程表和作息时间表。日程表是将会议的全部内容(包括参观和娱乐活动)分别安排在会期几天的各单元(如分上午、下午、晚上)或时数(几点至几点)内，以简短的文字表达，制成表格。作息时间表是将每天的起居、用餐、参加会议或其他活动、休息等时间安排制成表格。

例如，××公司提高企业核心竞争力研讨会日程表如表 8.1 所示。

表 8.1 ××公司提高企业核心竞争力研讨会日程表

时间	活动安排	地点	参加人	负责人	备注
8：30	报到	酒店大堂	全体	王副主任	
9：00～10：00	总经理讲话	三楼会议厅	全体	王副主任(会议主持)	投影仪
10：00～10：30	茶歇	三楼小餐厅	全体	刘秘书	
10：30～11：30	李副经理专题报告	三楼会议厅	全体	王副主任	
12：00	午餐	三楼小餐厅	全体	刘秘书	自助餐

续表

时间	活动安排	地点	参加人	负责人	备注
14：30～17：00	小组讨论	二楼第一、二、三会议室	小组成员	刘秘书	
18：00	晚餐	××酒店	全体	刘秘书	
19：30	联欢	××娱乐中心	全体	刘秘书	

日程与程序由秘书制定、领导同意即可。日程一般要公布，同会议文件一同发给与会人员，程序仅供会议工作人员使用。

会议议程、程序、日程表、作息时间表的拟定，体现出会议准备的充分和计划的严密，可以使与会人员和会议服务人员做到心中有数，使会议有条不紊地进行，这是会议成功的必要保证。

(二)确定会议的组织形式

1. 确定会议的负责人或主持人

在大型代表会议或国际会议中，主持人称为主席。会议主席由选举产生，任期到会议闭幕为止。会期较长、规模较大的会议还需确立大会主席团(会议主席、副主席及主席团成员若干人)。主席未选出前，一般由会议召集或筹备方的领导人主持会议，一般性的会议也常由秘书担当主持人。

2. 成立会议的工作机构

大中型会议一般要安排专人负责会务工作，通常还要分组，如文书组、会务组、后勤组、保卫组、报道组等。

3. 确定与会范围和分组名单

秘书应根据领导意图和会议的性质、任务、内容等，酌情拟定与会范围。

(1)例会。例会一般由固定成员参加，如五套班子会议(党委、纪委、人大、政协、政府)等，秘书只需根据议题需要拟定固定成员之外的列席名单即可。

(2)专项工作会议。通常是指定某一行政级别的人参加，如省政府召开的厅局长会议、高校召开的学院院长会议、公司召开的部门经理会议等，秘书只需核查相应的单位(部门)及人员。

(3)代表性会议。秘书应先配合相应部门拟定关于代表的产生范围、名额分配、应具备的条件等方面的规定，按合法程序产生代表人选。

(4)报告会。主要是确定听讲人的条件。

(5)各种协商会、座谈会、宴会等。根据规模、档次等确定对与会者的身份、级别的要求，提出人选。由于牵涉到政治待遇、社交礼仪等敏感问题，要特别慎重。

规模较大而且需要安排讨论、审议等活动的会议，还应当将与会者分成若干小组。常见的分组方法是：系统内的会议，按与会者所在的单位或部门编组；综合性会议，按与会者所在的行业或系统编组；国际性、全国性会议，按与会者所在的地区编组；学术性会议，按议题编组。

（三）办理会议报批手续

国务院对会议级别及相应的审批权限有明确的划分，会前应按相关规定报批。

一类会议。国务院召开的由省、自治区、直辖市(有时包括计划单列地区)负责人参加的各种工作会议。与会人数在200人以内，工作人员不超过代表人数的20%。一类会议由国务院直接审批。

二类会议。国务院各部委、直属机构以及国务院直属事业单位召开的，要求省、自治区、直辖市有关厅、局或本系统在各地机构的负责人参加的工作会议。与会人数及工作人员的要求同一类会议。在计划内召开的二类会议由国务院办公厅审批，临时召开的须报国务院审批。

三类会议。国务院各部委、直属机构以及国务院直属事业单位或所属司、局召开的，要求省、自治区、直辖市有关厅、局或本系统在各地机构的有关人员参加的工作会议。一般由国务院各部委、各直属机构、各直属事业单位领导办公会议审批，会期超过五天、人数超过100人的，须报国务院办公厅审批。

四类会议。国务院各部委、直属机构以及国务院直属事业单位召开的各种物资分配会、订货会、产品(科技成果)验收会、鉴定会、评比会、交流会和小型调查研究会等。由国务院各部委、各直属机构、各直属事业单位领导办公会议审批。

省、自治区、直辖市对会议级别及审批权限的划分不太严格，一般由会议主办方向其上级主管部门报批。

另外，代表性会议、国际性会议也要向相应的部门报批。

（四）发出会议通知

会议通知是知照性文书，是会议的主办者发给参加会议的单位和个人的书面通知(详见第九章)。

（五）准备会议文件和会议用品

1. 会议文件

大中型会议，秘书人员应准备以下文件：上级对会议报批的批复；提交会议审议批准的规划、报告、预算决算、各项决议等的草案；会议期间使用的文件，如开幕词、闭幕词、领导讲话、大会主要发言材料等；会议参考性文件，如调查报告、可行性分析报告、统计报表、技术图纸等；会议管理性文件，如会议通知、议程与日程、与会人员名单、签到簿、各种票证等；会议宣传性文件，如新闻稿、音像资料等。

2. 会议用品

会议用品包括两类：一是会议的一般用品，如文具、卫生用品、音响设备、照明设备、空调等。二是会议的特殊用品，如选举性会议需备好选票、投票箱，表彰性会议要准备奖品、颁奖音乐，纪典性会议要安排乐队，谈判性会议需要用签字笔等。秘书应根据会议的不同要求准备好相应的会议用品。

（六）选择和布置会场

如前所述，会场必须大小适中、地点适当、设施适用。会场确定之后，秘书就要组织工作人员进行会场布置。不同的会议，要求有不同的布置形式。例如，党的代表会议会场要求朴素大方；人民代表大会会场要求庄严隆重；庆祝大会会场要求喜庆热烈；追悼会会场要求庄重肃穆；座谈会会场要求和谐融洽；纪念性会议会场要求隆重典雅；日常工作会议会场要求简单实用。

布置会场涉及主席台、会场座位摆放、附属性设施、装饰性设施(包括会标、标语口号、会徽、旗帜、花卉、字画等)等。其中，主席台布置和会场座位摆放是会场布置的重点。

1. 会标、会徽

将会议的全称以醒目的标语形式悬挂出来，即为会标。正式、隆重的会议都应当悬挂会标。其中，悬挂于主席台前幕的上端或天幕上，称为抬头标；悬挂于会场后侧或楼座栏杆处，称为回头标。抬头标一般为会议名称，回头标一般为会议的精神核心。会标的作用，一是体现会议的庄重性；二是提示会议的主题和性质，激发与会者的参与感。

会徽是体现或象征会议精神的图案性标志，一般悬挂于主席台的天幕中央，形成会场的视觉中心。会徽有三种：一是以本组织的徽志作为会徽，如党代会悬挂党徽、团代会悬挂团徽、公安系统的会议悬挂警徽等；二是以会议主办机构的徽志作为会徽，如高校举办的会议悬挂校徽；三是另行征集、设计的单次会议的专用会徽。

会场上也可摆放旗帜、花卉等，旗帜一般以红旗居多，多摆放在会徽两边；花卉多置于主席台或嘉宾坐席。

2. 主席台

大型会议的会场多设主席台，一般和与会人员成面对面的形式。由于会议多在礼堂、会堂召开，主席台一般设在舞台上。中型会议的主席台，设在舞台上下均可。如果设在台下，要离与会者近一点，稍微垫高一点。小型会议可不设主席台。

3. 会场座位摆放

会场座位的摆放除能满足整洁、安静、明亮、通风、安全等要求之外，还应考虑会议场地的形状、大小、桌椅类型等，同时还要符合美学原理和与会者的审美观，通常呈长方形、圆形、方形等。日本秘书部门对会场和桌椅的布置有如下四种类型。

(1)圆桌式。在圆桌或者方桌的周围安放椅子，可以互相看得见，领导人和会议成员可以无拘无束地自由交谈，适合于召开15～20人的小型会议。

(2)“口”字型。如果出席会议的人较多，可把桌子摆成“口”字型．内侧也可以安排座位。

(3)“[”字型、“V”字型。摆成“[”字型、“V”字型时，要注意主席位置，要有黑板或银幕。就像研讨会使用黑板或幻灯片那样，要让与会者不必挪动席位就可以看到。

(4)教室型。召开发布会或以情况说明、传达情报为目的的会议，或者是群众大会，因为人数众多，桌子都朝前方，就可以布置成教室的样子。

具体来说，小型会议可安排在一般会议室，会议室有方型、长方形、圆形、椭圆形等。会议室的中央放置长方形或椭圆形会议桌，桌上正中可放置一两盆鲜花，四边供与会者放置文件、文具、茶杯之用。桌子的周围放置靠背椅，数量视人数而定。主席的位置一般在会议桌的两端，视门的方向而定，通常在门的左侧。

多边会议应采用正圆形会议桌，或多边形桌位，因为正圆形或多边形会议桌的席位无主次之分。

大中型会议安排在会议厅，扇形会议厅比长方形的效果要好。会议厅的前方安排主席台与讲台。主席台应用长方形桌，上铺白色、天蓝色或其他颜色的桌布。主席台上方或后方悬挂会标，会标一般用红底白字，企业用红底金字。讲台不宜过大过高，应与讲话人的身材比例协调。台前可放置花草盆景，使主席台整体上显得色彩和谐、赏心悦目。面对主席台的是与会者席位，应有桌有席，便于放置文件和做记录。席位之间不宜太挤，以便于进出活动。

研讨会、座谈会等可将桌椅排成半圆形或小方块形，席前除文件、资料外，可以放置饮料、水果，还应多备话筒，便于与会者发言和多向交流。研讨会、座谈会之类的会议，与会者可随到随坐，不指定座位。重要的大型会议，则应按地区、系统、单位等分组，事先划分席位，与会者由秘书人员或服务人员引领入席。

4. 排列座次

座次包括主席台座次和其他与会者座次。主席台座次应以主席台上人员的职务(或社会地位、声望等)高低排列，最高的排在主席台第一排的正中间，其余按高低顺序，以正中间座位为基本点，面向会场，依照左为上、右为下的原则排列，先中间后两边、由前往后。座位上要摆席次卡，座次要报领导审定。

若主持会议的领导资格够不上在第一排就座，为了主持会议的方便，一般需将会议主持人的座次排列在第一排的最边上。

其他与会者面对主席台，座次排列既要服从会议目的，又要体现平等精神。大抵有以下几种方法：一是按汉字笔画排列。例如，召开全国性的会议，可以按省(自治区、直辖市)名称的笔画多少排列座次区域，但不要把一个省的座位排得过宽，而要沿着一条适当的直线由前向后排列。二是按地理位置排列。例如，召开全省性会议，可按统一的市、县排列顺序安排各市、县与会人员的座次。三是按行业系统排列。例如，召开全市性的会议，可以把同一系统的单位集中排在一起。座次排列方案拟订完成后，要报领导审定。

为了使与会者能够对号入座，有时也必须排列好座次。一般说来，排列座次有以下几个规则：一是凡有正式公布名单的，按照名单先后顺序排列。二是按照选举结果得票多少排列座次。三是按照姓氏的读音，以汉语拼音字母字头的顺序排列座次，即音序排列。四是按照姓氏笔画为序进行排列。笔画同样时，可依照汉字从左到右、从上到下、先内后外的规矩，以及汉字的五种基本笔画横、竖、撇、点、折的先后顺序排列。同姓的单名排在复名前，同姓又同是单名的以名字的笔画多少先后排列，同姓复名且名字的第一个字相同的，以名字第二个字的笔画多少决定排列顺序。

（七）制发会议证件

会议证件是表明与会议直接有关人员身份、权利和义务的证据。会议证件可分为两类：一类是会议正式证件，包括代表证、出席证、列席证、签到证、旁听证、来宾证、入场证、请柬等；另一类是会议工作证件，包括工作证、记者证、出入证、汽车证等。各种证件的内容栏目，大致包括会议名称、使用者单位、姓名、性别、职务、发证日期、证件号码等。有些重要证件还应贴免冠半身照片、加盖钢印，以防伪造。

（八）安排后勤服务事宜

后勤服务包括会议的物资、资金，与会人员的住宿、膳食以及交通、医疗等工作。例如，要制订房间分配方案，对不同级别的与会人员，要分配不同的住房；对年老和体弱的与会者要适当给予照顾。饭菜要可口、实惠，让与会者满意。

（九）做好新闻发布工作

有些重要的大型会议还要做好新闻发布工作。这项工作大多由宣传部门和公共关系部门负责，秘书人员只需把预先收到的发言者的情况(履历或自传的概要等)及其他相关材料转交给这些部门就行。若没有这样的机构，秘书人员就要起草新闻发布稿，在会前或会后的适当时间发布。

（十）进行全面的会前检查

会前检查是落实各项会议准备工作、保证开好会议的重要一步。重要会议在会前要反复检查。会前检查分为领导同志听取大会筹备处各组汇报和现场检查两种方式，以后者为主。秘书人员要密切配合领导同志的检查工作。检查的重点是会议的文件材料的准备、会场布置和安全保卫工作等。大中型重要会议的会前检查还包括警卫部署情况、票证检验人员的定岗定位、交通指挥以及主席台的服务人员的就位等。

第三节　会间服务工作

（一）负责会场的组织与服务

1. 组织会议报到和签到

秘书是主办方的代表，会议正式开始前，秘书应做好与会者的报到与签到工作，并准确统计与会人数，提交给主持人。报到是指与会人员抵达会议后相关人员为其办理手续、登记信息、指示住处等。签到是指在会场外安排的与会人员签名手续。它是准确掌握会议实到人数的程序，对于具有立法意义的会议来说，签到更与表决、选举结果生效与否密切相关。签到一般采用以下几种方法。

(1)本单位的小型、常规性会议：由秘书或会务人员代签。

(2)大中型会议：证件签到、名片签到或电子签到机签到。

(3)纪念性会议：簿式签到。

2. 文件资料的分发

与会者到达会议地点后，秘书应及时发放会议材料。会议材料主要是指开幕词、工作报告等主题性材料，以及日程表、议程表、作息时间表等。有些会议还要发放有关方针政策、法规性文件，或会议期间形成的文件。秘书要特别注意重要文件分发时要进行编号、登记，需在会后清退的文件要提前做好清退目录，一同分发给与会人员。

3. 选举工作

代表性会议往往有选举，也需要秘书人员参与协助。秘书应事先准备好选票(通常应有两套不同颜色的选票，以防一套作废时，另一套备用)、票箱(按 150～200 人一票箱准备)、选举须知，大型选举还应划分选举区、投票路线等。秘书还应熟知选举的办法和程序，准备担任选举时唱票、监票、计票、统计等工作人员。会议选举工作的内容和程序如下。

(1)以民主的方式产生唱票、监票、计票等工作人员并当场宣布；

(2)由选举工作人员统计并通报实到的代表人数和因故缺席的代表人数；

(3)分发选票并记下选票的总数；

(4)说明选票的填写方法以及填写时的注意事项；

(5)选举人员填写选票；

(6)由选举工作人员检查并出示投票箱包；

(7)选举人员按照一定的次序投票；

(8)选举工作人员当场开票，统计回收选票的总数；

(9)选举工作人员当场唱票、计票，并统计出有效选票及废票的总数，以及各个候选人的得票总数。

4. 会场服务

会场服务包括引导与会者入席、退席，茶水供应，指引与会者使用会场的生活设施，照顾与会人员会间休息，满足与会人员的临时需要等。

会场服务还包括传接会场外打来的电话、车辆调派、医疗卫生服务等。

(二)协助领导控制会议进程

秘书人员要对会议中的动态、与会者的建议和反映、会议出现的苗头和倾向心中有数，并及时向会议领导报告。当会议依据某种错误的或片面的情况做出不正确的决定时，在征得会议主持人的同意后，应向与会者如实地反映真实情况。尤其是当会议做出的决定与党和国家现行的路线、方针、政策相抵触时，应主动介绍有关政策或规定，提请与会者注意。这样做的目的是使会议不离题、不脱轨，顺利地进行。

当会场发生意外情况或意外事故时，秘书应及时建议会议主持人修改会议程序或暂时中止会议，必要时协助主持人组织与会人员撤离会场。

(三)做好会议记录

会议记录是会议期间当场记录的关于会议的基本情况和会议上的报告、讨论的问题、发言、决议等的书面材料(详见第九章)。

(四)编写会议简报

会议简报是在大中型会议中由会议秘书组编印的、以简练的文字及时向会议领导或与会者提供会议进展情况、会场最新动态的一次性或连续性报道(详见第九章)。

第四节　会议善后工作

会议的结束并不意味着会务工作的完成，会后也还有一系列重要的工作要做。

(一)会后事务

会后事务主要有清理会场、送别与会人员、寄发会议感谢信等。

1. 清理会场

清理会场即清理会场遗留的物品、设备、物资等。会场的临时布置(如会标、彩旗、盆景等)应撤除，会议的用具、用品一次性的要清理，非一次性的要清洗、清点，借用的设备、用具要清点、交还相关部门。对会场进行全面清理，如有与会者遗忘的物品，要尽快与失主取得联系。如遗留有会议中使用过的文件资料，应统一回收，该归档的要归档，其他的用碎纸机销毁，防止泄密。

2. 送别与会人员

有异地人员参加的会议要及时安排与会人员返回。应提前准备返程车、船、机票或送行的交通工具。住宿的应结清账目。会后的送行要和会前的迎接一样热情、周到。现在也有很多会议公司、旅行社等有偿提供此类服务，秘书可与相关的合作单位对接，做好安排。

3. 整理会议记录，撰拟会议纪要

要趁着对会议的记忆仍较清晰、同时部分与会人员尚未离开时，对会议记录中涉及会议的主要内容、主要情况，尤其是人名、地名、时间等进行核对，保证会议记录忠于事实、内容准确完整。

重要的会议，秘书还要在会议记录的基础上形成会议纪要。会议纪要是一种在会议记录基础上加工整理而成的、记载和传达会议情况及议定事项的公文文种(详见第九章)。

4. 寄发会议感谢信

对于给予会议帮助的有关单位或人士，秘书要及时起草、寄去感谢信表示谢意。感谢信的措辞要热情诚恳。

5. 会议文书立卷

会议所形成的正式文件和会议记录应列入立卷范围，一会一卷。会议的重要文件，如会议通知、与会人员名单、通讯录、选票及统计材料、会议宣传提纲、会议总结等也应同案立卷。立卷方法可参照一般文书立卷方法。

6. 会务总结

大中型的、比较重要的或影响面较大的会议，会后要进行会务总结，以肯定成绩、找出不足，为今后举行同类型会议留下经验总结和借鉴。

(二)会议传达

会议总是少数干部或代表参加的，而会议精神或决议的贯彻执行则往往是大多数甚至是全体成员的事情。因此，除了少数秘密会议外，一般会议的内容都要进行传达。会议传达必须确定内容、程度、范围、层次、时间、方式等。

1. 内容与程度

会议传达的内容与程度，应视会议的性质、任务与要求而定。例如，代表会议一般应将会议的精神、决议、情况做比较详细的传达；领导干部会议则应当将决定传达给下一级的组织或全体成员；工作例会只需将任务、措施等传达给有关执行人员。有些重大会议往往在会议结束前制定宣传提纲，统一宣传口径。

2. 范围与层次

这里的范围与层次指的是会议传达对象的范围大小和层次高低。例如，范围是部分成员还是全体成员；层次是中层干部、基层干部还是全体群众。有些会议内容还需要分级、分层次传达，每个级别、层次传达的内容、程度以及时间都不一样。秘书要根据领导的授意和会议的性质、内容等确定会议传达对象的范围与层次。

3. 时间

这里的时间有两种含义：一种是指传达所需的时间。传达时间总是少于会议时间，比如会议开三天，传达也许只用一个小时。传达时间视传达的内容与程度、范围与层次而定。另一种含义是指传达的时限。如有些工作例会要求在一周内传达，有些紧急会议(防洪、抢险等)则要求几个小时内甚至会后立即传达。

4. 方式

传达有不同方式，也由会议的性质、内容、要求而定。有的以文件为依据宣读，有的按照宣传提纲讲解，有的则可以凭与会者的记录和理解，有的还允许结合谈谈与会者自己的体会和感受。

(三)会议内容办理

会议内容办理是指会议决议、决定等的贯彻执行，是会后工作中十分重要的环节。通常，开会、发文件只是决策和部署，只是管理过程的开始，更重要的还在于会后的执行和反馈。催办正是对会议决议、决定贯彻执行结果的重要督促和检查手段。催办的形式主要有以下三种。

1. 发文催办

发文催办，即向执行单位或部门发送催办函或催办单。催办文件上要写明要求贯彻执行的决定、决议内容、条文，写明办理要求、办理时限，并要求将办理结果及时书面报告。发文催办在催办单位必须登记在案。一次催办不成，可以两次、三次，务求有结果。

2. 电话催办

电话催办比发文催办更加快捷、方便，适用于本地区、本系统、本单位的一般工作部署。电话催办除了快速、方便以外，还有两个优点：一是可以直接找到执行的当事人；二是可以即时地、双向地沟通，通过对话可以及时了解执行的情况或遇到的困难，可以及时汇报、研究，而发文催办只是单向催促、等待结果。但电话催办也有缺点，就是容易被忽视，不像发文催办那样白纸黑字、责任明确。

3. 派专人催办

重要的、机密的、紧急的决定、决议下达以后，领导部门往往派专人(一般是秘书人员)去催办。派专人催办比电话催办更为直接，是一种面对面的催办形式，比文件催办更容易受到执行单位的重视，甚至形成某种压力，有着明显的督促作用。派专人催办还可以观察现场，了解基层情况，发现有问题或有困难就可以及时帮助研究、解决，或向上级领导及时汇报、请示处理。其缺点是花费时间、精力或费用较多。

第五节　会议质量与会议控制

从社会标准来看，所有的会议可以分为两种：一种是有效会议，即会议发挥了其应有的功能和作用；另一种是低效甚至无效会议。会议的有效和无效，关键在于会风。当前我国会风不正的表现，一是会议过多；二是会议过长；三是会议片面追求大规模、高规格；四是会议内容空洞；五是争相在风景名胜地举办会议，巧立名目公款旅游。这些做法不仅耗费了国家的人力、物力和财力，浪费了领导的时间和精神，影响到组织机构的有效管理，更重要的是，它严重降低了领导者和领导机构在人民群众中的威信。这些不良风气的形成，既有体制方面的原因，也有长期以来的思想观念、工作作风方面的问题，必须进行综合治理。秘书部门应以会议管理为突破口，结合本单位实际，协助领导做好会议控制，端正会风，提高会议的质量和效率。

会议控制主要包括两个方面：一是会议成本控制；二是会议质量控制。

(一)会议成本控制

1. 会议成本计算

如前所述，会议成本包括显性成本与隐性成本，即除了会议期间后勤工作等实际经费开支之外，还应考虑到所有参会人员在等量的会议活动时间里所能创造的价值总量的损耗。换言之，如果出席会议的人员用等量的会议活动时间去从事他们本来所从事的工作，那么，他们在这段时间里应该创造的价值总量，却因开会引起常规性工作的停顿而损失了，例如，不能及时处理一些重要而紧急的事情，就可能会因为错过时机而失去成功的机会等。这种在等量的会议活动里所创造的价值总量的损耗即隐性成本，也应计入会议成本。

隐性成本计算公式是

$$会议成本=J\times 2\times N\times T+x$$

其中，J 表示参会人员每小时平均工资的 3 倍(在国外，常用每小时人均工资的 3 倍来表明生产的价值，这里面不仅包括每个人本应获得的工资，还包括利润及一些额外的支出，即一个人离开工作岗位一小时所造成的损失)；同时，管理人员参加会议之后，其经常性的工作需要过后加班或委托他人完成，因此造成的价值损失通常用常数 2 表示；N 表示与会总人数(包括会议工作人员)；T 表示与会人员消耗在会议活动期间的平均时间数(以小时计)；x 表示与会人员因参加会议而产生的支出性费用，如差旅费等。

2. 会议收入

会议本身也会带来收入，通常来源于以下渠道：一是各界的赞助；二是上级有关部门的拨款；三是会展性会议的展览收入；四是广告收入；五是与会人员的注册费。一般的行政性、学术性会议，注册费是会议最主要的收入，是决定会议能否做到收支平衡的重要因素，因此注册费的定价至关重要。注册费的计算公式是

注册费＝(会议固定支出＋会议可变支出＋会议不可预见费)/与会人数

其中，会议不可预见费通常按总支出的 5%～20%来计算。

评估会议的质量及效率，就是评估会议所取得的效果与其所付出的实际成本之间的关系，即会议成本减去会议收入之后的实际支出与会议所取得的成效是否相当。全面衡量会议成本，科学评估会议质量，是会议控制的最重要的环节。

(二)会议质量控制

1. 严格控制会议数量和规模

(1)明确认识会议是领导方法的一种，而不是领导方法的全部；是领导过程的一个环节，而不是领导过程的始终。某些领导觉得只有开会才能“名正言顺”地安排工作，引起重视，因此许多工作本来是领导职权范围内可以当场决定、直接处理的事，也非得办会不可，这种因循保守的传统观念与改革精神相悖，束缚了广大干部的创造性与主观能动性，应加以破除，把领导方法的基本点放在调查研究、直接处理问题上。

(2)要破除“攀比”思想，本级职权范围内的会议，不一定非请上级领导莅临讲话。很多与会的上级领导拿着秘书拟写的讲话稿，到会场只是走个过场，拍拍照、握握手，不仅增加了会议的组织成本，也极大地浪费了领导自身的时间与精力。当然，这从另一方面也要求各级领导要敢于负责，凡自己职责范围内的事，或指定相应的负责干部承担，或本级组织讨论解决，不必请上级领导到会来作指示。另外，在一般情况下，分管领导也不宜到非分管的部门去参加会议，随便作指示。这样，各级各类领导成员的会议就相对地减少了。

(3)制定严格控制会议的行政法规。在这方面，停留在“少开会、开短会”的一般号召上还不够，还要制定并严格执行会议的审批、管理权限制度，会议经费的分配、使用、节约或超支的奖惩办法等规章。一般说来，行政机关必须召开的会议主要有以下两类：一类是政策性研究会，包括学习研究中央和上级的有关政策，讨论本机关、本单位的目标规划，研究应急对策、方案论证以及学术交流等；另一类是执行性的协调会，即根据上级指令贯彻执行任务、协调矛盾、组织力量的会议。这是一类行政指挥的会议。此外，能不开的会就坚决不开，可以合并的就合并，只需少数相关人员参加的就不要把所有人员都集中起来开大会。

2. 不断改进会风

会风是思想作风和工作作风在会议过程中的表现。诸如会议过多、时间过长；领导

作报告说大话、放空炮；讨论问题东拉西扯、没有中心，会议结果议而不决、决而不行；会议过程纪律松懈、只讲排场、铺张浪费、吃喝送礼，甚至借开会之名游山玩水；等等。凡此种种都和无产阶级作风格格不入，极大地影响一个机关单位的行政效率和经济效益。那么，怎样才能改进会风呢？

（1）破除封建主义官场习气，发扬民主精神。要控制出席会议的领导的人数及发言，领导的主题报告一定要做好充分准备，有的放矢并力求简短，杜绝信口开河、漫无边际。只要条件允许，会议应充分尊重群众观点，让群众充分发表意见。

（2）严格会议纪律，准时开会，发言要限定时间，并事先通告发言者；因特殊情况要求延长发言时间，要得到主持人的同意。

（3）认真做好会议的服务工作，尤其是扩音、录音、录像等技术性工作，以及与会代表的生活安排，保证会议的顺利进行。

（4）不得借开会之名慷国家之慨，请客送礼、游山玩水。

3. 提高会议效率

提高会议效率的实际含义就是：投入尽可能少量的时间、人力、财力和物力以达到会议的最满意效果。严格控制会议、不断改进会风都是为了提高会议效率。提高会议效率的具体方法很多，诸如：

（1）会议的主题单一集中，讨论问题要围绕主题开展。会议主持者既要善于启发引导，又要能够归纳控制，不至于使讨论漫无边际或钻牛角尖。

（2）部署性的会议，可以把几个内容合并到一个会上讲，然后分别去贯彻落实。

（3）一般中、小型会议，可不安排开幕式和闭幕式、领导人接见照相等。

（4）通知会议时间时可以具体到分钟，这样可以强化与会者的时间观念。

（5）已分发书面材料的，尽量不再全文宣读。如果口头发言和书面材料兼有，那么口头发言时可只讲要领或需要特别注意的问题。

（6）会议要议而有决，尽量当场确认会议的有关决定。

如此等等，不一而足。在实际操作中，提高会议效率的办法还有很多，秘书人员要注意从工作实践中加以总结，既要提高会议效率，也要讲求会议的社会效益。

第九章

会议文书

会议文书是在会议中形成的及提前准备好的会议进行过程中要使用的文书，它们是会议指导思想和主题内容的反映，是会议进程全部活动的记录，是指导会务活动、促进会议议程、完成会议任务、达到会议目的的重要工具。

会议文书具有以下几个方面的特点。

(1)时效性强。在短暂的时间里要起草、讨论、形成多种文件材料。

(2)变动性大。会议文件材料尤其是主题报告、决议、决定等主要文件往往需要经过反复修改才能完成。

(3)政策性强。会议文件一经正式通过往往以机关名义报送或下达，成为法规性文件。

所以，秘书应高度重视会议文书工作。

会议文书通常包括以下七个大类。

(1)会议的指导性文书，如上级有关指示和有关本次会议由来的文书等。

(2)会议的主题文书，如开幕词、主题报告、专题报告、大会发言、正式决议、闭幕词等。

(3)会议的进程文书，如会议程序表、日程安排表、会议记录、会议简报、选举程序表、表决程序表等。

(4)会议参考文书，如有关的调查报告、典型材料、参考文献等。

(5)会议提案及信访文书，如代表提案、群众来信等。

(6)会议成果文书，如选举结果、会议纪要、会议新闻公告、会议传达文件、方案等。

(7)会议管理文书，如会议通知、会议须知、代表证件、会议保密制度、会议期间生活管理文书等。

会议文书工作包括会议文书的撰写、准备、管理和会后立卷归档工作。本章重点讲述几种主要会议文书的撰写。

第一节 会议通知

会议内容、时间、地点和与会人员一经确定，就要制发会议通知。会议通知是知照性文书，是会议的主办者发给参加会议的单位和个人的书面通知，其特点是时效性强、变动性大、政策性强。会议通知的发送方式一般有两种，一种是口头通知，主要用于内部小型的事务性或例行性会议；另一种是书面通知，比较正式和庄重，具有备忘和凭据的作用。

一、会议通知的格式及要求

1. 标题

比较重要的会议，会议通知的标题一般是“主办机关名称＋会议名称＋通知”。如“××市政府办公厅关于召开××会议的通知”。一般的事务性、例行性会议则只写“会议通知”或“通知”。

2. 通知对象

通知对象如果是个人，一般直接写其姓名；如果是单位，则写单位的具体名称；也可以写需要与会的单位的统称，如“各直属部门”；如果是单位内部的全体会议，也可以不写通知对象。

3. 正文

通知正文的写法参见本书第五章的相应内容。

需要特别注意的是，有异地与会者的会议通知一般要附上回执，请与会者填写姓名、性别、年龄、职务或职称，抵达的时间及交通方式、回程的时间及交通方式等，以便安排接待等工作。

4. 落款

落款应写明主办单位的全称，并注明发出通知的日期。

二、发送会议通知的注意事项

(1)对拟任免、调动的与会人员要特别注意核实、避免出错。

(2)除需要与会人员做大量会前准备工作的会议应发预告性通知外，一般会议只发一次通知。

(3)有异地与会者的会议、已在会议通知中附回执的，要安排专人负责回收回执，作为安排接站、食宿，以及预订返程车、船、机票等的依据。

(4)庆祝会、纪念会、联谊会、交流会、新闻发布会、鉴定会、项目论证会等，可考虑以会议邀请函或请柬代替会议通知。会议组织者与与会者之间是非隶属关系的，也以会议邀请函或请柬为宜。

第二节 领导讲话稿

领导讲话稿，是指各级领导人在各种重要会议上做带有指示或指导性讲话时所用的文稿。讲话的领导人可以是本单位领导，也可以是上级机关领导，还可以是从其他单位邀请的领导。领导讲话稿不同于演讲或一般性发言，主要在于不仅讲话人的身份限于领导人，讲话的内容也总是具有一定指示性、指导性、总结性或号召性，而且所发表的意见体现着领导机关的意图和旨意。

讲话稿的特性决定了起草讲话稿是一项政策性、思想性、业务性、艺术性很强的工作，是“受领导之命，代领导立言”的艰苦而重要的脑力劳动。秘书人员必须充分认识这些特点，设身处地地站在领导者和领导工作的角度起草讲话稿。

一、领导讲话稿的种类

讲话稿的类型多种多样，按照使用范围可分为开幕词、闭幕词、欢迎词、欢送词、祝词、会议主题报告等。其中，会议主题报告又可分为以下几种。

(1)工作会议讲话。指在总结和部署本单位、本系统工作的会议上，领导人发表的具有指导意义的讲话。

(2)专题会议讲话。指在研究、解决或处理某些专门问题的会议上，领导人发表的具有指示性或结论性意义的重要讲话。

(3)代表大会讲话。指在党政机关、人民团体、学术组织依照法定程序定期召开的代表大会上，领导人所做的主题报告及反映会议内容、进程的其他重要讲话。

(4)纪念会议讲话。指在纪念重要人物、事件、活动的会议上，领导人发表的具有反思、悼念、缅怀、鼓动意义的重要讲话。

(5)动员会议讲话。在发动和号召人们参加某项活动或重要工作的会议上，领导人发表的重要讲话。

(6)座谈研讨会讲话。在座谈、研讨某些重大问题或工作事项的会议上，领导人发表的具有主题性、归纳性或指导性意义的重要讲话。

(7)经验交流会讲话。为了总结、推广、交流某一地方、某一单位的全面工作或专门经验召开的会议上，领导人发表的具有表彰、决定、号召意义的重要讲话。

也可以按照内容和所起的作用分为以下几种。

1. 导向性讲话

会议开始时，就召开会议的背景、缘由、目的、开好会议的要求发表讲话，多是以会议主持人或执行主席身份讲话；会议进行中，就讨论中提出的问题，结合有关文件精神进行有针对性的讲话，引导与会者用文件、上级指示精神统一认识。

2. 指导性讲话

在大会工作报告之后，对会议的中心议题作重点阐发，结合当前形势和本地区、本单位的实际，向与会者提出应当怎样分析和认识一些具体问题。其中往往提出对某些实质性问题的处理原则，具有明显的指示、指导性质。

3. 总结性讲话

总结性讲话可分为阶段性总结和会议总结讲话。阶段性总结讲话是在会议进行中，一个议程结束、转入下一议程之前，有关领导就会议已经讨论的问题、重要的发言做客观的评价，肯定成绩，指出不足，作为阶段小结；会议总结讲话是在会议结束时对会议进行总结，提出贯彻会议精神的意见和要求。

4. 礼节性讲话

礼节性讲话包括欢迎词、欢送词、祝酒词等，是为了对与会者表示尊重、祝颂、致意、问候等而发表的讲话。

二、领导讲话稿的性质

讲话稿是为领导者发表讲话而准备的，它与一般意义的文章不同，也不同于普通公文。它既直接提供给领导者，又有特定的听众对象。所以，起草讲话稿既要考虑领导人的身份、地位、气质、才学等特点，又要照顾听众的情绪、兴趣、需要、反响等。它是具有特殊性质的文章形式。

1. 讲话稿是直接应用于公务活动的政论文

从总体性质上说，讲话稿是领导人为了加强对公务活动的领导与指导，论证领导机关的政策主张、阐述政务见解而专门发表的政论文章。它具有直接的应用性、内容的公务性、文体的论说性，它既不同于一般事务性的应用文，也不同于反映科研成果的学术论文，而是直接应用于公务活动的政论文。

2. 讲话稿是一种特定形式的“准公文”

在《党政机关公文处理工作条例》(中办发〔2012〕14 号)中，规定了 15 种公文文种，其中并没有“讲话稿”。但是，讲话稿却在公务活动中大量形成和使用，代表着机关领导集体的意见，是领导机关处理公共事务的重要工具。特别是有的讲话稿是领导人向法定机关所作的报告，表决通过后即被批准为具有法定效力的正式公文。因此，讲话稿实质上是以特定形式发布的“准公文”。

3. 讲话稿具有法定的权威性和现行效用

领导者在不同场合，就某项活动或工作发表的讲话，是领导和管理活动的重要组成部分，是领导者所代表的领导机关实施领导行为，同时也是为人们所普遍认同的一种领导方式和手段。领导讲话在特定时空范围内，具有法定的权威性和现行效用。

三、领导讲话稿的主要特征

1. 口语化

领导讲话是直接面向现场听众，这与传达文件有很大区别。因此，领导讲话稿多用日常口语，避免使用晦涩难懂的词语，既要让讲话人(领导)朗朗上口，又要使听众声声入耳。但是，讲话稿的语言又不完全等同于日常口语。日常口语有较强的随意性和即景性，在特定语境中不用刻意遣词造句也能使谈话双方意会，达到交流的效果。而领导讲话稿必须对日常语言有所加工，既要讲究语法、修辞，符合现代汉语的基本规范，又要兼顾日常谈话明白通畅的特点，让听众容易接受。

2. 感情化

领导讲话是以口头演讲的形式来传达信息。在讲话现场，领导人通常会声情并茂地宣讲思想观点和政策主张，秘书人员在起草讲话稿时要充分考虑到感情化的因素。一篇真正高质量的讲话稿，是沟通讲话人与听众感情的纽带，不但能够以理服人，而且也能以情动人。

3. 文学化

尽管讲话稿在文体性质上具有政论文的特点，但是在表达方式上更为灵活。根据内容需要，不仅可以采用叙述、议论、说明等常规表达方式，也可以适当进行抒情、描写等，充分展示讲话人(起草人)的文学才华。例如，介绍先进事迹的讲话稿，如果能辅之以生动形象的描写，先进人物和事迹便在听众心中“活”了起来，达到更佳的宣讲效果。总之，讲话稿不是靠领导人的权威和地位去震慑听众，而是凭借不可置疑的事理和语言艺术的力量去感染听众。

四、领导讲话稿的写作要求

(一)提前调研，避免“错位”

调查研究主要集中在三个方面，即听讲者、讲话者及讲话内容。

(1)动笔前必须摸清听讲者的情况。在写作领导讲话稿之前需要了解听讲者的身份、文化程度、理论水平、理解能力、他们重点关注的问题等，还应了解会议及会场情况，如会议性质、会议进程、会场气氛、该讲话与整个会议的关系等。只有这样，讲话稿才能与听讲者的需求“合拍”，取得较好的讲话效果。

(2)了解讲话人，做到全面正确地把握领导意图。领导意图是领导人在部署工作、下达指令时的本意和精神实质以及希望达到的目标。在交办起草讲话稿的任务时，领导人大都会表明自己的意图，常有以下几种表达方法。

一是事关重大问题的讲话，领导人通常已对要讲的内容反复斟酌，大多已形成较为成熟的想法，甚至列出比较详细的提纲或讲话稿框架，秘书主要应多考虑补充文件依据及相关背景、事实、数据等；对宏观性、全局性、内容较复杂的讲话，领导则大多会组织相应的写作班子，共同推敲、随时交流，也有可能在交流过程中不断涌出新思路，并进行反复修改。

二是针对部门工作的讲话，领导人有时谈详细提纲，有时只强调所关心的重点或其倾向性的看法，秘书人员应在此基础上使之系统化、体系化，不断完善领导的初始构想。

三是礼节性的讲话，领导人大多只提出其基本立场，秘书可参考同类型讲话的惯例来起草。

无论哪种情况，秘书都是在作“奉命文章”，而非写个人论文，必须按照领导意图行文，不得擅自将个人的主观意志强加进领导讲话稿中。因此，动笔前秘书应与领导人充分沟通，明确领导人讲话的目的、出发点、在会议上的角色和讲话的性质，尤其注意了解领导的个性特点和思考习惯，让讲话稿尽可能地贴近领导本人，符合领导的身份、文化素养、语言风格、讲话习惯等。如果讲话稿与讲话人的情况“错位”，不仅讲话人别扭，听众也很难受，根本谈不上什么效果。

(3)要准确、充分地研究会议的背景，掌握与会议主议题相关的各方面材料，为领导讲话稿确定一个中心，并做好材料的收集、整理工作，为起草工作做准备。

(二)结构严谨，条理清晰

讲话稿作为一种政论文章，要靠说理论证取胜，必须注意以理服人，不是以权压人。为此，要有具体事实，有确凿可信的数据，有严密的逻辑推理，有充分的分析论证，并严格遵守相应的结构要求。

领导讲话稿的结构一般由标题和正文两部分组成。

1. 标题

标题分为简式标题和复式标题两类。简式标题由讲话人的姓名、职务、会议名称和文种构成，如《×××省长在全省××工作会议上的讲话》。复式标题由一个主标题和一个副标题组成。主标题一般用来概括讲话的主旨或主要内容，副标题则与简式标题的构成形式相同，如《进一步学习和发扬鲁迅精神——在鲁迅诞生110周年纪念大会上的讲话(1991年9月24日)》(江泽民)。

如果是开幕词、闭幕词，则一般由会议名称加文种构成，如《中国共产党第十二次全国人民代表大会会议开幕词》；有的标题由致词人、会议名称和文种构成，其形式是《×××同志在××××会上的会议开幕词》；有的采用复式标题，主标题揭示会议的宗旨、中心内容，副标题与前两种标题的构成形式相同，如《我们的文学应该站在世界的前列——中国作家协会第四次会员代表大会会议开幕词》。

在标题之下，一般要用小括号注明会议召开的时间。

2. 正文

讲话稿的正文包括称谓语、主体和结尾三部分。

开头首先根据与会人员的情况和会议性质来确定适当的称谓，如“同志们”、“各位代表”、“各位专家学者”、“女士们、先生们”等，要求庄重、严肃、得体；然后用极简洁的文字把要讲的内容概述一下、说明讲话的缘由，或者所要讲的内容重点。

主体部分。根据会议的内容和发表讲话的目的，可以重点阐述如何领会文件、指示、会议精神；可以通过分析形势和明确任务，提出搞好工作的几点意见；可以结合本单位情况，提出贯彻上级指示的意见；可以对前面其他领导人的讲话作补充讲话；也可以围绕会议的中心议题，结合自己分管的工作，谈几点看法；等等。

结尾要照应开头总结全篇，发出号召，或者征询对讲话内容的意见或建议等。

开幕词与闭幕词的写作要特别注意。

开幕词是大型会议开幕式上有关领导对会议所作的开宗明义的短篇讲话。其目的是郑重宣布会议开始，并简明阐述会议目的、任务和意义，概括说明会议的议程安排和对与会者的要求。因此，开幕词开头部分一般开门见山地宣布会议开幕。也可以对会议的规模及与会者的身份等作简要介绍，如“参加这次大会的代表有×××人，其中有来自……”，并对会议的召开及对与会人员表示祝贺。开头部分单独列为一个自然段，将其与主体部分分开。主体部分是会议开幕词的核心部分，通常包括三项内容：第一，阐明会议的意义，通过对以往工作情况的概括总结，以及对当前形势的分析，说明会议是在什么形势下、为了解决什么问题和达到什么目的召开的；第二，阐明会议的指导思想，提出大会任务，说明会议主要议程和安排；第三，为保证会议顺利举行，向与会者提出相应的要求。结尾部分提出会议任务、要求和希望要简短有力，有号召性和鼓动性，最后常用“预祝大会取得圆满成功”结束。开幕词的整体格调应与会议主题相称，富于号召力，能对与会者起鼓舞作用。

闭幕词是一些大型会议结束时由有关领导人或德高望重者向会议所作的讲话，具有总结性、评估性和号召性。凡重要会议或重要活动，与开幕词相对应，一般都有闭幕词，这是一道必不可少的程序，标志着整个会议或活动的结束。闭幕词通常要对会议或活动做出正确的评估和总结，充分肯定会议或活动所取得的成果，强调会议或活动的主要精神和深远影响，激励有关人员宣传会议或活动的精神实质和贯彻落实有关的决议或倡议。因此其正文部分首先说明会议已经完成预定任务，即将闭幕；然后概述会议的进行情况、会议通过的主要议定事项和基本精神，并恰当地评价会议的收获、意义及影响。同时也要对有关方面及人员表示感谢，对会议未能展开但都已认识到的重要问题做出适当强调或补充。结尾部分一般先以坚定语气发出号召、提出希望、表示祝愿等，最后郑重宣布会议闭幕。

(三)语言贴切，运用得当

讲话稿的语言是有声语言，即听觉语言。书面语言第一眼没看懂，还可以反复琢磨；有声语言则即听即逝，必须一言出口即让听众理解。为此，起草讲话稿，在语言运用上有一些特殊的要求。

1. 要庄重平实

所谓庄重，就是严肃、规范，合乎政论文的语体要求；所谓平实，就是通俗、直白，易于理解。这应当成为领导讲话的重要语言特色。特别是党政机关领导人在法定会议上讲话，更应如此。不能用花哨滑稽的网络语言、庸俗化的打油诗、顺口溜、笑话段子等。

2. 要形象生动

优秀的讲话稿，应该是沟通讲话人与听众感情的纽带，要以理服人，也要以情动人，应有一定的文采，可以适当修辞。例如，毛泽东在1949年6月15日《在新政治协商会议筹备会上的讲话》中，讲到新中国前景时说：“中国人民将会看见，中国的命运一经操在人民自己的手里，中国就将如太阳升起在东方那样，以自己的辉煌的光焰普照大地，迅速地荡涤反动政府留下来的污泥浊水，治好战争的创伤，建设起一个崭新的强盛的名副其实的人民共和国。”①这样的语言，不仅生动形象、鲜明感人，非常富有文采，而且对比强烈、感情充沛，真是激动人心。

3. 力求口语化

(1)少用长句式。理论文章中长句子很多，结构严谨，逻辑性强。但讲话稿如果句子长了，不仅讲话人说着费劲，也影响听的效果，听众也要跟着受苦。

(2)少用倒装句。倒装句是一种颠倒原有语序的句式，其目的是为了强调、突出句子的某些特定成分。如“终于过去了，中国最后一个王朝的统治!”就是主谓倒置，其作

---

① 《毛泽东选集》(第四卷)(第二版)，人民出版社，1991年，第1467页。

用是突出谓语。倒装句式具有特殊的表达效果，但主要用于视觉语言，在听觉语言中会有一定理解难度，不能被听众迅速捕捉和把握，因此讲话稿宜少用或不用倒装句。

(3)少用冷僻词语。或许有人觉得理论文章必须要使用术语，出现冷僻词语在所难免，但领导讲话稿很多情况下是面向大众的，除非是特别专业的会议，否则如果能将术语转化为通俗易懂的语言，效果会更好。

(4)少用单音节词。单音节词虽然简洁，但是不容易上口。例如，"在这次会上"不如"在这次大会上"读起来上口；"质量很好，且效益很高"，"且"字改为"并且"更适合于口语表达。另外，注意选用声音响亮的词汇，便于讲出气势、讲出感情。例如，"望各位努力，把工作做好"，就不如改为"希望大家共同努力，不断创造新的更大的成绩"，节奏抑扬顿挫，更易引发听众共鸣。

4. 避免歧义

汉语当中存在一些同音不同义的词汇，在书面语言中不会使读者误会，在听觉语言中，特别容易产生误解。例如，讲话稿中"全部参加"、"全部合格"当中的"部"容易被误听为"不"，如果换用"全都要参加"、"全都合格"或"百分之百合格"就能避免歧义；又如"计委"和"纪委"极易混淆，最好用全称"计划委员会"和"纪律检查委员会"，这样可以避免听众误解讲话内容。

第三节　会议记录、会议纪要与会议简报

会议记录、会议纪要、会议简报都是记录和反映会议内容的文件材料，但它们的作用各不相同，编写要求也不一样。

一、会议记录

会议记录是会议期间当场记录的关于会议的基本情况和会议上的报告、讨论的问题、发言、决议等的书面材料。它是关于会议进行情况的真实记录，是领导思想和指示的真实记载，既是会后传达贯彻会议精神和检查执行情况的重要依据，也是日后查考的历史凭证。从秘书工作的角度来说，会议记录还是形成会议简报、会议纪要及其他会议正式文件的基础，是进一步研究和解决问题的参考。

(一)会议记录的特点

(1)政治性。会议记录忠实记录了会议中领导决策的全过程，具有非常强烈的政治色彩。

(2)技术性。会议记录是一种即时性记录，要求记录人员必须具备较强的笔记能力。重要会议为慎重起见，还要安排录音、录像等手段作为会议记录的辅助，因此，要有一定的技术水平和设备操控能力，才能胜任会议记录工作。

(3)知识性。会议内容错综复杂，各方人士的发言千变万化，涉及知识面可能非常广，记录人员只有具备多方面的知识才能理解发言者的思路，把握好记录的重点和层次。

(4)被动性。通常情况下，记录人员无法预知发言者的发言内容、语言习惯、立场观点等，只能在记录过程中逐步适应，整个记录过程可说是完全被动的。

(二)会议记录的格式及要求

会议记录的总的要求是忠于事实，不能夹杂记录者的任何个人情感，更不允许有意增删发言内容。会议记录一般不宜公开发表，如需发表，应征得发言者的审阅同意。

会议记录的内容包括两部分。

1. 会议的组织情况

要求准确写明会议名称、时间、地点、出席人、缺席人、列席人、迟到或早退人、主持人、记录人等。一般单位都会使用专门印制的会议记录用纸，以表格形式列出相应的记录项目。

如果是群众性大会，只要记参加的对象和总人数，以及出席会议的较重要的领导成员即可。如果是某些重要的会议，出席对象来自不同单位，应设置签名簿，请出席者签署姓名、单位、职务等。

2. 会议的内容

要求忠实记录会议上的发言和有关动态，尤其是写明会议的主要发言和最后结果，如会议的决定、决议或表决等情况是会议记录的核心部分。会议结束，记录完毕，要另起一行写“散会”二字，如中途休会，要写明“休会”字样。

对于发言的内容，有三种记录类型：一是详细记录，即有言必录，要求会议过程中出现的所有言论都必须进行详细完整的记录，其他会议动态，如发言中插话、笑声、掌声，或临时中断等，也应予以记录。这种形式适用于决定重要事项的会议或主要领导的重要讲话。二是摘要记录，即择要点而记，只记录会议要点、主要言论和中心内容，适用于一般性会议或本身已形成其他文字材料的会议。三是简要记录，即只记发言者的基本观点、主要意见，适用于工作例会或基层单位的会议。

不论哪一种形式，会议记录应该突出以下内容：①会议中心议题以及围绕中心议题展开的有关活动；②会议讨论、争论的焦点及各方的主要见解；③权威人士或代表人物的言论；④会议开始时的定调性言论和结束前的总结性言论；⑤会议已议决的或议而未决的事项；⑥对会议产生较大影响的其他言论或活动。

就记录具体一个人的发言来说，要记其发言要点、主要论据和结论，论证过程可以不记。一句话当中，要记这句话的中心词，修饰语一般可以不记，可以适当使用简称、代称、统称和简化词语。另外还要注意上下文逻辑上的连贯性，一篇好的记录应当达到可以独立成篇的效果。

二、会议纪要

会议纪要是一种在会议记录基础上加工整理而成的、记载和传达会议情况及议定事项的公文文种。

会议纪要与会议记录的主要区别是：第一，性质不同。会议记录是会议中讨论发言的实录，属会议文书。会议纪要是会后形成的关于会议精神和会议决议的文字材料，是国家法定的行政公文，可以直接以公文的形式下发。第二，功能不同。会议记录一般不公开，无须传达或传阅，只作资料存档。会议纪要通常要在一定范围内传达或传阅，要求贯彻执行。第三，记录要求不同。两者都是对会议情况的如实记录，但会议记录是原始记录，要求完全忠实于会议活动，不能进行任何增改。会议纪要则是在会议记录的基础上经过分析、综合加工而成，已经融入了执笔人的观点和看法。

会议纪要主要包括以下几个方面的作用。

(1)向上级汇报会议的主要精神和主要成果，以取得上级监督(综合性、专题性、决议性会议纪要)。

(2)向下级传达方针政策、领导意图，以统一认识、开展工作(决议性会议纪要)。

(3)向平级单位通报情况、知照事项(消息性会议纪要)。

(4)作为会议双方解决问题的依据，对双方起制约作用(协议性会议纪要)。

(5)作为历史记录，以备查考(情况性会议纪要)。

会议纪要的格式及要求参见本书第五章的相应内容。

三、会议简报

会议简报是在大中型会议中由会议秘书组编印的、以简练的文字及时向会议领导或与会者提供会议进展情况、会场最新动态的一次性或连续性报道。其特点是简短、真实、迅捷。

会议简报与会议纪要不同，一次会议只有一份纪要，全面系统地反映会议的情况和精神。而会议简报只反映会议某个阶段或某方面的情况，一次会议可以分别形成若干份会议简报。另外，重要会议往往还会形成会议决议，决议只反映会议最后通过的意见和观点，纪要则要反映各种代表性的观点，会议简报只反映会议某方面的情况。

(一)会议简报的作用

(1)迅速准确地向会议领导部门和领导人员提供会议面貌和进展情况，使他们得以对会议进行全方位的指导，发现问题及时纠正。

(2)加强与会人员之间的信息沟通、经验交流、问题探讨，提高会议质量。

(3)完整地积累会议资料，丰富会议文书档案内容，为日后利用、研究工作奠定基础。

(二)会议简报的格式及要求

会议简报的编写，总的要求是准、快、简、新，抓住具有指导意义、能引导会议健康发展的内容加以报道。当然，涉及各级机密事项的内容不应随意报道。

会议简报通常由报头、报身(正文)、报尾三部分构成。

1. 报头

会议简报多有一套专门设计的固定版式。上面正中用醒目大字标明简报名称，可由会议名称和文种类别(简报)组成，也有的只标“会议简报”字样。下面要标明编印机关、印发日期、编号，编号常用括号标在标题正下方靠近标题的位置。

2. 报身

报身又称正文，是会议简报的主体。

会议简报正文的写法，要根据具体情况来定，通常大致有三种：第一种为综述法。由编者采集各方面的言论、意见加以概括而成，相当于一份会议的综合报道，将会议的进程、出席情况、发言和议程一一列入，全面加以反映。第二种是重点报道法。重点反映会议的某个重要报告的内容、小组讨论情况、一个或几个人的发言等。第三种为摘要法。摘录代表发言的概要，供与会者参阅。

3. 报尾

报尾在简报最后一页的下方，注明主送单位或个人姓名、抄送单位、印发单位和印发份数。

第四节　会议提案与议案

一、提案

提案是人大、政协、职工代表在会议期间依照法律程序或有关规定，对政府机关、党派团体、企业组织的工作提出建议、批评和意见的书面形式，是一种会议文书。

提案的写作，总的要求是要做到有情况、有分析、有建议。提案一般用统一印制的提案纸撰写，一事一案。

提案由案由、提案者和内容三部分组成。

1. 案由

案由即标题。案由的撰写要抓住提案的主旨，做到案由与内容一致，言简意赅。

2. 提案者

提案者即提出提案的单位名称或个人的姓名，包括通信地址、邮政编码、联系电话号码。以党派、人民团体、政协专门委员会名义提出的提案，须有该组织负责人签名并加盖公章；委员联名提出的提案，发起人应作为第一提案人，签名列于首位。

3. 内容

提案的内容一般包括两大部分，即案由分析及建议、办法和要求。

案由分析包括提案的理由、原因或依据，它是提案的核心部分，要据实撰写，简明扼要，切忌笼统、空泛。先提出案由，然后分析存在问题的原因或提出解决问题的依据。

建议、办法和要求是针对案由反映的问题，提出自己对解决问题的主张和办法。所提的主张和办法都要以现行的方针政策和法律法规为依据，在撰写提案之前要深入学习有关方针政策和法律法规，对所提提案的事项做深入的调查和分析研究，内容要实事求是，批评要中肯，分析要贴切，提出的对策建议要切实可行。

二、议案

议案是法定的行政公文，2012 年 7 月 1 日起施行的《党政机关公文处理工作条例》

规定，议案“适用于各级人民政府按照法律程序向同级人民代表大会或者人民代表大会常务委员会提请审议事项”。在实践中，议案的使用范围要大于上述限定。《中华人民共和国全国人民代表大会组织法》第 9 条规定：“全国人民代表大会主席团、全国人大常委会、全国人大各专门委员会、国务院、中央军事委员会、最高人民法院、最高人民检察院，可以向全国人民代表大会提出属于全国人民代表大会职权范围内的议案。一个代表团或者 30 名以上的代表，可以向全国人民代表大会提出属于全国人民代表大会职权范围内的议案。”《中华人民共和国地方组织法》第 14 条规定：“地方各级人民代表大会举行会议的时候，主席团、常务委员会、本级人民政府和代表(有三人以上附议)，都可以提出议案。” 2012 年《党政机关公文处理工作条例》中对议案所下的定义，仅限于各级政府向同级人大及其常委会提出的议案。

议案的分类、结构与写法参见本书第五章的相应内容。

三、议案与提案的区别

1. 性质不同

议案是行政公文文种，其制作主体只能是各级行政机关，必须按公文的制发程序办理；并仅限于向同级权力机关行文，不得以“议案”的形式向上级或下级机关行文。

提案是会议文书，其写作主体是个人，提案的作用是供有关部门今后决策时参考，有可能被采纳，也有可能不被采纳。

2. 格式及签署方式不同

议案要符合行政公文的格式要求，提案一般有印制好的提案纸，按规定项目填写即可。议案由政府的各级负责人以个人名义签署，有时也以政府名义签署；提案按一定组织办法、规章制度提出，须有若干人附议才能生效。

3. 内容不同

提案主要是代表对有关方面的工作提出建议、质询或批评、意见。议案有立法案、罢免案、质询案、预算案和其他有关国家及地方重大事项的议案(事项案)。

第四编

秘书『办事』

第十章

办公室事务工作

办公室作为机关、企事业单位内部的综合办事机构，是辅助领导处理日常公务的枢纽，是秘书人员的主要办公场所。所以，办公室建设与管理是秘书工作的重要内容之一，是每一个秘书人员所必须掌握的业务技能。

第一节　办公室概述

一、办公室的含义

办公室有广义和狭义之分。广义的办公室泛指一切办公场所，它是行政工作者处理日常事务的主要场所。狭义的办公室则专指履行秘书职能的办公机构，它是机关、企事业单位的综合性办公部门，以及为某一级别领导或某些特殊职业人员设置的办公机构（如局长办公室、校长办公室、经理办公室等）；另外，也有一些独立的工作机构是以“办公室”的名义设立，如国务院台湾事务办公室、招生考试办公室等。

本章所论述的办公室特指秘书机构，它是党政机关、企事业单位内部的综合性职能部门。在高级领导机关，这样的综合性职能部门一般称为办公厅，如中共中央办公厅、××省人民政府办公厅等；在一般机关或基层单位，则称为办公室，如××局办公室、××公司办公室等。

二、办公室工作的特点

办公室的职责概括起来主要有两点：一是政务服务；二是事务管理。因此，办公室工作呈现出服务性、繁杂性、灵活性、专业性的特点。

1. 服务性

服务性是办公室工作最显著的特点。通过办公室工作，秘书人员为领导摆脱大量繁杂事务，使他们能全身心地投入决策和管理；办公室也旨在为职能部门创造出一个协调和高效的环境，保证组织系统的顺利运转；当然，办公室更在领导、部门与人民群众间架起沟通与理解的桥梁，增强了单位的凝聚力与向心力。总之，办公室工作为机关各项活动提供了良好的物质条件和人文环境，解除了领导、部门与人民群众的后顾之忧。

2. 繁杂性

秘书人员在办公室中要承担起所有的事务性工作，如值班接待、会见会谈、日程安排、印章管理、沟通协调等，这些工作既事关机关工作大局，又繁杂琐碎、千头万绪。同时，事务工作完成的形式不一、手段各异、要求也千差万别，往往需要多人各负其责、分工协作。秘书人员对此要有心理准备，同时要培养良好的服务意识，做到事无巨细、耐心细致、团结协作、认真负责。

3. 灵活性

办公室的许多工作虽然已经程式化，但由于不可预知的各种变故和不确定因素较多，因此工作的弹性和可塑性很强，秘书人员只有随机应变，灵活处理各种变化，才能保证领导管理活动的正常进行。充分发挥主观能动性，变被动服务为主动服务，是办公室工作对秘书提出的又一要求。

4. 专业性

办公室工作涉及文字、信息、协调、自动化管理等诸多内容，需要秘书人员具有较高的专业知识和专业技能。秘书人员只有不断提升自己的知识与技能，与时俱进，才能适应领导对办公室工作的需要。

三、办公室的作用

秘书人员的主要服务对象是领导者，主要任务是为领导人出谋划策、办理日常事务。而作为一个综合部门的办公室，其面对的服务对象不仅是某一个领导者个人，既包括领导集体，也包括各个职能部门，还包括所属的人民群众。所以，较之秘书个体，办公室所发挥的作用是全方位的，而且更为关键和重要。概括而言，主要包括如下几个方面。

1. 指挥作用

办公室是机关领导或企事业单位主管人员进行决策、指挥的场所，犹如人的大脑。因此，做好办公室的协调管理和相关服务至关重要。秘书人员应该努力提高服务水平，营造一个良好的办公环境，创造良好的办公条件，为领导顺利决策、指挥奠定基础。

2. 枢纽作用

办公室是管理枢纽，一切信息在这里汇总、整理，一切指令从这里发出，日常各种事务在这里处理。所以办公室工作的质量和效率，关系到整个机关、企事业单位的工作质量和效率。

3. 窗口作用

办公室是机关和企事业单位与有关单位、部门进行业务联系，与社会公众、新闻媒体打交道的场所，也是对外联络、展示机关形象的窗口。人们从办公室人员的言行举止中可以看到本单位的组织形象和工作效率。所以，建立严格的制度，树立良好的办公室人员形象，对机关、企业事业单位的生存和发展至关重要。

第二节 办公室日常事务工作

一、值班工作

机关、企事业单位在8小时正常工作时间以外和节假日当中，还会有一些信息传递、业务交往，也会遇到一些突发事件，为了避免机关、企事业单位工作的“停摆”，便设置了值班工作。值班工作一般归口办公厅(室)领导，并由办公厅(室)负责安排本单位的值班表。

(一)值班工作组织形式

办公室值班工作的组织形式，依据其工作性质和规模大小有所不同。

1. 专职性值班

大中型机关、企事业单位和一些具有特殊性质的工作单位，一般设有专职值班室和值班人员，实行昼夜24小时值班。

这种专职值班室的工作内容就是负责值班，不涉及其他事务。在某些高级领导机关或特殊工作单位则设立总值班室，直属秘书长或办公厅主任领导，其地位与同机关内的办公室或秘书处相等，是独立的职能机构。

2. 轮流性值班

大多数中小机关、企事业单位不设立专职值班室，在8小时工作时间之外和节假日期间，由秘书人员和其他行政工作人员轮流值班。值班地点一般设在日间办公的场所。

3. 领导电话值班

近年来，许多领导机关为转变工作作风、密切与社会公众之间的联系，设置了各种热线电话，由秘书人员值班，进行接听、记录、汇报和协助处理。这是秘书人员值班工作的一种新形式。

(二)值班工作内容

1. 通信联络

秘书人员值班期间，应负责接收和传递各种邮件、公文，并按照文书工作的程序和要求进行处理。要接听、记录、处理电话事宜，保证本单位与其他单位之间的信息畅通。

值班室应该配备必要的办公通信设备(如电脑、电话、传真机等)，并保证其性能良好、运行正常，还应该备有本单位领导、各部门负责人以及公安、消防、交通、急救部门的电话号码、联络方式，以备不时之需。具体请见本节三、通信联络小节。

2. 公务接待和咨询

遇有来访的业务人员或客人，值班的秘书人员应按照正常的接待要求和接待礼仪做好相关接待工作，并妥善回答客人的咨询，尽量满足客人的要求。对于外地来访客人，必要时应提供联系食宿、预订车票等服务。

3. 处理紧急问题和突发事件

当遇到紧急公文或紧急情况，如发生自然灾害、事故或突发事件时，值班人员应做好传达信息、沟通协调、灵活处理等工作。

处理特殊事务时，秘书人员必须镇静自若、临危不乱。除了及时向有关领导通报情况、协助领导和有关部门妥善安排外，还应采取有效办法果断处理，避免贻误时机，给工作造成不良后果。

4. 承办领导临时交办的工作

领导有时候把一些临时性、随机性的工作交给值班人员处理，如迎送突然造访的客人、下发临时性会议通知、更改既定计划、紧急联络有关人员、检查某项工作等。值班人员要认真对待这些工作，向领导问明情况和要求，保证按时无误地处理好，并及时向领导复命。

（三）值班工作制度

值班室是展示机关形象的窗口，是对外联系、传递信息的枢纽，值班人员的精神状态、一言一行都关系到本机关的威信与形象，所以必须把值班工作纳入规范化管理的范畴，制定值班制度，对值班人员提出相应要求。

1. 岗位责任制度

值班人员必须遵守纪律，按时到岗。在值班期间必须坚守岗位、尽职尽责，做到“人不离机(电话)”。如遇特殊情况需要离岗，应提前向主管负责人请假，以便安排临时替班人。接班人员如果迟到，上一班的工作人员应坚守岗位，并电话请示主管，任何情况下都不得擅离职守。

2. 值班记录制度

值班记录主要指对《值班日志》或专用的值班记录表的及时填写。《值班日志》是值班工作的原始记录，其内容包括：值班时间、人员，处理有关问题时领导的指示以及处理结果，需要交代给下一班工作人员处理的待办事宜等。《值班日志》是对值班工作情况的真实反映，不仅是交接班的凭据，也便于日后查考。

对于突发事件、重要接待事项、重要会议通知等，值班人员还需编写正式的值班报告向领导进行汇报。值班报告的格式是：①标题：简明扼要地概括报告内容；②正文：叙述事件的起因、经过、结果和有关部门已经采取的措施；③附件：与报告相关的其他材料；④报告范围：注明上报的领导人姓名及相关部门。

3. 交接班制度

在值班工作中，上一班工作人员应把值班情况、办毕事项、待办事宜，按照《值班日志》的记载，逐项交代给下一班人员。这对于值班人员之间沟通情况、避免工作脱节具有重要作用。

4. 请示报告制度

值班人员在工作中，应本着认真负责的精神，慎重处理问题。除去常规工作可自行处理外，重要问题均应立即向领导请示汇报，并按照领导的指示办理，不能越俎代庖、擅自裁决。

5. 安全保密制度

值班人员在值班期间应集中精力、保持警惕，与本单位保卫人员密切配合，共同做好安全保卫工作。当然，两者各有偏重，保卫、保安人员侧重于室外巡视，值班人员更侧重于室内的信息沟通，两者协调配合，才能相辅相成。

值班人员对收到的机密文件和涉及的机密事宜，必须按照保密要求处理，不该看的坚决不看，不该说的坚决不说，做到严格保密。《值班日志》和《值班报告》应按规定妥善保管，无关人员不能随意翻阅。

值班人员不能把家属带入值班室，也不能接受私人来访，更不能在值班室内喝酒、娱乐、闲聊，做与值班无关的事情。

二、时间管理

秘书应当有强烈的时间观念和效益观念，具有管理时间的能力，不仅要管理好自己的时间，还要管理好领导的时间。

时间表是管理时间的重要手段，它是将某一时间段中已经明确的工作任务清晰地记录在表格上，提醒相关人员有计划地按照工作进程来有效开展工作。时间表可分为年度时间表、季度时间表、月时间表和周时间表，例行会议、重要工作事项、重要差旅活动等一般列入年度时间表，具体的安排和执行则体现在月时间表和周时间表中。

制定时间表的程序是：先由各部门领导提出下一阶段的工作安排，集体议定后，由秘书制表，经主管领导审定后下发实施。也可由部门领导书面或口头告知秘书，秘书进行综合整理和协调安排后，交主管领导审定。

例如，宏达公司的季度时间表如表 10.1 所示。

表 10.1　宏达公司第三季度会议时间表(2010 年)

周次	7月	8月	9月
第一周	上海会议	周一：上午，面试营销员(小会议室)	纽约会议，8 天
第二周	上海会议	香港会议，5 天	休假
第三周	周二：销售会议，传达上海会议精神(大会议室)		
第四周	周五：上午，部门会议	周三：公司办公会议(大会议室) 周五：上午，部门会议	周五：上午，部门会议

秘书在办公室时间管理中还应注意以下技巧。

(1)准确进行时间的定量分配。秘书应提前预测出每项工作各需要多少时间，以此为标准来进行时间的定量分配，使办公室能有序地从一项工作转换到另一项工作。

(2)保持时间的连续性和程序化。办公室的时间管理切忌将时间分割得零零碎碎，应将常规的工作程序化，按一定的标准化流程来做出规定。如固定每周一上午召开例会、每周三业务学习等。

(3)定期检查时间安排情况。秘书要经常性地检查各项工作的安排是否有变化、是否需要调整。同时，也要对以往的工作安排进行总结，及时纠正不合理之处。

三、通信联络

办公室通信联络工作主要包括电话管理和邮件收发两大方面。

(一)电话管理

电话是现代社会最常用的通信手段，秘书工作更是离不开电话。

1. 拨打电话

拨打电话的一般程序如下。

1)通话准备

情绪准备。电话是机械的，虽然它只能传声，不能传情，但“言为心声”，对方可以凭借电话中的语气、语调来判断通话人的态度，看出其修养和性格。所以，秘书在拿起话筒时就要调适好自己的心理状态，确保声音沉稳、亲切、语调柔和、措词得体，使人从中感受到一种热忱有礼、平易近人的态度。

内容准备。秘书在拨号前，应先整理好拟通话的内容要点，以便在通话中清楚完整地把相关内容表达出来，避免遗漏，尤其是时间、地点、人员等具体事项的传达，应准确无误。涉及较复杂的工作内容时，秘书手头还应准备好相关的文件、资料等，以便对方提出疑问时及时做出解释。

拨号准备。拨号之前要先查对好对方的电话号码，不要摘机后再查。另外，要考虑对方的作息时间，国际长途通话要计算好时差，尽可能在对方方便的时候拨打。

2)正确拨号

摘机后要立即拨号。耐心等待线路接通，至少让电话铃响 6 次以上，确认对方没人应答才收线。

国内通话按下列顺序拨两组数字：地区号＋对方电话号码。国际长途电话的拨号顺序是：国际识别码＋国家区号＋城市区号＋对方电话号码。

3)自我介绍

自我介绍是通话的基本礼节。电话接通后，如果对方未自报家门，首先应用亲切的语调向对方问好并确认对方是否是自己要找的对象。例如，“您好！请问是××公司吗?”对方确认后，便可作自我介绍(包括介绍自己的工作单位和自己的身份)，如“您好，我是××公司的秘书××”。

4)提出通话请求

自我介绍后，便可向对方提出具体的通话请求，如“请问××先生在吗?”如果所要找的人不在，可视情况留言或另约时间通话，并客气地询问对方所属部门和姓名，表示感谢。

秘书只有在事情重要而又比较紧急时，才会直接找对方上司通话。对方接话人往往是秘书或其他工作人员，他们出于工作需要总是尽可能分担上司的工作压力，主动“挡驾”。这时，就需要与对方友好协商、语气诚恳，告知对方确实有要事需直接与对方上司通话，希望协助。接通对方上司后，应先问候，语气尽量恭敬，声音尽量和悦客气，然后告知有关具体内容；对于需征求对方意见的问题，应给对方较大的回旋余地，以商量、恳请的语气告之；对于对方一时不能决定的问题，可主动提出：“是否我迟些再打电话给您?”总之，与对方上司通话，要表示出充分的尊重和敬意。

有些情况下秘书是替自己的领导拨叫电话，当领导要找的人接通后，秘书应先请对方稍等，再立即将话筒交给领导。若需要接通的是地位比自己领导高的人，和对方秘书说完后就应让领导接电话，并告诉领导对方马上就会过来。

5)陈述通话事项

在确认对方是自己所要通话的对象后，应简明扼要、准确清楚地陈述预先准备好的通话内容，特别重要和容易弄错的事项，如时间、地点、产品数量、型号、解决方案、步骤等，应进行强调，也可要求对方复述，确保准确无误。对方如就某些问题提出疑义，秘书应耐心加以解释。

通话过程中如遇紧急事项必须中断通话马上处理时，须向对方道歉，处理完毕继续通话时，应再次致歉；如果处理的时间较长，可向对方略做解释，另约时间通话。

6)道别挂机

告别一般是通话的主叫方提出，可以委婉地说：“您看还有什么问题吗?”对方表示没有问题，即可使用“谢谢”、“再见”、“希望保持联系”之类的礼貌告别用语结束通话。挂机时，最好先用手按住叉簧、切断通话，再放下话筒。

7)整理记录

对于重要通话，应将相关情况做好记录，以备核查。

2. 接听电话

接听电话的一般程序如下。

(1)及时应答。秘书应在电话铃响第二声后应答。铃响第一声即拿起听筒，可能会让对方觉得突兀，而铃响超过三声，则显得失礼。若确实有事在忙，接听后应先向对方致歉：“不好意思，让您久等了。”

秘书手边应常备记录用笔、电话记录本或便签，应答电话的同时即准备好做电话记录，不要等到有记录需要时再去寻找，更不可要求对方等待自己记录。

(2)自我介绍，并辨明对方身份。秘书接电话时应主动自我介绍：“您好！这里是××单位。”应做到吐字清晰，语气热忱而亲切。一般来说，对方也会作相应的自我介绍，如对方未介绍，秘书就应当用礼貌的方式了解对方身份，可以直接问：“请问您是哪里?”

(3)聆听并记录对方陈述。对方陈述相关事项或要求时，秘书应集中精力、认真聆听、细致记录，暂停手头上其他工作。不要漫不经心地接听，也不要同时与办公室其他人员交谈。通话事项中如有不清楚、不明白的地方，可恳请对方重复或加以解释。重要事项秘书应复述，并请对方核对，以确保信息准确、完整、与对方的请求完全一致。

(4)道别挂机。

(5)及时处理来电事项。挂机后，秘书首先应及时整理原先记在便签上的电话记录。重要来电应将通话内容完整登记在电话记录簿上，并立即向领导汇报。对于需要办理的重要电话，应填写专门的重要电话处理单(表 10.2)，送交办公室负责人或分管领导。

表 10.2 重要电话处理单

来电时间	
来电人(单位、职务、姓名、号码)	
来电内容	
接电人	
拟办意见	
领导批示	
处理结果	
备注	

3. 甄别来电

秘书在处理电话过程中，一项特殊的任务是甄别来电。尤其是要求与领导通话的来电，秘书一定要进行过滤。

一般情况下，甄别来电可从以下几方面着手。

1)巧妙探听

对方未表明身份时，秘书切不可唐突地直接问：“你是谁?”而要巧妙地探听。可以说：“您要找的××先生正在开会，请问我要转告是哪一位打电话找他?”或者：“××先生现在有客人，您能否让我转告他等一下再联系您，请问您是哪位，找他有什么事?”如果对方坚持不表明身份和来意，秘书应履行“挡驾”职能，可假称领导真的无法来接电话，请对方留下联系方式，以便回话。

2)判断由谁来接电话

对方表明身份和来意后，秘书要迅速判断来电的重要程度，确定是由自己直接答复，还是转接其他部门，抑或请领导亲自处理。原则上，秘书应尽量减少领导受到外界不必要电话的干扰。为此，秘书对本单位各部门的业务范畴与领导班子的工作分工要非常熟悉，避免转接不当、耽误工作。如果秘书一时判断不了，也可请对方稍等，请示领导意见后再做决定。

3)灵活处理

有些电话经甄别后本应由领导接听，但领导无法或不愿接听，秘书就要视情况灵活地处理。领导不在，可直接告知，并谦和地请问对方要不要留话。领导正在开会或会客，可请对方稍候，然后轻轻搁下话筒，给领导递张纸条，写明来电者的身份或事项，请示领导如何处理。即使领导明确表示拒接电话，秘书也要巧妙地应对来电者，不能让对方觉察出这是领导的用意。

(二)邮件收发

秘书处理邮件的工作包括接收邮件和寄发邮件。

1. 邮件的接收程序和方法

1)收取

一般情况下邮件会经由传达室或收发室送达，秘书要注意掌握邮件送达自己办公室的时间规律，尽量保证在邮件到达时不离开办公室，以便当面收取。机要邮件要注意先清点，检查无误后要填写交接单，尤其写清楚时间、件数和经办人等项目，交接双方同时签字。

2)分拣

邮件收到后，秘书应根据一定的标准进行分拣。例如，可以按照急件、要件、密件、普通件、私人件等进行区分，归置到不同的文件夹中再做相应的处理。私人件可按照收件人的部门和姓名来区分，以便分发。报纸、杂志、广告、传单等，按单位惯例集中放置或处理。

3)呈送

邮件分拣之后，秘书可根据领导的要求或单位惯例，视情况呈送邮件。一般来说，急件、要件、密件、私人件应尽快呈送至相关部门和个人。密件和要件应编上序号、进行登记，并要求收件人签字。收信人是单位名称或办公室的邮件，由秘书对其拆封、阅读、处理。

4)拆封

拆封邮件须先让里面的信纸等物沉落在信封的左边，用剪刀拆右边侧，注意保留对方的地址、邮编、邮戳等重要信息。拆封后，秘书应先对信函内的物件进行检查、登记，并用大头针或回形针将信封、信件及信函内的物件别在一起，妥善保管，以供日后查证。

5)处理

由秘书拆封的邮件，阅读完毕，应摘录要点、填写信函处理单，转呈部门或相关领导阅处，也可视情况由秘书直接办理或回复。如果邮件是正式公文，则按公文处理程序办理。

2. 邮件的寄发程序和方法

1)检查核对

对准备寄发的信件逐一检查，查看附件是否都放进信封，信封和信件内容是否对应一致，应该做出的标记是否已经标注，确保无误后再封装。领导或其他部门交给秘书寄发的邮件，还应对收件人姓名、地址等进行核对。

2)登记交邮

秘书应在寄发登记簿上逐一登记所寄发的邮件，以便日后核查。

3)保管收据

挂号件、特快专递等，秘书应在交寄单或收据背面记下邮件发往的单位与收件人，然后贴在登记簿的“备注”栏内，以备查证。

3. 电子邮件的处理

电子邮件(E-mail)是一种运用计算机终端通过互联网进行信息交换的现代通信手段，可以在任何时候传送到一个或同时传送到几个能以计算机终端接收信息的目的地。使用电子邮件费用低、速度快，实现了同时、多向的信息传送，具有其他通信方式无法企及的优势，已成为现代通信联络的重要手段之一。

秘书应养成经常打开电子邮箱查看邮件并及时回复的职业习惯。目前，大多数国家规定电子邮件与普通邮件一样可作为法律证据。因此，使用电子邮件必须注意保存，所有发出和接收的重要邮件都应当及时备份。

1)电子邮件的撰写

电子邮件的文体格式类似于书面交谈式的风格，开头要有问候语，结尾可加一些礼仪性的祝福语，如“祝您顺利!”“祝工作愉快!”“祝商祺!”等。最后应有落款。

与普通邮件不同的是，所有电子邮件都有一个“主题”栏需要填写，这是接收者了解邮件的第一信息，可以让收件人迅速了解邮件内容并判断其重要性，因此要认真填写。主题栏留空可能被接收人视为垃圾邮件，同样，冗长到让网页不能显示以致出现省略号的标题也起不到提纲挈领的作用。回复对方邮件时，可以根据回复的具体内容更改标题，不要简单使用自动生成的 RE 格式。

电子邮件正文不适于长篇大论，应简明扼要地陈述相关事项，最好采用条款式或段落式，但也不宜太长，最好不要让对方拉滚动条才能看完邮件正文。如果具体内容确实很多，正文应只作摘要介绍，然后单独写个文档作为附件发送。

由于电子邮件可轻易地转发给他人，因此措辞应顾及各方面的影响，尽量谨慎、客观。发送邮件之前，务必自己仔细阅读一遍，检查行文是否通顺，拼写是否有错误。如果是英文邮件，最好把拼写检查功能打开；如果是中文，要特别注意检查使用词组或联想输入时造成的错误。另外，对于专业内容或带讨论性质的邮件，可配合图表加以阐述。可以用大写字母、粗体斜体、颜色字体、加大字号等手段对重要信息合理加以提示，但一定注意不能过多，也不要用过于古怪的字体。最好不用背景信纸。“:)”之类的笑脸字符只适于某些确实需要强调轻松气氛的邮件中，如果是正式的公务、商务信函，最好慎用。

电子邮件末尾加上签名档是必要的。签名档可包括姓名、职务、公司、电话、传真、地址等信息，但信息不宜行数过多，一般不超过 4 行。也可引用你的座右铭或公司的宣传口号等作为签名档的一部分，但切记一定要得体。

2)电子邮件的发送

最好在一次邮件中把相关信息全部说清楚、说准确，避免多次发送“补充”或“更正”之类的邮件，这会增加对方查阅的工作量，让人反感。

如果邮件带附件，应在正文内提示收件人查看附件，同时对附件内容做简要说明(特别是带有多个附件时)。如果附件是特殊格式文件，应在正文中说明打开方式，以免对方误操作，影响使用。附件数目不宜超过 4 个，数目较多时应打包压缩成一个文件。如果附件过大(不宜超过 2MB)，应分割成几个小文件分别发送。最后，附件文件也应按事由命名，不要笼统含糊地称之为“附件一”、“附件二”。

秘书应主动控制邮件的往来，只给需要信息的人发送邮件，不要动辄群发，并注意避免对方无谓的回复给自己增加工作量。比如告知类的邮件，可在文末注明“仅供参考，无需回复”等字样。

另外，还要注意正确使用发送、抄送、密送、群发、分别发送、转发等不同的发送方式。“发送”(To)是指对方要受理这封邮件所涉及的主要问题，并理应对邮件予以回复响应。“抄送”(CC)的人则只是需要知道这回事，没有义务对邮件予以响应，当然如果对方有建议或意见，也会回复。“密送”(BCC)即秘密发送，使用密送时，其他收信人看不到相应的密送信息。“群发”是对收信人进行群体式发送，可以一次性发送多个对象，非常方便。但群发邮件只用于向所有收件人做出的统一表态，如果你对个别人有不同的意见，应该与其单独沟通，不要使用群发功能。出于礼节考虑，也可以选择“分别发送”。这是一种群发单显的发送方式，每个收件人看到的都是该邮件单独发给了自己。“转发”是将自己收到的邮件原文转至另一收信人。转发之前，首先应确保收件人确实需要此信息；其次，转发敏感或者机密信息要小心谨慎，不要把内部消息转发给外部人员或者未经授权的接收人；再次，最好对转发邮件的内容进行修改和整理，以突出所要告知对方的主要信息；最后，应避免将已转发多次的邮件原样再转发给原发信人。上述无论何种发送方式，各收件人的排列均应遵循一定的规则，如按部门排列、按职位等级从高到低或从低到高排列等。

3)电子邮件的回复

秘书应养成及时回复电子邮件的习惯，理想的回复时间是两小时之内。如果邮件所涉及的事项比较复杂，无法马上做出确切的回复，可先回复一些简短的信息，如“来邮已收到，我们正在处理，一旦有结果会及时回复”等。对于一些优先级低的邮件，可集中在工作不太忙的特定时段处理，但一般不要超过 24 小时。如果正在出差、休假或其他原因不能及时回复邮件，应设定自动回复功能提示发件人。

不要就同一问题多次表态回复对方。如果收发双方就同一问题的交流回复超过 3 次，说明交流不畅，或存在较大分歧，此时应采用电话等其他方式进行更为直接的交流。如果确实只能通过电子邮件联络，应及时对之前反复讨论的结果进行小结，突出有用信息，提高效率。

回复电子邮件时，应尊重对方的语言选择和电脑编码(简体、繁体等)。原则上，如果对方是外籍人士，应该使用英文；但如果对方来邮采用中文，就应以中文回复。另外，如果对方是华人，但其收件地是非华人地区，最好采用英文交流，以免由于编码的问题造成中文邮件显示为乱码。签名档的文字也应与正文文字匹配，以免显示不全或出现乱码。字号可比正文字体小一些。

最后一点要注意的是，电子邮件很容易感染计算机病毒，而且随着网络技术的发展，病毒系统也在逐步升级，新的病毒类型层出不穷，秘书在使用电子邮件的过程中，一定要掌握反病毒技术并严格实施反病毒措施。

4. 领导外出时邮件的处理

在领导外出之前，秘书应主动向其请示在此期间邮件的处理方法(包括普通邮件和电子邮件)。如领导未明确授权于其他人，秘书应把需其亲自处理的邮件分类保存下来。遇有“急件”或其他重要邮件，秘书应尽可能与来信方联系，告知领导出差、无法马上答复。

经领导授权、秘书代为处理的邮件，秘书应在回函中向对方说明情况，签名时写上自己的职位，并在发出前做好复印或备份，以便领导回来时进行汇报。

四、印信管理

印信管理是指对印章和信证的管理。印章和信证是各级各类组织对外联系的标志以及行使职权的凭证，加强对印信的管理和严格按规定使用印信，是秘书部门和秘书人员的重要职责。

(一)印章管理

秘书部门掌管的印章主要有四类，即机关单位的公章、机关单位领导公用的私章、秘书部门的公章以及各类业务专用章等。无论哪类印章，都是机关或组织职权的象征，具有法定的权威性。同时，人们对机关的权力、地位的认可，一般是以印章为凭据，因而印章具有使文件被承认和执行的效用性。因此，秘书应当严格按照规定使用和慎重保管印章。

1. 印章的刻制及颁发

印章的生成有两种情况：一种是本组织在批准后刻制；另一种是上级主管机关颁发。

印章的刻制是印章管理工作的首要环节，要严格按照相关规定，组织公章一律不得私自刻制。组织被正式批准成立、在公安部门登记后，才能由专门刻制厂制作印章。印章刻制之前应先请示上级，报批时要同时将拟定的式样、尺寸、印纹、图案、字体等内容和章程一并上报。承制单位或刻字者一律不准留样和仿制。验收合格的印章，应立即进行登记，盖好印样以备核查。

颁发印章前，应对即将颁发印章的对象进行严格审查，必须确认是确有实际需要的法定机关。上级领导机关向所属下级机关颁发正式印章，必须正式行文。我国的各级人民政府公章，一律由上级人民政府刻制颁发。下级单位领取上级颁发的印章时，必须由专人持本单位领导签名的介绍信领取，并严格履行接印手续。

2. 印章的启用

启用新印章，需要按印章制发权限，由上级机关或代管机关向下级机关发布正式启用印章通知，并附上印模。启用通知上印模应用蓝色印油，以示首次使用。启用通知发放范围应根据印章的使用范围而定，如果同时有旧印章作废，应附上旧印模作为比较。

单位新成立尚未刻制印章或单位名称、隶属关系改变、原印章不能使用时，可采用代章，并注明“代”字样。

3. 印章的保管

组织印章必须指定忠实可靠的专职秘书保管，未经上司批准不得擅自委托他人代管。一般情况下，印章保管者也是具体用印者，秘书机构必须严格审查和挑选，平时应加强教育和考查。

印章要在办公室内使用，不得擅自拿出办公室。所有印章都应置于牢固的橱柜里，配好相应的锁。保管人员注意不得随便将该钥匙委托他人保管或随意将钥匙插在锁孔后离开。在节假日，安保人员和值班人员应加强对印章保管处的保卫工作，一旦发现印章有异常现象或丢失，应该保护现场，及时报告上司，迅速查明情况，妥善处理。必要时报告公安部门协助查处。

秘书取拿印章应注意轻取轻放、避免破损。为保持印章清晰，具体保管人对所保管的印章应经常清理、保持卫生，以期保证印章使用质量。

4. 印章的使用

秘书使用印章是一项严肃的工作，尤其是组织公章的使用，必须严格用印，防止发生任何事故。

除常规性签印外，使用印章要经过相关领导的审核批准。一般证明用印可由机关秘书长或办公厅(室)主任批准，其他可遵循单位的用印审批惯例。如果发现问题或情况不明确，要及时请示，经领导核准后方可用印。

用印前，还应对所盖印的文书内容、手续、格式、份数进行认真检查，尤其是对一些特殊情况的用印，更要细心检查，必须确认一切与批准的文件相符才能用印。用印时，要在用印登记表上进行详细登记，注明用印时间、用印部门、用印内容、用印数、用印申请人、批准人、经办人等(表 10.3)。批准手续和用印登记均要保存备查。

表 10.3 用印登记表

编号	用印时间	用印部门	用印内容	用印数	用印申请人	批准人	经办人	备注

秘书在加盖印章时要用力均匀，必须保证位置恰当、图形清晰、字组端正、印面清洁。尤其加盖钢印，应加盖在照片的脖子和衣领以下与证件交接的部位。务必使照片上不仅有钢印圆印迹，还印有字迹或图案，以防伪造或自行更换照片；也不能过上盖至脸部而影响辨认。钢印印迹尽量正置，以示权威和严肃。

值得注意的是，使用不同的印章或加盖在不同的位置，其意义、作用是不同的：常见的落款章，加盖在文书的落款处，用来表明作者的法定性和文件的有效性。加盖的部位，按照规定应在落款处的年、月之间，应做到“骑年盖月”。带有存根的公函、介绍信，要加盖在正本和存根连接处的骑缝线上，以便必要时查核。更正章是对文书中的错字等更正之后、用加盖更正章的办法作为作者自行更正的凭信。密封章是在公文和其他重要文件封套的封口处加盖印章，以满足传递途中的保密需要。任何情况下，都不得在空白纸或空白介绍信上用印。

5. 印章的停用和销毁

组织变动或组织名称改换、上级有关部门通知改变印章图样、印章损坏等原因都会导致原印章停用。原印章停用，要尽快通知有关单位，宣布原章失效。通知中要说明停用原因，最好还要附上印模，并写明停用日期。

印章停用后，就成为废章。停用的正式印章要按照有关规定和上司指示，及时将作废印章送交制发机关封存(不得在原单位长期存留)、定期销毁。销毁印章应报经组织负责人审核批准，主管印章的人员应在销毁现场监销，或者经主管单位批准后自行销毁，并进行登记，留下印模存档，以备核查。

(二)信证管理

信证是介绍信和各种凭证的统称，属于公务文书。

1. 介绍信的管理

介绍信是以本组织的名义出具用来介绍前去联系工作、洽谈业务人员的身份和任务的专用信函。通常由被派遣人员携带前往，当面出示给对方，既可以证明身份，还代表一个组织的法定授权。

介绍信从形式上来说一般有便函式和联单式两种。

1)便函式介绍信

便函式介绍信是在单位信笺上手写或打印，多为书信格式，落款签上本组织全称并加盖公章。便函式介绍信多用于以机关、团体或个人的名义陈述确凿的证据、证明某人身份、经历或有关事件的真实情况等，供接受方作为处理和解决事情的依据，因此也被称为证明信。证明信可以组织的名义来写，也可由组织通知相关的个人来写。如果是个人所写，有关组织一定要仔细调查，确保内容准确无误，最后除了个人签字或盖章以外，还须有组织盖章。如果证明材料不止一页，应注明“此件共×页”，并将各页材料的右边沿均匀错开，加盖骑缝章。

2)联单式介绍信

联单式介绍信又称为存根介绍信，形式上是铅印的两联或三联，文字和形式都很固定，多为介绍某人到某地办理比较单一的业务，其中姓名、人数、身份和联系事项等需临时填写。开具时通常盖两次印，一次为骑缝章，盖在正文与存根的连接线正中，上下各占半颗印；另一次盖在单位署名上。填写、办理完毕后，一联存根，另一联用于外出使用。

开具介绍信须经主管领导批准，应严格按规定内容填写，不能含糊笼统，存根和正文应保持一致，并注意填写有效期。严禁发出盖有印章的空白介绍信。如有特殊情况，也需要上司批准，将上司的批准文字粘贴在存根上，以备查证。领用人要履行签字手续，以示对领用介绍信负责。

领用人若丢失介绍信，应及时报告开具介绍信的组织；涉及重要事项应及时通知前往组织，以免被人冒名顶替而造成损失。

介绍信应指定专人掌管，一般由保管组织公章的秘书保管。介绍信保管与公章保管的管理制度类似，要保证存放安全，不能缺页或丢失。介绍信开出后如未使用，应收回，贴于存根联上，并加注明。介绍信存根要与领用申请书、作废的介绍信和退回的空白介绍信粘在一起，妥善保存归档，以备查证，任何人不得擅自销毁。

2. 凭证的管理

凭证的种类很多，如选民证、代表证、出入证、毕业证、工作证、通行证、奖状、聘书及有价证券等，也是单位经常使用的一种证明材料。凭证一般都需要加盖印章才能生效，盖章时要进行严格的审批。不经有关领导批准，秘书不得擅自给凭证盖章。

对于已经制好的各种凭证，应按顺序编号，颁发、领用时要履行严格的登记和签收手续，要建立科学的分发和管理制度。对于本组织所发放的各项凭证，也要建立登记制度，内容包括凭证名称、印制份数、用途、分发对象、领取人等，以备查考。

所有的凭证文件都具有很高的查证价值，大都要永久保存。因此，秘书对于办公室存放的各种凭证要妥善保管，选择保密的地点锁存，不得随意放置。应进行定期检查，发现问题及时采取相应措施。一切与凭证相关的证件、抄件、存根、复制件、文稿、草图等都应及时整理，妥善保存、归档，不得自行销毁。

五、差旅工作

差旅服务就是为上司的公务旅行提供各方面服务。公务旅行有两种类型：其一是到所管辖的地区或下级单位调查研究、布置任务、检查工作、处理问题等，可以概括为“下基层”；其二是到外地出席会议、进行商务谈判、接洽业务、观摩考察等，可以概括为“出公差”。

秘书人员的差旅服务又叫随从工作，主要是指与领导公务旅行相关的各项具体服务工作，包括旅程安排、旅费准备、落实交通住宿等。并不是随从领导在外所做的所有工作都是差旅服务，如跟随领导下基层进行调查研究，或陪同领导参加重要谈判时，其中调研和谈判的业务就不能归入差旅服务。

随从工作的形式有三种，即固定式、相对固定式和不固定式。固定式主要是省级以上领导干部、重要的专家学者等，国家专门为之配备一名或几名秘书，属固定的随从秘书。相对固定式主要是在市县一级。市、县领导干部一般都有具体的职责分工，秘书人员从正副秘书长、办公室正副主任到科长、科员也对应分工，客观上形成某些秘书较多地为某些领导服务，随从关系相对固定。不固定式是针对小型的机关单位，这些单位的领导人员外出时，往往由办公室临时确定秘书人员作为随从。

秘书为领导提供差旅服务无论是对组织、对领导还是对秘书自身都具有重要的意义。

第一，公务旅行日程一般都安排得很紧张，不仅会议、谈判等活动的时间定得很死，飞机、火车等的时间也不能变动，弹性很小。秘书良好周到的差旅服务可以为领导创造良好的工作和生活条件，节省领导精力，避免延误工作，从而提高领导公务活动的效率。

第二，领导公务旅行无论是汇报工作、视察调研，还是商务接洽、考察交流，常常需要面对比较陌生的工作环境，需要直接与各级干部群众、商务伙伴等进行广泛的交往，不但面临复杂的人际关系，甚至可能要应对自然环境及不可抗力所带来的各种不确定因素。秘书良好的服务和各方面的支持可以使领导以最好的精神状态来应对各项未知因素，妥善处理各种复杂局面，有利于树立单位的整体形象。

第三，差旅服务还有利于锻炼秘书自身的才干。领导外出工作一般只带一名秘书，这个秘书不但要为上司的各项工作提供服务，而且还要安排上司的吃穿住行和安全警卫等，因此对秘书自身的综合协调能力、交际沟通能力、随机应变能力、具体办事能力、快速撰文能力等各方面都是一个很好的锻炼，是秘书提升自我、获得进一步发展的机会。

秘书为领导提供差旅服务主要包括以下内容。

(一)制订差旅计划

为了保证领导能在出差期间有限的时间里有条不紊地、高效地工作，秘书必须先行为领导拟订一个合理的计划。一般来说，旅行计划应考虑如下几个方面。

(1)地点。包括本次出差的目的地(包括中转地)、各项工作活动的开展地以及食宿地点。

(2)时间。出差时间的长短、出发及到达目的地时间、各项工作活动的具体时间安排等。

(3)交通工具。如自行驾车前往，应做好驾驶人员及车辆的相关安排，如乘坐公共交通工具，则应详细了解车、船、飞机班次，提前订票。

(4)旅行内容。即旅行的活动内容，如访问、洽谈、考察、座谈、宴会、娱乐活动等。如将参加某些特殊仪式(如剪彩、参拜等)，一定要为领导提前做好相应准备。

(5)资料、物品携带。根据差旅内容必须携带的资料、物品等。

(6)领导出差回来后的相关安排。包括接站、文件资料等的汇总整理、核算报销差旅费等。

时间较长、前往地点较远的公务旅行，差旅计划应一式四份——一份存档，领导及其家属各执一份，秘书执一份，以便各方随时保持联系。

制订差旅计划时还要注意：①遵守组织有关差旅活动的相关规定，尊重上司的意图和要求。②时间安排应有一定的弹性，在保证完成工作任务的同时，充分考虑上司的身体情况，并尽量留出一定时间便于领导处理私务。③可多拟订几个备案供领导参考、选择。

(二)票务工作

秘书为领导安排旅行，要按有关规定和要求精心选择，设计方便、经济、合理的路线，并提前做好车、船、机票的预订工作。

办理航班票务时要注意：一要确保飞机班次、日期、途经城市、到达城市等信息的准确；二要注意机票上的姓名要与护照(身份证)上的拼写相同；三要随时关注航班延误、取消等相关信息，及时做出调整，以免情况变化时耽误行程。

(三)酒店预订

领导参加会议、视察、调研等，一般邀请方会安排住宿，秘书只需与对方秘书做好对接工作即可。如果对方没有安排，秘书就须提前预订酒店。秘书可按照领导的大致要求，通过上网、翻阅当地旅行指南、地图和旅行手册等方式，了解酒店的确切位置、交通情况以及相关设施、收费标准等信息，在征得领导同意后适时预订。

如果秘书不随同领导出行，在酒店预订以后，最好请酒店传真一份确认证明，并将之附在领导随身携带的差旅计划后面。秘书还应询问清楚酒店的结账时间，在差旅计划中做好备注。

（四）出国事务

1. 体检

世界上许多国家明文规定不允许患有某些疾病的外国人入境。因此，预备出国的人员首先必须在国内进行体格检查，办理“黄皮书”(《国际预防接种证书》)。秘书要帮助领导做好相应的安排。

2. 办理护照

中华人民共和国护照是中国政府发给中国公民，供其出入国(境)和在国(境)外旅行或居留时证明其国籍和身份的证件。任何国家都不允许没有护照的外籍人士出入其边境，因此，凡出国人员均须持有护照。

中华人民共和国护照分为外交护照、公务护照、普通护照和特区护照。公务护照又分为公务护照和公务普通护照。特区护照分为香港特别行政区护照和澳门特别行政区护照。外交护照、公务护照和公务普通护照统称为“因公护照”。其中，外交官员、领事官员及其随行配偶、未成年子女和外交信使持用外交护照。在中华人民共和国驻外使馆、领馆或者联合国、联合国专门机构以及其他政府间、国际组织中工作的中国政府派出的职员及其随行配偶、未成年子女持用公务护照。前两种情形之外的公民出国执行公务的，由其工作单位依照相关规定向外交部门提出申请，由外交部门根据需要签发外交护照或者公务护照。公民因前往外国定居、探亲、学习、就业、旅行、从事商务活动等非公务原因出国的，由本人向户籍所在地的县级以上地方人民政府公安机关出入境管理机构申请普通护照。在国内，外交护照由外交部签发。公务护照由外交部及其授权机关(各省、自治区、直辖市的外事机构)办理。普通护照则由公安部授权的有关机关办理。在国外，护照由我国驻外使、领馆等外交机构负责办理。

秘书应主动协助上司办理好护照，办理时应注意以下几点。

第一，带齐有关证件。如主管部门的出国任务批件、出国人员政审批件、所去国有关组织的邀请书、工作单位的派遣函或证明(法人本人可以免交派遣函，但须交验营业执照副本)等。

第二，准备好相片。到公安部门指定的照相点照相，按相关标准出像。相片应准备10张左右，办签证时也需用。

第三，准确填写有关资料。

第四，办好护照后，应仔细核对检查护照填写项目，如姓名、籍贯、出生年月和地点等是否准确无误，尤其是姓名的汉语拼音拼写是否正确，授权发照人的签字和发照单位的盖章(包括钢印和发照机关印章)是否齐全等。核对完毕，持照人应在签字栏上签名。根据国际规定，如果持照人没在护照上签名，护照会被视为无效，出境、入境、银行开户、法律交涉等都将难以进行，有的国家甚至会对未签名的持照人予以拘留审查。

按规定，外交护照和公务护照有效期最长不超过5年，普通护照有效期最长不超过10年，期满后换发新照。香港特区护照的有效期一般为10年，签发给16周岁以下儿童的护照有效期为5年。澳门特区护照有效期一般为10年，签发给18周岁以下儿童的护照有效期为5年。

护照必须妥善保管，不得污损、涂改，严防遗失。万一不慎遗失，应立即向发照机关挂失、查找。若在国外，还应同时通知所在国有关当局，如查找不到，应申请补办。

接受外籍人员工作的组织，如果外籍人员不慎丢失了护照，秘书应尽快协助其到公安局出入境管理处报失，出入境管理处核查后发给护照丢失人护照报失证明，凭证明到护照国驻我国使、领馆申请补发护照或有效证件，然后再持证件到出入境管理处办理相应的签证后方可出境。如在我国领不到新护照的，有关部门会发给专供出境用的证件。

3. 办理签证

签证(visa)是各主权国家发给外国或本国公民出入国境或在本国经过、停留、居住的许可证明。签证一般可做在护照上，有的也做在其他身份证件上。如前往未建交国，一般用单独的签证，与护照同时使用。我国的签证一般做在护照上。

签证一般按出入境性质分为出境签证、入境签证、出入境签证、入出境签证、再入境签证和过境签证六种类别。

一般来说，途经一国的过境签证有效期为一个月，过境停留时间为三天，前往某个国家的入出境签证有效期为半年，居留期限为一个月，入出境一次。

办理签证，一是由本人亲自持护照和有关申请签证的材料到旅行国驻我国大使馆或领事馆办理；二是秘书可协助领导联系委托权威可靠的签证代办机构(如中国旅行社总社签证代办处)代办；三是可以委托前往国家洽商的组织到前往国家的使(领)馆办理。各个国家对办理签证有不同的要求，签发签证所需时间也不一样。因此，秘书应了解清楚相关的规定，协助领导提前做好办理签证工作。

取得签证后，要注意检查签证内容。检查的重点是：签证种类是否符合申请目的；有效期和停留期是否清楚；签证持有人的姓名拼音是否正确；签证官员和签发机关是否签字盖章等。

如果旅行目的地不止一个国家，应当在国内办妥全部有关签证手续。

如果签证过期失效，应向有关部门申办延期手续。同时，一定要重视过境签证，因为有的国家对此规定很严格，一旦违反可能会被处以高额罚款甚至被命令原机返回。

接受外籍工作人员的组织，秘书也应协助有关的外籍人员办理签证手续。对于应邀前来进行访问、经商、交流等活动的外籍人员，我国是发给标有“F”字头的访问签证，分一次、二次及多次有效。持有该证的外籍人员每次入境后应按签证内注明的停留天数停留；如需延长，可向当地公安部门出入境管理处提出并办理有关的申请手续。来华旅游、探亲的外籍人员，我国发给使用的是标有“L”字头的旅游签证。按规定，这类签证标明的有效期是指入境的有效期，持证人可在标明的有效期前的任何一天入境。而停留期则是从持证人入境之日起，入境之日以我国边防检查站盖在持证人证件上的入境查验章日期为准。

4. 准备旅费

出国旅行，准备旅费时要注意以下几点。

1)准备外汇

外汇通常指以外国货币为单位，在国际结算中所使用的支付凭证。出国旅行一般均携带自由外汇，即指在外汇市场上可以自由兑换的外汇，如美元、英镑、日元、欧元等。外汇的支取或兑换需按有关规定到银行办理。

一般来说，只要准备少量现钞就行，很多国家对随身携带现钞有相关的规定。

根据我国国家外汇管理局和海关总署联合制定的《携带外币现钞出入境管理暂行办法》的规定，出境人员携带不超过等值5000美元(含5000美元)的外币现钞出境的，无须申领《携带外汇出境许可证》，海关予以放行；携带外币现钞金额在等值5000美元以上至10 000美元(含10 000美元)的，应向外汇指定银行申领《携带外汇出境许可证》，海关凭加盖外汇指定银行印章的《携带外汇出境许可证》验放；除特殊情况外，出境人员原则上不得携带超过等值10 000美元的外币现钞出境。

按照《中华人民共和国人民币管理条例》和《中华人民共和国国家货币出入境管理办法》的有关规定，中国公民出入境、外国人入出境，每人每次携带的人民币限额为20 000元。

2)办理支票和信用卡

如需用大额外汇，可用旅行支票和信用卡。

目前，我国已受理的外国信用卡有万事达卡、维萨卡、运通卡、大莱卡、JCB卡、百万卡、发达卡等。我国银联卡在世界大多数国家可用。

3)准备零钞

世界上很多国家都有付小费(tips)的做法，有的称服务费(service change)，因此最好提前准备相应币种的零钞。有些国家的旅馆、饭店账单上列有10%～15%的服务费，则可以不付小费。某些国际机场的卫生间内有打扫卫生的服务员，旅客进去时可不付小费，但如果接受了其服务，如擦手毛巾等，则要付小费。

5. 入出境手续

任何国家都在机场、车站、码头等旅客入出境地点设有专门机构对入出境旅客的手续予以严格的检查，秘书应根据实际情况协助领导顺利通过相关的检查。

1)边防检查

各国边防机构各有不同，有的为移民局，有的为警察局，我国是边防站。在国际机场标明“PASSPORT CONTROL”或“POLICE”字样的柜台或窗口，通常就是边防设立的护照检验处。

边防检查主要是入境和出境人员填写入出境登记卡，交验身份证、护照、签证等。护照、签证验毕加盖入出境验讫章。有的国家免办过境签证，并允许旅客出机场到市内参观，只是将护照留在边防而领取过境卡片，返回时再换回。

2)海关检查

海关人员有权根据国家的有关规定对出入境人员及其携带物品进行检查，出入境人员不得拒绝。

海关检查手续，主要是如实填写海关申报表，然后将携带的全部行李连同申报表一起到海关结关。海关人员根据申报表进行口头询问后，可免验放行，也有权要求申报者开箱检查。一般情况下，烟、酒、香水等物品按限额放行；文物、武器、当地货币、动植物等为违禁品，非经特许不得出入国境。

3)安全检查

国际上为了有效防止劫机或其他安全事故的发生，在国际机场都设置安全检查，主要是检查旅行者是否带有武器、凶器、爆炸物、剧毒物等。检查方式一般是过安全门，用磁性探测仪、红外线透视设备等进行近身检查，必要时安检人员有权进行搜身检查。

近年来，由于劫机事件时有发生，因此对登机的旅客的安全检查措施越来越普遍，手续也日趋严格。

4)检疫

检疫即交验“黄皮书”。有些国家有时对来往某些国家、地区的旅客免验，但有时对某些流行病检查十分严格，要视情况而定。

六、机要保密工作

机要保密是办公室的一项重要任务。由于秘书人员经常接触本单位各类机密，并掌管大量机密文件，所以秘书人员要以高度的责任心和使命感做好机要保密工作，维护本单位乃至国家的根本利益。

机要是指机密重要的工作、文件、部门或人员。个人、机关或国家出于某种需要，把不能让外界知悉的机要事项限定在一定时空范围，不使其外泄，称为保密。为达到保守秘密的目的所进行的一系列工作称为保密工作。

(一)机要保密工作的原则

《中华人民共和国保守国家秘密法》明确指出：“保守国家秘密的工作，实行积极防范，突出重点，既确保国家秘密又便利各项工作的方针。”根据这一指导思想，我们可以把保密工作的原则概括为以下几点。

1. 积极防范

积极防范是指保密工作要把立足点放在预防上，以预防为主，防患于未然。这一原则的确定有三条依据：①从情报学的观点看，秘密就是情报，保密就是对情报的保守，防止泄密，或进行反窃密。在情报学中，保密属于反情报的范畴，是消极情报的一种。②从保密工作的特点看，保密具有很强的封闭性和排他性，保密与窃密是一种隐形的斗争，必须注意预防。③从保密工作的教训看，不注意预防，或一味的消极预防，泄密就会发生，损失也难以补救。因此，一定要在失、泄密事件发生之前，保持警惕、积极预防。

2. 突出重点

秘密的范围比较广泛，涉及各级各类机关、各个部门、各个行业和各个领域。但保密工作不可能、也不应该事无巨细、面面俱到。只有突出重点，并确保重点，保密工作才能卓有成效。保密工作的重点是：①从秘密的等级来说，绝密即核心秘密是重点；②从秘密的层次来说，国家秘密是重点；③从秘密的产生来说，首脑机关的秘密是重点；④从秘密的分布来说，秘密集中的地区、部门和人员是重点；⑤从秘密的内容来说，党务、政务、军事、科技、外事秘密是重点。

3. 有保有放

有保有放、保放结合，既确保国家秘密又便利各项工作，是保密工作的又一重要原则。这一原则的要求是：该保守的秘密一定要保住、保好；不该保守的秘密一定要放开、公开。在保密工作中，既有保密不严的问题，也有保密过严的问题。为了贯彻有保有放的原则，应做到：①要明确界定密与非密、核心秘密与非核心秘密，确保国家秘密，特别是核心秘密得到严密保守；②要有领导、有控制地放宽对非核心秘密的限制，即在不泄露核心秘密的前提下，对某些非核心秘密扩大其知悉范围，或降低秘密等级；③对于那些不属于秘密的事项，应一律公开。

4. 内外有别

内外有别也是保密工作的一项重要原则，其实质是对于涉密与非涉密人员要分清内外、区别对待。内外有别有三层意思：①国内国外有别，即在涉外活动中要处理好保密与友好的关系；②党内党外有别，只需要党内人员知悉的事项绝不要扩大到党外，处理好保密工作与群众工作的关系；③上级下级有别，做到决策者与执行者有别、领导者与被领导者有别、干部与群众有别。

（二）机要保密的范围

根据《中华人民共和国保守国家秘密法》的规定，关系到国家安全和利益的秘密事项就是国家秘密的范围。它包括以下内容。

(1)国家事务的重大决策中的秘密事项；

(2)国防建设和武装力量活动中的秘密事项；

(3)外交和外事活动中的秘密事项以及对外承担保密任务的事项；

(4)国民经济和社会发展中的秘密事项；

(5)科学技术中的秘密事项；

(6)维护国家安全活动和追捕刑事犯罪中的秘密事项；

(7)其他经国家保密工作部门确定应当保守的国家秘密事项。

秘书作为一种职业，在其职责范围内的业务活动中所知悉的秘密事项属于秘书人员职业秘密范围。它包括以下内容。

(1)公文秘密，即具有机密内容的文件、信件、电报和资料等；

(2)决策秘密，即领导者在实行指挥、管理的过程中不宜为外人所知的行动目标和行动方案等；

(3)商业秘密，即不为大众所知悉，能为权益人带来经济利益，并由权益人采取了相应保密手段的技术信息和经营信息等；

(4)会议秘密，即内部会议的日期、议题、议程、文件、记录、音像材料等；

(5)信访秘密，即信访者的检举、控告材料，领导者的批示，信访案件的查处材料等；

(6)领导秘密，即领导的重要活动、日程安排、个人隐私等。

（三）秘密的等级

划分秘密等级，有利于对不同等级的秘密采取相应的保密措施，也有利于执行保密纪律。《中华人民共和国保守国家秘密法》将国家秘密分为三个等级。

绝密。这是最重要的国家秘密，泄露出去会使国家的安全和利益遭受特别严重的损害。国家秘密的最重要部分，包括国家的政治、军事、经济方面的核心秘密，科学技术的重大发明创造，我国独有的传统工艺、技术诀窍等。

机密。这是重要的国家秘密，泄露出去会使国家的安全和利益遭受严重的损害。凡涉及国家的政治、军事、经济、科学技术等方面的重要秘密，均属机密。

秘密。这是一般的国家秘密，泄露出去会使国家的安全和利益遭受损害。凡在一定程度上反映国家的政治、军事、经济、科技、文化等方面的秘密，均属秘密。

（四）机要保密的内容

1. 文件保密

文件是国家秘密存在的主要形式之一，由于数量大、内容多、涉及范围广，文件保密成为保密工作的重要环节。文件保密包括秘密文件、资料、图表等的保密。秘书人员对秘密文件的制发、传递、复印、保存、销毁，都应遵循有关的保密规定。

制发秘密文件，必须准确划定密级，明确印制份数、编制份号，确定发送范围和阅读级限，并在有保密条件的印刷厂印刷。

传递秘密文件，必须由机要通信部门或人员递送，不得使用普通邮政，电子文件应设保密程序。携带秘密文件外出，应采取保密措施，携带绝密文件应实行双人护送制度。收发秘密文件，必须建立登记签收制度，按照规定在阅文室和办公室阅读，不得将文件带到住所或公共场所。

复印秘密文件，必须经过有关部门批准，履行审批手续，并视同原件一样妥善管理。选编、汇编秘密文件不得擅自降低密级、解除密级和扩大发放范围，不得将秘密文件与普通文件混编，更不得将秘密文件在公开刊物上登载。

保存秘密文件，必须在严格安全、保密设施齐全的地点，并严格执行文件的定期清退、归档制度。

销毁秘密文件，必须登记造册，经过有关领导审批，并派专人监销，在指定处所销毁。

2. 会议保密

会议是机关、企事业单位开展工作、决定事项的重要工作手段，做好会议的保密，也是秘书人员的重要职责。

重要会议，会前应与保卫保密部门取得联系，采取适当的安全保卫措施，对与会人员进行保密教育，规定保密范围，不向规定以外的人员泄露会议内容。不在内、外宾混住的宾馆、饭店召开秘密会议，确实需要的，要采取保密措施。对会场的音响设备进行保密检查，秘密会议严禁使用无线话筒。

会议期间，严禁无关人员入场。未经批准，与会人员不得记录会议内容、不得携带录音设备进入会场。会议文件必须统一标明密级、统一编号、登记分发，需要回收的文件，会议结束时要安排专人核对清收。秘密会议的新闻采访报道必须报经会议主管领导审批。

会议结束，秘书应配合安保人员对会场进行检查，防止与会议内容有关的文件、资料、笔记本等遗留在现场。发现文件丢失或被窃，必须立即报告、及时追查。秘密会议的会议记录视同秘密文件，应由专人负责保管，不得与普通会议记录混放。与会人员返回原单位、原部门后，只能按会议规定的内容和范围传达会议精神，未经批准，不得以任何形式擅自对外泄露秘密会议的内容。

3. 通信和网络信息保密

秘密文件、资料等不准通过普通邮政部门传递，必须由机要通信部门传递或派专人传送。密码、密码机及电报译稿，必须严加保密。拍发电报必须“密电密复”、“明电明复”，不得明密混用。不得使用普通电话(含移动电话)传递秘密信息。此外还应注意传真、复印等资料的保密。

随着办公自动化技术和网络技术的普及，计算机及网络信息保密也日益成为机关单位保密工作的重要课题。计算机机房应设置在安全的地方，应加装屏蔽网或电子干扰器，以防止电磁信号泄密。工作电脑在安装使用前应请专业部门进行安全技术检查，对通过网络传输和在数据库中储存的秘密数据应进行加密。秘密信息及数据软件，应建立健全使用、借用、复制、移交、保管等保密制度，尤其要强化技术防范，防止黑客入侵和病毒破坏。

4. 涉外保密

随着国际交往日益频繁和密切，涉外保密也越来越不容忽视。秘书部门要注意严守秘密，配合相关机构做好保密工作。

参加外事活动及出国人员应严格履行报批手续，行前做好保密教育工作；未经领导批准不得携带秘密文件、资料、笔记出境；出国期间要谨言慎行，不得独自擅离团组活动。

涉密单位不得擅自接待外国人参观访问；参加外事接待的人员不得携带无关的秘密文件资料。

(五)机要保密的纪律与责任

《中华人民共和国宪法》第53条规定：“中华人民共和国公民必须遵守宪法和法律，保守国家秘密……”保守党和国家的机密应该是每一个公民的义务和责任。对于秘书人员来说，保守秘密更是一种职业道德和纪律规范。

秘书人员，特别是机要人员，应该严格遵守《党和国家工作人员保密守则》的具体规定：①不该说的机密，绝对不说；②不该问的机密，绝对不问；③不该看的机密，绝对不看；④不该记录的机密，绝对不记录；⑤不在非保密本上记录机密；⑥不在私人通信中涉及机密；⑦不在公共场所和家属、子女、亲友面前谈论机密；⑧不在不利于保密的地方存放机密文件和资料；⑨不在普通电话、明码电报、普通邮局传达机密事项；⑩不携带机密材料游览、参观、探亲、访友和出入公共场所。

秘书人员如果违反了保密规定，甚至损害了国家、单位的利益，应该承担相应的责任。

1. 行政责任

《中华人民共和国保守国家秘密法》第 31 条第 2 款规定："违反本法规定，泄露国家秘密，不够刑事处罚的，可以酌情给予行政处分。"秘书人员违反保密纪律，可以受到警告、记过、降级、撤职、甚至开除的处分。

2. 法律责任

《中华人民共和国保守国家秘密法》中明确规定，凡是违反该法规定，故意或者过失泄露国家秘密，情节严重的，应依法追究其刑事责任。

对于触犯刑律的犯罪行为，《中华人民共和国刑法》规定有以下几种刑事处罚：①犯危害国家安全罪的，按照刑法第 110 条、第 111 条、第 113 条的规定追究刑事责任。②犯侵害知识产权罪的，按照刑法第 219 条、第 220 条的规定追究刑事责任。③犯渎职罪的，按照刑法第 398 条的规定追究刑事责任。④犯军人违反职责罪的，按照刑法第 432 条的规定追究刑事责任。

第三节 机关后勤事务管理

服务是所有的国家行政机关的基本职能之一，而机关后勤事务管理的职能本身就是服务——为机关领导服务、为机关职能部门服务、为全体干部和职工服务。可以说，机关后勤事务管理承担着机关单位总后勤和内管家的职能，涉及机关单位中人、事、财、物的管理，是保证机关工作取得最佳效能的重要手段。具体来说，机关后勤事务管理工作包括环境管理、办公资源管理、车辆管理等。当前各地正在开展机关事务管理改革，今后的趋势是机关事务管理社会化，但在目前，机关后勤事务管理仍然是秘书部门的工作职责之一。

一、环境管理

机关的环境包括外部环境和内部环境。外部环境是指机关办公室外环境，如道路、花园、庭院等。内部环境是指办公楼内环境，包括办公室、会议室、食堂、礼堂等。

(一)机关外部环境管理

良好的机关外部环境可以使即将投入工作的人快速进入最好的精神状态，创造愉悦的工作心情，对于提高工作效率起着很重要的作用。同时，干净整洁的机关外部环境还有利于机关树立良好的社会形象。

外部环境管理主要通过卫生和绿化来实现。秘书部门应配合后勤机构制定相应的卫生制度、定期对卫生情况进行检查。机关庭院的空地应该尽可能种植树木花草，以增加绿化面积。另外，还应注意在合理的位置摆放垃圾箱、设置车棚(车库)等。特别重要的是要建立门卫制度，检查进出大门的车辆、人员的证件，防止闲杂人员进入机关内部，保证机关正常的工作秩序不受影响。

(二)机关内部环境管理

1. 办公室布置

办公室的布置包括办公室整体布局和办公室内设备布置。

办公室整体布局要根据机关内各单位的工作性质进行统筹安排。同一部门的各个分支机构的办公室或工作联系较多的办公室尽可能安排在一起，以便提高机关办事效率。对外联系较多的办公室安排在低层和交通便利的地方，便于组织内外人员联系工作。

办公室内设备布置是指办公室内设备的购置和排列摆放应因地制宜，并遵循科学、方便、有序三个原则来进行设备布置。科学，就是要根据办公室的朝向、采光、空间大小、设备功能等来进行整体的有效布置，设备所占空间以不超过办公室空间的二分之一为宜。方便，是指设备布置要方便办公室工作人员使用，有利于提高工作效率，同时又不影响其他人的工作。有序，即各种办公设备的排列要符合各办公设备之间的内在联系，符合人们的工作需要和审美需要。

2. 办公楼管理

办公楼的管理是一项日常工作，涉及安全保卫、消防、水电、卫生、办公设备维护等。

办公楼应安排专人 24 小时值班。要配置足够数量的消防器材。水电的管理应该与相关部门的管理结合起来，破损的管道和线路要及时报修。秘书还要随时关注是否有房屋漏水、门窗自然老化、桌椅破损、抽屉变形等影响办公效率的问题出现，要及时联系有关部门进行维护和修理。

3. 会议室、礼堂、食堂等的管理

会议室和礼堂的管理主要包括两个方面：一是日常维护；二是审批使用。

会议室首先要定期清扫，要经常开门、开窗透风，避免内部设备发霉朽坏。其次是要注意设备和设施的维修，屋顶、桌椅、玻璃、照明设备、投影仪器、录放像系统、音响设备等都要经常检查，发现问题马上解决。礼堂的使用率比较低，但其日常维护工作同样不能马虎，要保证遇有工作需要时随时能投入使用。

会议室和礼堂的使用要有相应的审批制度。需要使用的部门应先向办公室提出申请，办公室做出统筹安排、并经领导同意后方可使用。使用完毕，秘书应督促其将相关的设备、设施等恢复原状。

机关食堂是机关工作人员就餐的场所，其主要管理工作包括两个方面：一是饭菜质量；二是环境卫生。秘书机构和秘书要重视对机关食堂的管理，要加强对食堂工作人员的健康检查、对食堂饭菜的原材料的检查和食堂前厅后灶的卫生检查及餐具的消毒检查等，以确保机关工作人员吃到放心的饭菜。

二、办公资源管理

办公资源是机关办公的物质保障，分为固定设备和消耗性用品两类。具体来说主要有办公桌椅、文件柜、电话机、复印机、电脑、打印机、传真机以及各种办公文具(笔墨纸张)等。这些设备和用品的采购和发放、调配和管理、库存和保管是机关后勤工作必须重点解决的问题。

(一)采购和发放

机关办公资源的购置要坚持两个原则：一是实际需要的原则，从机关办公需要的角度出发，逐步更新老化设备，使办公设备现代化；二是勤俭节约原则，少花钱、多办事，做到物尽其用，不添置闲置设备。采购要有计划地进行，采购前要计划好采购的品种和采购时间。

一般在采购之前应填写购买申请单，写清需要物品的理由，经上司批准后交采购人员。大宗办公用品的采购也可采取公开招标的方式。采购来的物品在入库前要进行质和量的验收，填写入库登记单。

机关人员领用办公用品时要进行严格登记，填写办公设备和用品领用表。

(二)调配和管理

办公设备要根据机关内各单位的工作性质和相关情况来配备，主要设备基本固定。所有的办公设备和价值较高的办公用品均应备案，定期进行统计整理，统筹调配和使用。

订阅报刊也是机关办公资源管理的任务之一，秘书要根据机关经费预算拟定每年订阅报刊的种类和级别，除本行业的专业报纸和权威杂志之外，也可根据机关业务性质适当订一些新闻时政类的报刊。

(三)库存和保管

采购来的办公设备和各类用品要进行登记，然后存入仓库。入库时要核对订货单、交货单及货物，如有不符应及时通知相关部门再做进一步处理。秘书应做好库存记录，及时更新库存余量。

办公设备和用品进库后，要摆放有序，贴上标签，按照一定的储存规律存放、便于取用。取用应根据“先进先用，后进后用”的原则，保证物品不会过期。所有物品存放好后，应注意库房的安全，及时上锁，管理好钥匙，积极消除火灾、失窃等事故隐患；保证储物间良好通风；另外，还应保管好办公资源的进货、存货和发放记录等资料。

三、车辆管理

党政机关、国有企业汽车的配置要遵循国家关于汽车管理的有关法规，确定车辆的档次，严禁超标准用车、严禁挪用其他项目经费或借贷购车。购置的汽车要进行车辆登记，除到当地交通管理部门办理领取号牌、行驶证等手续外，单位还要进行财产登记和车辆状况登记，建立固定资产(汽车)档案。

车辆的调度使用一般由秘书机构进行统一安排。秘书在车辆调度时要坚持按规章办事，一定要合理安排用车，严禁公车私用。

第十一章

信息工作

当今社会，科学决策和有效管理必须建立在准确而全面的信息基础之上。秘书机构在单位中处于信息中心地位，其辅助决策角色和信息管理者的功能是在为领导提供信息服务的过程中体现出来的。信息工作是秘书工作的重要职责之一。

第一节　信息工作概述

一、信息的含义与种类

英文“information”一词，是在 20 世纪 20 年代通信成为科学研究的对象时，才作为一个重要的科学概念出现的。但对于这个概念，不同的学科有不同的表述，据不完全统计，有文可考的就有数十种之多。

一般认为，信息有广义和狭义之分。广义的信息是指能为人们所感知的事物的状态、特征、联系和变化，以及直接或间接反映、描述它们的符号和信号。广义的信息普遍存在于自然界、人类社会和人们思维的过程之中，记载人类对自然和社会认识成果的知识，报道最新政治经济动态的消息，人们思维过程中运用的概念、判断以及表达它们的语言符号等，都属于广义信息的范畴。狭义的信息则是指接受者原先不知道的、有用的消息。秘书信息工作的工作对象，很显然是指狭义的信息。但是，由于广义、狭义是一对相对的概念，对某领导、某部门来说是广义信息的，可能对另一领导、另一部门来说却是狭义信息。因此，很难对秘书信息工作的工作对象进行准确的限定。

按照不同的标准，可将信息划分为不同的类型。

(1)根据获取信息的方式，可分为直接信息和间接信息。直接信息是指在社会实践中通过实地调查或直接观察得到的信息。间接信息是指从传播渠道和信息载体中获得的信息，通常是经过他人加工的信息。秘书要重视对直接信息的获取，同时要善于有选择性地利用间接信息。

(2)根据信息的存在方式(载体)，可分为非物化信息和物化信息。非物化信息是没有物质载体的转瞬即逝的信息，如人们的口头语言、动作、表情，人们对事物表象的感知，凭大脑记忆的信息等。这类信息方便、快捷、形象，但不易捕捉、传递，共享的范围有限。非物化信息被记载下来，就是物化信息，包括文字信息、声像(电信)信息和数字信息。记载在纸张上的信息比较稳定、成熟，而且规范、严谨，但加工、传递速度慢；数字信息，如来自网页的信息，往往分散、不系统、动态性强，而且鱼龙混杂；声像(电信)信息如视频、照片、图片等，是将信息转换为电磁信号，较为生动、直观，但存储和传递需要一定的设备和技术。

(3)根据信息加工的程度，可分为原始信息、初级信息和深层信息。原始信息是指完全未经加工的第一手信息，其特点是真实、具体，但较为零散和表浅。对原始信息进行初加工即形成初级信息，如新闻报道、情况报告、统计报表等。相较原始信息，初级信息已经较为系统、全面，领导机关可以用它了解动态，但不能据此决定政策，因为它反映的常常只是事物的现象和外部联系，缺乏对决策的针对性。深层信息是指对初级信息进行深度开发和加工处理后形成的信息，如调查报告、可行性研究报告等。其特点是真实、系统、完整，而且有情况、有分析、有对策建议，参谋咨询价值更大。

二、信息的特征

关于信息的特征有多种表述，总的来说，信息具有以下特征。

(1)可量度(可识别)。信息可采用某种度量单位进行度量和识别，并进行信息编码，如现代计算机使用的二进制。

(2)可存储。信息可以存储。大脑就是一个天然信息存储器。人类发明的文字、摄影、录音、录像以及计算机存储器等都可以进行信息存储。正因为信息可以存储，人类社会所拥有的信息总量才会不断增长。

(3)可转换(可再生)。信息经过处理后，可以从一种形态转换为另一种形态，以其他形式再生。如自然信息经过人工处理后，可用语言或图形等方式再生成信息，也可转换为电磁波信号或计算机代码。输入计算机的各种数据文字等信息，可用显示、打印、绘图等方式再生成信息。在转换(再生)过程中，信息与物质、能量有一个本质的区别。物理学中有物质不灭定律和能量守恒定律，信息与它们不同，随着人们认识能力的提高和记录、传播信息手段的进步，整个社会所拥有的信息总量处于不断增长之中。

(4)可处理。人脑就是最佳的信息处理器。人脑的思维功能可以进行决策、设计、研究、写作、改进、发明、创造等多种信息处理活动。计算机也具有信息处理功能。同样一条信息，由于处理者社会地位、知识水平、视野角度、阅历经验等的不同，其价值可能会有差异。信息的质量与效用如何，主要就是取决于信息利用者对信息的过滤、提炼和处理水平。

(5)可传递(可共享)。信息的传递是与物质和能量的传递同时进行的。在传递过程中，信息的发出者叫做信源，信息的接受者叫做信宿，信息的传递通道叫做信道。传递信息的手段有视觉信号传递、听觉信号传递、数字信号传递等。语言、表情、动作、报刊、书籍、广播、电视、电话、网络等都是常用的信息传递方式。由于信息具有可传递性，因此其可以共享。信息的可共享性体现在，对于输入者即获取者来说得到了新的信息，但对于输出者来说其信息量并未减少，输入、输出双方可共享同一信息。这也是信息交流与实物或能量之间交换的一个根本区别。

(6)可利用。信息具有一定的实效性和可利用性，尤其是在决策过程中能够发挥重要的依据性作用，带来社会效益与经济效益。绝大多数的信息，其实效性与可利用性还呈现出时效性特点，甚至可以说，信息的价值取决于其时效性。超前的、及时的信息具有很高的价值，而滞后的信息则价值很小甚至完全失去价值。

三、信息工作的意义

秘书的信息工作是指秘书人员围绕信息的收集、加工、传递、存储和利用等环节所进行的全部活动的总和。秘书机构在单位中处于信息枢纽的地位，是本单位、本部门内外联络、上下沟通、左右交流的信息集散地，这决定了信息工作是秘书工作的重中之重，而信息工作的核心则是为领导提供切合其需要的信息，是一项意义十分重大的工作。

(1)信息工作为领导决策提供可靠的信息根据，是领导者科学决策的基础。

领导者的根本职能之一是制定决策。然而，现代决策不是靠领导者“拍脑门”产生的，而是通过各种渠道和方式，获取足量信息之后制定的。领导者决策过程时刻离不开信息。没有真实、准确、及时、足够的信息，就难以实施科学决策，就不能指挥政治、经济、科研、生产等各项实践活动。决策自发现问题开始，至解决问题结束，发现问题的过程就是获取信息的过程，同样，决策方案的制订和优选，也要以足够的信息为基础。当决策方案进入实施阶段，领导者更要依靠信息反馈情况，以便控制决策的实施或及时修正与调整决策，保证决策目标的实现。可见，信息贯穿于决策的全过程。领导决策科学与否，符合客观规律与否，关键取决于能否及时准确地获取和利用大量的高质量信息。离开信息就是脱离实际，就丢掉了决策的起码条件。信息已经成为领导决策不可或缺的重要依据，是检验决策正确与否的重要尺度。

(2)信息工作为领导日常工作提供有效的信息咨询，是领导者实行科学管理的重要条件。

面对信息化的时代、网络化的工作环境，领导者的日常管理活动是否有效，关键在于是否能灵敏、准确、及时地掌握基础信息，如国家的相关政策、本单位的统计报表、员工数据等。秘书为领导日常工作提供有效的信息咨询，是领导的“数据库”，使日常管理活动得以高效、科学地进行。

企业的情况更是如此。企业的生产经营过程贯穿着四种“流”：第一种是劳动者组成的“人流”；第二种是以生产资料、劳动资料组成的“物流”；第三种是随着物流而体现为价值形态的“资金流”；第四种则是伴随着人流、物流、资金流产生的，由大量数据、资料、指标、图纸、报表、计划等组成的“信息流”。前三种“流”是企业生产经营活动的主体流程。为了追求经营的最优效果，必须对人流、物流、资金流加以科学地计划、组织和调控，使其按照应有的规律运行。而人流、物流、资金流畅通的前提条件是信息流的畅通。秘书通过信息工作为企业领导随时提供畅通、足量的信息流，无疑是现代企业管理的重要条件和依据。

(3)信息工作是秘书机构做好其他工作的重要保证。

秘书的信息工作除了为领导决策和日常管理服务外，还是做好秘书机构其他工作的重要保证。例如，秘书经常性地要为领导起草各种文件和材料，要完成这些写作任务，必须依赖于平时信息的积累，而写作的过程实际上也就是对信息的深加工。秘书要做好办公室管理、接待、协调、督查等工作，也都离不开信息。可以说，信息既是秘书机构的一项常规业务，又贯穿于秘书其他工作过程之中。

四、信息工作的基本要求

（一）真实全面

真实，就是要求提供的信息要能准确地反映客观事物的本来情况。真实性是信息的生命，因为科学决策和有效管理以及秘书自身工作的需要，都必须建立在真实准确的信息基础之上。因此，秘书在信息工作中，要以高度负责的精神，坚持实事求是的科学态度，尊重客观事实，如实收集、提供准确的信息。如果是间接得到的信息，则应该进行严格的鉴别和核实，决不能将不准确的信息提供给领导，更不能人为地夸大、隐瞒、歪曲甚至杜撰信息。许多事实一再证明，虚假信息只会给领导帮倒忙，造成领导决策的失误。

全面，就是要求提供的信息能够完整、系统地反映事物各方面的情况。秘书必须以系统的观点和辩证的方法去观察事物、收集信息。因为如果只收集或提供某一方面的信息，即使信息本身是真实的，也不能全面反映事物的真实面貌。所以秘书既要注意收集正面信息，也要注意反面信息；既要注意上层信息，也要注意基层信息。一件事情发生的时间、地点、人员（部门）、原因、结果、现状以及影响和采取的措施等都要在信息中反映齐全。对于突发性事件，如果为了抢时间而一时不能收集到全面的信息，可以采取分阶段报、分时段报、分部门报等做法，一旦条件允许，再进行汇总与核实。

（二）及时高效

及时，是指秘书在信息工作中应有强烈的时间观念，以最快的速度收集最新的动态信息，并且及时将其中有价值的信息提供给领导和有关部门。

高效，主要是指信息的加工整理、传输等环节要讲求效率，要做到用最少的时间、花最少的精力、通过最快的途径传递出高质量、大容量的信息。

对信息工作及时高效的要求，是由信息本身的有效性和时效性决定的。领导工作固然需要利用一些过去的信息资料，但领导最想了解的仍然是关于正在进行中的工作以及当前的各种热点信息，这些信息的价值是建立在及时利用的前提下的，因此信息工作必须要突出一个“快”字，收集要快、整理要快、传递要快，以使信息获得最高的利用率。

（三）适用适量

适用，就是信息工作要有针对性、选择性，要符合领导和单位工作的实际需要。不同性质的单位需要不同的信息，不同层次和不同分工的领导对信息的需求也不一样，同一单位、同一领导在不同时间对信息的需求可能有很大差别，这就要求秘书机构根据不同情况，收集并提供对当前工作有较大参考价值的信息，避免盲目性。

适量，就是秘书机构提供的信息量既要满足领导和单位工作的需要，又不宜过多过滥。信息不足固然会使领导耳目闭塞，信息过量也会分散领导的精力，造成浪费和干扰。

适量和适用是相互关联的。信息过量往往是由于提供了许多不适用的信息，而信息不适用，既指信息质量不合乎领导的需要，也指信息过量，领导难以高效地加以利用。尤其是许多原始信息虽然及时适用，但如果条目过多、文字量过大，也不利于利用。很显然，只有针对领导的需要对信息进行必要的归纳、综合，或摘要、提炼，才能做到适量适用，使信息获得最大的利用率。

第二节　秘书信息工作的基本程序

一、信息的收集

（一）信息收集的范围

收集信息是信息工作的首要环节，也是整个信息工作的基础。秘书机构收集信息的范围十分广泛，具体来说，大致应包括以下几个方面。

(1)党中央、国务院公布的方针、政策、法规性文件。

(2)上级机关或领导部门发布的直接与生产、工作有关的文件，如决定、决议、批复等。

(3)本机关、本企业和所属各部门的机构、人员、财力、物力、工作、生产等情况，以及生产计划、指标、统计数据、改革状况、科技发展、典型经验、工作总结等。

(4)本机关执行政策、推行工作以及本企业产品销售后的反馈信息，如群众(包括用户)的反映、意见、建议、要求等。

(5)与本机关、本企业业务有关的外界情况和新信息，如社会动态、思想倾向、城市与农村经济改革、经济发展情况、原材料供应以及市场需求等。

(6)与本机关工作、本企业业务性质相同的其他地区、单位以及国外同行业可供比较的情况资料。

(7)与本机关工作、本企业业务未来发展有关的科技新成果(包括新产品、新工艺、新材料)以及先进的经验、方法等信息资料。

（二）信息收集的途径

(1)信息网络。通过单位专门建立的信息机构、信息联络点或信息联络员，组成纵横交错的信息网络是收集信息的重要渠道和普遍做法。其特点是，通过各个信息机构、联络点和联络员，把分散在各地的有价值的信息直接、及时地汇总，提供给领导参考利用。

(2)文件资料。文件包括上级机关下发的文件、下级单位上报的文件以及平级单位抄送的文件，这些文件中通常都包含比较重要的信息。除了正式公文外，各种内刊、简报、统计报表等也是重要的信息来源。

(3)大众传媒。通过报纸杂志、电视广播、互联网等能得到国际国内大量的政治、经济、文化、科技方面的动态信息。党报、党刊上的重要文章，通常是领导机关意志的反映，应予特别注意。

(4)会议。各种会议是重要的信息集散场所，参加会议往往能获得大量的重要信息。

(5)来信、来访、来电。信访是一个非常重要的信息来源，能够提供大量而直接的民情、民意和其他社会信息。秘书要从中检索有价值的信息，做好信访来电记录和分类统计。

(6)调查研究。这是秘书机构根据领导交办的问题或围绕本单位热点、难点问题，有目的、有重点地收集第一手可靠信息的方法。

二、信息的加工

在现代管理活动中，由于信息量急剧增大，大量的原始信息涌入秘书部门。秘书要有效地辅助领导决策，就必须对收集来的信息进行加工处理，通过鉴别、筛选、补充、综合等加工措施，确保信息更加集中化、条理化和系统化，为领导决策提供高质量的信息服务。

(一)鉴别

鉴别即判断信息的真伪，使之去伪存真。这是一项比较复杂的工作，一般来说可从以下几方面来进行核实。

第一，信息内容与已经掌握的可靠数据资料是否有明显冲突。

第二，一条信息内容中是否有自相矛盾的地方，若干条信息之间有无互相矛盾的地方。

第三，信息来源是否可靠。一般说来，通过正式文件、正规媒体、亲自调查观察得到的信息比较可靠，而道听途说、口头汇报以及一些非正式渠道得到的信息则应慎重对待。

第四，信息传输的环节是否可靠。信息源直接输送到信息中心的信息比较可靠，而经过多次中转的信息可靠程度就要打折扣。传输的环节越多，信息就越容易失真。

对内容比较重要而真实性有疑问的信息，秘书机构要抓紧时间调查核实后再向领导和其他部门输送。但遇突发性事件，如果信息的内容对判断事态起着非常重要的作用、时效性很强但真实性又一时不能确定，秘书机构也可先向领导汇报，但必须说明“此条信息尚待核实，仅供参考”。

必须指出，虚假信息不一定是毫无价值的信息。有的信息虽然本身的内容是虚假的，但它可以从反面提供出“信息外的信息”。例如，某县政府办公室在整理信息材料时，发现一条“某镇今年镇办企业创利 1215 万元，比去年增长一倍多，使全镇人均年收入达到××××元”的信息。经调查这是一条虚假信息，该镇把企业尚未销售出去的产品也算做创利收入，而实际的情况是该镇许多镇办企业大量产品积压在仓库中找不到销路，已经陷入了难以为继的困境。县政府有关领导在得知这些情况后，积极为该镇企业进行宣传，为企业打开销路，扭转了企业的困境。

（二）筛选

筛选是从大量的信息中选取出对本机关最有参考价值的部分，去粗取精，保证领导决策的顺利进行。以党政机关为例，下列信息具有较高价值。

第一，对制定政策和调整政策有较大作用的信息。包括政策出台前收集的作为制定政策依据的信息，政策执行过程中各方面的反馈信息。

第二，对本地区现实工作有指导意义的信息。包括当前中心工作开展情况的信息，对当前工作有重要意义的新建议、新观点，在工作中出现的带有普遍意义的新问题、新经验。

第三，可能给社会生活造成重大影响或使人民生命财产受到重大损失的，已经发生或可能发生的灾害事故的信息。例如，洪涝、台风、地震、重大交通事故和安全事故等，如能在事前得到预报或发现事故隐患，就能采取措施减少或避免损失。

第四，带有苗头性、倾向性的信息，也称动态类信息。它是指信息中略微显露出发展势头的情况(包括好的苗头与不好的苗头)，是领导关注、社会反响大的热点、难点、敏感问题和突发事件，反映了新事物、新情况、新问题的变动状态，多以突发性事件为主，时效性强。

（三）补充

秘书人员收集的原始信息中，有的只反映某种现象，没有分析；有的只反映事物的片段，不太完整。这些信息比较肤浅、零散，还不能直接提供给领导作为决策依据，必须进行补充、加工。例如，某县在遭受特大洪水袭击后，政府办很快收到全县 25 个乡镇中 23 个乡镇送来的有关人民生命财产和工农业生产损失情况的数据信息，很显然，这是领导和上级机关急需的重要信息，为了有效开展抗洪救灾工作，秘书就必须补充了解所缺的两个乡镇的数据信息。

（四）综合

综合是对内容相近或相同的多条原始信息进行适当归纳和逻辑推理，形成一条内容更全面、说理更充分、更能反映事物整体和全貌、对领导决策更有参考价值的深层信息。信息的综合研究是秘书发挥参谋辅助作用的重要方面。

所谓深层信息，是指反映事物全貌、揭示事物本质和规律并能预测事物发展趋势的信息。它应具备三个要素：一是全面典型、明确简洁的情况概括；二是有理有据、细致深刻的因果分析；三是切实可行、富有创见的对策建议。

根据深层信息的特点，综合加工信息的重点如下。

一要注重从动态信息中加工预测型信息。无论对未来发展机遇的预测还是对未来可能出现风险的预测，都对领导有着参考价值。若能在预测的基础上，提出有效的对策方案，那么对领导工作的参谋作用就更大。

二要注重从反馈信息中加工问题型信息和发现失误的信息。秘书若能及时向领导反映工作中的失误，并能从中找出失误的原因、提出解难良策，就能有效地帮助领导少出错误，充分发挥参谋咨询作用。

三要加工新的经验型信息。若能从实践中发现真实的具有代表性的先进典型信息，抓住其本质特征加以总结，协助领导推广，对工作也会产生很大的推动作用。

信息的综合研究，关键要切合领导工作的需要。研究领导要解决但一时又找不到解决方法的问题；或针对下一步可能会出现的新情况、新问题做超前研究。另外，还要注意信息的综合加工应尽量保持信息的原貌，不能加工过度，使人无法辨认事物的真相。因为保持信息的“原汁原味”可加深领导对有关问题的感性认识，有助于领导决策。

三、信息的存储和输出

存储是把收集到的和经过加工处理的信息资料以文字、图像等形式，借助计算机手段和各种媒介系统地存储下来，以备需要时查找利用。存储信息不仅是保存信息以便再用，而且是信息收集与信息输出之间的纽带。经过妥善的存储，可以保证信息的完整性和系统性，为综合利用信息奠定基础。

秘书部门信息存储的方式，包括计算机信息库存储、档案式保存、汇编资料保存等多种不同方式。无论哪种方式的存储，一定要注意安全可靠和满足检索方便、输出迅速、使用及时的需要。

信息收集、加工的最终目的不是为了存储，而是为了输出和提供给领导决策使用。信息输出一般表现为三种情况。

第一，利用计算机预先编制并存储信息集合入档，建立信息数据库。当领导决策需要时，通过检索途径，迅速从数据库中提取有关信息，用打印或显示的方式输出，提供给领导者。

第二，利用人工智能加工处理的各种综合分析、情况反映和预测性的文字信息，定期传递给领导者，供决策参考。

第三，领导者的决策一经形成，也应作为一种信息适时输出，以便贯彻实施。因为决策本身就是决策者输入信息、处理信息、输出信息的过程，决策的适时输出，直接关系到决策实施的有效性。

四、信息的传递

信息只有经过传递过程才能到达利用者手中，成为领导决策的依据。一般而言，信息传递的速度越快、范围越广，信息的利用、共享和增值的作用就越大。因此，秘书部门一定要重视信息传递工作。做好信息传递的基本要求是准确无误、安全保密、快捷及时、简便易行。

对于一个单位而言，信息传递大致可以划分为两个方向。

一是单位内部传输，包括上行传输和下行传输。方式是通过内部文件、报刊、宣传栏、电话、局域网等来进行传输、发布。采用何种方式要视信息的具体情况而定。内部传输的作用是使政令畅通、上情下达、下情上达。

二是单位外部传输。即主动、及时或定期地向新闻媒体、兄弟单位、客户或外部其他社会公众等传输、发布本单位可以公开、共享的信息。其作用主要是获得社会公众、客户的理解、支持和合作。

外部传输的一个重要途径是新闻发布会或信息发布会。这种形式可以及时、集中、高效地向外发布信息，对于媒体等来说也免去了预约采访对象、采访时间的一些困扰。因此，越来越多的企业采用开发布会的形式来向客户展示最新产品或演示技术上的最新成果，或发布对企业意义重大、新闻媒体期待的信息。近几年来，我国政府部门新闻发言人制度也在不断完善之中，信息的外部传输越来越成为重要的信息传递方式。

我国对新闻发布会有着严格的申报和审批程序。很多企业为了避免使用“新闻发布会”的字样而带来烦琐的审批手续，常常把发布会的名称定为“新产品信息发布会”或“媒体沟通会”等。发布会前，秘书不仅应准备好相关的文字信息资料以及宣传册、纪念品等发给与会者，更重要的是，要为领导准备好发言稿、回答提问的大纲以及相关的背景资料等。对于复杂、敏感或需要更多沟通的问题，领导可能会邀请一部分与会者在会后进行探讨，秘书要尽量配合领导做好相关安排。

五、信息的反馈

领导决策的贯彻落实需要监督，而要监督和保证决策的实施，就要加强信息反馈，及时了解和掌握决策实施的情况。信息反馈就是指控制系统把输出信息的结果送回原输入端，对信息的再输出产生影响的过程，使系统保持稳定状态或达到预定目的。信息反馈对于领导决策是十分必要的。重视信息反馈、提高信息反馈效率，有助于及时改进工作质量，转变工作作风，不断修正决策，使之进一步完善，克服官僚主义和形式主义作风。

信息反馈，是决策信息生成的一个重要组成部分。决策系统要求反馈的信息要及时、准确、充足，以期对重新决策或改变原决策发生作用。

第三节　信息简报的写作

一、信息简报的概念及编写方式

信息简报是我国各级机关、团体、企事业单位自行编发、用来反映和交流信息的内部报刊之一，又称工作动态、信息快报、内部参考、信息交流等，如××局信息交流、××乡企业动态、××农业科技信息、××快报、××县委内参、一周行业简报等。其目的是让单位内部人员了解行业动态、单位业务进展情况以及相关的政策措施等。同时，向上级机关的信息简报投稿、报送本单位的信息简报、兄弟单位间互寄信息简报进行横向交流等，也是本单位信息输出的一个重要形式，有利于各级单位之间的工作协调与沟通。因此，许多大型单位都有自己的信息简报或员工杂志，它被视为单位内部信息沟通的重要桥梁。

信息简报分单期式和多期式两种。单期式发布日期不确定，每期仅发布一两条重要信息。多期式按固定的周期(如每月一期、两期等)印发，每期多发布多条信息，有的还有相对固定的栏目。

二、信息文稿的编写要求

提供给信息简报发布的信息稿件称为信息文稿，内容主要包括重要文件摘要、领导讲话摘要、工作指示、单位大事要闻、行业动态等。信息文稿的写作是秘书的常规工作之一。

信息文稿可以是单条式，即一篇文稿只反映一个主题内容；也可以是综述式，即将许多内容上有联系的分散的信息加工编写成一篇综合性文稿。无论哪种形式，都应遵照以下基本要求。

(1)立意要新颖。一则好的信息文稿必须在求“新”方面下工夫，要善于发现新事物、新情况；勇于提出新观点、新见解；乐于总结新做法、新经验。

(2)主题要集中。大多数信息文稿都是短文，必须做到言简意赅，挤掉大话、空话、套话。

(3)表述要完整。一篇文稿，要把事件时间、地点(或范围)、主体、事件、结果诸方面表述完整。尤其注意信息发生的地点(或范围)涉及的是个别地点、还是面上的较为普遍的情况，事件的参加者是个人、还是群体，信息反映的核心问题是否牵涉其他相关事件，事件是正在发生当中、还是已经终结，以及事件的严重程度、波及范围、造成后果等，这些都要做出重点说明。否则，利用者就不能明了事件的来龙去脉，无法对信息所反映的事件做出完整、准确的认识和判断。

(4)行文要庄重。信息是为领导决策服务的，内容严肃、正式，因此叙述上应以第三人称顺叙为主，少用第一人称、第二人称，或者倒叙、插叙等；可适当运用修辞手法，但整体应保持庄重平实的语言风格，用词力求准确、客观、规范，少用或不用口语、俗语、俚语等；句式以陈述句为主，少用或不用反问句、疑问句、倒装句等。

第十二章

调查研究工作

调查研究是唯物主义认识论“实践第一”的观点在工作方法上的具体运用，是各级领导做好管理工作和进行科学决策的基本前提。秘书无论是参加领导的调研活动，为领导调研提供辅助与支持，还是按照领导的要求独立自主地进行调查研究，都是秘书为领导工作服务的重要内容，是秘书获取可靠信息的主要渠道和发挥参谋助手作用的重要途径，也是秘书做好其他具体工作的基础。正确认识秘书调研的特点和作用，深入理解秘书调研的原则和要求，掌握秘书调研的程序和方法，并撰写出优质合格的调研报告，对于秘书人员更好地履行参谋和辅助职能，具有重要的意义。

第一节　秘书调查研究工作概述

一、秘书调查研究工作的含义

调查研究是指人们对自然界和人类社会的实际情况进行调查了解和分析研究。从广义来说，调研工作既包括秘书部门的调查研究，也包括各级党政系统及其下属部门的政策研究室、调查室等调研部门的调查研究，还包括专业调研机构及学术机构的调查研究等。本章所述的调研是指前者，也即秘书调研。

秘书调研是指秘书人员根据领导指令和工作需要，运用各种方法或技术手段，对某一客观事物或问题进行系统的考察和分析，从而把握事物的本质特征及发展规律，寻求科学的解决方法的一种社会实践活动。秘书调研和其他调研一样，由调查和研究两个阶段构成。调查，即通过各种途径，运用各种方式方法，有计划、有目的地了解事物的真实情况。研究则是指对调查材料进行去粗取精、去伪存真、由此及彼、由表及里的思维加工，以获得对客观事物本质和规律的认识。这两个方面既有严格的区别又有紧密的联系，调查是研究的前提和基础，研究是调查的发展和深化。

二、秘书调查研究工作的特点

(一)秘书调研具有自身的特点

1. 被动性

被动性是指秘书调研必须切合领导的需要，以领导的需要为出发点，秘书自身在调研选题方面不具备主动性。具体来说，秘书调研活动的开展，必须由领导提出调研选题，确定调研内容，拟定调研方针，划定调研对象。否则，如果撇开了领导的工作需要这个出发点，调研的结果就不能在决策过程中得到体现，难有成效。

2. 突击性

正因为秘书部门的调研必须以领导的决策需要为出发点，所以无法按照某一时期的工作计划来事先做好安排。秘书人员必须做好准备，随时根据领导意图投入调研之中。尤其是当决策与一些突发性、临时性的事件有关时，秘书的调研也体现出紧急性、突击性，秘书人员必须招之即来，以过硬的调查技巧与深厚的研究功底全力配合领导决策。

3. 政策性

秘书调研主要的和经常的内容是政策调研。领导机关在制定政策之前，或研究政策之中，以及政策发布之后，都会指示秘书部门深入调研，旨在保证政策的制定更加科学，如有需要修订、完善、补充之处，相关的情况也能及时为领导所知悉。因此，秘书调研与政策密不可分，是一项政策性极强的工作。这就要求秘书人员一要深入学习国家的相关政策法规，加强对政策法规的理解和认识；二要强化实事求是的思想作风，不能为迎合某些领导的决策意图而刻意修改、篡改调研结论；三要加强保密意识，不能在调研过程中向无关的人员透露决策内容。

(二)秘书调研不同于其他形式的调研

1. 秘书调研与领导人调研的区别

各级领导在实施决策、加强管理和解决问题时，往往会亲自进行调研，掌握第一手资料和重要信息，但领导调研与秘书调研有所不同。其一，领导人毕竟时间、精力、能力有限，不可能事必躬亲，调研也并不是他们主要的工作职责与任务。其二，领导调研是行使权力的行为，具有对调研的直接组织权和对其下级部门、人员的指挥调度权，调研过程可能包含现场办公，可以直接决策并解决问题；而秘书调研只能在领导的授意之下开展，其性质是为领导提供参谋辅助服务。其三，领导调研所形成的结论可以直接体现在其决策活动中，而秘书调研的最终结论是建议性质的，仅供领导参考。

2. 秘书调研与调研部门调研的区别

如前所述，各级党政系统及其下属部门成立或改建的政策研究室、调查室等属于决策研究机构，其主要工作内容就是调研。秘书调研与调研部门调研有以下不同：其一，内容不同。调研部门从事以政策咨询为主的调研活动，内容重要、规模较大；秘书部门则主要从事与日常工作相结合的调研，与政策相关的调研只是一个侧面。其二，要求不同。调研部门调研强调成果或结论的可行性及被政策采纳的可能性；秘书部门的调研侧重于了解情况，对结论没有具体的要求。

3. 秘书调研与专业调研机构、学术研究机构调研的区别

其一，秘书调研主要是为领导制定科学决策提供服务，服务目标明确，服务对象固定；专业机构调研则属于公共咨询服务工作，面向社会各个领域、各个行业，服务目标不定，服务对象广泛；学术研究机构的调研则业务性、技术性较强，通常专为某一专业领域服务。其二，秘书调研围绕领导的工作需要来开展，无条件为领导提供服务；专业机构的调研是商业行为，以营利为目的；学术机构的调研则主要根据各学术领域的研究需要来确定，体现学术的发展动态。

（三）秘书调研与秘书信息工作的区别

秘书调研工作与信息工作的相同点是都与信息相关，其区别如下。

(1)尽管二者都是决策的基础和依据，但调查研究的作用大于信息工作。因为信息工作的成果是信息文稿，是单一的、具体的信息，着眼于时效性较强的事件及数据；而调研的成果是调研报告，更多地涉及时间跨度较大的全局性问题。两者的价值相差很远。

(2)信息工作的重点在于信息的传播，是否能及时传播有用的信息是检验其工作水平的标志。而调研的重点是研究，以能提供实质性的、规律性的结论为目的。

(3)信息工作的方法较单一，一般秘书可以独立完成，调研则涉及数学的、统计学的、逻辑的以及其他一些专业技术，常常需要各方面专家协助完成。

三、秘书调查研究工作的意义

第一，调查研究是马克思主义认识社会的基本方法，也是我们党所提倡的理论联系实际、坚持群众路线的重要内容。

科学社会主义的思想体系，是马克思、恩格斯通过阅读大量的文献资料，对人类社会发展的历史和现状，特别是对工人运动的实际情况进行系统的、科学的调查研究的基础上创立的。中国共产党的根本宗旨是全心全意为人民服务，在长期的革命斗争和经济建设中，中国共产党同人民群众建立了密切的联系，形成了一套马克思主义的思想理论和工作作风，开展调查研究工作就是马克思主义认识论在中国的具体运用，是我们党一贯倡导的最基本的工作方法，是贯彻执行党的路线、方针、政策的重要保证。

秘书部门不是领导部门，但秘书人员在领导身边工作，处于承上启下的重要位置，他们是否注重调查研究，是否坚持群众路线，显得尤其重要。这不仅直接关系到群众对领导机关的看法，更直接关系到党群和干群关系。秘书人员只有不断加强调查研究工作，密切联系群众，才能使工作作风得到切实改进，为消除和克服行政机构内存在的某些腐败现象和脱离群众的倾向做出自己的贡献。

第二，对于各级政府部门和领导人来说，调查研究是科学决策的前提和保障，是各项管理活动正常开展的基础。

决策就是人们对未来的实践活动做出选择与决断的过程，正确的决策来源于正确的判断，而正确的判断来源于周密细致的调查研究。无论是重大事项的决策，还是日常管

理活动的正常开展，都离不开调查研究。秘书人员通过接触社会实际，掌握第一手材料，再通过科学分析，了解客观事物的本质和事物之间的各种联系，才谈得上辅助领导正确决策。

管理是一项复杂的活动，领导人常常会面对大量的矛盾和问题需要解决。而所有问题与矛盾的解决，都离不开调查研究。毛泽东曾在《反对本本主义》一文中讲过："你对那个问题不能解决吗？那么，你就去调查那个问题的现状和它的历史吧！你完完全全调查明白了，你对那个问题就有解决的办法了。"由此可见，调查研究是日常管理活动中解决问题的根本途径和有效方法。有了秘书人员的调查研究活动作为基础，领导人才能有效地处理千变万化的实际问题，对瞬息万变的各方面情况进行分析、评判，采取正确的工作方针和政策。

第三，调查研究是秘书人员当好参谋和助手的前提，是秘书人员的一项基本功。

如前所述，领导人无论是在解决具体问题的过程中，还是在决策活动中，都离不开秘书人员的调查研究。正是有了秘书调研所掌握的大量、真实、鲜活的信息，领导活动才能科学开展。调查研究是秘书和秘书机构发挥参谋助手作用的重要途径，做好调查研究工作，是秘书人员当好参谋和助手的前提。

另外，对于秘书人员来说，调查研究是一项重要的社会实践。秘书人员通过调查研究，可加深对党和国家的各项政策的理解，学习由干部和群众所创造的种种新鲜经验，发现社会上的一些不良现象，从而提高辨别是非能力、分析综合能力、交际能力和自我完善的能力，对于秘书做好各方面工作都有重要的价值。

第二节 秘书调查研究的类型和方法

一、秘书调查研究的类型

根据调研的目的、内容、对象等不同标准，可以对秘书调研做不同的分类。

(一)根据调查研究的目的

(1)基础性调查研究。是为领导机关了解本地区、本系统、本单位的基本情况，掌握全面而系统的基础数据而进行的调查研究。基础性调查研究又称为静态调查研究，秘书的任务主要是协助领导获取本单位的静态性材料，对相关的基本情况、基本面貌、基本特征进行调查研究，如全国人口普查、员工基本情况调查、市场调查等。

(2)政策性调查研究。是为领导机关制定政策和调整政策而进行的调查研究。制定政策前，秘书应协助领导深入基层，围绕制定某一政策的必要性、可行性、相关措施等问题进行调查研究；执行过程中，要将政策与本地区、本部门的具体实际结合起来，保证政策顺利得到贯彻；政策发布一定时间后，还要了解执行的效果，对不完备之处和与发展变化了的情况不相吻合之处进行修正和完善。

(3)经验性调查研究。是为总结、推广先进经验或吸取教训而进行的调查研究。

(4)专案性调查研究。是为搞清具体事件的真实情况以便对特定的人或事做定性结论而进行的调查研究。常见的是对一些苗头性、倾向性问题、突发性事件和容易被忽视的问题的调查研究。

(二)根据调查研究的内容

(1)专项调研。是指专门针对某一事项进行的调研，如关于企业文化建设情况的调研、关于基层反腐工作情况的调研等。

(2)综合调研。是指通过一次调查全面了解调查对象各方面的情况，最终得出对调查对象的总体认识与结论。综合调研通常需要专家学者的协助，从各方面、运用多种调查和研究方法来做出结论。

(三)根据调查研究的对象

(1)普遍调查。即普查，是指对一定范围内所有对象逐一进行的调查，也叫全面调查。如全国人口普查、国有企业资产普查、员工婚姻状况调查等。

(2)抽样调查。是指按照随机原则在一定范围内抽取一部分对象(样本)加以调查。

(3)典型调查。是指选择一类对象中少数有代表性的典型单位或个人进行的调查。

(4)综合调查。是指对某个单位、部门或地区、某个系统的全面情况进行调查。

(5)个案调查。是指对特定单位、个人或事件展开的专门调查，如对某一重大责任事故的调查等。

二、秘书调查研究的方法

任何社会调查，都必须使用一定的方法。只有根据调查任务和对象的实际情况，采用科学的调查方法，才能保证社会调查的客观性和科学性。秘书调查研究要注意的，一是搜集材料的方法；二是研究材料的方法。

(一)搜集材料的方法

根据调查研究所采用的手段、途径和工具等，搜集材料的方法主要包括文献法、观察法、访问法、问卷调查法和实验法。

1. 文献法

文献法是通过搜集各种文献资料，从中摘取与调查课题有关的资料的方法。

文献调查法的优点是：可以超越时空条件的限制；所获得的情报一般比口头情报真实和准确；比直接调查法花费少、效率高、受外界干扰比较小。其局限性主要是所获得的信息一般都比较滞后，还有可能受到文献形成者主观因素的影响。因此，尽管通过文献有助于了解调查对象的历史和现状，有助于形成关于调查对象的整体印象，但其作用主要是作为其他调查的先导，为进一步的观察和访问做好准备，从而少走弯路，提高调查的效率和准确性。

文献资料一般包括书面文献、图像文献和有声文献。随着电脑技术和互联网的发展，通过网络进行文献的搜集越来越普遍，这使得秘书人员得以更加广泛、也更加便捷地搜集信息，极大地提高了调研的效率。但与此同时，网络也放大了文献本身的复杂性，对文献的鉴别和筛选也成为搜集工作中的重要一环。

2. 观察法

观察法就是在不改变观察对象的性质和进程的条件下，秘书人员作为观察者，有计划、有目的地运用自己的感觉器官或借助科学的观察仪器，直接考察、描述客观事物，从而获得资料。

观察法的特点是：观察者必须有计划、有目的地在事物发展的进程中进行观察和记录；观察者必须掌握一定的科学知识，具备一定的实践经验和观察技能，摒弃一般日常观察中的随意性与随机性；观察者为了取得有价值的资料，可以根据不同的情况，采取不同的观察方法，也可以对事物进行反复的观察，并结合科学仪器和其他调查方法来进行对照或验证；观察的对象应该是当前正在发生的自然状态下的现象，观察者应努力减少观察活动对观察对象的影响，当然更不能人为地安排或故意制造观察对象。

运用观察法有时会出现误差。产生误差的原因主要有两个方面。从观察者这方面来说，观察者的主观立场、知识结构、心理因素、判断能力等都会对观察结果产生影响。就观察对象这方面来说，一是观察对象可能受观察者的影响而反应失常；二是有些观察对象可能会为了其自身的某些目的而有意制造假象、迷惑观察者。因此，为了避免或最大限度地减少误差，运用观察法时，一是要注意选择高素质的观察者；二是可以适当采用一些观察技巧，如不事先通知被观察者而突然进行观察，甚至采取隐蔽观察、伪装观察等方法。

3. 访问法

访问法是访问者通过口头交谈等面对面的方式向被访问者了解社会实际情况、搜集资料的方法。

访问法的特点，一是直接，二是互动性好。因此它适用于各种调查对象，能帮助访问者较为深入地了解广泛的社会现象。其局限性一是会花费较多的人力、物力和时间，只适合在较小的范围内使用；二是对访问者的现场掌控能力和被访问者的合作态度、表达能力等要求较高。

访问法分为两大类，一是座谈会，二是个别访谈。座谈会是把调查对象集中到一起，按照事先拟好的调查纲目来听取各方面的看法。但有些调研课题比较敏感或涉及当事人隐私时，不宜采用座谈会的形式。个别访谈是围绕调查课题、与个别当事人逐一进行交谈。个别访谈的对象一般是有关部门的负责人、具体事件的当事人或是有可能知晓内情的人。不论哪一种访问法，秘书作为访问者都要事先做好交谈准备，讲究现场的谈话艺术。

专家论证会是一种特殊的调查座谈会，是召集有关方面的专家学者对重大决策问题或专门的技术性问题进行分析、讨论和论证。现代决策的专业技术含量越来越高，政府部门在决策过程中也越来越注重征询专家学者的意见。秘书人员应在会前较长时间进行准备，如拟定与会专家名单，将需要讨论的问题提前发送给专家，确定论证流程等。当然，也可以就某些重大决策问题和专业技术性问题个别征求权威专家的意见，这也可以看做一种特殊的个别访谈。

4. 问卷调查法

问卷调查法是向调查者发出事先设计好的问卷式调查表，根据其填写的对有关问题的观点、意见和建议来间接获得材料和信息的一种调查方法。

问卷调查法是现代普遍采用的一种调查方法，其优点是：可以同时向多人调查多个问题，节省时间、经费和人力成本；调查周期短，调查过程可控性强，数据的回收比较有保障；最终获得的数据和信息的标准化程度高，便于后期统计和定量分析；对于较为敏感的调研课题，可采取匿名问卷调查的形式，接受调查者可以在没有顾虑的情况下提供其真实的意见和情况。

问卷调查的局限性，一是问卷的设计需要一些专门化的知识，比较复杂的社会问题的调研通常要由受过专门训练的专业人士来设计问卷；二是要求接受调查者要有比较一致的认知能力，如果其文化水平、文化背景参差不齐，就有可能影响后期对回收数据的汇总与分析。

5. 实验法

实验法是实验者有目的、有意识地通过改变某些社会环境的实践活动来认识实验对象的本质及其发展规律的方法。

实验法的优点是：它是一种实践性、动态性、综合性的直接调查方法，能直接揭示或确立事物之间的因果联系，结论有较高的准确性和说服力。但其准确性和说服力必须在一定的条件下才能取得，一是实验对象和实验环境的选择必须具有充分的代表性；二是必须保证对实验过程进行有效的控制，这些都是实验法的局限。另外，那些落后的、消极的社会现象，不可能也不允许进行实验。

(二)研究材料的方法

研究材料即对搜集的材料进行思维加工，是一种理性认识方法。它包括以统计分析为主的数学方法，以及归纳和演绎、比较和分类、分析和综合、定量研究和定性研究以及系统分析方法等。

1. 归纳和演绎

归纳是从同类中若干个别或特殊对象推出有关该类事物的一般性结论的推理方法，又分为完全归纳和不完全归纳。完全归纳是根据某类中每一对象具有(或不具有)某属性，概括出该类事物全部具有(或不具有)某一属性的推理。例如，根据江苏省华西村全体村民某年的经济收入的数据，得出“华西村村民的富裕程度已经超过普通城镇居民的平均水平”的结论。不完全归纳则是根据某类中的部分对象来进行推理。很显然，运用不完全归纳法时要特别注意避免犯“以偏概全”的错误，不能把个别现象当成普遍现象。

演绎是以一般性原理为前提，推出有关特殊的个别事物的结论的推理过程。例如，根据国际上被普遍认可的观点，一套家庭住宅的价格应该是家庭主要成员年收入的六倍左右，超过这个数值属于房价偏高或畸高。那么，调查某个城市的房价和普通居民平均年收入，就不难判定该地的房价是否合理。演绎法出现偏差的原因，主要是据以得出结论的一般性原理不是真实反映客观规律的正确判断。

秘书在对调查材料进行统计分析和理论思考的时候，通常要将归纳和演绎两种逻辑推理方法结合起来运用，因此，一定的逻辑学知识也是秘书所必须具备的基本素质之一。

2. 比较和分类

比较是一种传统的研究方法，是指将一个事物与其他同类事物进行对比研究(又称横向比较)，或将事物的不同发展阶段的情况进行对比研究(又称纵向比较)，找出它们的相似点和不同点，从而对事物的性质和发展规律做出科学的分析与论断。比较研究中要注意避免片面性。例如，比较两家公司的员工待遇，不能只看其工资收入，还应对比分析二者的住宿条件、餐饮条件、工作时长、休假制度等。

分类是根据对象的相同点和不同点，将调查对象区分为不同种类的逻辑方法。合理的分类可以把事物条理化、系统化，彰显事物内部的结构和相互关系，便于认识事物的本质与规律。分类必须根据一定的标准进行，分类标准选择不当，也会影响最终的研究结论。

分类法与比较法之间有着密切的联系，用比较法得到的是事物之间的相同点和不同点，可以作为分类的根据；而对事物进行分类后，又便于对不同类的事物进行更深入的比较研究，从而找出事物的本质与规律。

3. 分析和综合

分析是把事物的整体分解为各个部分、各个方面、各个要素，再分别加以研究考察的方法，是从整体到部分、从复杂到简单的思维过程。例如，我们要研究某个社会现象，就需要把与此相关的各个因素分别加以考察。分析法可以使人们对错综复杂的事物条分缕析，透过现象认识其本质和规律。

综合是在分析的基础上，把对事物各个部分、各个方面、各个要素的认识组合为一个整体认识的过程。综合法的思维活动是从部分到整体、从简单到复杂，其目的是找出事物的主要矛盾和矛盾的主要方面，揭示事物各组成部分之间复杂的内在关系。

分析和综合在具体运用中往往是彼此衔接和相互渗透的，分析的终点是综合的起点，综合的终点是进一步分析的起点，可以反复运用，在研究中不断深入。

4. 定量研究和定性研究以及系统分析方法

定量研究就是通过对事物各种数量关系的研究来认识其现状和变化趋势的方法。定量研究具有逻辑的严密性和数据的精确性，结论可靠，说服力很强。但定量研究时要特别注意避免片面、孤立地看待问题。例如，以全市住宅总建筑面积和该市常住人口来计算居民人均居住面积，其结论可能是该市居民平均住房条件已达小康标准。但如果按居民收入来细化其住宅面积数据，会发现人数占较低比例的富人阶层占有较多的住宅面积，拉高了平均数，而占较高比例的下层收入居民的居住条件事实上距离小康还相差甚远。

定性研究是指通过对事物质的规定性的研究来认识事物的性质的方法。我们在考察社会现象时，经常要对其进行定性。如一项收费是合理收费还是乱摊派，必须对其做出性质上的判断。由于任何事物都存在着质和量两个方面的规定性，量在积累到一定程度必然引起质的变化，而质的差别也总是具体体现为数量关系的不同，因此，比较可靠的定性研究应该是建立在定量研究的基础之上。没有定量研究的数据分析作为支持，定性研究很容易流于主观、片面。

与搜集材料的方法相比，研究材料的方法显得更为抽象、复杂，难度大、专业性强。因此，较为大型的、宏观的调研选题，进入研究阶段后，往往需要相关领域专家学者的配合和支持。秘书应尽可能地学习调查与研究的知识与技巧，在实践中不断经受锻炼，发挥集体智慧的优势，切实做好调研工作。

第三节 秘书调查研究的程序和原则

一、秘书调查研究的基本程序

一次正规的调查研究应该包含四个阶段，即准备阶段、调查阶段、研究阶段和总结阶段。基层组织和企事业单位就一些具体问题展开的调查研究不需要明确地划分调研的各个阶段，不过大体的流程基本上是一致的。

（一）准备阶段

1. 确定调研课题

调研课题就是人们通过调研活动所要解决的问题。在具体工作中，调研课题的来源有以下几种情况：一是领导直接下达，秘书部门无条件接受调研任务；二是秘书部门根据领导近期决策的需要主动提出调研选题，经领导同意后正式下达；三是领导机关在一定时期内批量下达一批参考性、指导性调研选题，秘书部门可根据具体情况适当变通、灵活选择；四是秘书部门的常规调研活动，如定期收集决策反馈信息、汇总单位基础数据等。

除领导硬性下达的调研选题外，秘书选择和确定调研课题要注意以下几点：其一，选题要明确。要从领导工作的具体需要出发选准突破口，避免漫无边际。其二，选题要有现实意义。优先考虑人民群众普遍关心的、切实需要解决的重点、难点、热点问题。其三，选题要有可行性，避免大而无当。一般情况下，选题宜小不宜大，要根据主客观条件量力而行。

2. 确定调研对象和范围

调研题目确定后，紧接着要确定调研的具体地点、单位、范围、调查对象等。根据不同的搜集材料的方式，还需要确定参加调查座谈会的人员、个别访谈的对象、问卷发放的范围、问卷回收方式、抽样调查的标准、随机抽样的范围、现场调查的线路和区域等。调研对象的选择是否科学合理，将直接影响到调研的最终成效。

3. 拟订调研提纲

调查研究是一项需要多部门、多人合作完成的较为复杂的工作，大型的调研活动开始前，应拟订详细的调研提纲，对相关工作做出统筹安排。小型的调研活动，也应有粗略的计划。调研提纲应包括以下内容。

(1)确定调查指导思想、目的、任务、具体的要求及要解决的问题。

(2)确定调查的人选、前往的地区、单位和规模。

(3)确定调查的各项具体内容、步骤和进程。

(4)确定调查的方式方法、人员分工和工作制度。

(5)规定应变措施和注意事项。

(6)约定资料汇总的方法。

4. 做好组织、思想、技术上的准备

组织准备：根据调研的需要组建调研组，设立组长，由组长对成员做出具体的分工安排，明确职责。

思想准备：调研正式开始前组织调研组成员学习相关的法规、政策；熟悉情况，了解同类调研课题已取得的研究成果；专案性的调研可能会遇到调研对象不配合或抵触的情况，调研人员也要提前做好心理准备。

技术准备：编制调查问卷，备妥摄像、录音设备等；以及对调研组成员进行知识和技术方面的培训。

(二)调查阶段

调查阶段是调查研究中最重要的阶段，是调查活动的具体实施过程，其中心任务是搜集资料。这一阶段的工作主要包括以下几个方面。

1. 调研点的联络

除非是有意为之的“微服私访”或专案性调研，否则，到任何地区或单位进行调查都要事先联络，向对方简要说明调研的目的、意义和内容，约定时间及调查方式，让对方有所准备。

2. 进行调查活动，做好调查数据的采集、整理工作

调查活动原则上应按调查提纲进行，但也要注意随机应变，在尽可能不影响对方正常工作的情况下，安排调查工作的任务和进程。秘书在调研期间应做好观察记录、座谈会记录、个别访谈记录，按计划发放和回收调查问卷，做好录音、录像，注意收集各类报表和图片资料等。如果条件允许，最好一边采集一边进行初步的整理和阶段小结，检查材料是否完整、全面，有无前后矛盾或明显的错漏等，必要时随时安排补充调查。

(三)研究阶段

研究同调查密不可分，对调查材料的初步研究贯穿调查的全过程。但真正意义上的研究则是指调查结束之后对调查材料进行的综合研究。同时，研究阶段也要进行一些临时性的调查，以补充一些缺漏的材料。

如前所述，研究材料的方法主要有归纳和演绎、比较和分类、分析和综合、定量研究和定性研究以及系统分析方法等。通过这些方法的综合运用，研究阶段的任务是揭示调研课题所涉及的各方面的本质、相互关系和规律，预测事物的发展趋势，并在此基础上对领导的决策活动和管理工作提出具体的建议。

(四)总结阶段

总结阶段的主要工作是撰写调研报告、输出调研信息、对调研进行总结。

1. 撰写调研报告

调研报告是调研成果的书面形式，高质量的调研报告是调研工作意义与价值的体现。不同类型的调查研究，其调研报告写作的侧重点和要求也有所不同，具体见本章第四节。

2. 输出调研信息

不是所有的调查活动都需要撰写正式的调研报告，即使是撰写了调研报告，也不能完全反映一次调研活动的全部有价值的材料和研究成果，因此，除了调研报告外，还可以与秘书的信息工作相结合，以其他一些形式输出调研信息，使之最大限度地发挥效益。

这些形式包括：①以正式文件或领导人讲话的形式转化成对决策有影响的指导性意见；②以系统内的传真、报刊等形式，提供兄弟单位及上级机关领导人参考；③以单位内部简报、通讯等形式，转化成对基层工作的指导及参考；④以对外宣传报道、召开现场经验会、调研报告会等形式，对社会产生普遍意义和影响。⑤建立调研数据库，以备领导和职能部门今后利用。

3. 调研总结

调研结束后，既要从宏观角度对整个调查研究工作做出总结，评估调研成效，参加调查研究的人员也要进行个人总结，充分肯定成绩，找出存在的问题，为今后继续开展调研工作积累经验、教训。

二、秘书调查研究的原则

为确保调研成果的科学有效，秘书部门不仅要熟悉调研的基本程序，还应当遵循调研的基本原则。

1. 实事求是

用事实说话，这是调查研究最基本的原则。因为调研活动是针对客观存在的某种事物、社会现象、突发事件或问题而展开的，秘书在调研活动中只有坚持真理、实事求是，不唯上、不唯权威、不唯主观判断，排除假象干扰，才能掌握真实可信的情况，为决策提供依据，真正达到调查研究的目的。千万不能先入为主、以偏概全，先定调子，然后再依据调子去寻找论据，弄虚作假。

2. 谦虚诚恳

秘书人员在调查过程中要注意正确定位，要尊重调查对象，虚心听取他们的意见和想法，切实深入基层了解情况。而不是站在调查对象的对立面，以审问或训话的姿态来进行调查。同时，还要充分考虑调查对象的年龄、性别、阅历、文化程度，以及调查课题是否涉及对方隐私等，保持谦虚诚恳的态度，不能欺骗调查对象，不能损害调查对象的利益。调查过程中忌反问调查对象或轻率表态等。

3. 科学分析

科学分析的原则要求秘书人员在整个调研过程中都要坚持科学性。不仅要保证在收集材料方面做到客观、全面、公正，找到事实之间的内在联系；而且尤其要注意对调查得来的材料进行科学的分析和研究，以辩证的、系统的、整体的、综合的观点来考察事物，探求问题的本质和规律。调研结论要以准确的、充分的、全面的、具有内在逻辑联系的事实材料为支撑，而不能用虚假的、个别的、杂乱无章的或是偶然出现的材料；同时，由材料到结论必须经过正确的逻辑推理。

第四节 调研报告

调研报告是反映调查研究成果的书面报告，是对整个调查研究成果所做的客观而具体的反映，也是调查人员借以表达自己的思想观点和供领导者决策参考的一种重要工具。撰写调研报告是秘书人员在完成调研工作之后的一项重要工作，掌握调研报告的基本格式与写作要求是秘书人员应具备的基本功。

(一)调研报告的基本格式

1. 标题

调研报告的标题有以下几种写法。

(1)公文式：事由＋文种。如“关于东湖污染情况的调查报告”、“关于我国内河航运水上专业人才的调查报告”。

(2)短语式：即用简洁明了的短语将调研报告的主题一语道出。如“农村学生初中升高中面临的问题”。

(3)提问式：以设问句作标题，吸引读者阅读和思考。如“村支部为什么被称为‘村支柱’?”、“为什么楼市调控的力度会越来越大?”。

(4)新闻式：通常采用正副标题形式，正标题揭示主题，副标题作补充说明。

2. 正文

调研报告的正文分为引言、主体和结尾三部分。

(1)引言。引言有几种写法：第一种是写明调查的起因或目的、时间和地点、对象或范围、经过与方法，以及人员组成等调查本身的情况，从中引出中心问题或基本结论；第二种是写明调查对象的历史背景、大致发展经过、现实状况、主要成绩、突出问题等基本情况，进而提出中心问题或主要观点；第三种是开门见山，直接概括调查的结果，如肯定做法、指出问题、提示影响、说明中心内容等。前言起到画龙点睛的作用，要精练概括、直切主题。

(2)主体。主体是调查报告最主要的部分，这部分详述调查研究的基本情况、做法、经验，以及分析调查研究所得材料中得出的各种具体认识、观点和基本结论。

(3)结尾。结尾的写法也比较多：提议式，即提出解决问题的方法、对策或下一步改进工作的建议；总结式，总结全文的主要观点，进一步深化主题；深化式，提出问题，引发人们的进一步思考；激励式，展望前景，发出鼓舞和号召，引起群体和社会的正视，共同参与，理解、赞同或解决；补充式，补充文中没有提到而又要说明的问题。

3. 落款与日期

如果是集体调研课题，落款一般是“×× 调研小组”；以个人名义进行的则多以“部门名称＋调查者姓名”的形式署名。日期是调研报告的成文时期。

（二）调研报告的撰写要求

（1）要遵循调研报告的写作规律，尤其是遵循“提出问题—摆出事实—分析问题—解决问题”的逻辑层次。一般来说，调研报告在引言部分提出问题，正文部分先要摆出事实，即调查概况；分析问题则包括对资料的统计分析以及对资料的理论分析。最后是解决问题，对全文进行概括性的总结。

（2）调研报告以叙述为主，夹叙夹议、叙议结合。语言风格以理性、庄重、规范为主，同时应力求生动活泼。

（3）调研报告通常篇幅较长，因此特别要注重层次分明、条理清晰。

第十三章

协调工作

协调工作是秘书部门的基本职责。做好协调工作，目的在于理顺各种关系，创造一个和谐的工作环境，保证领导已经做出的决策得以顺利实施。秘书必须全面掌握单位的各方面情况，洞察各类协调对象的特异性，掌握必备的沟通协调技能。

第一节　秘书协调概述

(一)协调的含义

协调，从字面上解释，就是同心协力、配合得当。“协”与“调”这两个字，古时就有今天的意义了。《说文》：“协，同心之和，从力，从心。”调，调和，调节之义。古代有“调人”一职，据《周礼》载：“掌万民之难而谐和之。”协调，是主客体之间为了实现一个共同的目标而相互沟通、团结协作，从而达到某种程度的默契，实现价值平衡的一种行为方式。

从管理学的角度来解释，协调是管理活动的一种重要职能，本属于领导的职责范围。因为管理系统是一个由多种因素构成的庞大系统，要想达到理想的管理效果，就必须对系统内的各因素不断地进行组合与调整，使之保持有序化与科学化。同时，还必须高度重视与外界各系统的平衡与和谐。这些组合、调整与配合就是协调。由于现代管理活动日益复杂，协调对象和协调事务不断增多，领导不可能也没有必要亲自协调一切关系，因而，秘书作为领导的参谋与助手，协调就成为秘书服务领导的重要内容。同时，秘书部门作为单位里沟通上下、联结左右的枢纽机关，秘书在协调活动中本身就起着非常重要的作用，协调可说是秘书部门当仁不让的重要职责之一。

(二)秘书协调的意义

秘书部门处于组织机构的枢纽位置，是联结上下、联系左右、沟通内外的桥梁和纽带，这就决定了秘书部门的沟通协调工作有着重要的意义。

第一，协调工作是形成系统合力、理顺各方关系、化解内部矛盾、提高工作效率的关键。

现代管理体系是一个复杂的系统，各子系统在一定的规范和制度组织之下，按各自的目标和职责开展工作，协同达成管理目标。如果没有一个有效的部门在各子系统之间进行协调、统筹安排各项工作，势必造成忙乱低效的局面，影响管理目标的达成。在行政管理体系中，这个有效的部门就是秘书部门。秘书部门是沟通领导之间、各部门之间的联系，保持组织机构上下、内外有效运转的中介。只有通过秘书部门的有效协调，才能保证政令通畅，领导的决策能够得到准确、及时的贯彻实施；同时，各子系统之间也得以增进了解、化解矛盾，形成整体合力，提高工作效率。

第二，协调是秘书部门不可推卸的基本任务。

(1)从秘书工作的指导思想看，秘书工作要坚持三服务，即为领导服务、为平行和下级单位服务、为群众服务，其实质就是要经常性地直接协调，或经领导授权协调处理各种关系，使系统上下和谐一致，提高行政效率。

(2)从秘书部门的位置看，秘书部门处于领导和各职能部门之间，是决策层和执行层的中介，这使得秘书部门在组织系统中必然要承担协调的职能。与此同时，也只有秘书部门这样的位置，才能胜任沟通协调的任务。

(3)从秘书部门与领导的关系看，秘书协调是领导工作的延伸和补充，是秘书部门理所当然要承担的管理责任。

第三，协调工作是秘书人员自身能力的强化与检验，能推动秘书工作向纵深发展。

现代社会组织系统结构复杂，引起系统失调的因素也各有不同，这就使协调工作具有不确定性，对承担协调任务的秘书人员也提出了较高的要求。保证协调目标的实现是对秘书人员能力的强化与检验，尤其是在认同疏导过程中，不仅要求秘书要能分析和把握事物真相，具备较高的语言能力和现场把控能力，更要求秘书以人为本，将心比心，有较强的情感领悟能力和感染能力。协调过程不仅是对秘书素质的锻炼和考验，更是推动秘书工作向纵深发展的动力。

(三)秘书协调的内容

1. 政策协调

政策的制定和贯彻是一个不断协调、不断统一认识的行动过程，政策协调就是在制定、贯彻政策过程中的协调。在制定政策过程中，秘书必须辅助领导收集信息、研究方案，明确各有关部门之间的利益关系，使各方面意见达成一致，使政策更加具有可行性。在政策贯彻实施过程中，由于人们对政策的具体内容的理解不尽一致，往往会出现一些矛盾和分歧，这就需要秘书出面进行解释和协调，从而保证政策得到顺利的贯彻执行。

辅助决策是秘书工作的中心任务，当前我国正处于体制转型的关键时期，越来越需要依靠政策、法规来管理和规范各种社会活动，秘书只有努力了解情况、掌握政策，才能辅助领导进行有效的指挥与管理。

2. 计划协调

计划协调是在制订和执行发展计划和行政工作计划时所进行的协调工作。一般而言，计划的制订与实施必须考虑人、财、物、政策、社会环境等因素的影响与制约，因此，有必要对相关要素和各子系统的行动进行协调，目的是使整个系统按照既定的程序，步调一致，共同实现组织的既定目标。计划协调包括计划制订环节的协调和计划实施环节的协调，通过对某项决策的实施做出切实可行、科学合理的计划，并借助调查研究、督促检查、召开会议、通报进度等方式促进计划层层落实，对相关因素进行协调。

3. 人际关系协调

人际关系协调是旨在使人与人之间的关系达到和谐而进行的协调。秘书的人际关系协调包括上下级关系的协调、左右关系的协调、领导班子之间关系的协调和群众间关系的协调。这是秘书最重要、最经常的一种协调方式，因为人际环境是构成秘书职能环境的重要基础和条件，是秘书发挥参谋助手作用的舞台。秘书要注意顺应职能环境中他人的心理规律，及时调整与各关系对象的职能关系，建立起相互信任、和谐平等的人际关系平台，才能真正成为机关工作的桥梁和纽带，做好领导的参谋和助手。

4. 事务协调

事务协调是指日常具体工作安排中的微观协调。事务协调非常琐碎、具体，几乎渗透在秘书的每一项日常活动之中，要求秘书对办文、办会、办事中很多操作性的细节进行灵活的调整与协调，如具体安排工作项目、工作步骤和活动日程等，使各项工作环环相扣、密切配合，确保整体目标的达成。

第二节　秘书协调的程序、方法与艺术

(一)秘书协调的程序

1. 调研分析

秘书在协调开始之前，要尽可能地采用各种调查手段了解各方面的情况，收集与协调事项有关的信息。不仅要了解当前的局面，也要了解问题产生、发展的历史和过程；不仅要向当事人直接了解，也要向其他人员间接地了解；不仅要进行详细的调查，还要分析研究矛盾产生的根源、找到问题的症结。只有从各方面都做到心中有数，才能为下一步协调工作的真正实施打好基础。

2. 拟订方案

在搞清楚问题的真相和性质之后，秘书要拟订协调的工作方案。协调方案应包括以下内容。

(1)概括说明协调事项的基本情况、有关背景和目前事态。

(2)确定协调主体(指参加并控制协调过程的人员)与协调客体(指协调过程中受控制的部门或人员)。协调主体要根据协调内容和协调客体的情况来综合进行考虑，较复杂的协调有可能不止一个协调者，这时候还应确定协调的负责人。

(3)确定协调的目标和具体方式方法。协调目标即协调活动的出发点与归宿，协调目标有不同的层级。以人际关系协调为例，其最高目标是使协调客体各方心悦诚服、冰释前嫌；中期目标是使表面矛盾得到化解，维持各方的正常工作；最低目标是维持原

状，矛盾不继续恶化与发展。秘书应根据不同事项的背景，确定本次协调的具体目标，并综合考虑协调目标、协调主体、协调客体、协调事项的重要程度等，选择不同的方式方法。如是采取召开协调会的方式，还是通过个别沟通进行协商、协调等。

3. 实施协调

组织实施是协调的关键阶段，秘书应依据协调方案去尽力化解矛盾、解决问题，力争达到预期的协调目标。为避免方案执行过程中出现偏差和失误，还应加强对协调过程的实时控制与及时反馈机制，随时掌握协调信息，不断调整、完善协调方案。

4. 评估总结

协调任务完成后，秘书应对本次协调活动的成效进行评估，评估的依据主要是两方面：一是协调客体直接反馈的信息；二是其他相关人员反馈的信息，而不能仅凭秘书自己的主观感觉。如果发现协调未达到预期目标，还需要分析原因，做好下一步的协调方案，直到解决问题。如果协调达到了预期目标，就应对协调过程中具有普遍意义的做法和经验进行总结，这不仅对今后的协调工作具有指导和规范意义，同时也利于研究规律，发现苗头，减少类似矛盾再度发生的可能性，防患于未然。

（二）秘书协调的方法

1. 个别沟通法

个别沟通是指协调主体与协调客体之间一对一的沟通方式，这是一种最基本、最常见的协调方法，具体方式包括面对面交谈、电话、短信、信件、电子邮件等。其中，面对面交谈是最有效的一种沟通方式，但涉及正式的业务内容时最好采用书面形式，而需要双方反复表达意见时显然用电话会更好，如果关系不是特别亲近，或试探、提醒式的交流，用短信即可。

个别沟通法适用于协调对象比较单一、协调事项比较简单，或协调内容涉及个人思想、情感、观念等方面的情形。个别沟通法的优点是灵活、直接，协调的主、客体双方能有较为充分和深入的交流，也有利于保护当事人的私密。

2. 文件会签法

文件会签法也称为会稿或会签，这是一种通过有关各方面共同签署文件并按文执行来达到沟通协商目的的协调方法。文件会签的方式有两种：一是会议会签，就是将相关的单位集中在一起对文稿进行讨论与磋商，取得一致意见后，进行会签；二是信函会签，是由秘书将初稿打印后寄送有关单位征求意见，最后汇总成最终定稿。

文件会签的优点是增强了协调过程的严肃性和权威性，协调客体各方在相互认可的基础上进行了会签，相关的措施与做法以书面的形式保留下来，便于执行与实施，能够达到比较好的协调效果。一些涉及范围广、影响较大，但又不急于马上采取措施的协调事项，可以采用这种方式。

3. 会议交流法

会议交流法是一种通过召开会议，引导协调客体各方进行开放、深入的讨论，从而充分交换意见、沟通思想、达成一致的协调方式。其优点是协调客体各方有充足的机会来表达观点，利于促成更广泛的信息交流与情感沟通。

会议交流法适用于较为重要、涉及的部门和单位较为复杂的协调事项。由于在会议上矛盾各方面对面进行交流，协调主体对现场的把控就显得尤为重要，因此，会议座谈时一般会邀请协调客体各方都比较信任的人员来主持。

4. 机构协调法

机构协调法是通过设立跨部门的协调机构，组织各方对话、谈判、发文、召开会议等，从而交流信息、咨询协商、专门协调某一方面事务的协调方法。协调机构的人员相对固定，是一个人为设立的有组织的专门协调系统。其优势是在职能划分的基础上设置临时性的协调机构，根据各部门、各单位的工作目标、职责和权限，约定其在具体工作中的相互关系与协同机制，树立整体思想和全局观念，使那些涉及多个部门或单位、利益分歧较大、短期内单一部门或单位难以管理和组织的问题得以解决，确保总体目标得以实现。

机构协调法适用于全局性、复杂性、长期性的专项协调事项。

（三）秘书协调的艺术

所谓协调的艺术，即采用协调方法的技巧，是秘书人员在协调工作中应掌握的基本功。

1. 抓中心

在比较大的机关组织内，有时候出现的矛盾和问题十分棘手、头绪较多，而且呈杂乱无章状态，处理起来一时很难下手。秘书人员遇到这种情况，一定要冷静地分析，要从纷繁复杂的矛盾中找到最能影响全局、可以带动其他问题解决的中心环节、中心问题，也即通常所称的主要矛盾。然后集中人、财、物力，首先解决主要矛盾，再来带动其他问题的解决。另外，在同一个协调事项中，影响协调结果的相关因素也可能有多个，秘书人员要善于从这些相关因素中找到最主要的一个，抓住这个中心，只有解决了这个最核心的问题，矛盾才能迎刃而解。

2. 明事态

客观事物总是随着时间的推移而不断变化发展。矛盾和问题一经产生，就处于变化之中。秘书人员一定要对具体问题做具体分析，对协调对象各方的现状和发展趋势做系统的研究，尤其是要结合各方面情况对协调事项当前所处的事态做出准确的判断，然后再制订妥善的处理方案。对于复杂的问题，切忌在事态不明的情形下仓促表态；也不能不顾事物发展各阶段的特点罗列一大堆方案，却错过了处理问题的最佳时机。

3. 找时机

协调方案在执行的过程中，由于情况和条件的变化，可能需要调整和修正。秘书人员一定要密切关注协调活动的进展情况，善于观察和捕捉时机，随时调整修正原有的方案和计划。尤其是在人际关系协调中，秘书人员要善于察言观色，及时捕捉协调客体各方的情绪起伏和心态变化，找准时机，诱导双方相互让步。例如，原先确定的协调方案周期很长，后来经过协商处理，发现协调客体双方逐渐趋同，这时就没有必要按部就班地进行，可以以双方的趋同点为切入点，一鼓作气达成协调目标。又如，有时候协调出现僵局，双方各不相让，这时秘书人员就要暂停一段时间，以免欲速则不达。

4. 留余地

任何事物都有一个量的变化和质的稳定性问题，秘书人员在协调工作矛盾时，在协调主体、协调客体、协调目标这几方面都必须注意分寸，要做到恰到好处。从协调主体来说，一般应安排最适合本次协调任务的人员来担任协调者，但也要充分考虑到如果一次协调不成功时，如何调整后续的协调主体。从协调客体来说，秘书人员要在充分研究协调对象的背景与现状的基础上，采取对矛盾双方都留有分寸、都能接受的协调技巧。就协调目标来说，秘书人员一方面在拟订协调方案时不要把协调目标定得太死，要注意做多种打算，甚至做最坏的打算，留一定的余地。另外，在实际的协调过程中，要走一步看一步，边处理边调整，这样才能取得比较理想的协调效果。

5. 多观察

上述抓中心、明事态、找时机、留余地，都意味着秘书人员必须做到对协调过程进行全程掌控，要善于观察、善于倾听，通过各种语言和非语言的信息，分析、判断协调客体的态度和倾向，从而及时制订和调整协调方案。多观察不仅意味着秘书人员在面对面的沟通协调时要善于捕捉协调客体态度的微妙变化和反应，也要求秘书人员利用各种场合与协调客体建立联系，如开会、座谈、实地调查等，或者是登门拜访、游玩、娱乐、宴请、探病等，从多方面、多角度观察了解情况。

6. 善调和

秘书人员要善于通过劝说，或者采取一定程度的妥协来防止矛盾的扩大与激化。例如，有时协调客体之间的关系比较紧张，秘书人员可以适当用双关语、俏皮话、轶事、反语等幽默形式来缓解紧张气氛，冲淡抵触情绪。又如，矛盾双方在利益问题上争执不下时，秘书人员要善于打圆场，或者转变话题、避免矛盾双方正面交锋；或者经请示领导，在无碍大局的问题上适当放宽政策，最大限度地保证矛盾双方的利益。

第十四章

督查工作

督查是领导者的一项重要的组织管理职能，也是秘书发挥参谋助手作用的有效途径。做好督查工作，不仅有利于促进上级政令、领导决策的贯彻执行，也有利于改进机关工作作风，提高行政工作效率，对于提高领导部门的威信，切实加强干部队伍管理，都有着重要的意义。秘书必须学会紧密围绕部门中心工作，正确地把握督查工作的特质，合理地运用督查工作方法，充分发挥秘书的参谋助手作用。

第一节　秘书督查工作概述

一、秘书督查工作的概念及组织方式

督查是督促检查的简称，包含有督办、催办、查办等内容。在秘书活动中，具体来说，就是秘书部门对领导机关重要决策或工作部署的贯彻执行情况，以及各级领导批示、交办事项的办理情况进行督促、检查，使之得到有效办理和落实的工作。

督查工作实际包含两个层次：一是领导行为层次，即上级单位或领导为促进、推动某项政令的落实而采用的一种领导方法；二是执行行为层次，是特定的职能部门为了执行落实上级的工作安排而使用的工作手段。秘书督查工作属于后者，而秘书督查又有广义、狭义之分。以广义而言，所有对领导机关的重大决策和部署的实施情况进行督促检查，都属于秘书督查工作的范畴，又称为“大查办”或“决策督查”。以狭义而言，秘书督查专指对领导专门批示或交办的事项的催促、落实，又称为“小查办”或“专项督查”。大查办与小查办之间并没有严格的界限，有时候可能会相互关联。

目前，秘书督查工作的组织设置一般有以下几种形式。

1. 专职机构

专职机构的组织形式适用于高级领导机关，主要设在县级以上党委机关和办公厅(室)内部，一般称为督促检查处、督促检查室或检查组等。专职的督查机构统一负责该机关所有的督查事项，其优势是任务明确、精力集中，既可以积累经验，又可以研究有关的政策问题。

2. 专职人员

基层机关的秘书部门由于人员不足，一般不设立专职的督查机构，而是安排在综合性的办公室内，相对固定地指派一定的人员专管或兼管督查工作。

3. 临时机构

临时机构一般都是在某一时期内，为某些涉及面广、问题较复杂的重大督促检查工作而设置的。

4. 兼职机构

随着督查工作的深入开展和实际需要，有必要形成全面性的或地方性的督查网络，因此，一般的领导机关根据隶属关系在其下级部门建立一定的督查兼职机构，制定必要的规章制度，建立日常的督查业务联系，沟通有关的信息，以组织的完善来保证督查工作的顺利进行。

二、秘书督查工作的作用

督查工作在领导活动和秘书工作中均占有重要的地位，发挥着重要的作用。随着决策科学化和民主化进程的加快，督查工作的重要性将更加突出。

1. 参谋助手作用

在科学管理中，一项决策通常需要经过调查、咨询、执行、监控、反馈等环节来完成。领导人做出决策之后，要逐级贯彻执行，如果决策落不到实处，管理就会成为纸上谈兵。但不可避免的是，决策的执行有时会遇到障碍和阻力，特别是涉及地方和部门利益时，往往会出现梗阻现象，而领导人不可能事事都亲自去督促查办，督查工作因此成为秘书部门发挥参谋助手作用的一个重要方面。同时，秘书通过督查，不仅协助领导去抓各项工作的贯彻落实，而且还可以根据实际情况发现决策的不完善之处，及时提出修正或改变决策的依据，供领导参考。

2. 组织协调作用

督查就是对某一或某些问题进行检查督导、组织协调，一方面可以明确各执行部门的目标、任务，以及主办、协办责任，促使其各司其职，避免出现相互扯皮现象；另一方面有利于化解矛盾，解决相互掣肘的问题，使各个部门从整体利益出发，相互支持、相互配合，从而解决关键性问题和难点问题，推动领导指示的落实；另外，在实施决策过程中，由于承办人水平的差异、各部门条件的不同，落实决策情况就有不同。只有通过督查，才能及时发现问题、及时协调督导。

3. 效率提升作用

官僚主义是领导工作和管理工作中一种常见的不良作风，在工作中主要表现为形式主义，号召多、表面文章多，落实少、检查监督少。开展督查工作，可以克服决而不行、拖而不办的官僚主义作风，有助于领导、秘书部门了解下情，改进工作方法，帮助基层解决困难，从而形成讲效率、求质量、重实效的良好工作作风，提高工作效率。

4. 信息反馈作用

一项决策是否科学合理，需要接受实践的检验，并在实践中得到完善。这一是因为任何决策由于受主客观因素的制约和影响，不可能尽善尽美；二是因为具体情况总是在变化之中，既定的决策还需要不断修改完善。督查工作与信息工作、调查研究工作互相渗透，开展好督查工作有助于领导掌握各方面动态，是辅助决策、进行追踪决策的重要途径之一。通过督查信息反馈，可以为领导人提供观察事物和思考问题的条件，以便调整、完善决策。

第二节　秘书督查工作的内容、程序和原则

机构所处的层级、区域、行业不同，督查工作的具体内容、程序和原则也有所不同，但其主要内容基本如下。

一、秘书督查工作的内容

1. 承担上级领导机关交办的督查任务

如省里直接接受处理中共中央办公厅、国务院办公厅交办的工作任务，市县接受处理省里交办的工作任务。从实际看，上级领导机关交办的主要是领导有具体批示的信访案件；有时也交办其他方面的工作任务，如上级重大决策、重要文件和工作部署的贯彻实施，上级重要会议的决议、决定事项及领导人重要讲话精神的贯彻落实等。

2. 承担本级领导机关和领导人指定或交办的工作任务

本级领导机关和领导人指定或交办的工作任务是督查部门承办的主要任务，主要有：本级领导的批示件或交办的其他事项；本级机关主持召开的重要会议中代表提出的重要建议；人民代表、政协委员提交的各种议案、提案；本级党委、政府或单位的重大决策、重要文件和工作部署的贯彻实施；本级党委、政府重要会议的决议、决定事项及领导人重要讲话精神的贯彻落实等。

3. 承担其他查办任务

其他查办任务包括：本级领导机关制发的文件的贯彻落实情况、下级请示的事项、基层要求上级机关帮助解决的问题等；领导临时交办的事项；内部刊物和大众媒介对本地区、本单位工作的批评和建议；秘书部门在日常工作中发现的、提议专项督查并经领导批准的重要事项等。

二、秘书督查工作的程序

(一)立项

督查工作的起始环节是立项。凡需督促检查的事项，由秘书机构提出督查立项。其中涉及重大决策或重要工作部署的，以一个决策、一个部署为单位立项；专项督查事项应一事一立项。

立项的依据是督查工作的职责和领导机关有关文件或领导的重要批示。凡涉及全局或重大问题的立项，须经机关领导审定。立项要明确督查的内容、对象、要求及时限。凡有两个以上承办部门(单位)的督查事项，要确定主办或牵头部门。承办时限，除特殊情况即办即报外，一般为10～15天。

立项时要进行编号登记。立项登记单项目和格式如图 14.1 所示。

督查立项登记单

编号：　　　　　　　　　　　　　　　　　　年　　月　　日

交办单位		交办日期	
交办内容			
领导批示			
承办单位		承办日期	
办理结果			
备注			

图 14.1　立项登记单

(二)办理

督查事项立项后，进入办理环节。根据督查对象和内容的不同，又分为自办、交办、协办等几种情形。

1. 自办

自办即秘书部门按照领导的指示，直接组织督查事项的办理，有时是由分管督查工作的领导主持、由秘书部门参加办理。这类督查事项一般是单位内部事务，在督查工作中是少数。

2. 交办

交办是在督查立项之后，秘书部门根据督查事项的内容、性质和领导要求，按照分工向负责查办的有关部门进行交办，并规定处理时限。原则上由督查部门在立项当天向有关部门发出督查通知。对突发事件或督查时限较紧的督查事项，要同时采取打电话或发传真的形式进行通知。成批的重要督查事项，也可以召开会议进行布置。交办应努力做到任务量化、时限具体化、责任明确化，使之既具有权威性，又具有操作性。督查通知的主要项目和格式如图 14.2 所示。

接到督查任务的部门即为督查工作的承办部门，收到督查通知后，要明确具体经办的人员，认真及时予以办理。对重大督查事项，领导要亲自负责。在办理过程中，主办与协办单位、各部门之间要加强沟通、配合。承办单位无法解决的问题或不能按期完成的事项，要及时向上级交办单位报告，说明情况。同时要严格按照督查要求，将办理情况以书面形式按时反馈上级机关督查部门。

督查通知发出后，秘书部门要避免静待结果致使督查计划落空的情况发生，应该随时掌握工作进展，及时催办。催办，就是秘书部门定期向具体承担查办任务的部门了解督查事项的运行情况和办理情况。催办工作做得如何，直接关系到督查工作的效果。因此，在督查工作中，必须加强催办这一环节。催办的方式灵活多样，可以使用电话催办或派人上门催办等方式。对催办中发现的重大问题，要及时向有关领导报告。对逾期未结的督查事件，要下达督查事项催办单(图 14.3)，以示慎重。

督 查 通 知

××(单位)：

根据领导批示，现将关于＿＿＿＿＿＿＿＿＿＿问题的事项一件转去，请抓紧办理查处，并将结果于×月×日前报市政府办公室督查室。

××市政府办公室(章)

年 月 日

联系人：×××

联系电话：×××××××××　　传真：×××××××××

图 14.2 督查通知

督查事项催办单

催文字( )号

××(单位)：

关于＿＿＿＿＿＿＿＿＿＿问题的办理查处情况和结果，请务必于×月×日前报市政府办公室督查室。

××市政府办公室(章)

年 月 日

联系人：××× 联系电话：××××××××× 传真：×××××××××

办理结果：

××市政府办公室(章)

年 月 日

(阅办后连同附件退回)

图 14.3 督查事项催办单

3. 协办

协办，即由专门的督查部门或秘书部门牵头，协同有关部门和单位，按照领导的指示，共同督查落实某一事项。当承办单位在办理事项的过程中遇到问题和困难，或部门之间意见分歧较大，或因分工不明造成职责不清，或因局部利益和整体利益处理不当引发矛盾，从而影响到督查工作的落实时，就要进行协办。这类督查工作一般要求督查人员参与组织具体事项的办理，但以原则性的指导为主，查中有帮、帮中促查。

（三）反馈

督查任务完成后，要及时向下达任务的上级交办单位报告督查的结果。反馈有两层含义：第一，承办单位将督查事项办理的结果，采取专题报告的形式，向上级交办单位反馈报告。其基本要求是一事一文，文中要注明原督查通知单的编号，重要督办事项应由承办单位负责人签字，作为正式文件处理，一般事项可由承办单位秘书机构负责人签字上报。这个意义上的反馈也称“结办”。第二，将领导批示的督查事项办理情况采用《督查事项专报》、《督办反馈专刊》等形式及时向领导报告，同时做好汇总统计。对于领导特别关注的事项，督查人员要随时向领导反馈。

（四）归档

一项督查工作结束后，要将处理过程中的领导批示、立项登记单、督查通知单、催办单、督查结果、来往文件等材料，组成案卷归档。

三、秘书督查工作的原则

要保证督查工作得以顺利进行，取得预期的成效，秘书人员应遵循一定的原则。

（一）实事求是、尊重客观

实事求是是我们做好一切工作的基础和前提，督查工作作为辅助领导实施决策的一项工作任务，其根本目的在于促进决策的有效落实，因此，更要以事实为依据，坚持实事求是、尊重客观的原则。

这一原则首先要求领导及其秘书在确定督查事项时要一切从实际出发，无论是了解情况、分析问题，还是具体下达督查任务、评估督查反馈，都要敢于面对、敢讲真话，切忌弄虚作假、粉饰太平。其次，具体承办督查事项的部门与单位要尊重客观事实，避免先入为主和主观随意等不负责任的工作作风。在调查情况时，要善于倾听各方意见；在分析问题时，要明辨是非，不唯上、不唯亲；在处理反馈意见时，要客观公正，不带偏见。

（二）领导负责、秘书协办

督查工作是一种领导行为和领导手段，其作为主体是领导。秘书人员在督查工作中处于辅助领导、协助办理的地位。具体来说，“领导负责”就是要将督查工作置于领导的有效控制之下，以上级组织或领导的决策作为督查工作的依据，以上级组织和领导的权威保证督查工作的效能，重大督查项目的立项、督查调查的开展和督查结果的上报都须经过领导的审批同意。“秘书协办”就是秘书部门和秘书人员要主动做好自身职责范围内的督查事项，同时对领导授权的督查事项要积极做好综合协调工作，以了解情况、反馈情况为主，根据督查对象的特点和领导授意明确承办单位，及时交办、催办。既要充分发挥主观能动作用，创造性地开展工作，又要防止脱离领导，越权行事。

(三)归口管理、分级负责

督查是一个复杂的系统，需要秘书用系统的观点来进行组织、管理，其中最重要的就是要明确职、权、责。所谓“归口管理”，就是按照督查事项涉及的行业、系统或业务范围所进行的一种分工管理方式，实质就是要求各职能部门按照法律或组织赋予的权力和承担的责任，各司其职，按特定的管理渠道实施督查。“分级负责”就是按照权力层级，将督查事项从纵的方面按级分工，各级部门各负其责，一级抓一级、一级促一级。当然，归口管理、分级负责，并不排除某些特殊重大督查事项由高层领导机关直接过问。

(四)注重实效、讲求时效

决策要掌握时机，决策的实施同样要掌握时机、讲究时效。督查工作是针对政令不畅通、工作不落实的现象进行的，这就更要求督查工作必须注重实效。督查人员要有求真务实的思想作风和脚踏实地的工作态度，防止形式主义，确保督查工作落到实处。督查工作的实效一定程度上来说就是时效。督查人员要有强烈的时间价值观，尤其是一些突发性的重要督查事项，一旦延误时机，很有可能会贻误工作，甚至酿成大错。因此，秘书部门要坚决按照领导统一部署的步骤和时间来组织实施督查，从立项、交办、承办、催办到反馈、归档，每一步都必须明确规定时限，既准确又迅速地完成督查任务。

(五)不直接办案

秘书部门不同于司法、纪检、审计、监察等部门，它没有行政处分权、审判权和审计权，只有监督权，不能直接办案。其在督查过程中的监督，也不同于纪检、行政监察和司法、审计方面的监督，它只是对工作执行情况和决策实施情况的了解、督促，涉及违法违纪的案件，要由纪检和司法部门处理。因此，秘书部门在督查工作中的主要精力，应放在了解情况、研究问题、督促解决问题上，注意分清职责，严禁秘书人员避开领导及组织包办案件。

第十五章

信访工作

信访是来信来访的简称，广义的信访是指人民群众通过投寄信件或直接走访等方式，向社会组织的管理者反映个人或集体意愿的一种社会活动。信访不仅是我国法律赋予人民群众的民主权利，也是人民监督机关、单位、组织工作的重要方式，更是党和政府联系人民群众的桥梁和纽带，是党政机关和企事业单位的一项经常性工作，是秘书部门为领导服务、为人民群众服务的一项重要任务。

第一节　信访工作概述

一、信访工作的含义及要素

根据国务院于 2005 年 5 月 1 日实施的新《信访条例》的规定，信访“是指公民、法人或者其他组织采用书信、电子邮件、传真、电话、走访等形式，向各级人民政府、县级以上人民政府工作部门反映情况，提出建议、意见或者投诉请求，依法由有关行政机关处理的活动”。对来信、来访的处理及对信访活动的管理就是信访工作。

信访工作由五个基本要素构成。

1. 信访者

信访者即信访的发起人，可以是个人，也可以是集体或基层组织。信访者享有下列权利。

(1)对国家机关和国家工作人员提出批评和建议；

(2)对国家机关和国家工作人员的违法失职行为提出申斥、控告或者检举；

(3)在自身的合法权益受到侵害时提出控告和申诉；

(4)对反映的问题，要求解决或者答复。

信访者应当履行下列义务。

(1)遵守宪法、法律、法规、规章，不得损害国家、社会、集体的利益和其他公民的自由与权利；

(2)如实反映情况，不得捏造或者歪曲事实，不得进行诬告陷害；

(3)遵守接待场所秩序、尊重社会公德、爱护公共财产；

(4)服从符合法律、法规、规章、政策的处理决定。

2. 信访受理者

就信访受理者而言，目前我国在政府机构中设有专门的信访部门，如信访局、信访处和信访办公室等。它们配有一整套完善的办公设备，有专门的接待室、专用信箱、监督电话等。信访部门配置专职信访工作人员。

中高级党政机关在办公厅以下独立设置信访部门，如中央设信访局、地方设立信访办公室，由秘书长、办公厅(室)主任或地方首长直接领导；大中型企业和新闻单位或设信访办公室、信访组，或称群众工作部(组)，或由公共关系部门负责；基层单位则由秘书人员承担。

《信访条例》规定，县级以上人民政府信访工作机构是本级人民政府负责信访工作的行政机构。县级以上政府应当设立信访工作机构；县级以下政府工作部门及乡、镇政府(街道办事处)应当按照有利工作、方便信访人的原则，确定负责信访工作的机构或者人员，具体负责信访工作。

《信访条例》是针对行政机关规定的，实际上，各级党组织、工青妇等群众组织和人大、政协、法院、检察院以及各企事业单位都设立了专门的机构和专、兼职人员负责处理来信来访工作。这样的机构与行政机关一样统称为“接待室”、“接待处”或“秘书处(科)”、“信访办”、“信访处(科、室)”等。

无论在行政机关，还是党群、人大、司法机关以及各企事业单位，信访工作机构只是接待受理信访事项的机构，不是解决处理信访事项的机构，信访工作机构以外的职能性工作部门或政府工作部门才是处理解决信访问题的部门。信访工作机构主要负责登记、受理、转送、协调、督办信访事项，并提出改进建议等，与有权进行实质性处理的职能性工作部门或政府工作部门主要负责登记、受理、办理和答复的职能不同。信访机构的主要任务是“接访(信)转办、联络协调、督促解决”，信访工作机构原则上仍由各级秘书机构(办公厅、办公室)领导，在中下级机关和基层单位，信访工作由秘书机构直接负责。因此，信访工作是秘书机构的一项重要工作，是秘书直接为领导、为信访人服务的一项重要任务。

信访机构虽然解决问题的权力有限，但要提高信访工作效率，让信访人少走弯路，其履行的职责或任务相当艰巨。

3. 信访内容

针对下列信访事项，信访者可以向有关行政机关提出信访要求。

(1)对行政机关及其工作人员的批评、建议和要求；

(2)检举、揭发行政机关工作人员的违法失职行为；

(3)控告侵害自己合法权益的行为；

(4)其他信访事项。

上述第二项、第三项信访事项，法律、行政法规对处理程序另有规定，信访人应当依照有关法律、行政法规规定的程序提出。

4. 信访形式

信访者可以采用书信、电话、上访等形式向各级行政机关反映情况，提出意见、建议和要求。

信访者对各级人民代表大会以及县级以上各级人民代表大会常务委员会、人民法院、人民检察院职权范围内的信访事项，应当分别向有关的人民代表大会及其常务委员会、人民法院、人民检察院提出；其他信访事项应当向依法有权做出处理决定的有关行政机关或者其上一级行政机关提出。

信访者采用上访形式提出意见、建议和要求的，应当到有关行政机关设立或者指定的接待场所提出；上访过程中不得围堵、冲击国家机关，不得拦截公务车辆；信访者应当遵守信访秩序，不得影响国家机关工作秩序，不得损害接待场所的公私财物，不得纠缠、侮辱、殴打、威胁接待人员，不得携带危险品、爆炸品以及管制器械进入接待场所。

多人反映共同意见、建议和要求的，一般应当采用书信、电话等形式提出，需要采用上访形式的，应当推选代表提出，代表人数不得超过 5 人。

5. 信访结果

各级行政机关直接办理的信访事项应当在 30 日内办理完毕，并视情况将办理结果答复信访者；情况复杂的，时限可以适当延长。

各级行政机关对交办的信访事项，应当自收到之日起 90 日内办结，并将办理结果报告交办机关；不能按期办结的，应当向交办机关说明情况。交办机关认为对交办的信访事项处理不当的，可以要求办理机关重新处理。

有关行政机关转办的信访事项，应当自收到之日起 90 日内办结，并可以视情况向转办机关回复办理结果。

信访者和有关单位对行政机关做出的信访事项处理决定，应当遵守、执行；对处理决定不服的，除依照法律、行政法规的规定申请复议或者提起行政诉讼的外，可以自收到处理决定书之日起 30 日内请求原办理机关复查。原办理机关应当自收到复查请求之日起 30 日内提出复查意见，并予以答复。

对原办理机关的处理决定或者复查意见不服的，信访人可以自收到处理决定书或者复查意见书之日起 30 日内请求上一级行政机关复查，上一级行政机关应自收到复查请求之日起 30 日内提出复查意见。经复查，信访事项处理决定正确的，不再处理。

行政机关发现本机关对信访事项的处理、复查确有错误的，应当重新处理。上级行政机关发现下级行政机关对信访事项的处理、复查确有错误的，有权直接处理或者责成下级行政机关重新处理。

二、信访工作的特点

1. 群众性

信访工作是一项群众性很强的工作。人民群众来信来访，绝大多数是向各级领导机关反映情况，陈述意见，表示愿望，提出批评或建议，申诉、揭发、检举、控告与自身利益相关联的问题，期望获得明确答复或者解决问题。信访工作者必须牢固树立群众观念，贯彻执行党的群众路线，真正为群众排忧解难。

2. 政策性

政策性体现在信访工作者要依照党和国家的各项政策、法规来处理信访问题。大量统计数据表明，涉及政策问题的信访占有很大比例，或对某项政策有意见；或反映政策执行中的问题；或要求落实有关政策；或要求平反冤假错案；或要求解决历史遗留问题等。这都要求信访工作者认真学习和深刻领会党的方针政策和法律法规，这是妥善解决信访问题的关键。

3. 长期性

社会矛盾的始终存在决定了信访工作的长期性。在社会生活中，各种矛盾不断产生，而且永远不会终结。因此，信访工作的任务十分繁重，信访工作的地位更加重要。信访工作者必须树立长期思想，克服临时观念，真正把信访工作纳入法制轨道，加强调研、探索规律、搞好预测，把问题解决在萌芽状态，掌握信访工作的主动权。

三、信访工作的意义

1. 信访工作是保障公民充分行使民主监督权利的有效途径

我国宪法规定："中华人民共和国公民对于任何国家机关和国家工作人员，有提出批评和建议的权利；对于任何国家机关和国家工作人员的违法失职行为，有向有关国家机关提出申诉、控告或者检举的权利，但是不得捏造或者歪曲事实进行诬告陷害。""对于公民的申诉、控告或者检举，有关国家机关必须查清事实，负责处理。任何人不得压制和打击报复。"信访权和监督权是我国宪法赋予信访人的神圣权利，是人民群众当家做主的具体体现。

信访活动不仅是人民群众享有的民主权利，也是人民群众参与国家政治生活和监督国家机关工作的一种良好方式。法人、公民或其他组织通过信访发挥其监督作用，有助于推动国家机关及其工作人员克服官僚主义、打击违法乱纪行为、纠正不正之风、加强廉政建设。近年来我国各地破获的大案要案，半数以上都是通过信访渠道提供的线索。从系统论的观点看，信访部门又是国家管理体系中的监督系统，它体现的监督作用是其他监督部门不能代替的。因此，信访制度是一种完善"纠错机制"的设计，有助于发挥其"监督哨"的功能——接受群众监督，保障公民充分行使民主监督权利。

2. 信访工作是信息反馈的重要渠道

各级领导机关获取信息的途径是多种多样的，信访是其中的一条重要渠道。群众的来信来访把他们的意见和要求、把社会各个领域的真实情况和有关问题，源源不断地反映到各级领导机关，成为领导者制定政策、部署工作的重要依据。同时，通过信访工作，也把党和政府各项方针政策的贯彻执行情况反映上来，可帮助领导检验这些方针政策的正确性及完善程度，把它们作为下一步修改和制定新的方针政策的重要参考。对企业来说，信息反馈的作用更为直接和明显。

3. 信访工作是领导机关或社会组织密切联系群众的桥梁

人民群众来信来访，向党和政府反映他们的意愿、要求和困难，是出于对党和政府的高度信任。处理和解决好这些实际问题，就能使信访人直接感受到党和政府的温暖，从而密切领导机关和人民群众之间的联系。在县级以上人民政府设立信访工作专门机构和人员，畅通信访渠道，强调信访人的权利和政府处理问题的责任，正是为了充分发挥信访工作密切党群关系、政群关系的功能。信访部门和工作人员应当从巩固党的执政地位、扩大党的执政基础的高度深化认识，把执政为民、科学发展、代表最广大人民的利益和以人为本的执政理念贯穿信访工作始终；从建设社会主义政治文明的高度深化认识，把信访工作作为扩大公民有序政治参与的基本政治制度贯穿民主政治建设的始终。

4. 信访工作是协调各方关系、维护社会和谐稳定的有力措施

信访活动的产生，表明社会上某些组织之间或组织与群众之间的正常关系已经出现了严重不协调状况，尤其是在市场经济条件下，社会转型变革、利益格局调整，各种矛盾和利益冲突会急剧增加，信访行为的趋利性和求助性更强，这些问题或冲突能否得到及时和合理的协调、化解，关系到社会的公平正义和平安稳定，这就需要信访工作及时协调各方利益冲突，减少和消除不安定因素，通过调节各方利益关系起到缓冲和减震的作用。

信访虽然不是解决利益纠纷的首选方式，也不能视为优于其他行政救济甚至国家司法救济的最后一种救济方式，但是信访制度的设计却是我国特有的一种人权救济方式。新中国成立以来，我国一共出现过三次信访高潮。第一次是 1954～1957 年，当时三大改造(指新中国成立后，中国共产党领导的对农业、手工业和资本主义工商业的社会主义改造)完成，社会结构发生翻天覆地的变化，加上抗美援朝结束后 200 万军人复员转业，各种社会矛盾集中呈现，造成大量申诉类上访。第二次是“文革”结束后，广大人民群众迫切要求平反冤假错案、落实政策。第三次是 1993 年以来，社会转型导致在单位改制、城市拆迁、土地征用、劳动就业、安全生产、利益分配、公权力运行等领域出现了各种危机和问题，成为新一轮信访高潮的根源。在这三次信访高潮中，党和政府都投入了大量精力，如在第一次高潮期，恢复了新中国成立初期的“领导干部接见来访群众日制度”，并且由县级机关在公社中建立接待站，直接处理基层信访案件，国务院几个信访机构于 1965 年合并成立中央机关联合接待室。“文革”结束后的信访高潮中，由于大批上访者涌向北京，冲击社会秩序，1979 年成立“中央机关处理上访问题领导小组”，从中央各机关共抽调上千名干部组成检查团，接待来访，宣传解释方针政策，调查解决信访问题。在全国范围内也成立了相应的领导小组，全国约有 20 万干部随各级检查团深入基层，接待上访，落实政策，迅速解决“文革”中的遗留问题和历史上的遗留问题。历史的发展证明，我国的信访制度，事实上是一个政治能量的释放机制，使政治冲突以较小的、分散的形式公开化，并一定程度上得到解决，减少了对经济、政治、社会治安等的负面影响。而在当前，信访工作更是处于国家政治生活的中心位置，在我国目前的利益诉求救济方式严重不足、法制不太健全、国民素质尚待提高的情况下，信访工作仍然是为百姓排忧解难、维护社会稳定不可或缺的特殊和必要方式。

第二节 信访工作的任务和原则

一、信访工作的任务

信访工作的任务，从宏观上来看，是通过对人民群众来信来访的受理，研究和满足人民群众的需求，正确处理人民内部矛盾，协调和密切社会组织间、人民群众间、组织与人民群众间的关系，维护社会稳定。从微观上看，党政机关信访工作的基本任务如下。

(1)受理本地区、本系统的群众来信来访，以及上级领导交办的来信来访问题，负责日常信访事项。

(2)定期分析研究人民群众来信来访中提出的问题，尤其是重要的带倾向性、苗头性、突发性的情况和问题，及时向有关领导和部门反映，并提出解决问题的建议。

(3)按照分级负责、归口办理的原则，及时向有关地区、部门和单位交办信访任务，负责督促、检查、催办和落实。

(4)协助党政领导机关检查、指导本地区、本系统的信访工作，组织经验交流。

二、信访工作的原则

信访工作涉及面广、情况复杂、内容包罗万象，秘书部门在信访工作中一定要注意遵循以下原则。

1. 按政策法规办事的原则

信访工作是一项政策性很强的工作。处理人民来信来访，必须以党和国家的方针政策、法律法令和本系统的规章制度为准绳，不能超越政策、法规的范围，随意处理。应注意避免两种错误倾向：一是个别领导从局部利益出发，凭自身好恶对待群众意见，偏离政策法规；二是个别秘书人员在处理群众来信来访中偏听偏信，无原则照顾、迁就。具体来说，对于咨询政策规定的，要尽可能将相关的政策规定向信访者解释清楚；对于投诉的，如果事实确凿，其诉求符合法律、法规和有关政策规定，要认真负责地予以解决；如果事实不清，或其诉求不合法，要耐心说明情况、讲清道理，在坚持原则的基础上进行说服教育；对于无理取闹的，要严肃地进行批评、劝阻，坚持按法律、法规和有关政策办事。

为此，秘书人员必须认真学习和掌握党和国家的法律、法规和基本政策，除了宪法、民法、刑法、经济法、婚姻法等，当前与人民群众切身利益密切相关的体制改革政策、经济政策、知识分子政策、民族政策、宗教政策，以及关于户口、工资待遇、住房、退休等的相关规定，秘书人员都应详细了解与熟悉。只有这样，才能正确处理各种信访事项，妥善解决问题。

2. 调查研究、实事求是原则

事实是处理一切问题的依据，信访工作同样如此。人民群众来信来访反映的问题，绝大多数是真实的，其诉求是合理的，但不能排除也有少数片面或失实，甚至极少数故意夸大、捏造事实的情形。同时，信访中反映出的问题往往涉及面很广，加之来信来访者的动机和目的各异，这就更增加了信访工作的难度。秘书人员如果偏听偏信、轻率处理，就会使人民群众的利益以及党和政府的威信受到损害。调查研究、实事求是原则，就是要求秘书人员根据具体情况，从实际出发、明辨是非、慎重表态。尤其是对于检举、揭发违法乱纪行为的来信来访，更要谨慎从事。

3. 分级负责、归口管理、属地原则

分级负责、归口管理，即要按信访事项的性质以及信访者所在单位的隶属关系来明确其受理者。信访人员一定要熟悉机关系统的归口情况及分工，准确认定归口对象，避免归口不当。遇有比较复杂、需要几个部门共同处理的，可由秘书部门、专职的信访部门牵头，有关的职能部门共同参加。有重大影响的信访事项，也可由党政有关部门出面协调，有关部门共同派人调查处理。

属地原则就是信访事项原则上由事发地政府负责处理。首先，明确属地原则有利于分清各级政府间的责任，各级政府必须在各自职权范围内认真处理信访问题。其次，事发地政府本身就对来信来访中反映的问题比较了解，有利于对问题的核实和解决。再次，由事发地政府受理信访还可以缩短信访问题的处理周期，减轻上一级领导机关的负担。最后，属地管理也可避免信访者长途奔波，造成不必要的信访成本。当然，比较复杂的信访事项，事发地政府解决不了的，也可以由其上一级政府解决。

4. 事事有交代、件件有着落原则

信访问题的处理质量，直接影响到党和政府的威信，影响到社会的安定团结，所以信访问题无论大小，都必须认真对待。做到事事有交代、件件有着落，是对人民群众民主权利的尊重和肯定，是对信访工作高度负责的表现。秘书人员应设身处地为人民群众着想，为人民排忧解难。要避免当前在信访问题上的压、拖、推、避、顶、化等不良倾向，对信访中提出的具体问题要及时处理，处理结果应通过信函或电话等形式回复信访人，对于建议性信访材料，也要回函表示感谢。

第三节 处理来信来访的基本程序与要求

《信访条例》规定了信访工作的基本程序为信访事项的提出、受理、办理和督办等。对信访工作部门来说，具体工作程序为登记—告知—受理—办理—复查与复核—督办—审核结案—立卷归档。

一、登记

信访登记是对来信来访的初步处理，是下一步受理信访事项的重要依据。《信访条例》规定，对负有受理信访事项职责的行政机关收到的信访事项不按规定登记的，由其上级行政机关责令改正；造成严重后果的，对直接负责的主管人员和其他直接责任人依法给予行政处分。

收到信访人来信，首先要检查来信是否属于本机关受理，初步筛选出不属本机关受理范围的私信、错投信函和其他公函等，转交相关部门和人员。确属本机关受理的信访信件，加盖当日收信专用戳记后拆封。当日来信必须当日拆封、及时处理。随信寄来的一切物品均要清点、妥善保管。信封、邮票、邮戳等要保持完整，须转办时，信封要和信纸一同装订转出。拆封后，应先浏览一遍，要信、急信优先处理，按主件、附件、信封由上而下的顺序进行装订。阅信时，对来信的信封、收信人称呼、正文、署名、发信日期、附记、附件等均要仔细阅读、准确把握。阅看的同时，应将来信人基本情况、来信基本内容等逐项填写在来信登记簿或卡片上，对拟上报领导阅批或交办的反映重要情况和提出重要意见、建议的信件，信件内容摘要应相对详细。不需要办理的重复来信或其他《信访条例》规定不予受理、不再受理或内容不清的来信，可作简略登记。

接待来访时态度一定要真诚、热情，要认真听取来访者的陈述，对来访者的个人基本情况、反映问题的主要内容、来访中的有关情况进行详细登记。对关键性的问题或事实要进行必要的询问，并了解来访者是否能提供书面材料，必要时可留存。来访者陈述完毕后，应明确告知来访者要对反映情况的真实性负责。如果来访者反映的问题比较重要，要请其核对记录文本，确认无误后签字认同。

二、告知

告知是指行政机关收到信访事项后，在法定期限内，依据现有法律、法规的规定，判断信访事项是否应该受理，并将是否受理的决定告知信访人。同时，应告知来访者对其反映情况的正常处理程序，在受理(转、交送)、办理(处理)、复查(复核)等阶段，均应将相关情况告知信访人。

具体来说，告知具体包括以下内容：①对不属本机关接待范围的来访者，应当给予必要的解释，请其向有权处理的机关提出信访要求；②对属于本机关职权范围内的信访事项，能够当场答复是否受理的，应当场做出书面答复；③不能当场答复的，在规定时间内将是否受理的有关情况书面告知信访人；④其他需要告知的与信访事项相关的情况，如简单告知信件的转办情况，或解释政策，或对来信来访表示鼓励、感谢等，可视具体情况做不同的处理。

做好告知工作，一是对信访人(单位)的负责和尊重；二是落实“件件有交代、事事有着落”原则的具体体现。通过告知工作，可以避免信访人情绪激化，甚至产生误解和更大的矛盾。

三、受理

受理是指信访工作机构认为信访人提出的信访事项属于受理范围，决定进行处理的行为。《信访条例》规定，对属于其法定职权范围的信访事项不予受理的，由其上级行政机关责令改正；造成严重后果的，对直接负责的主管人员和其他直接责任人员依法给予行政处分。

判断信访事项是否应予以受理，可采用以下标准：①信访事项是否属于“行政机关”受理的范围；②信访事项是否属于“本机关或本单位”有权受理的事项；③信访事项是否已经经过终结性的信访工作程序；④信访事项是否有实质性的内容和具体诉求；⑤信访事项是否已经受理，或其他相关机构正在办理。

受理的程序主要包括上报、转送、交办、通报与报告。

1. 上报

对情况重大、紧急的信访事项，信访工作人员应经过核实后，送主管领导阅批。上报的主要方式有原件上报、摘要上报和综合上报三种方式。

(1)原件上报：将信访原件(包括正件和附件)直接呈报主管领导。

(2)摘要上报：指对反映问题突出或有建议价值的来信来访内容摘要整理后，以《来信(来访)摘要》、《要信(访)请示》、《要信(访)呈批》、《来信来访(来电)摘要》等形式并附原件一并呈报主管领导。采用这种形式可以是单件的信访事项，也可以是彼此有联系的多件信访事项。

(3)综合上报：指将来信来访情况综合分析后，将有关材料以《信访专报》、《信访快报》、《信访专题报告》等简报或专题报告的形式呈报领导。

2. 转送

转送也称转办，是处理信访事项的主要形式，即将信访事项按照"分级负责、归口管理、属地原则"转到有权对该事项进行调查、核实并做出处理意见的部门或单位办理。

需要特别注意的是：检举、揭发、控告的来信来访材料，只能转给被告方的上级或领导处理，不能转交给被告方当事人；只能转交打印件或摘抄件，不能照转原件或复印件；必要时要隐去信访人的相关信息。另外，上级指定不要下转或来信人要求不要下转的信件材料，不能下转。

转送有单转和统转两种方式。

(1)单转：即来一件转一件，是指将单一信件材料附上转送函直接转有关部门或单位处理。

(2)统转：也称集中转办，是指将需要转办的材料按部门或按系统集中若干件后统一集中转送。这种方式只适用于非急件，集中等待的时间不得超过 15 日。

不论单转还是统转，均须附转送函。转送函上有"办理情况"等项，收到转送事项的机关应定期向原转送机关如实填报。

3. 交办

交办是指上级机关或领导将阅批后的重要信访事项，直接交由有权处理的行政机关办理，并要求承办机关或部门在指定办理期限内反馈结果、提交办结报告。

信访事项属于其他机关职责范围的，需转办；属于下级主管部门职权范围的，尤其是来信来访反映的一些突发、紧急、重大情况，需要及时由有关主管部门办理的，应交办。

承办交办事项的单位或部门，应将办理的情况在规定时限内以正式文件的形式上报，一件一报。

4. 通报与报告

《信访条例》规定，县级以上人民政府信访工作机构要定期向下一级人民政府信访工作机构通报转送情况，下级人民政府信访工作机构要定期向上一级人民政府信访工作机构报告转送信访事项的办理情况。其目的如下。

(1)便于下一级人民政府信访工作机构全面掌握本辖区范围内信访事项的基本情况，

并在此基础上综合分析、判断，为本级人民政府更好地开展各方面工作服务；

(2)便于上一级人民政府信访工作机构了解下一级人民政府信访工作机构对其转送、交办的信访事项的办理、落实情况，监督、指导下级人民政府信访工作机构履行职责。

四、办理

办理是指有权处理信访事项的行政机关，依据职权，对已经受理的信访事项进行研究听证或者调查核实后，依法做出处理意见、予以处理的行为。办理工作质量的高低，直接影响到信访工作整体质量。《信访条例》规定，信访事项应当自受理之日起 60 日内办结；情况复杂的，经本行政机关负责人批准，可以适当延长办理期限，但延长期限不得超过 30 日，并应告知信访人延期理由。

办理的具体程序是开展信访调查、做出处理意见、送达与执行。

1. 开展信访调查

《信访条例》规定，对信访事项有权处理的行政机关办理信访事项，应当听取信访人陈述事实和理由；必要时可以要求信访人、有关组织和人员说明情况；需要进一步核实有关情况的，可以向其他组织和人员调查。对重大、复杂、疑难的信访事项，可以举行听证。听证应当公开举行，通过质询、辩论、评议、合议等方式，查明事实、分清责任。听证范围、主持人、参加人、程序等由省、自治区、直辖市人民政府规定。

信访调查的步骤如下。

(1)事前通知。办理机关要求信访人、有关组织和人员或者第三人到场陈述或提供文书材料、物品等，或者召开听证会之前，都应以适当的形式通知当事人，确保其能够做好必要的准备。

(2)表明身份。行政机关工作人员应当表明自己具有调查者的合法身份。信访调查人员不得少于两人。

(3)说明理由。信访调查人员应当向被调查对象说明调查的理由、法律依据，同时告知其在调查过程中享有的陈述权、申辩权等各项权利。

(4)实施调查。包括查看现场、询问当事人、查阅资料、举行听证会等。

(5)制作笔录。信访调查人员在调查过程中应如实记录相关情况，调查结束后应交由当事人签字。

对于比较复杂的信访事项，办理机关还应提交调查报告，基本内容应包括：调查的具体事项和问题；信访人陈述的主要事实和理由；信访当事人、第三方所做的其他说明和提供的材料；办理机关经查核认定的事实、意见以及不予采纳的事实、意见，并说明理由；对信访事项的初步处理意见及依据。

2. 做出处理意见

经调查核实的信访事项，办理机关应当依照有关法律、法规、规章及其他有关规定，分别做出处理，并制作处理意见答复书，书面答复信访人。处理意见有如下几种情况。

(1)来信来访所反映的事实清楚，诉求符合法律、法规、规章及其他有关规定的，予以支持；

(2)来信来访的诉求合理，但事实尚有不明之处或缺乏法律依据的，应当对信访人做好解释工作；

(3)来信来访所反映的内容缺乏事实根据或不符合法律、法规、规章及其他有关规定的，不予支持，并做好说服教育工作。

3. 送达与执行

信访行政文书的送达适用《中华人民共和国民事诉讼法》对行政文书送达与诉讼文书送达的通用性规定，主要采用邮寄的方式，即办理机关要将需送达的处理意见答复书通过邮局挂号寄给信访人或有关执行机关。

执行是指信访人的信访诉求得到支持的，自处理意见做出之日起，信访人或有关机关即可执行。根据相关规定，行政机关对信访事项做出的处理意见在未被依法定程序改变或撤销之前均有效力，有关的当事人应当自觉遵照执行。

五、复查与复核

信访工作实行办理、复查、复核“三级终结制”，即先办理、再复查、最后复核。复核是处理信访事项的最终程序。《信访条例》规定，信访人对行政机关做出的信访事项处理意见不服的，可以自收到书面答复之日起 30 日内请求原办理行政机关的上一级行政机关复查。收到复查请求的行政机关应当自收到复查请求之日起 30 日内提出复查意见，并予以书面答复。信访人对复查意见不服的，可以自收到书面答复之日起 30 日内向复查机关的上一级行政机关请求复核。收到复核请求的行政机关应当自收到复核请求之日起 30 日内提出复核意见。

复查、复核的程序均为申请、审查、做出处理意见。

1. 申请

信访人应向原办理机关的上一级行政机关提出信访事项复查(复核)请求。申请复查(复核)的信访事项应满足以下基本条件。

(1)信访人不服信访事项办理机关的处理意见，可申请复查；不服复查意见的，可申请复核；不能直接申请复核。

(2)复查(复核)申请中应有具体的复查(复核)请求和事实依据。

(3)请求复查(复核)的事项应属于信访复查(复核)的范围，并且无法通过行政复议、行政诉讼等其他法定途径得到救济。

(4)所请求复查(复核)的事项应属于接收申请机关的职权范围。

(5)申请复查(复核)的时间应在有关的期限规定之内。

2. 审查

审查即复查(复核)机关对信访人提出的复查(复核)请求进行审查。其内容包括如下两个方面。

(1)形式审查。即审查复查(复核)的申请是否符合申请条件、事由是否清楚等。不符条件的不予受理，并应告知申请人相关理由；事由不清的可以要求申请人在合理的期限内补正。

(2)实质审查。主要是审查信访事项的事实认定是否准确，办理(复查)意见是否合法与适当。复查(复核)机关享有和办理机关相同的信访调查权，必要时可以向有关组织和人员调查了解情况。

3. 做出处理意见

复查(复核)意见一般有以下几种。

(1)办理(复查)意见事实清楚、依据充分、处理恰当的，维持原办理(复查)意见；

(2)办理(复查)意见事实不清、依据不足或处理不恰当的，复查(复核)机关依照职权直接变更办理(复查)意见或责令原办理(复查)机关重新办理。

复查(复核)意见应当自收到复查(复核)申请之日起30日内做出，如果复核期间举行了听证，听证所需时间不计算在内。

六、督办

行政机关在办理、复查与复核过程中，信访工作机构还要对信访事项的处理进行督促办理。《信访条例》规定：县级以上人民政府信访工作机构发现有关行政机关有下列情形之一的，应当及时督办，并提出改进建议。

(1)无正当理由未按规定的办理期限办结信访事项的；

(2)未按规定反馈信访事项办理结果的；

(3)未按规定程序办理信访事项的；

(4)办理信访事项推诿、敷衍、拖延的；

(5)不执行信访处理意见的；

(6)其他需要督办的情形。

收到改进建议的行政机关应当在30日内书面反馈情况；未采纳改进建议的，应当说明理由。

督办的主体专指县级以上人民政府信访工作机构；督办的对象是同级政府工作部门和下级行政机关；督办的方式包括电话督办、书面督办、约谈督办、实地督办、会议督办、联合督办等。

七、审核结案

信访事项处理完毕的，办理机关应当向交办、督办机关提交办结报告。交办、督办机关应对办结报告进行严格审核，并依据有关规定决定是否结案。办结报告是信访事项结案的最终程序，也是交办、督办单位审定案件的重要依据。

对办结报告审核的标准包括事实是否清楚、依据是否充分、处理是否适当、落实是否到位等。

八、立卷归档

信访事项结案后，相关材料应及时组成案卷归档，以便日后查考。对已经复核不再受理的信件、不需要办理的重复信件、无实质内容以及其他不需要办理的信件，可短期留存、定期销毁。

第四节 信访信息的综合利用

一、信访信息的分类与统计

1. 信访信息的分类

信访信息的分类即根据来信来访的客观情况设定各项指标，将每一项信访类型分别纳入不同的指标，以便进行综合考察、分析和研究。目前还没有统一的分类标准和方法，较常用的方法如下。

(1)根据信访形式分类。如来信类、来访类、来电类、网上信访类等。

(2)根据信访性质分类。如个人来信来访、集体来信来访、首次来信来访、重复来信来访、越级来信来访等。

(3)根据信访事项所涉及的领域分类。如土地类、拆迁类、待遇类、环保类、财务类等。每个类别下可以再根据信访人的诉求分为反映困难类、涉法申诉类、检举控告类、咨询建议类等。

(4)按信访事项最终受理和办理的结果分类。

(5)其他。如按来信来访的时间段进行分类、按地区分类等。

上述分类方法也可以结合使用，这样更便于综合反映当前信访工作的新变化、新特征，促使有关部门及时改进和完善工作，适应新的信访工作需要。

2. 信访信息的统计

统计是与分类密不可分的两个环节。只有通过统计，才能显示出分类的价值，而统计又必须有分类的基础才能完成。

信访信息的统计包括两大类，一是对来信来访情况的统计；二是对信访工作自身情况的统计。前者包括来信来访总量、信访问题类型、各类信访在总量中所占比率、各类信访数量的增减变化等；后者包括对信访事项处理情况的统计以及信访机构设置情况、信访人员工作情况的统计等。

二、信访信息的综合研究

信访信息分类与统计是对信访数量方面的初步分析。要全面、准确了解和掌握一个地区或单位的信访情况，不仅要看量的变化，而且要注意质的变化；不仅要看总量指标的变化，而且要注意相对指标的变化。例如，评估一个地区或单位信访工作先进还是落后，不能完全以信访量的多少作标准，而应当以重信重访、越级上访的多少和结案率、满意程度的高低作为考核和分析信访工作的重要指标。因此，研究、分析信访工作情况和问题，还要综合观察、具体分析。信访人在信访活动中反映的问题、情况和要求往往具有一定的典型性、苗头性和普遍性，把这些方面的信息集中在一起加以比较、分析、研究，就可能发现某些倾向性问题，这些信息对于领导的决策具有重要意义。信访工作人员不但要处理好每一件具体的信访事项、定期或不定期地分类统计信访信息，而且还要经常对信访信息进行综合分析研究，从中找出规律性的东西，供领导参考。

信访信息分析重点：一是四大类信访件(反映建议、检举揭发、申诉、求决)的总量、比例及同比变化情况和分布特点；二是领导关注、群众关心的热点、难点和较为突出的问题及案例；三是重要时期及敏感时段信访信息和可能引发群体性事件及影响社会稳定的信访隐患情况和案例等；四是信访事项的交办、批办、督办情况和反馈、报结情况以及抽查回访、满意程度；五是信访工作机构信访制度、信访日常规范、信访考核机制建立与执行情况和软件、硬件配备情况等。

三、要信要访专报和综合情况反映

1. 要信要访专报

要信要访专报，也称重要问题信访专题报告。它是向领导报告重大信访情况及典型案例或某一方面重大信访情况及典型案例的公文。所谓重大或重要问题，是相对而言的，并没有一个绝对的界限。一般来讲，主要有以下几个方面：一是反映党和国家方针、政策的问题。例如，反映当前政治、经济体制改革中出现的新情况、新问题，反映国防建设、经济建设等方面的重大问题。二是反映领导干部的严重不正之风和违法乱纪的重大问题。三是反映群众当前生产、生活中急需解决的一些重大问题。

要信要访专报编写要求包括：忠于信访人原意；抓住信访诉求要点，文字简练，力求用最少的文字说清问题；篇幅较长的一般应有导语，导语应交代清楚信访人基本情况及受理和办理单位(部门)等，提示来信内容；对问题要有研究分析，做到有事实、有分析、有建议。

2. 综合情况反映

综合情况反映，也称信访信息研究报告。它是信访工作机构向领导报告较长时段和较大范围信访宏观情况和总体趋势的公文。它要求把群众来信来访中反映的各种分散的、零碎的、不系统的问题，通过全面分析和研究，加以综合整理，定期或不定期地向领导反映。

县级以上政府信访工作机构应当就以下事项向本级政府定期或不定期提交信访情况综合分析报告：一是受理信访事项的数据统计、信访事项涉及领域以及被投诉机关的分布特点；二是转送、交办、督办情况以及各部门采纳改进建议的情况；三是提出的政策性建议及其被采纳情况；四是下一步工作重点及应对措施。

第十六章

公关、接待与礼仪

公共关系是一种组织与相关公众之间的（传播）沟通管理。在不设公关部的组织中，公关工作由秘书部门来承担。秘书的公关意识、公关实务技能，甚至仪表仪态、访谈举止，都直接关乎公众对组织的评价，影响着组织的公众形象。

公务接待是秘书部门的一项常规工作。领导机关的会议、谈判，上级的工作检查，下级的请示汇报，与其他单位的业务联系等重要活动，都离不开秘书部门的公务接待工作。

第一节　公共关系工作

随着社会的发展，社会关系发生深刻变化。秘书部门职能也随之扩大，需要秘书人员担当公关的角色，要求具备公关工作能力。与此同时，秘书人员具备公关能力也是自身发展的需要。因此，秘书人员应该自觉地把公共关系注入自己工作的过程。这就给秘书人员提出了一个新要求，秘书不仅要承担内部沟通的职责，又要承担全方位沟通的职责。

一、公共关系的概念及其含义

公共关系是一个社会组织运用传播手段使自身与公众互相了解、互相适应以达到和谐的一种管理职能。这个定义指出了如下几个方面。

(1)公共关系的主体：是指公共关系活动的发起者和实施者，一般表述为社会组织，包括工商企业、事业单位、政府机关、社会团体等。

(2)公共关系的客体：是指公共关系活动的对象，即社会组织内部和外部的有关公众，也就是受公共关系主体所执行的政策、行动影响而形成的有特定利益的社会群体。

(3)公共关系的手段：沟通公共关系主客体之间的中介是传播，不依赖传播的管理行为（如行政手段、经济手段）不能纳入公共关系的范畴。因此，公共关系的手段即信息的传递、互动与共享，包括大众传播、组织传播、群体传播、人际传播等。

(4)公共关系的目标：公共关系的目标是使社会组织与所有公众达到一种和谐状态。

(5)公共关系的性质：公共关系的主体为社会组织，公共关系首先要使自身达到和谐，进而使社会组织与外部公众达到和谐，其本质就是管理。

二、秘书的公关意识与公关能力

(一)秘书应具备的公关意识

意识是指一种观念，公关意识是公共关系规范的内化，它作为一种深层次的思想，引导着一个人的行为。它能够促使秘书人员把自己的公关行为始终置于一种自然的状态，从而自然而然地进入秘书与公关双重角色，出色地完成秘书的各项工作任务。秘书积极的公关意识应主要包含以下几方面的内容。

1. 塑造组织形象意识

这是公共关系思想中最重要的内容。任何一个组织如果不懂得塑造自身的良好形象，不懂得知名度和美誉度对组织生存和发展的价值，就势必在竞争中失去存在的地位和发展的空间。形象意识是指每个秘书在实践中应随时随地注意维护所在组织的良好形象。要始终把自己的言行仪表同塑造、维护企业的形象联结在一起。秘书每天要同各种类型的内外公众打交道，如果能自觉意识到自己的形象就是本单位的化身、是组织的代表，自己是领导的代言人，在接待公众时就能以身作则、言行得体，处处维护本组织的形象，同时，不失时机地开展公关工作，给公众留下好的印象。

2. 服务公众意识

组织在任何时候都必须把公众利益放在第一位，从事公共关系工作更应如此。秘书人员处于联络上下、左右、内外的中心位置，从整体上看，就是为领导提供全方位服务、为组织提供全方位服务。从这种意义出发，秘书在塑造组织形象的过程中，其侧重点应当放在服务意识的培养上。秘书应自觉地为领导出点子，做一些公益事业，架好领导与群众的桥梁，改善上下级之间的关系，增强彼此间的信任与合作，使组织上至领导、下至普通员工共同拥有一个积极上进、团结协作的价值观念，使上下左右各类员工围绕共同的价值准绳做“向心运动”，使组织内部全体公众在目标一致、利益一致的基础上紧密地结合为一个有机整体，自觉地调节局部利益与整体利益、眼前利益与长远利益的关系，为树立良好的企业形象共同努力。

3. 信息沟通意识

秘书作为一种职位，其主要工作任务是处理信息。工作计划的制订、人财物的合理控制与使用、各种关系的有效协调、既定目标的实现和优异成绩的取得，都与准确、全面、高效的信息工作息息相关。因此，秘书的一项重要职责就是努力构建信息交流网络，保证信息流畅通，同时还要充分利用新闻媒介，为组织创造良好的公众舆论环境。秘书经常在不同场合与许多公众接触交往，在交谈过程中往往会涉及自己单位的工作、领导人、产品、设施、服务质量等问题。作为秘书应该做到：一是内丑不外扬。如果对单位领导有意见，可以在内部批评及争论，通过内部协调来解决矛盾。二是扬善不溢美。真实是公关工作的生命，公关工作的目的是塑造组织的良好形象，而良好的形象应注重信誉，而不是靠欺骗，因此，应实事求是地、巧妙地宣传自己的单位、领导、产品以及各项服务设施的优点，给公众留下美好的印象。

4. 互惠合作意识

组织很多时候都要通过竞争寻求发展，通过竞争追求自身经济效益和社会效益。但这种竞争必须建立在彼此尊重、平等合作、互利互惠的基础上，而并非欺诈公众、坑害公众、弄虚作假的不正当竞争。因此，秘书人员不仅要树立在竞争中求合作，还要树立在真诚合作中求发展的意识。

(二)秘书应具备的公关能力

1. 组织能力

秘书人员在组织和参与组织举办的各种会议，如答谢宴会、新闻发布会等公共活动时，必须进行精心策划、周密安排，因而要求秘书人员具备较强的组织能力。面对当今越来越复杂的各种会议，如何组织安排好会务工作，这确实是一种能力。例如，从会议的筹备、主题、议程、领导的座次安排、与会人员的发言到参会人员的接待、吃住行等各要素都要考虑得细致周到，并做到井井有条，让所有与会者都满意。在任何一个方面出现纰漏，都会给整个会议带来不可预料的影响。

2. 社会交往能力

社交，是人们用以交流思想、传导感情的重要途径和方式。秘书部门同社会有广泛的接触交往，涉及政治、经济、文化的各个领域，接触从基层到上层的各层次人员。其在开展公关活动时，必须具备较强的社会交往能力。

首先，良好的社交能力可以更好地了解、熟悉下情。秘书了解和熟悉下情的途径和方式是多种多样的，可以看材料、听汇报和做调查等，但由于它们都是间接的，难免会带有局限性。而社交则能克服这些弊端，一方面它是直接的，可以直接地“听”、直接地“看”，用自己的直观去观察事物的真相；另一方面因为它是随意的、“无目的”的，人们就不会在谈话时存戒心。这对了解真实情况无疑是有利的。当然，用这种方法获得的信息，可能是表面的、零碎的，但是由于它是直接的，因而是真实和富有参考价值的。另外，秘书进行社交，还可以变被动为主动，由被动地等待变为主动地去了解情况。

其次，良好的社交能力有利于沟通上下。沟通上下是秘书的重要职能之一。当然，它的手段和方式主要不是也不能是社交。但是社交对其有辅助作用，一方面，秘书把社交中了解的情况和掌握的动态提供给领导，会使领导的决策具有更多准确的依据，从而更富有可行性；另一方面，秘书也可以利用社交的机会和场合，对上级的指示和精神进行宣传和解释。这样就能使上级的政策得到更为有效的贯彻、落实，对下级的情况更加及时、正确地反映，真正达到沟通上下的目的。

最后，良好的社交能力可以开阔眼界、扩展视野。秘书工作的特点，决定了秘书的活动范围显然会限制秘书的眼界和视野，而通过社交活动，接触“四方之士”，则能避免这些问题，使秘书了解社会、洞察世事、熟悉情况，从而提高明辨是非和分析问题的能力。而这正是秘书当好助手和参谋必需的条件。

3. 表达能力

表达能力包括口头和文字表达能力。当今社会，人们比以往更加需要协作与交流。

无论你从事什么工作，语言交际能力都是安身立命的一个重要条件。古人云："一言之辩重于九鼎之宝，三寸之舌强于百万之师。"这是对口头表达能力本质力量的认识与概括。晏子使楚、孔子周游列国、烛之武退秦师、触龙说赵太后、诸葛亮舌战群儒、纪晓岚智对皇上、周恩来妙答记者等典型事例，都是对口才的成功运用。它们以事实论证了口才对于国家、对于社会、对于个人的重要性。西方有人声称：原子弹、电脑、口才是当今社会制胜的三大战略性武器。

对于从事特殊工作的秘书人员来说，口才的重要性是不言而喻的。秘书伴随在领导左右，是领导的左膀右臂，起到沟通上下、协调左右、联系内外的桥梁纽带作用。上情下达，言路畅通；拾遗补缺，恰到好处；说服调解，春风化雨；迎来送往，办事妥当。这一切都取决于秘书的一言一行，都要求秘书有良好的口才。

秘书工作中的"三办"即"办文、办会、办事"，其中"办文"就是指秘书撰写文章与处理公文的能力。陈毅同志有句话：做秘书，一要能"秘"，二要会"书"。这里的会"书"，就是指秘书的写作能力要强。它要求秘书是个好"秀才"，不仅要懂得写作知识，而且要掌握写作技巧，成为写作的"快手"、"能手"和"高手"。"快手"就是文思敏捷、行文迅速，有应急、应变、应对突发事件的能力。"能手"就是擅长某些文体的写作，且高于一般的要求。"高手"就是文字功底深厚，善于画龙点睛，能够锦上添花。

秘书人员从事公关活动时，表达必须有条理、简洁、明快，给对方留下深刻的印象，才能收到好的效果。

4. 应变能力

在组织参与各种公关活动时，尽管事前有周密的计划，但临时也难免遇到意想不到的突发事情。这就要求秘书人员具备良好的心理素质和应变能力，做到处变不惊、遇难不乱、临危不惧。就是说，当你管辖的范围之内突然出现了重大事件时，作为一个合格的秘书人员，应该知道如何正确处理。例如，秘书正在值班时，突然接到一起重大交通事故的情况汇报，这时就应该沉着冷静，首先应问明事故发生的时间、地点、大体情况等，并迅速按程序告知主要领导，立即通知附近交通、医院等部门积极做好处理现场、抢救伤员等准备，力争在最短的时间内把损失降到最低。

三、秘书公共关系技巧

秘书公共关系实务主要包括操办公共关系活动、编写新闻公报、举办记者招待会和公众代表座谈会等各种会议、策划组织领导的演讲或报告、准备或起草各种宣传资料、举办图片或实物展览、编撰组织内部刊物、制作电视录像或广播讲话等。在这些公关活动中，秘书必须运用公共关系技巧，主动协调沟通，正确处理组织与消费者、协作伙伴、竞争对手、新闻媒介、政府机构、社会名流、社区居民等的关系，使本组织与社会公众结成一个和谐的整体。

(一)秘书与媒介的关系处理

媒介公众关系指的是组织与大众传播媒介及其工作人员的关系。如与各种报纸、杂志、电台、电视台、通讯社等机构及其记者、编辑、作家等的关系。

从传播学的观点来看，信息传播占据了秘书工作的重要部分。在某种程度上，信息传播水平的高低和好坏往往直接影响甚至决定着秘书工作的成败。秘书在组织信息传播的过程中，尤其是在自下而上传播信息的过程中，扮演着或隐或显的把关人角色。因此，加强秘书的媒介素养，在媒介化社会的大背景下，具有独特的意义。

在当今的媒介化社会中，秘书具备相应的媒介素养，既可以为领导制定相关政策提供信息支持，又可以为领导与社会之间架设起一座畅通的沟通桥梁。媒介素养是指媒介使用者科学认知和使用媒介的能力，它包括三个主要环节，即接触媒介、解读媒介和利用媒介。秘书的媒介素养包括以下四个方面的内容。

(1)正确认知媒介属性的能力。在日常工作实践中，尤其是在媒介对组织进行合法的舆论监督时，不能怕、不能躲、更不能压，坚决防止出现“封、捂、堵、压、瞒”的情况。既要防止对媒介的神圣化和无原则的推崇，又要和妖魔化媒介的不良倾向作斗争，紧紧抓住组织在媒介使用过程中的主体性和主动性，牢牢把握媒介的工具性这个根本属性，正确面对并合理利用媒介，提高组织媒介管理能力，让媒体成为组织透明运行和提高工作效率的工具。

(2)获取媒介信息的能力。例如，秘书可以通过微博的“关注”、“收听”等功能，随时随地获取相关社会群体的各种利益诉求和表达，掌握社会舆论动态和人民群众的喜怒哀乐，从而紧紧扣住社会运行的脉搏。

(3)解读媒介信息的能力。秘书不但要通过广播、电视、报刊等传统主流媒介获取信息，更要重视以腾讯 QQ 为代表的即时通信工具和以微博为代表的社交工具等网络新媒介，通过它们敏锐体察大众的关注热点和思想动态，正确解读媒介所传达和体现出来的社会信息，从而形成对整个社会动态的准确把握，促进组织与公众的和谐关系。

(4)提高传播信息和引导信息的能力。以党政机关的政务微博为例，通过“发布”功能发布社会关注的内容；通过“转发”功能转发民众关注的信息；通过“关注”功能，做人民群众微博的“粉丝”，随时收听群众的微博“广播”；通过“评价”功能，关注社会动向和热点信息，拉近与人民群众的心理距离，从而在无形中有效组织并引导社会舆论。

(二)秘书与社会公众的关系处理

秘书人员日常工作中会时常接待来访的社会公众，应该怎样通过语言和行为树立良好的组织形象呢？按照公共关系学的观点，人们对运行中的社会组织的态度趋向如何，在很大程度上取决于人们的需求满足与否和满足程度如何。公共关系学在这方面的职能就是把不断满足人们各种需要的要求渗透到社会运行的每个环节和每个阶段中去。具体地说，公共关系学要使社会组织的日常行为规范化、礼貌化，并遵守谅解原则。礼貌化就是满足人们的心理需要，在任何情况下都要尽量尊重社会公众。在言语传播中，无论接受者是什么人，大家在人格上都是平等的，因此，必须互相尊重。尊重不仅要表现在礼貌用词上，而且还表现在表情、动作、甚至时空上。在接待社会公众时，秘书工作人员表情要热情、动作要客气、时间要准时、空间不能相距太远。即使在交谈前发生过矛盾，也要做到尽量尊重对方，不能因为“交易”不成，就丢掉了自己的形象。人们反映，领导机关“门难进”、“脸难看”、“话难听”、“事难办”的“四难”现象，主要就是因为秘书工作人员缺少公共关系意识，这不仅损害了自己及组织的形象，而且也不利于采集正确、有用的信息，不利于开展工作。只要认识到将公关语言和行为艺术运用到秘书工作中的重要性，充分发挥秘书人员潜在的协调沟通作用，这种状况是不难改变的。

(三)秘书与政府的关系处理

政府关系指的是组织与国家管理机构及其人员的关系。在我国，就国家管理机构的职能来看，对组织影响最大的有行政关系(如计划、物资、人事等)、财政金融关系(如银行、税务、审计等)和法律事务关系(如各级人大和公、检、法等机构)等三大方面。

任何组织作为社会的一员，都必须服从政府对社会的统一管理，都必须接受特定的政府机构的领导和监督。如何协调好组织与政府间的关系，也是秘书的一项重要的公共关系工作。在处理政府关系时应遵循的基本原则如下。

(1)确保组织的一切活动都能在政府政策和法规的范围内进行，这是良好的政府关系的前提。要加强对政府方针、政策、法令的研究和分析，注重对政府有关政策、法令可能的变动进行预测和监察。不断把有关研究分析报告提供给组织的决策层，以保证组织的一切活动符合政府的政策和法规，并保证与一切可能的变化保持同步。

(2)应把处理好组织与政府间的利益关系作为良好的政府关系的基础。政府官员虽然更多的是从国家、全局的角度来考虑问题，但是他们也深切懂得只有各个组织的兴旺发展，才更符合国家长远利益。秘书人员应善于从组织的角度协调好政府和组织的利益关系。当组织有能力时，应尽可能支持国家建设。当组织有困难时，在考虑国家利益的同时，组织也应从生存和发展的角度向政府提出建议和要求。这样，当组织需要政府支持时所提出的一切合理的建议和要求就不难得到政府的理解与支持。

(3)熟悉政府机构的职能与运作，并与各具体工作人员保持良好的关系是提高政府关系效率的保证。这样，在与政府机构打交道时可少走弯路，减少人为扯皮。

(4)应主动传播，让政府更全面地了解组织的情况。例如，组织对社会的贡献，组织遇到的困难，组织对政府某些政策的看法，组织需要政府支持的事项，组织对发展的设想和对政府的期望等。利用各种资料及研究报告去协助政府制定更符合本地区、本行业、本组织特殊情况的政策和方案，创造更有利的社会发展环境。

(5)应充分利用一切时机加强与政府领导的直接接触。例如，利用各种庆典、展示活动、新生产线投产、新厂房落成、新技术新产品问世、开放工厂等，邀请、安排政府主管部门领导及党政要员出席组织的各种重要活动，主持仪式、剪彩、参观、考察、指导等，通过现场活动，提高政府对本组织的注意力和兴趣，增强其对本组织的信心和重视程度。

四、秘书与公共关系危机处理

公关危机是指企业组织与其公众之间因某些非常性因素引起的某种危险的非常态状态，它是组织公共关系严重恶化的反映。公关危机会影响组织生产经营活动的正常进行，对组织的生存、发展构成威胁，使组织形象遭受损失。

危机公关指的就是组织为了避免或减轻公关危机所带来的严重损害和威胁，从而有组织、有计划地学习、制定和实施一系列管理措施和应对策略，包括危机的规避、控制、解决以及解决后的重建等不断学习和适应的动态过程。

在组织发展过程中，不可避免地会出现一些导致局势逆转、具有不确定性因素的事件或至关重要的时刻，公众舆论反应强烈，组织形象将受到严重的损害而陷入困境。在这样的背景下，秘书工作在组织运作中处于枢纽位置，秘书人员处于领导者之下，周旋于内外公众之中，起到助手和参谋作用。对于公关危机，秘书人员责无旁贷。

(一)秘书在危机公关中的作用

秘书在组织中的特殊地位决定了秘书作为一个特殊职能岗位在危机公关中应发挥相应的功能和作用。近年来，随着危机公关逐渐成为各个组织必须面对的经常性课题，作为领导助手的秘书工作者，参加危机公关日渐成为他们日常工作的一部分，他们的工作职能在危机公关的以下几方面有所体现。

1. 迅速收集事件信息，科学进行信息处理

做好信息工作是秘书在危机公关中的首要任务。收集准确、全面的信息，是秘书辅助领导进行决策的基础。组织爆发公关危机后，掌握准确的信息是危机公关的前提。秘书应该充分发挥信息处理的功能。在危机潜伏期，应主动收集并科学分析相关信息、汇报领导，在危机爆发前争取消化危机，同时也做好充分的应急准备；在危机爆发初期，面对大量涌现的信息，应运用有效的调查手段，尽力找到目击者或当事人，认真听取公众意见，收集危机事件的综合信息，了解事件全貌，判断危机事件的性质与来源，包括事故发生和发现的时间、地点、直接原因、事态现状和发展趋势等，并形成初步的调查报告，为处理危机、制订相应的应对方案提供依据；在处理危机的过程中，信息的及时更新尤为重要，一旦信息滞后或信息不全面，对危机的处理都是极其不利的，在这一阶段，秘书应发挥组织信息集散枢纽的作用，有的放矢地加强企业内的信息沟通，确保在危机处理过程中信息的及时有效。在危机过后，秘书应该及时总结经验教训，协助组织制定更加完备的危机公关应对体制，避免公关危机发生后缺乏相关应急机制。在危机公关的每一个阶段，信息都很重要，都是工作开展的依据。

2. 制订预案，辅助领导进行决策，当好助手

秘书的一切工作均围绕企业领导开展，是领导的助手，所做的工作从根本上说都是辅助性的工作。危机公关的决策者是领导，但基于领导在组织运作中所处的层面，事事亲力亲为，既影响整体的工作效率，又造成人力资源浪费。秘书作为领导的助手，在危机公关中要协助领导，协同组织内部相关部门，制订出一系列以维护组织形象为目标、充分体现组织诚意的危机处理方案，做好媒体策划。这些工作完成后，交由领导进行最后的决策。这样一方面减轻了领导的工作压力，充分体现了秘书的助手作用；另一方面使组织的人力资源得以有效利用。

3. 协调关系，广泛联系，实施领导决策

协调关系也是秘书工作的主要内容之一，协调好各方面关系，是秘书枢纽地位的体现。危机公关的重中之重就是协调关系，协调好领导与员工、领导与各部门、领导与领导之间的关系，方能使本组织的各个部分作为一个整体投入到危机公关当中，发挥最大

效益。秘书在这样的背景下，必须承担起协调关系的重任，协调各部门工作，促进其相互的理解和信任，从而促进各相关方面的相互配合与合作，维系组织和谐运转，及时有效地实施领导决策，以充分的诚意、十足的担当去面对危机；实施有效的媒体策略，调动一切可用资源，帮助组织解决危机，确保组织形象不受影响。

4. 疏通渠道，沟通内外

促进企业内部、企业内外的有效沟通，方能确保企业的高效运作。在危机公关中，沟通渠道是否畅通、沟通是否有效是十分关键的。在这一环节，秘书应协助领导，做好各方面的沟通工作。首先，对社会公众，应根据危机公关的原则和方针，做出具体安排，迅速、全面开展工作，安抚受害公众，主动承担相应的责任，听取他们的意见和要求，真心诚意地希望取得谅解并尽可能提供其所需的服务。其次，对新闻媒体，应尽快确定新闻发言人，统一对新闻界的口径，主动向新闻界提供真实、准确的消息，公开表明组织的态度和处理原则，集中处理与事件有关的新闻采访，集中提供权威的资料。公布的信息要仔细核实，力求准确无误，重要事项以书面形式提供，避免报道失实。最后，争取其他公众、企业、政府部门、权威机构的合作，协助解决危机。

5. 做好善后，总结经验，吸取教训

在危机中，组织形象必然会受到不同程度的损失。危机公关不仅仅是制止事态的发展，更重要的是通过危机公关，挽回组织形象的损失，并由此登上新的台阶，以此为契机获得更好的发展。秘书作为领导的助手，在事态得到有效控制后，要协助领导从危机中总结经验和教训，找出工作中的不足并进行改进。第一，详细调查危机爆发的原因，对危机事件中本组织存在的问题加以改正，以避免重蹈覆辙；第二，对危机事件的发展情况和危机公关的过程进行总结，积累的有效经验要积极推广，建立完善的危机管理机制；第三，针对危机中的问题开展形象恢复工作，通过投放广告、赞助活动等形式，充分利用公众对事件关注力减弱前的宝贵时间，改变社会大众对本组织的印象，在危机中谋生机。

（二）秘书应对公关危机时应具备的素质

1. 积极的危机公关意识

首先要明确自身所属岗位的特殊性，树立积极的公关意识，将公关管理工作列入本职工作行列。增强危机意识、明确危机公关对于组织生存发展的重要性，使自己在意识方面做到时刻保持清醒与警惕。

2. 完善的危机公关知识

在危机或灾难出现时，公共关系方面大体有三大任务，即预防、准备和供应。所谓预防，就是要防患于未然，做到居安思危。“任何事情都可能发生”是危机公关的法则。所谓准备，是指成立一个“危机管理小组”，拟订面临危机的沟通计划。所谓供应，是指向传播媒介人士提供和发布与危机有关的公共关系信息。

危机公关是一项变动性强、复杂性高的实践活动，在不同的情境下其可能会表现出千差万别的形态。为此，秘书人员应该向政府部门、国内外优秀企业等组织学习其先进的实践经验。在借鉴其他组织危机管理机制的过程中，秘书人员需要根据组织自身实际情况有选择性地加以采纳，不可全盘式地生搬硬套。

秘书要把握危机传播的四个度，即态度、速度、尺度和梯度。事件发生以后首先要有一个良好的态度、诚恳的态度、积极解决问题的态度、对公众对社会负责任的态度、讲诚信的态度，良好的、善意的态度是解决问题的开始。速度是指对公关危机的反应一定要快，要把握危机传播的主动权。危机发生后怎样把握事件的传播尺度也很重要。事件发生后，秘书基本上代表组织的立场，秘书必须把握好基本的职业底线、政治底线，不能动辄无可奉告，也不能随便乱说。突发事件发生后信息压力突然增加，必须有一个传播流程的设计。根据事件发展的过程和对公众的影响程度，根据公众对事件的心理承受程度，根据公众对事情发展的心理预期等，有步骤、有计划地去传递信息。

3. 必要的危机公关素养

公关活动处理的一般是企业与外部组织、个体等社会成员之间的相互关系，公关人员的素质代表着企业的社会形象，其素质水平关系到社会大众对企业的评价。因此，公关人员应该加强自身修养，注意自己在公众场合的行为举止，掌握良性的沟通能力与技巧。

第一，公关人员要具有临危不乱的良好心理素质。组织在出现公关危机之后，有可能出现正常运行秩序被打乱的局面，社会负面新闻剧增，在这种情况下，秘书人员应该保持冷静克制及清醒的头脑，找出导致危机的内外部原因，积极协助组织有效处理危机问题，将危机对企业的危害降到最低水平。

第二，树立勤恳踏实的工作作风。秘书工作不仅是一项人际关系管理工作，而且也是一项信息管理工作，因此在出现公关危机后，秘书人员需要主动收集大量有关信息，并做好分析研究，为管理者提供决策信息参考。同时秘书人员应该时刻保持脚踏实地的工作作风，切忌浮夸和弄虚作假，坚持实事求是的处事原则，在维护组织基本利益的基础上与公众媒介进行积极有效的对话，维护组织的正面形象。

第三，要学会不断创新。公关工作好比外交工作，不同情境下可能危机的性质、表现形式会有所差异，倘若秘书人员故步自封、不懂创新，被动式地处理危机公关工作，有可能适得其反。为此，秘书应该不断掌握新的实务能力与技巧，敢于在公关工作中进行创新，在处理危机过程中抓住话语主动权。

4. 过硬的危机公关技能

公关工作复杂程度较高，特别是危机公关来临时就更需要公关人员具备过硬的业务素质。

首先是组织能力。危机往往是某个正常秩序被打断的结果，公关危机的出现往往会涉及多个职能部门正常工作的开展。秘书人员在处理公关危机过程中只有具备良好的组织能力，才有可能有效地协调相关组织、人员共同解决危机公关中遇到的问题，缩小危机危害的范围。

其次是沟通能力。传统秘书在沟通方面主要负责上级任务的传达与下级报告的收集工作等，近似于信息中介。而在当前公关工作成为秘书人员日常事务之一的情况下，秘书不仅需要在公关危机出现后及时做好企业内部信息的收集与传达工作，同时也需要与外部新闻媒介、组织与个体等进行有效信息沟通，避免出现信息不对称问题。

最后是交际能力。早些年在国内谈论公关交际往往含有贬义，而发展至今，交际已成为组织日常事务之外最重要的工作。交际不等同于简单的个体之间相互认识，而应该是在彼此认知的基础上把握对方的主要特性，从而在人际交往过程中采取适当的交往技巧。秘书在处理危机公关的时候，一方面要善于分析总结组织内部出现的问题；另一方面则应该积极走出去与外界其他有关联性的社会力量进行交往，为组织解决和处理危机寻找有利的外部资源。对于秘书而言，如果具备优秀的交际能力，能够为企业寻找、搭建有利的外部社会关系，不管是对企业正常经营还是危机公关处理都显得意义重大。

第二节 公务接待及其礼仪

接待，是对来访者的迎送、接洽和招待等各项活动的统称。公务接待是秘书人员的经常性工作，是指社会组织在公务活动中对来访者所进行的迎接、招待和欢送活动。它与日常的公务活动联系密切，领导机关的会议、谈判，上级的工作检查，下级的请示汇报，与其他单位的业务联系等重要活动都离不开必要的接待工作。

一、公务接待概述

(一)公务接待的特征

公务接待具有两个特征，即礼仪性和务实性。

1. 礼仪性

公务接待是组织向外界社会展示自己的一个窗口，接待中的礼仪和礼节不仅反映了组织对来访者的基本态度，同时也在一定程度上体现出组织的文明水平。秘书要懂得接待的基本知识和方法，能在接待中熟练运用各种礼仪和礼节。尤其是涉外接待，由于各个国家的礼仪和礼节有别，秘书应尽量提前了解相关国家和民族的礼仪习俗，在各项活动中做到遵照国际惯例、同时兼顾各国各民族的独特习俗，尽量给来宾以尊重和亲切之感。

2. 务实性

私人接待偏重于联络感情和享受生活，而公务接待的目的则是解决实际问题、促进互相之间的友好合作。因此，公务接待应尽量简化程序，避免繁文缛节。为体现务实精神，公务接待应坚持效益优先原则，不断改革礼宾制度，简化接待形式，调整接待规格，坚决反对奢侈豪华、铺张浪费的不正之风。

(二)秘书在公务接待活动中的职责

秘书部门的公务接待工作包括两个方面：一是接待来宾；二是为本单位、本部门领导提供服务。每次接待活动的侧重点不同，具体职责也不尽相同，就其共同方面而言，主要包括如下几个方面。

(1)帮助领导分析来访者的来访意图及背景，确定接待内容和主要方式；

(2)做好接待活动的各项准备工作，如拟订接待方案、撰写接待活动用稿、购买纪念品、落实各项接待事宜等；

（3）根据领导意图与对方相关人员提前进行磋商，确定具体的接待日程；

（4）协助各方安排接待事宜，保证接待活动的顺利进行；

（5）做好接待活动的善后工作，如撰写接待总结、核算接待经费、清点接待物品以及重要文字材料的收集、整理、立卷与归档。

（三）公务接待的规格划分

公务接待规格是从接待场面安排和主要陪同人员职位的角度来区分的。接待规格往往体现了对来宾的重视和欢迎程度，对方也会根据接待规格来判断接待方的诚意。因此，公务接待要根据来宾的身份、工作的需要和单位的有关规定等，具体确定不同的接待规格。

（1）高规格接待。是指在接待活动中，场面比较宏大，主陪人职位比来访者职位高。一般用于接待比较重要的来访者或比较重要的事情。高规格接待表明对来访者的重视和友好，但耗费资财，还可能会影响主陪人的正常工作。

（2）对等接待。是指在接待活动中，主陪人职位与来访者职位相当。如果主陪人比较繁忙，无法自始至终地陪同来访者，则可以在来访者初来和临别时安排职位相当的人员作对等接待，而中间时间则可以适当由其他人员负责接待。对等接待是最常用的接待方式，适用于一般情况。

（3）低规格接待。是指在接待活动中，主陪人职位比主要来访者职位低的接待方式。低规格接待不常用，因为若不小心，可能会影响组织双方的关系。

二、公务接待的一般程序

1．做好接待准备

公务接待中，正常情况下来访者在到来之前会与组织的秘书机构事先联系，秘书机构接到通知后，一定要弄清来访者的情况，如来访者的单位、人数、姓名、性别、职务、使命、抵离时间、乘坐的交通工具及车次航班。在掌握基本情况的基础上，秘书机构应分析来访意图，然后提出接待方案，报请有关领导批准后，即可开始着手接待的准备工作。

接待方案内容包括如下几个方面。

（1）确定接待规格，并根据接待规格做好以下安排：①主要陪同人员；②主要工作人员；③住宿地点、标准、房间数量等；④会见会谈的时间、地点、参与人员等；⑤有否宴请以及宴请的地点、标准、人数等。

（2）拟定日程安排。日程安排一般以表格形式列出，包括时间、地点、陪同人员、活动内容、注意事项等。

（3）接待经费列支。列出各项接待费用的预算。两个以上单位联合接待时，要明确经费来源和分摊方案。

2．热情迎接来宾

对于事先约定、已做好接待方案的来访者，秘书可根据接待方案安排车辆及人员到机场、车站迎接。同时，要根据来访者的身份、人数、性别安排好宾馆房间，并告知来宾进餐的方式、时间、地点等，征求来宾意见，尽量使来宾满意。

对于少数没有预约的来宾也应予以热情接待。在接待之前，要对来访者进行“甄别”。掌握实际情况后，及时请示领导，再做进一步处理。

3. 具体落实接待活动

双方见面详细了解来访者的意图后，一般会再次商定活动日程，秘书应根据最后商定的意见制订详细的会谈、参观、游览、举行相关仪式等的计划，并将最后确定的活动安排通知有关部门。具体活动的落实安排是接待工作中的重头戏，秘书机构应与有关部门协作进行，期间要安排合适人员陪同，积极负责地做好各项工作。

4. 欢送来宾

一般情况下，公务接待的活动安排一旦确定，秘书就应为来宾预订车、船、机票。接待活动结束，秘书应协助相关部门做好欢送工作，安排车辆、人员将来宾送至车站、码头、机场。

秘书还要协助有关部门及时做好接待费用的结算。对于重要的接待工作，秘书还应认真做好总结工作，并将有关材料及时归档，以备以后查考。

三、公务接待礼仪

（一）问候、介绍礼仪

1. 问候

秘书人员见到来宾时，应主动礼貌地问候。在公务场合，对任何人都不能直呼其名，可用尊称或以职务相称。问候的顺序是由尊到卑，越是正式的公务场合，越要严格遵循职务高低来问候，社交场合则要优先问候女士。如果来宾到来时秘书正在接电话或与他人交谈，也应用眼神、手势等示意，不能不闻不问、面无表情。

2. 介绍

介绍是公务场合与各方进行沟通、建立联系的一种最基本、最常规的方式。秘书对来宾应先做自我介绍。公务型自我介绍的三要素为姓名、单位及部门、职务或所担任的具体工作，同时也要兼顾所处场所和实际需要，注意分寸，尽量做到简单、鲜明。

秘书在公务场合还要经常充任他人的介绍人。引见介绍的礼节如下。

(1)站立介绍，不要背对任何一位。

(2)引见介绍的原则是“尊者优先了解情况”，即一般是先介绍主人或先介绍年轻的、身份地位低的、后到场的、男性，让被尊敬、被照顾的一方先知道自己见到的是谁，以便在交际中掌握主动权。

(3)介绍的内容主要是被介绍人所在的单位、职务和姓名，尽量简明、不渲染。介绍完一方后，应留有简短的停顿，以备其进一步地自我介绍。

(4)介绍的同时，可适当地辅以一定的手势。一般是手臂向被介绍人微伸，手心向上、五指并拢。

引见介绍还有一种特殊形式，即集体介绍，是指介绍者在为他人介绍时，被介绍者其中一方或双方不止一人。越是正式、大型的公务活动，对集体介绍的顺序越不可马虎。集体介绍的基本礼节如下。

(1)“少数服从多数”，即人数较少的一方礼让人数较多的一方，一个人礼让多个人。

(2)严格按照身份、地位，遵从“尊者优先了解情况”的原则。

(3)对一方的多人分别介绍时，应按照身份、地位由高到低介绍。

3. 握手

在中国，公务场合见面的礼节一般是握手。握手的礼仪规范如下。

(1)以右手握手，不能戴手套。

(2)不便握手时，要谦恭地表示歉意。

(3)通常应由主人、年长者、身份高者、女士先伸手，来宾、年轻者、身份低者、男士先问候，待对方伸手时再握。对于身份不清的来宾，作为主人的秘书应主动、热情地先伸手；来宾如果身份较高，秘书可不主动伸手，等对方伸手再握；男秘书不要主动向女宾伸手。

(4)握手方法是：双方手掌轻握三五秒，用力适度，不要太用劲，尤其对女宾；也不要蜻蜓点水般一沾即放，显得漫不经心。握手时应双目注视对方，微笑致意；需要几人同时握手时，必须一一握手，尽量不要交叉握手。

4. 引导来宾

迎接来宾后，秘书应礼貌地把来宾引导至事先安排好的领导办公室、接待室或其他接待场所。引导过程中，秘书应在来宾左前方保持一步左右的距离，可与来宾适当寒暄。转弯、上下楼梯、进出大门时，应稍停并用手示意，可以说“请这边走”、“请上楼”等。乘电梯时，秘书应先进入电梯并按住电梯开关。出电梯时，秘书应让来宾先走，可简单告知来宾“请左边稍候”等。到达接待场所，秘书应为来宾敲门或直接开门，面向来宾，请来宾入内。

进入接待场所后，秘书应为来宾和上司做介绍。为表示对来宾的尊重，应先把上司介绍给来宾。介绍的同时，秘书可引领来宾入座。座次的安排，是面向大门“先远后近，先右后左”。

来宾入座后，秘书要送上茶水，然后适时告退。

(二)乘车礼仪

乘车礼仪主要体现在上下车的次序和乘坐位次上。秘书应当请来宾先上车、后下车。先上车，是为了任其选择座位；后下车，则是为了使其有可能得到先下车人的关照与协助。上下车时，秘书应为来宾开车门。

乘坐小轿车时通常的位次是右为上、左为下、后为上、前为下。即来宾和主人坐后排，来宾在主人右侧，秘书或其他随行人员坐前排副驾驶座。如果上司自己开车，则主宾在前排副驾驶座。

(三)餐饮礼仪

餐饮活动是接待工作的一项重要内容，餐饮礼仪也是公务礼仪中的重要方面。秘书应注意如下几个方面。

(1)时间安排以对主宾双方都合适为宜，尤其是宴会等比较正式的餐饮活动，应共同商定时间。注意避开重大节日、双方重要活动安排或有禁忌的时间。

(2)各种宴请活动，一般均应发出请柬，这既表示礼貌，也对客人起提醒、备忘的作用。正式宴会最好能在发请柬之前排好座次，并在信封下角注明。席位的排列是一项十分重要的内容。它关系来宾的身份和给予对方的礼遇，所以受到宾主双方的同等重视。一般可遵循右高左低、中座为尊、面门为上、观景为佳、临墙为好等原则。请柬发出后，应及时落实出席情况，准确记载，以便按出席人数做好准备。

(3)宴请时间长短也应适当控制。

(4)用餐地点应选择在环境优雅、卫生良好、设施完备、交通方便的地方。

(5)宴请的菜单应根据接待的整体安排和规格来综合考虑，选菜不应以主人的好恶为准，应主要考虑来宾的喜好与禁忌，尤其要对主宾的宗教禁忌、地方禁忌、职业禁忌及个人禁忌等予以高度重视。

(6)席位安排时，以离开门最远的席位为尊、以离主人最近的席位为尊、以面向正门的右侧席位为尊。正式宴请时，应在餐桌上放置座位卡。

(7)作为接待方的秘书，应通过得体的祝酒、热情的劝菜、适当的话题穿插和即兴幽默来创造轻松友好、祥和愉快的席间气氛。

(8)席间如有客人要提前离开，秘书不应强留，可热情相送，尽量周到地做好相应的安排。

(四)交谈礼仪

(1)表情自然。谈话的表情要自然，语言和气亲切，表达得体。说话时可适当做些手势，但动作不要过大；与对方的距离适中，既不要离得太远，也不要靠得太近。

(2)内容适宜。谈话内容应当根据众人共同关心的问题随机设定。一般不要涉及疾病、死亡等不愉快的事情，不谈一些荒诞离奇、耸人听闻、黄色淫秽的事情。一般不询问女性的年龄、婚否，不径直询问对方履历、工资收入、家庭财产、衣饰价格等私人生活方面的问题。

(3)彬彬有礼。谈话中要使用礼貌用语。参加别人谈话要先打招呼，别人在个别谈话时，不要凑前旁听。有人与自己主动谈话，应乐于交谈。第三者参与谈话，应表示欢迎，注意不要冷落第三者。相互交谈时，应注视对方，以示专心。总之，在谈话的诸多细节上，秘书均要表现出彬彬有礼的风度来。

(五)涉外接待礼仪

涉外接待礼仪，就是在各项涉外接待工作中应该遵循的礼仪要求。随着我国国际交往的频繁，各行各业的涉外活动也相应增多，秘书在涉外接待中应注意如下几个原则。

1.“信守时间”原则

根据国际礼仪的惯例，信守时间是取信于人的基本要求。不遵守时间，就是不尊重交往对象的人。“遵守时间、不得失约”是日常国际交往中极为重要的礼节和规矩。在欧美国家，不论是业务工作，还是娱乐，人们都非常注意时间，通常都是准时参加业务会谈和社交活动。秘书陪同领导作为到访方参加各种外事活动，应按约定时间到达；如果作为接待方，则应比约定的时间略微提前到达。

2.“不妨碍他人”原则

不妨碍他人的原则，是要求人们在公共场所进行活动时，务必要讲究公德、尊重他人，切勿因为自己的不当举止而影响或妨碍了当时在场的其他人，或是因此使他人感到别扭、不安或不快。

不妨碍他人的原则，也指在同外籍人士打交道时，只要对方的所作所为不危及其生命安全、不触犯法律、不损害国格人格，在原则上都可以悉听尊便，而不必予以干涉和纠正。

3.“女士优先”原则

女士优先原则，是要求每一位成年男子，在社交场合里，都要尽自己的一切可能来尊重和帮助女士，并且随时随地义不容辞地要主动挺身而出，替女士排忧解难。

女士优先首先是顺序上的优先。出入电梯、门口、上下车等都要请女士先行，男士应为女士开门。下车时则应男士先下，可酌情适当搀扶女士。在餐桌旁就座时，男士应先安排女士的座位，把椅子从座位拉出，待女士站在相应的位置上后，再将坐椅稍送向前，女士坐稳后自己再坐。进入剧场、礼堂等，男士应持票、券随后，进去后，男士应走到前面为女士引路找位。同女士打招呼时，男士应起立，男来宾则应先向女主人打招呼，再招呼其他人，等等。

4.“维护个人隐私”原则

个人隐私，泛指一切不想告之于人或不愿对外公开的个人情况。在许多国家，个人隐私受法律保护。由于文化、习俗的不同，中国人爱谈论的许多内容，都可能被外籍人士视为个人隐私。如果在涉外交往中口无遮拦，对外国友人关心过了头，很可能会由于无意之中侵犯了对方的个人隐私权而造成误会。维护个人隐私，切记在交谈中做到“五不问”，即不问年龄、不问婚姻、不问经历、不问收入、不问地址，因为这些都是涉及隐私的内容。

5.“以右为尊”原则

正式的公务活动，对于位置的排列都有一定的要求，讲究以此来区分尊卑与主次。所谓以右为尊，意即在涉外交往中，一旦涉及位置的排列，原则上都讲究右尊左卑、右高左低。也就是说，右侧的位置在礼仪上总要比左侧的位置尊贵。例如，宾主正式会晤时，主人往往会安排来宾在自己右侧的尊贵位置上就座；大家一同用餐时，主人均会请主宾坐在自己的右侧；并排行走或搭乘轿车时，右边的位置也应安排给同行者之中的尊贵者。

6.“保护环境、爱护动物”原则

在涉外活动中，遵守保护环境、爱护动物的原则非常重要，因为在很多国家，是把一个人、一个群体对待环境、对待动物的态度与其文明程度联系在一起看待的。在涉及接待中，秘书尤其要在细节上严格考量，尽量做到节能、低碳、环保，尊重各国来宾有关动物保护的风俗、规定或条例。

第三节 其他秘书礼仪

一个好的秘书，对其自身的仪表仪态的品质，包括外貌、服饰、礼仪、姿态、言谈、待人接物等，都应有相当高的要求。因为秘书的形象往往代表着组织的形象，塑造一个恰如其分的职业形象，不仅能给人留下好感，而且有助于秘书自己开展工作。但除了基本的着装、仪态等方面的要求之外，秘书还应特别注意一些特殊场合的社交礼仪。这些特殊场合主要包括以下几个方面。

1. 公务拜访

公务拜访是一种有明确工作目的的交往行为。秘书经常要陪同领导前往有关单位进行公务拜访，也常常单独代表机关进行拜访。在公务拜访中，良好的礼仪表现能够树立组织的良好形象，有利于实现拜访目的。

公务拜访最好是在工作时间内进行，不要占用对方的休息时间。拜访之前要通过电话与对方约定一个共同方便的时间，让被访者有所准备。约定的时间要严格遵守，不得迟到，也不得提前 5 分钟以上。

到达对方的单位或约定地点时，首先应对接待人员说明来意，听从接待人员的安排，在拜访过程中要留心对方的态度以及环境的变化，遇到不愉快的事要尽力克制自己，温文尔雅的拜访礼仪有助于实现拜访的目的。在拜访的目的基本实现或达到预约的时间时，应先说一段有告别意义的话后起身告辞。如果谈话时有别的客人来到，不要立即告辞，应再坐片刻并道谢再辞别。说出告辞应立即起身离座，并婉言谢绝主人相送。

2. 登门慰问

领导有时要到一些特定对象的住宅进行慰问，慰问的对象可能是有重大贡献者(如名人、学者、前任领导等)，也有可能是弱势群体(如农民工、残疾人等)。探视时间一般是重大节日、慰问对象的生日、纪念日等。领导的慰问一般由秘书安排、准备，秘书有时也会受领导之托单独前往慰问。

慰问是一种表示关怀的礼节性活动，因此一般要准备适当的慰问品。有多个相同类型的慰问对象，慰问品的规格应该相同。

登门慰问要先约后访，因为住宅是私人生活领地，事先约好时间便于慰问对象及其家人有所准备。如有特殊情况不能按时赴约或不能赴约，应提前通知慰问对象。慰问以表达组织的关怀为目的，谈话时间不宜过长。谈话时不要讲言不由衷的客套话，而应针对慰问对象的具体情况说一些有针对性的问候语。为此，秘书在慰问前，应该了解慰问对象近年来的具体情况，如身体状况、生活状况等。如果慰问对象提出经济上、工作上、生活上等方面的要求，不可贸然应允，也不可一概拒绝，应以真诚的态度表示会向有关领导汇报，并负责任地给予回复。

3. 病房探视

单位职工(包括退休者)因重病或工伤住院时，领导、部门主管通常要代表单位前去探视，秘书常常要陪同前往，或受领导委托代表领导前去探视。

探视病人首先要了解医院规定，在允许的时间范围内探望，避开病人治疗与休息时间。探视前一般要与病人家属约好时间，让他们有思想准备。病房不是社交场所，探视时应遵守医院的相关规定，不能嘻嘻哈哈、大声喧哗。探视病人时的谈话内容也有讲究。一般说来，首先要自然、亲切地询问病人的治疗情况以及目前身体状况，关心其治疗进展和身体康复问题，进行必要的安慰和劝解。其次是表达组织和同事的关怀和慰问，谈一谈单位和同事的近况，转达有关人员的问候，讲述一些简单的新闻性事件，让病人从孤独、愁闷情绪中解脱出来。最后可适当询问病人有何具体困难，有何事相托，并叮嘱病人好好养病，祝愿其早日恢复健康。为了保证病人的休息，谈话时间应控制在半小时内。告别时应谢绝病人送行。

探视病人时可以带些鲜花、水果、杂志、营养品等。

4. 丧事吊唁

吊唁是对死者的祭奠和对家属的慰问。单位领导参加的吊唁活动主要是两类：一是本单位职工去世；二是有工作往来的其他单位的领导去世。

根据丧事从简的原则，现在一般人的丧事主要是追悼会和遗体告别仪式。召开追悼会时，单位应送花圈，有关领导应出席，以表示组织和领导的关心和感情。

参加追悼会时，态度要严肃，感情要真诚，服饰要与吊唁气氛相适应，要穿深色衣服或比较素雅的衣服。追悼会进行过程中，要随议程、按要求向死者鞠躬施礼、向遗体告别等。三五成群谈笑风生、施礼时东张西望、中途早退都很不礼貌。最后，要得体地对死者家属表示劝慰，请他们节哀、保重，如果有困难要尽力帮助解决。

第十七章

电子政务

第一节　电子政务的内涵及特征

自20世纪90年代初以来，随着以互联网为主要表现形式的信息通信技术的快速发展和广泛应用，信息化大潮正以不可阻挡之势席卷全球的每一个角落，人类社会生存与发展的各个领域正经历着前所未有的冲击。而政府，作为人类社会治理体系基本组成部分的公共组织，既是社会信息资源的最大生产者和拥有者，也是社会信息产品的主要使用者和主导传播者。其在面临挑战的同时，也迎来了一个全新的发展时期——以信息通信技术在政府管理与服务中的普遍应用为主要表现形式的电子政务时代。因此，作为信息时代的秘书人员也需要对“电子政务”这个新生事物有所认识。

电子政务是近年来伴随着互联网、电子商务等新生事物而出现的新概念，它是由英文“e-government”翻译而来，而“e-government”的字面意思应为“电子政府”，在国内，为了与“电子商务”概念相对应，就用“电子政务”这一提法替代“电子政府”这一原意。因此，国内所提的“电子政务”实际上就是国际上的“电子政府”e-government的概念。而关于e-government这一概念，国际上多个组织和企业都下过比较正式的定义，归纳起来如下。

电子政务是指政府部门通过以互联网为主要标志的信息通信技术在政府事务中的广泛应用，以改变政府内部与外部之间的关系，使政府的效率、效力和服务能力等各个方面的水平得到全面的提高，创造出更为卓越的政府。

一、电子政务的内涵

从经济全球化和信息网络化这个大背景来看，电子政务可以理解为政府部门应用信息通信技术，将政务处理与政府服务的各项职能实现有机集成，并通过政府组织结构和工作流程持续不断地优化与创新，以实现提高政府管理效率、精简政府管理机构、降低政府管理成本、改进政府服务水平等目标。因此，电子政务的内涵包括以下四个方面。

1. 电子政务以信息通信技术作为技术基础

电子政务必须通过以互联网为主要表现形式的信息通信技术的应用才能实现，它的发展离不开信息化基础设施和相关软硬件技术的发展。

2. 电子政务是“电子”与“政务”的有机融合

电子政务并不是政府事务和信息通信技术的简单组合，而是通过信息通信技术的应用，使传统政务活动中难以做到的信息实时共享和双向交互等新的政务实现方式成为可能，使政务处理的效率、水平、透明度和满意度等各方面都能得到极大提高。

3. 电子政务必须与政府改革和流程重组紧密结合

电子政务不能停留在信息通信技术的应用这一层次，更重要的是要通过信息通信技术与电子政务发展相适应的政府机构改革和工作流程重组紧密结合起来，使电子政务发挥出真正的优势来。

4. 电子政务的重点在于“政务”而非“电子”

电子政务的实现必须借助信息技术的支持，以及信息基础设施、信息系统和相关软硬件技术的发展，但技术只是手段、工具和载体，电子政务的重点是“政务”、是管理、是服务。电子政务不仅是政府事务或政府内部的电子化，更重要的是通过借助信息技术、通信技术，实现政府信息资源的共享和动态更新，使公众可以通过不同的渠道获取政府的信息与服务。

二、电子政务的基本特征

电子政务是随着以互联网为核心的信息通信技术的迅猛发展而逐步发展成熟起来的，从政务实现的角度上看，电子政务具有以下三个方面的基本特征。

1. 政府业务流程的电子化

政府的政务活动是由一系列的政府业务流程组合而成的，在传统的条件下，政府业务流程的设计与运行是在职能分工和层级制的原则下进行的，存在明显的缺陷，比如，在严格而细化的职能分割体系下，每个职能部门及其工作人员往往只关心自己管辖的局部业务，而不关注相关部门的工作情况，更不关注整个业务流程活动的最终效果。所以，这样的政府业务流程的运作效率和输出效果就会存在很大的局限性。

电子政务的重要任务就是要实现政府业务流程的电子化，改变传统政府流程分散、割裂的状态，实现政府业务流程的一体化和高效化运作，利用电子信息流打破政府部门间人为造成的各种隔阂，使政务活动时间、质量、成本和服务等方面的业绩有根本性的改善和提高。

2. 政府服务提供的电子化

向社会各界提供各类政府服务是各级政府机构的基本职责。政府提供的服务包括一般性的信息服务、政府与外部的沟通服务、专门化服务和交易性服务等，在传统的条件下各类服务由于受到技术条件和参与范围等多方面的限制，在服务传递的内容、效率、质量和水平等方面无法满足社会的需要。

实现政府服务流程的电子化、政府服务功能的自动化、政府服务内容的个性化和政府服务提供的持续化，真正做到一站式(one-stop)服务、全天候(7×24)服务、不间断(non-stop)服务是电子政务发展的重要任务。政府服务的电子化不但在提高政府服务能力和水平、降低政府服务成本方面具备十分明显的优势，而且在提高政府服务的参与面和社会公众的满意度等很多方面都会带来重要的影响。

3. 政府内外关系的电子化

在传统的条件下，政府与政府之间、政府与企业之间、政府与公民之间以及政府与其他社会组织之间虽然有着广泛的联系，但因为缺乏有效的手段和管理方法，各种关系维持在比较肤浅的层次，无法向深层次的方向发展。如因为政府无法对公民的个体情况进行深入的了解和跟踪，就很难向其提供专业化、个性化的服务。

政府内外关系的电子化并不是利用先进的技术来取代传统的人性化的交流与沟通，而是利用电子化的手段使政府内部之间、政府与外部之间的交流沟通变得更直接、更方便。电子政务就是要用电子化的手段使传统的政府内外关系产生革命性的变化，让政府能更加直接有效地体现公众的意志，最大限度地让公众满意。

第二节　电子政务的产生与发展价值

电子政务是在特定的历史条件下出现的，它的产生与发展是与信息通信技术的不断进步、政府自身改革与发展的逐步深入以及社会需求的日渐成熟等多种因素紧密联系的。

一、电子政务的产生

众所周知，美国是全球信息通信技术发展与应用最为发达的国家，也是电子政务的发源地。早在1993年，时任副总统戈尔所领导的全国绩效评估委员会便针对行政过程与效率、行政措施与政府服务的品质进行了重新探讨，提出“运用信息技术再造政府”的思想，并提出了“e-government”这一概念。1994年，美国政府又制定了《政府科技服务远景》，为电子政务的深入发展确立了新的目标。1999年12月，克林顿总统向各行政部门和机构签发了关于“电子政府”的备忘录，该备忘录引发了许多行动，如使国家的政策和服务能够在网上获得，确保商业机密和个人隐私得到保护，给残疾人提供接入服务。目前在国际上具有重大影响的向公众提供政府信息和服务的“一站式”门户网站——美国联邦政府网也是在备忘录签署后正式开始新建的。由此可见，美国政府既是电子政务理念的倡导者，也是电子政务实践的率先垂范者，当然还是电子政务行动的最早受益者。

在克林顿政府的积极倡导下，美国的电子政务建设取得了卓有成效的进展，并在世界范围内产生了积极的影响，引导世界各国掀起了发展电子政务的热潮。

二、电子政务的发展价值

电子政务的实施并不是简单地把政府信息搬到网上，也不仅仅是以计算机代替人工来处理政府事务，而是要利用信息通信技术，彻底转变传统的政府管理工作模式，使政府机构、政府工作人员、公民、企业和其他各种社会组织构筑起一种全新的网络联系，实现公务、政务、商务和事务的一体化管理与运行的目标。电子政务的发展价值主要表现在以下几个方面。

(一)提升政务处理效率

1. 一站式服务提升效率

政府职能通过信息通信技术的应用做到“一站式服务”，公众面对的将是一个虚拟化的、一体化的政府，他们不必关心自己打交道的是哪一级政府的哪个部门、具体工作人员是谁，而是只要通过互联网等手段提出自己的服务请求即可得到相应的服务。这将使政府机构普遍存在的“门难进、脸难看、话难听、事难办”的现象得到根本的改观。

2. 7×24 服务提升效率

政府部门通过网站、呼叫中心等形式向社会提供 7×24 的服务，可以使公众随时随地与政府机构发生各种业务联系，克服了传统情况下必须在特定时间到特定部门找特定工作人员办事的弊端，从而大大提高了政务处理的灵活性和方便性。

3. 信息资源共享提升效率

由于政府相关部门共享政府信息数据库，不同的政府部门在收集信息、处理信息、传递信息、沟通信息等方面将以更快捷、更经济的方式进行，政府工作效率从而得到有效提高。

4. 数字化信息传输提升效率

网络远程会议、电子邮件交换等技术的应用将使传统的政府议事程序、决策方法产生根本性改观，原有的政府公文流转将直接变成数字化的方式传输，做到随时随地快速传达。信息传输方式的改变，必将使政府的效率有根本性的提高。

5. 机构精简提升效率

由于政府信息可以在组织内部为更多的人所分享，越来越多的政府事务将在较低的层级直接得到解决，传统的以上传下达为主要工作内容的中间管理层将大大精简，因信息传递不及时或错误所造成的内部消耗可以大大减少，行政程序也将大大简化，行政效率必将显著提高。

(二)促进政府服务

1. 提高政府服务的满意度

电子政务通过信息通信技术的应用使得政府能够根据公众的个性化、多样化的服务需求，提供有针对性的专业化服务，服务需求者不用了解复杂的政府流程和职能关系，即可获得相应的政府服务，这种政府服务方式的变革，对提高政府的满意度大有益处。

2. 降低政府服务的成本

电子政务在降低政府服务成本方面表现在：第一，政务活动处理方式的改变，使得社会公众可以直接通过网络办理政府事务，不仅节省了时间，相应的费用也必然会大幅度下降；第二，政府职能的调整和政务处理的简化，使得不少政府服务对象中过去那些专门与政府打交道的岗位和人员的数量大大减少，降低处理成本；第三，对政府部门自身而言，由于信息通信技术的应用，政府服务的自动化程度大大提高，相应的服务成本也将大大降低。

（三）改善政府管理

1. 提高政府决策水平

发扬社会民主，扩大公众对政府决策的参与面，提高政府决策的科学性，这是国内外政府机构普遍追求的目标。电子政务在实现这一目标方面可以发挥重要的作用：第一，网络为政府与社会公众之间的交流提供了直接、畅通的渠道，电子政务可以使政府及时了解社情民意，有效集中群众的智慧，促进决策的民主化和科学化；第二，电子政务有助于政府决策部门获取全面、准确的与决策相关的信息，减少决策的盲目性；第三，电子政务将会有效缩短决策所需的时间，提高决策的时效性；第四，电子政务为人民群众了解与监督政府的决策执行过程提供了帮助，一些不完善的决策以及对一些正确的决策没有得到及时贯彻执行的情况可以通过网络得到反映。

2. 加快政府职能转变

政府最根本的职能是两个方面：一是推行政令的实施，实现政府管理；二是为社会提供公共服务。但长期以来，我国的政府机构过多地偏重第一项职能，片面强调管理与控制，忽视了第二项职能，使政府服务的能力和水平受到影响，也在一定程度上影响了政令的畅通。发展电子政务，一方面可以有效地增强政府的公仆意识，更好地为纳税人服务；另一方面为政府开展高质量的公共服务创造了良好的条件。

电子政务的实施将使政府的工作重心从原来的“以管理、审批为中心”向“以服务和指导为中心”转变，政府机构的设置、政府职能的设计以及政府需要履行的职责都将产生极大的转变，政府为社会提供公众服务的能力也会大大增强。

3. 促进政府廉政建设

政府腐败在世界各国和地区的政府组织中都有不同程度的表现，而且是全世界都难以根治的“顽症”。电子政务对推动政府的廉政建设将会起到越来越重要的作用：第一，电子政务将会有力地增强政府工作的透明度，促进政务公开。因为电子政务使民众能更清楚地了解政府工作的基本流程和议事规则，民众有了更多的知情权、参与权和监督权，迫使政府行为更加规范、公正；第二，电子政务在一些容易滋生腐败的环节，如政府采购、政府大型工程的招投标、进出口配额的发放等领域的运用，使这些敏感的政府行为通过网络成为“阳光下的交易”，减少腐败的行为；第三，互联网为查处腐败行为助一臂之力，如网上举报、网上追逃等已有力地遏制了腐败行为的产生。

4. 提高我国公务员队伍的整体素质

政府电子政务的建设对政府管理方式及行政人员素质同样产生了极为深刻的影响。在传统的政府管理模式下，政府对社会公共事务的管理，主要是通过行政命令、行政审批等手段来实现。由于审批的项目多、透明度低，加上监督不到位等因素，我国公务员的整体素质一直难以提高。电子政务的发展为提高我国公务员的素质提供了条件：一是掌握电子政务需要一定的网络技术，它迫使公务人员必须学习一定的信息技术方面的知识。二是由于电子政务将党和国家的法律、规章、政策、制度在网络上公开，如果公务员不认真学习这些法律政策就难以解答群众的咨询和提问，电子政务迫使公务员必须加强学习，提高自身的素质。三是电子政务的实施不仅需要专门的知识，而且由于群众咨询的内容涉及政府办公的方方面面，公务员不仅要掌握网络基础知识，学习专业部门的知识，还要学习和掌握政治、经济、社会、文化等知识，公务员只有全面提高自身的素质，才能符合电子政务的要求。

（四）创造社会价值

1. 增进公众对政府的信任度

在传统的条件下，政府与公众之间由于缺乏合适的沟通渠道和沟通机制，公众对政府的信任度比较低。公众对政府缺乏必要的信任，对政府开展政务活动带来不小的负面影响。

电子政务的实施为促进政府与公众之间的交流与沟通创造了理想的条件，也为增进公众对政府的信任度打下了坚实的基础。信息通信技术可以促进公众更好地参与政府事务，加强对政府行为的监督，提高政府的透明度和公正度，而且还可以让普通老百姓有机会通过电子化的方式反映自己的意见和愿望，让政府能更加深入细致地体察民情、了解民意，使政府成为真正体现公众意志的、负责任的、新型的电子政府。

2. 增长社会知识和技能

电子政务在促进政府信息资源开发和利用的同时，也为全社会知识和信息的传播创造了极为有利的条件，对增长社会知识和技能有积极的作用。信息通信技术加快了知识和信息的传播与扩散的速度，使得知识和信息在全社会范围内得到更好的利用，对进一步丰富社会的知识资源、提高公众的学习能力、增强各方面的技能有明显的作用。

3. 增加新的商业机会和工作机会

发展电子政务在增加新的商业机会和工作机会方面的作用同样不可忽视，主要表现在：第一，政府重视电子政务发展，可以简化商业活动的程序，提高为商业活动服务的效率，从而使当地的投资环境得到改善，以吸引更多、更有价值的投资；第二，政府与企业之间的电子政务的实施为企业更加公平、高效地参与政府采购等商业活动带来了更多的机会；第三，政府通过电子化的方式加强对适龄就业人口的培训与管理，为他们提供各类就业信息和相关服务，在为他们创造更多、更有价值的工作机会的同时，还能为当地的经济发展、市场繁荣和社会稳定做出积极的贡献。

4. 改变人们的生活习惯和生存方式

电子政务改变人们的生存方式主要表现在：一是电子政务改变了公民的很多思想观念。公民通过网络在家中就可以与政府官员对话，对政府的某项政策提出自己的意见和主张，提高了公民的平等观念；公民通过电子政务参与政府的决策，可以形成公民的主人翁观念。二是通过建立电子社区，改善了社区的服务和管理条件。电子政务通过建立社区信息技术基础设施，为社区提供教育培训、工作机会、公共安全、公共健康等一系列网络服务，对社区公共事务进行民主管理、民主监督也更易于为社区居民所接受。三是电子政务为公民参与政治事务提供了条件。电子政务使政府信息公开化、透明化、互动化，这种政务形式，为公民参与政治提供了可能性。公民可以通过网络发表自己的意见，对处理不公的事件可以形成一种社会舆论；还可以通过电子政务系统进行选举登记，了解被选举人的资料，进行电子投票，与被选举人沟通等，公民的政治权利在电子政务条件下得到进一步保障。

5. 推动中国与世界的交流

随着经济全球化的发展，各国经济的发展不仅有赖于本国经济发展的条件，而且还与世界经济直接相关。各国经济的竞争不仅表现为经济界的竞争，而且还表现为政府之间的竞争。电子政务加快了我国与世界的交流，主要表现在：一是电子政务为我国对外开放创造了良好的条件。实施电子政务以后，外资只要通过网络搜索，就可以了解各地投资环境、申办企业的手续等，大大方便了投资者，投资软环境的改善，必然吸引更多的外来资金。二是通过电子政务网络，国内企业也更容易了解世界各国政策环境，有利于我们与国际资本的竞争，提高我国企业在国际市场上的竞争能力。三是政府上网后，加大了我国向世界的宣传力度，便于世界各国更好地了解中国。世界各国可以通过我国的政府网站，了解我国的和平外交政策，以及对世界大事的主张，在加强我国与世界交流的同时，进一步树立起我国政府在世界上的良好形象。

第三节　电子政务的发展模式

电子政务所包含的内容极为广泛，几乎可以包括传统政务活动的各个方面。根据近年来国际电子政务的发展和我国电子政务的实践，电子政务的发展模式主要可以分为以下几类。

一、G to C 模式

G to C 电子政务是政府(government)与公民(citizen)之间电子政务的简称，是指政府部门向公民提供一站式、在线获得政府信息和服务的电子政务模式。通过这种电子政务模式，公民可以在数分钟甚至在数秒钟内方便、快捷地从电子政务系统中得到所需的各类信息和服务。G to C 电子政务模式的应用使得政府提供的信息和服务不再以政府部门为中心，而转变为以公民的需求为中心，对增进公民对政府的满意度和信任度有着重要的作用。G to C 电子政务的主要应用包括以下几个方面。

1. 电子身份认证

电子身份认证采用专门的电子芯片或特定的代码，通过网络动态地接入政府的中心数据库，既可以记录个人的基本信息，如包括姓名、性别、出生时间、出生地、血型、身高、体重及指纹等属于自然状况的信息，也可以记录个人的信用、工作经历、收入及纳税状况、学历层次、养老保险等信息，使公民的身份能随时随地得到认证，从而既有利于人员的流动，又方便公安部门的管理。公民电子身份认证还允许公民个人通过电子报税系统申报个人所得税、财产税等个人涉税业务，政府不但可以加强对公民个人的税收管理，而且可以方便个人纳税申报。此外，电子身份认证系统还可以使公民通过网络办理结婚证、离婚证、出生证以及财产公证等手续。

2. 电子社会保障服务

电子社会保障服务主要是通过网络建立起覆盖本地区乃至全国的社会保障网络，使公民能通过网络及时、全面地了解自己的养老、失业、工伤、医疗等社会保险账户的明细情况，政府也能通过网络把各种社会福利，如困难家庭补助和社会捐助等，运用电子资料交换、磁卡、智能卡等技术直接支付给受益人。电子社会保障体系，一方面可以增加社保工作的透明度，另一方面还可以加快社会保障体系普及的进度。

3. 电子民主管理

电子民主管理可以让公民通过网络发表对政府有关部门和相关工作的看法，参与相关政策、法规的制定，而且还可以直接向政府有关部门的领导发送电子邮件，对某一具体问题提出意见和建议。与此同时，电子民主管理可以提高选举工作的透明度和效率，如政府把候选人的背景资料在网上公布，方便选举人查阅。选举人可以直接在网上投票，这样既可以大大提高选举工作的质量，又可以有效保证选举工作的公开、公正和公平。

4. 电子医疗服务

G to C 电子政务在改善政府的医疗服务方面也能发挥重要作用。政府医疗主管部门可以通过网络向当地居民提供医疗资源的分布情况，提供医疗保险政策信息、医药信息、执业医生信息，为公民提供全面的医疗服务。公民可以通过网络查询自己的医疗保险个人账户余额和当地公共医疗账户的情况；查询国家新审批的药品的成分、功效、试验数据、使用方法及其他详细数据，提高自我保健的能力；查询当地医院的级别和执业医师的资格情况，选择合适的医生和医院等。电子医疗服务不但可以使病人能更加方便地享受优质的医疗服务，而且可以有效地促进当地医疗卫生事业的发展。

5. 电子就业服务

政府可以充分利用互联网这一手段为求职者和用人单位之间架起一座服务的桥梁，使传统的、在特定时间和特定地点举行的人才和劳动力的交流突破时间和空间的限制，做到随时随地都可以使用人单位发布用人信息、调用相关资料，应聘者可以通过网络发送个人资料、接收用人单位的相关信息，并可以直接通过网络办妥相关手续。政府网上人才市场还可以在就业管理和劳动部门所在地或其他公共场所建立网站入口，为没有计算机的公民提供接入互联网寻找工作职位的机会，帮助他们分析就业形势、指导就业方向等。

6. 电子教育、培训服务

社会经济的发展以及科学技术的迅猛发展使得公众对教学、培训的需求不断上升，但由于受到各种条件的限制，满足人们学习、培训的需求难度很大，对边远地区的群众来说困难尤其显著。利用网络手段为广大的老百姓提供灵活、方便、低成本的教育培训服务，政府可以从以下几方面入手：一是出资建立全国性的教育平台，资助相应的教学、科研机构，图书馆接入互联网和政府教育平台；二是出资开发高水平的教育资源向社会开放；三是资助边远、贫困地区信息技术的应用，逐步消除落后地区与发达地区之间业已存在的“数字鸿沟”等。

二、G to B 模式

G to B 电子政务是政府(government)与企业(business)之间的电子政务的简称，是指政府与企业之间通过互联网建立起一种数字化的业务联系，以建立一种新型的政府与企业的关系。G to B 电子政务的目标是要减轻企业的负担，为企业提供一站式的获取政府信息的平台，使企业能通过电子商务的手段与政府进行数字化的沟通。G to B 电子政务主要的应用有以下几个方面。

1. 政府电子化采购

各国政府采购的总额通常要占到本国 GDP 的 10%～15%，政府采购项目是本国市场的基本组成部分。对政府而言，政府采购是 G to B 的电子政务，因为政府机构的采购不具有单纯的商业目的，应看做政务活动的一部分；对企业而言，政府采购是 B to G 的电子商务，是企业电子商务的重要内容。

政府利用电子化采购和电子招投标系统，对提高政府采购的效率和透明度，树立政府公开、公正、公平的形象，促进国民经济的发展都起着十分重要的作用。政府电子化采购主要是通过网络面向全国甚至全球范围发布政府采购商品和服务的各种信息，为国内外企业提供平等的机会，特别是广大中小企业可以借此参与政府的采购，可赢得更多的发展机会。

政府电子化采购对杜绝传统政府采购中的腐败行为同样具有不可低估的作用，它使原来由政府代表与厂商代表的直接接触转化为政府代表与网络的互动过程，“人人”界面转变成了“人机”界面，并且所有过程都有电子记录在案，大大增强了采购工作的透明度，提高了行政效率，显著降低了腐败行为发生的机会。

2. 电子税务

税收是国家财政收入的主要来源，降低征税成本、杜绝税源流失、方便企业纳税一直是税务部门工作的重要目标。电子税务是指政府部门通过信息通信技术的应用，为企业提供一站式的、在线式的政府税务服务。它可以使企业通过政府税务网络系统，在企业办公室或家里甚至在外地就能完成税务登记、税务申报、税款划拨、查询税收公报、了解税收政策等各项涉税事务，既方便企业办理各项税务业务，也在一定程度上杜绝了偷漏税行为的发生。

3. 电子工商行政管理

工商行政管理的主要职能是对市场和企业行为进行管理，并提供相关的服务，各地的工商行政管理部门是政府行使管理和服务职能的重要职能部门。传统的工商行政管理方式由于工作量大、程序复杂、效率低下等原因常常导致企业的不满。电子工商行政管理则利用信息通信技术来开展工商行政管理的各项事务，可以减轻企业人力和经济的负担。作为电子工商行政管理基本应用的电子证照系统可以使企业营业执照的申请、受理、审核、发放、年检、登记项目变更、核销，以及其他相关证件如统计证、土地和房产证、建筑许可证、环境评估报告等的申请和变更均可以通过网络实现，这将使传统的工商行政管理工作产生质的飞跃。

4. 电子外经贸管理

众所周知，进出口业务在一国的国民经济发展中占有重要的比重，我国已成为位居世界前列的进出口大国。对我国政府来说，一方面要鼓励国内企业开展进出口业务，特别是加快出口业务的发展和出口产品国际竞争力的提升；另一方面，我国的外经贸管理必须有一个新的突破，既要符合国际惯例，又要为广大的国内外企业创造一个公平、高效、宽松的进出口环境。电子化外经贸管理已成为一种新的趋势，如进出口配额许可证的网上发放、海关报关手续的网上办理以及网上结汇等已在我国外经贸管理中应用。

5. 中小企业电子化服务

中小企业在促进就业、活跃市场、增强出口等许多方面发挥着极为重要的作用，一个国家和地区的经济繁荣很大程度上与中小企业的生存质量有关。我国中小企业面广量大，在获得更为广阔的市场空间的同时，中小企业自身的生存发展也因为技术、人才、市场等资源的局限受到了严峻的挑战。利用电子化手段为中小企业开展各类服务是政府开展 G to B 电子政务的重要形式。政府可利用宏观管理优势，借助网络为提高中小企业国际竞争力和知名度提供各种帮助，如组建专门为中小企业进出口服务的专业网站、为中小企业设立网上求助中心、为中小企业提供软硬件服务等都是行之有效的服务举措。

6. 综合信息服务

“改变政府职能，增强服务意识，提高政府服务水平”是今后政府改革的基本方向。政府各部门应高度重视利用网络手段为企业提供各种快捷、高效、低成本的信息服务，如商标、专利等注册管理机构可以提供已注册商标和专利的数据库，供企业查询；科技成果主管部门可以把有待转让的科技成果在网上公开发布；质量监督检查部门可以把假冒伪劣的产品和企业名录在网上公布，以保护有关厂家的利益；政策、法规管理部门可以向企业开放法律、法规、规章、政策数据库以及经济发展白皮书等各种重要信息。

三、G to G 模式

G to G 电子政务是政府(government)与政府(government)之间的电子政务的简称，是指政府内部、政府上下级之间、不同地区和不同职能部门之间实现的电子政务活动。G to G 电子政务的首要目标是促进中央政府和地方政府围绕社会公众的需求更好地进行协同工作。G to G 电子政务作为政府间电子政务的应用，对打破传统条件下部门与部门之间的障碍，促进政府之间的沟通与合作，构筑起新型的、基于网络的政府间的合作关系有着重要的意义。G to G 电子政务的主要应用如下。

1. 政府内部网络办公系统

政府内部网络办公系统是电子政务的基础设施，是指政府部门内部利用 OA(office automation)系统和网络技术完成机关工作人员的许多事务性的工作，实现政府内部办公的自动化和网络化，在实现内部资源充分共享的基础上，提高政府的作业效率和业务水平。政府内部网络办公系统可以分为领导决策服务子系统、内部网站子系统、内部财务管理子系统等，通过不同子系统的综合应用使得传统的政府内部管理实现向电子政务条件下的政府管理转型。

2. 政策、法规电子化传递

颁布和实施各项政策法规是各级政府部门特别是高级政府部门的一项重要工作。但是在传统的条件下，由于受技术手段等多方面因素的制约，政策、法规传递的时效性、信息量、传播面等各方面都受到很大的局限。利用互联网等电子化方式传递不同政府部门的各项法律、法规、规章、行政命令和政策规范具有十分明显的速度和管理成本优势，对保障政府政策、法规传递的及时性、有效性和针对性都有重要的意义。

3. 电子公文处理

公文处理是政府部门的基础性工作，传统的公文处理方式是依靠纸张作为载体，借助盖章、签字等形式实现公文的传递与处理。这种公文处理方式不但浪费资源，而且因为周期长、效率低，常常会出现因公文"长途旅行"而影响政府决策的效率的情况，给政府管理工作造成很大的被动。而电子公文系统借助网络技术的应用使传统的政府间的报告、请示、批复、公告、通知、通报等在保证信息安全的前提下通过数字化的方式在不同的政府部门间实现瞬时传递，大大提高了公文处理的效率。

4. 电子司法档案管理

长期以来，公安机关破案难、司法机关执法难的问题一直没有得到很好的解决，一方面是因为我国目前还没有建立起全国统一、完整的司法档案管理系统，如有关公民个人和企业的信用管理系统基本还不完善，给执法带来一定的难度；另一方面，全国不同地区、不同政府机构缺乏实时、有效的信息沟通也是一个重要的原因。通过电子化的手段，在政府司法机关之间共享司法信息，如公安机关的刑事犯罪记录、审判机关的审判案例、检察机关的检察案例等，必将会大大促进司法工作的开展。

5. 电子财政管理系统

分配和使用财政资金，实现政府不同部门之间的资金流转，以及对财政资金使用的监控，既是政府管理工作的重要内容，也是政府财政、审计等部门的基本工作。传统的财务管理系统因为财务信息的封闭和独立给政府的财务管理带来了一定的难度，也为滋生腐败提供了条件。而建立在网络基础上的电子财务管理系统可以向政府主管部门、审计部门和相关机构提供分级、分部门、分时段的政府财政预算及其执行情况报告，包括从明细到汇总的财政收入、开支、拨付款数据以及相关的文字说明和图表，便于有关部门及时掌握和监控财政状况，使政府财政管理工作跃上一个新台阶。

6. 纵向业务管理系统

纵向业务管理系统主要适合于一些垂直管理的政府机构，如税务、海关等系统通过组建本系统的内部网络，形成纵向型的业务管理系统，以实现统一决策、信息实时共享，有效提高系统的决策水平和反应速度。这类业务系统在我国基本以"金字工程"的形式得以推广实施，已取得了比较理想的成效。

7. 横向业务管理系统

横向业务管理系统利用网络在政府不同部门及不同地区政府部门之间进行横向协调，以实现政府的有效管理，目的是要使原分散在不同部门、不同地区的决策信息做到有机集成，为不同决策者所共享，减少部门间、地区间的相互扯皮现象，提高决策准确性和作业效率。我国已经推行实施的"中国电子口岸执法系统"是比较成功的横向业务管理系统，这一系统主要是由海关总署牵头，运用网络技术，将涉及进出口管理和服务的海关、商检、外贸、外汇、工商、税务、银行等单位建立起基于网络的业务联系，把这些部门分别管理的进出口业务信息流、资金流、货物流等数据的原先分散的电子底账集中在统一、安全、高效的公共数据中心物理平台上，建立起统一的电子底账，实行联网核查，实现数据共享和数据交换。这一系统的应用不仅使企业可以在网上进行进出口贸易，而且还加强了政府对口岸的监管，提升了打击走私、骗税、骗汇活动的力度。

8. 数字化城市管理

G to G 电子政务还包括数字化城市管理，也就是把涉及城市管理的各个方面都通过数字化的方式来实现，主要的应用有：一是对城市供水、供电、供气、供暖等城市要害部门实行网络化控制与监管；二是对城市交通、公安、消防、环保等部门实行网络统一化调度与监管，提高管理的效率与水平；三是对各种突发事件和灾难实施网络一体化管理与跟踪，提高城市的应变能力；四是对城市社区实行数字化的管理，提高城市社区管理的质量和水平。

四、G to E 模式

G to E 电子政务是政府（government）与政府工作人员（即政府雇员）（employee）之间的电子政务的简称，是指政府部门与政府公务员之间建立起的一种新型的、网络化的业务联系，以形成高效的行政办公和员工管理体系，旨在提高政府工作效率和政府公务员管理水平服务。G to E 电子政务的应用主要有以下几个方面。

1. 政府公务员日常电子化管理

政府部门利用电子化手段实现对公务员的日常管理，从而降低管理成本，提高管理效率。如利用网络进行日常考勤、出差审批、差旅费异地报销等，既可以为公务员带来很多的便利，又可以节省领导的时间和精力，还可有效降低行政成本。

2. 政府电子化人力资源管理

政府电子化人力资源管理主要的应用形式有电子化的招聘、电子化的绩效管理、电子化的薪酬设计、政府内部电子化的人才流动信息发布、电子化的沟通等，它的发展将使传统的、以纸面档案管理为中心的人力资源管理模式产生一场新的革命，对提高政府人力资源管理的效率和水平、降低人力资源管理成本会有很大的贡献。

3. 政府公务员电子培训系统

提高政府管理水平的关键在于政府公务员水平的提高，而提高公务员水平的根本途径必须通过各种形式的培训来实现。长期以来，我国各级政府管理部门对公务员培训的重视程度明显不足，一方面是因为经费有限，无法满足日益增长的培训的需要；另一方面是因为传统的培训必须要求公务员在同一时间、集中在同一地点进行，对日常工作的影响大，组织培训有较大的困难。而应用信息通信技术实现电子化培训克服了传统培训的缺点，既大大降低了培训的成本，又提高了培训的针对性和灵活性。所以，电子化培训借助网络交互的方式帮助员工随时随地注册参加各类培训课程、接受培训、参加考试等，将会给政府管理人员的学习与进修提供一条理想的通道。

4. 政府公务员电子化绩效考评

对政府公务员的绩效考评是一件既较为重要又是很困难的工作，可是在传统的条件下，往往由于缺乏科学的、定量的指标以及合理的激励和约束机制，绩效考核很难得到有效实施，对提高政府公务员的积极性、主动性和责任心都不利。利用信息通信技术构筑绩效考评体系，既可以对绩效考评的各项指标进行量化考核，又可以通过网络实现远程考评，另外还可实现公务员之间的横向比较以及本人不同时期的纵向比较，使得考评方式更加科学、公平与公正。电子化的绩效考评系统可以按照设定的任务目标、工作标准和完成情况对政府公务员的业绩进行科学的测量和公正的评估，以达到良好的激励与约束的效果。

参考文献

蔡超，杨锋．2006. 现代秘书实务[M]. 广州：暨南大学出版社．

常崇宜．2002. 秘书学概论[M]. 北京：线装书局．

陈合宜．2005. 秘书学[M]. 广州：暨南大学出版社．

陈兆禩，和宝荣，王英玮．2005. 档案管理学基础(第3版)[M]. 北京：中国人民大学出版社．

陈智为，邓绍兴，刘越男．2008. 档案管理学(第3版)[M]. 北京：中国人民大学出版社．

丁晓昌，冒志祥．2002. 秘书学与秘书工作[M]. 苏州：苏州大学出版社．

杜骁．2001. 全方位秘书实务图解手册[M]. 广州：广东经济出版社．

姬瑞环．2003a. 秘书学教程[M]. 北京：海洋出版社．

姬瑞环．2003b. 新编公文写作与处理教程[M]. 北京：中国传媒大学出版社．

李玮．2005. 优秀文秘的100个细节[M]. 深圳：海天出版社．

吕发成，方国雄．1996. 秘书学基本原理[M]. 兰州：兰州大学出版社．

濮小金，司志刚，濮琼．2009. 电子政务系统建设及应用[M]. 北京：机械工业出版社．

沈大风．2011. 电子政务发展前沿[M]. 北京：社科文献出版社．

石耿立，赵江云，樊庆彪．1995. 新编秘书学[M]. 天津：天津社会科学院出版社．

宋湘绮，刘伟，邓石华．2008. 秘书实训[M]. 北京：清华大学出版社．

谭昆智，齐小华，马志强．2010. 现代公共关系学导论[M]. 北京：清华大学出版社．

谭一平，李永民．2007. 秘书基础与实务[M]. 北京：清华大学出版社．

王健．2011. 文书学(第2版)[M]. 北京：中国人民大学出版社．

王西冀．2005. 秘书工作方法论[M]. 北京：中国财政经济出版社．

文锋．2011. 新编机关秘书工作必读全书[M]. 北京：中国言实出版社．

吴爱明，夏宏图．2008. 电子政务概论[M]. 北京：首都经贸出版社．

杨锋．2011a. 秘书实务[M]. 北京：中国人民大学出版社．

杨锋．2011b. 秘书学概论[M]. 北京：高等教育出版社．

杨剑宇．2011. 中国秘书史[M]. 北京：高等教育出版社．

杨树森．2011. 秘书实务[M]. 北京：高等教育出版社．

杨霞．2009. 公文写作规范与例文解析[M]. 北京：北京大学出版社．

姚国章，宋晓群．2011. 电子政务原理与案例[M]. 北京：北京大学出版社．

袁维国．1990. 秘书学[M]. 北京：高等教育出版社．

曾跃林．2006. 现代公文写作[M]. 重庆：西南师范大学出版社．

张同钦．2011. 秘书学概论[M]. 北京：中国人民大学出版社．

赵国俊．2010. 电子政务教程(第2版)[M]. 北京：中国人民大学出版社．

后　　记

我在高校担任过数年秘书，之后又从事秘书学及相关专业的高教工作十余载。从事秘书职业的经历和对秘书教育事业的喜爱，使我一直有一个心愿，希望能够自己主编一本秘书学方面的教材。感谢广西大学的十二五教材建设项目，感谢科学出版社的支持，感谢相凌、王京苏两位编辑的热诚相助，使我的心愿得以实现。

本书的编写工作自 2012 年 6 月开始，由熊柱制定大纲，组织团队。其中，黄春红编写了第五、六、七、十七章，李知编写了第十六章，其余部分为熊柱编写。初稿完成后由熊柱增删修改并定稿。

本书编写过程中参阅、借鉴和吸收了近年来出版和发表的许多秘书学界同仁的著述成果，统一列入“参考文献”，不再一一注释。在此，谨向相关作者表示真诚的感谢。

由于我们学识有限，加之编写仓促，本书难免存在不足之处，热望学界同仁不吝赐教，以使本书得到不断修正与完善。

熊柱

2014 年 2 月于南宁